トレッスンブック

バスケットボール
試合で勝つ
チームオフェンス

監修 目 由紀宏
（東洋大学バスケットボール部 監督、ガウチョーズ監督）

実業之日本社

PERFECT
LESSON
BOOK

はじめに

バスケットボールをプレーしている時、最も楽しいと感じるのは、自分がドリブルでディフェンスを抜いてシュートを決めた時ではないでしょうか。なかにはチームメイトに得点させるパスに喜びを感じている選手もいるかもしれません。いずれにしても、ボールを触ることによってチームに貢献していることを実感できます。

ではみなさんは試合中、どのくらいボールに触っていると思いますか？

高校生以上の大人の試合は通常、40分で行われます。

もし、お互いのチームがスターティングメンバーだけで戦ったとしたら10人。つまり、「40÷10＝4分」という計算になります。たった4分？と驚くかもしれませんが、おそらくもっと少ないでしょう。ボールが誰の手にも触れられていない時間がありますし、実際は控え選手も出場するわけですから一人の選手がボールに触れている時間はせいぜい1、2分程度なのです。

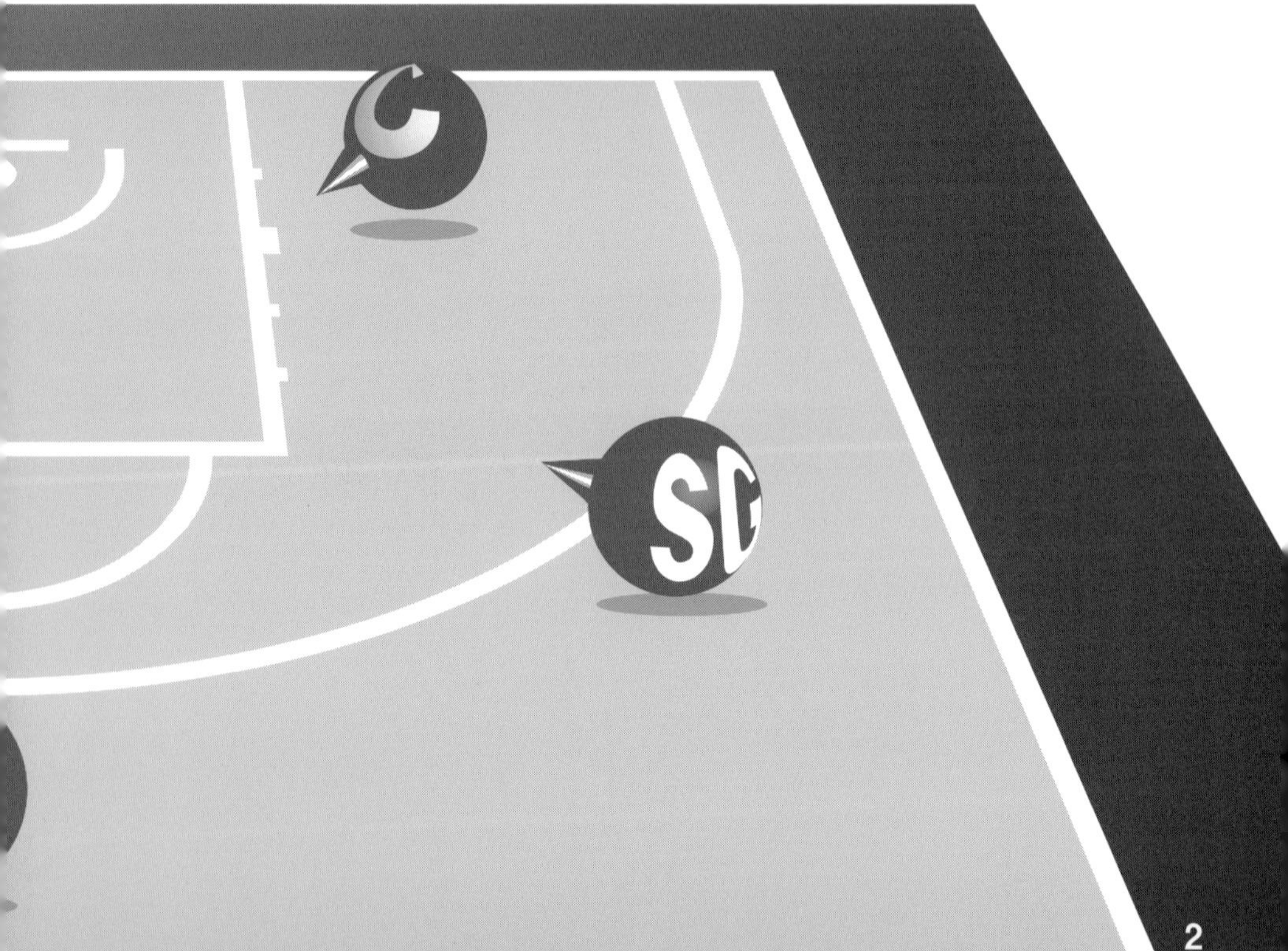

　そこで目を向けてほしいのが、ボールを持っていない選手も含めた全員の動き方です。ボールマン（ボールを持つ選手）がどんなプレーをするか見入っていませんか？　それではボールマンがディフェンスにおさえられた時点でチームの攻撃は終わってしまいます。ボールを持っていない選手もいつでもパスを受けられる準備をしたり、おとりになる動きをすることによってチームとして攻撃することが可能になるのです。

　これを「チームオフェンス」と言います。

　そしてチームオフェンスをスムーズに展開するためには、選手がどう動くかチームの中での決まりごと「チームルール」を作る必要があります。本書ではそのチームルールをどうやって作り、試合で通用するフォーメーションにつなげていくかを考えてみようと思います。

　みなさんのチーム事情に合ったフォーメーションをピックアップしてアレンジし、ぜひチームの武器として備えてみてください。

目　由紀宏

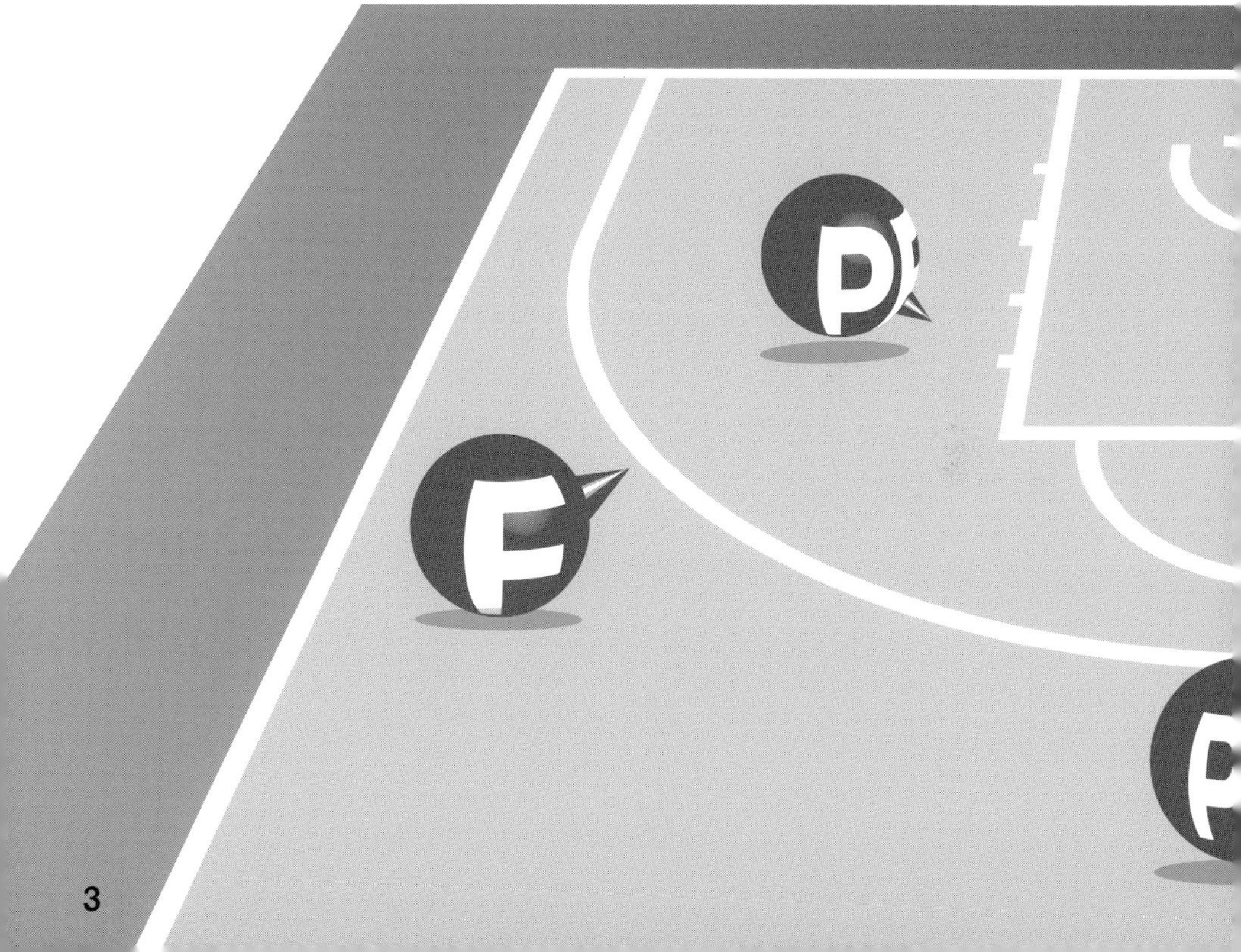

Contents

第1章 バスケットボールにおける戦術の基本

基本陣型を作る① 「スリー(3)アウト・ツー(2)イン」とは 12
基本陣型を作る② 「フォー(4)アウト・ワン(1)イン」と「ファイブ(5)アウト」 14
基本陣型を作る③ フォーメーションが必要とされる理由 16
動き方の基本① ボールサイドカットとバックカット 18
動き方の基本② 合わせの動きでズレをつく 20
動き方の基本③ 「パワーサイド」と「ウィークサイド」とは 22
パスのもらい方① 「Vカット」と「Lカット」 24
パスのもらい方② 「ストレートカット」と「カールカット」そして「フレアーカット」 26
オンボールのスクリーンプレー① ボールマンがスクリーンを使う「ピックアンドロール」 28
オンボールのスクリーンプレー② スクリーナーがボールマンとなる「トレールプレー」 30

第2章 フレックスモーションオフェンス

フレックスモーションオフェンスの基本 「ダウンスクリーンモーション」と「アップサイドスクリーンモーション」の陣型 34
ダウンスクリーンモーション① ダウンスクリーンモーションの動き方を覚える 36
ダウンスクリーンモーション② 逆サイドからダウンスクリーンモーションを展開する 38
ダウンスクリーンモーション③ パスを受けたらシュートを狙う 40

ダウンスクリーンモーション④ ディフェンスをよく見て走るコースを決める 42
ダウンスクリーンモーション⑤ ディフェンスがパスコースをおさえる時の攻め方 44
ダウンスクリーンモーション⑥ ツーガードポジションでパスが渡った時のチャンスの作り方 46
ダウンスクリーンモーション⑦ ピックアンドロールに切り換える 48
ダウンスクリーンモーション⑧ 一定の距離を置くディフェンスに対する攻め方 50
アップサイドスクリーンモーション① アップサイドスクリーンモーションの動き方を覚える 52
アップサイドスクリーンモーション② 逆サイドからアップサイドスクリーンモーションを展開する 54
アップサイドスクリーンモーション③ スクリーナーの角度を変える 56
アップサイドスクリーンモーション④ スクリーナーのディフェンスの動きを把握する 58
アップサイドスクリーンモーション⑤ スクリーナーの体の向きを逆にする 60
フレックスモーションオフェンスの特性① エントリーのパスコースをディナイされた時の展開法 62
フレックスモーションオフェンスの特性② UCLAカットから移行する 64
フレックスモーションオフェンスの特性③ ドリブルダウンから移行する 66
分解練習① ダウンスクリーンモーション・シューティング 68
分解練習② アップサイドスクリーンモーション・シューティング 70
分解練習③ バンプを入れた4対4の実戦練習 72

第3章 自分たちに合ったモーションオフェンスを備える

ボールをシェアできる二つのフォーメーション シャッフルオフェンスとシアトルスライス 76

シャッフルオフェンス① シャッフルオフェンスの動き方の基本 78
シャッフルオフェンス② シュートチャンスを的確にとらえる 80
シャッフルオフェンス③ ハイポストからアップサイドスクリーンをセットする攻撃法 82
シャッフルオフェンス④ ピックアンドロールへの移行 84
シアトルスライス① シアトルスライスの動き方の基本 86
シアトルスライス② ボールサイドカットにパスが入らない時の展開法 88
シアトルスライス③ 逆サイドからのボールサイドカットをケアされた時の攻撃法 90
シアトルスライス④ ディナイされたらシャッフルオフェンスへと移行 92

第4章 スタックとワンフォー

スタックとワンフォーの基本 2人ずつが並んでスクリーナーとなり多彩な攻撃を展開する 96
ワンフォー① バックドアカットとUCLAカット 98
ワンフォー② バックドアカットからハンドオフへの移行 100
ワンフォー③ UCLAカットからピックアンドロールへの移行 102
ワンフォー④ ワンフォーからフレックスモーションオフェンスへの移行 104
ワンフォー⑤ インサイド主体に攻撃する「エックスカット」 106
ハイ・ロー① ハイポストからローポストへのパスでシュートチャンスを作る 108
ハイ・ロー② ダウンスクリーンからのハイ・ロー 110
ハイ・ロー③ アップサイドスクリーンからのハイ・ロー 112

目次

ハイ・ロー④ ハイ・ローからピックアンドロールへの移行 114
スタック① スタックから3ポイントシュートを打つ動きの基本 116
スタック② エースシューターがいるチームは「ダブルシングル」が有効 118
スタック③ ウイングでシュートが打てない時のダブルシングルの展開法 120
スタック④ センター（C）も打つことができるダブルシングル展開法 122
スタック⑤ スタックからのオプションプレー 124
分解練習① スタックからのワンフォーを想定したシューティング 126
分解練習② スタックからのワンフォーを想定した2対2 128

第5章 ビッグマン不在のチームにお勧めのフォーメーション集

シザースの基本 ボールマンをはさむようにして走り込む 130
シザースのオプションプレー ハイポストにボールが入らない時の攻撃法 132
タワーの基本 3ポイントシュートのチャンスを作れるピックスクリーン・フォーメーション 134
タワーのオプションプレー ポップアウトから3ポイントシュートに持ち込む 136
フレアースクリーンの基本 コーナーでパスを受けられない状況も想定しておく 138
フレアースクリーンのオプションプレー ディフェンスに狙いを読まれない工夫をする 140
フレアースクリーンからハイ・ローへの移行 3ポイントを警戒されたらインサイド攻撃 142
ダブルスクリーン①ワンフォー 2人のスクリーナーを有効に使って3ポイントシュートを打つ 144
ダブルスクリーン②シャットザゲート スクリーナーの門を閉じてアウトサイドへと飛び出す 146

Contents

ダブルスクリーン③ピックプレーからハンドオフ　オンボールスクリーンを連動させてチャンスメークする……148
シュータープレー①　3人が3ポイントシュートを狙うアップサイドのモーションオフェンス……150
シュータープレー①からの展開　2人目、3人目のシューターのチャンスも作れるようにする……152
シュータープレー①の分解練習　シュータープレーを繰り返してスムーズにできるようにする……154
シュータープレー②ずれるスクリーン　スクリーンを2度使ってノーマークになる……156
トリック①　ハンドオフからアップサイドスクリーンへの連動プレー……158
トリック②　スクリーナーがスクリーンを使ってディフェンスを戸惑わせる……160
トリック③　5秒を切っている時のシンプルフォーメーション……162
ビッグマンがいるチームの必勝フォーメーション　ゴール下で圧倒しタイムリーに3ポイントシュート……164
アイソレーション①フリーズ　ドリブルで1対1を仕掛けやすいようにスペースを作る……166
アイソレーション②スリップ　スクリーナーがゴール方向にカットしてディフェンスを集める……168

第6章 ベースラインフォーメーションとサイドラインフォーメーション

ベースラインフォーメーション①　ボックスの形から3人がゴール下にカットする……170
ベースラインフォーメーション②　ボックスからのバリエーションを増やしていく……172
ベースラインフォーメーション③　1-3-1（ワンスリーワン）の陣型からチャンスを作る……174
ベースラインフォーメーション④　1-3-1（ワンスリーワン）のバリエーションを増やしていく……176
ベースラインフォーメーション⑤　制限区域に沿って「縦ライン」を作ってスタートする……178
ベースラインフォーメーション⑥　「縦ライン」のバリエーションを増やす……180

ベースラインフォーメーション⑦ フリースローライン上に「横ライン」を作ってスタートする 182
ベースラインフォーメーション⑧ 「横ライン」から攻撃を展開できるように準備しておく 184
ベースラインフォーメーション⑨ シンプルなプレーとスペシャルプレーを用意しておく 186
サイドラインフォーメーション① 確実なインバウンズパスからトレールプレーやシザースに 188
サイドラインフォーメーション② 3つのスクリーンを連続でセットするシュータープレー 190
サイドラインフォーメーション③ 対角スクリーンからのアリウープパス 192
サイドラインフォーメーション④ スプレッドでスペースを広げてアリウープパス 194
サイドラインフォーメーション⑤ 3ポイントラインやフリースローラインに並んでスタート 196
サイドラインフォーメーション⑥ ゲームシチュエーションを想定したスペシャルプレー 198
～補足～ゾーンアタック① ピックアンドロールでゾーンディフェンスを攻略する 200
～補足～ゾーンアタック② オーバーロードでアウトナンバー（数的有利）を作る 202
～補足～プレスダウン① ボックスからのプレスダウン 204
～補足～プレスダウン② ダイヤからのプレスダウン 206

バスケットボールコート図の名称

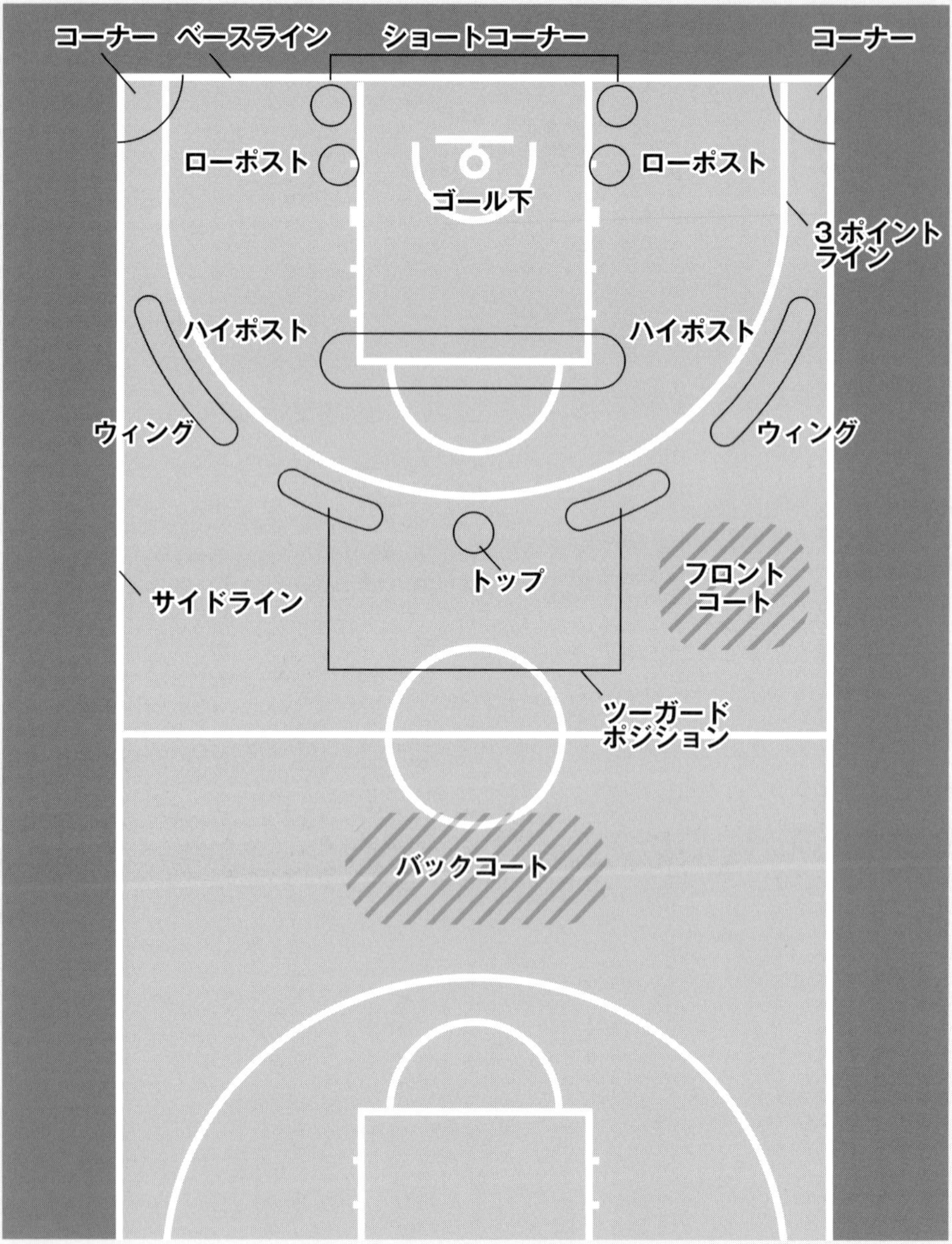
コーナー
ベースライン
ショートコーナー
コーナー
ローポスト
ゴール下
ローポスト
3ポイント
ライン
ハイポスト
ハイポスト
ウィング
ウィング
トップ
フロント
コート
サイドライン
ツーガード
ポジション
バックコート

第1章

バスケットボールにおける戦術の基本

Team Offense 1

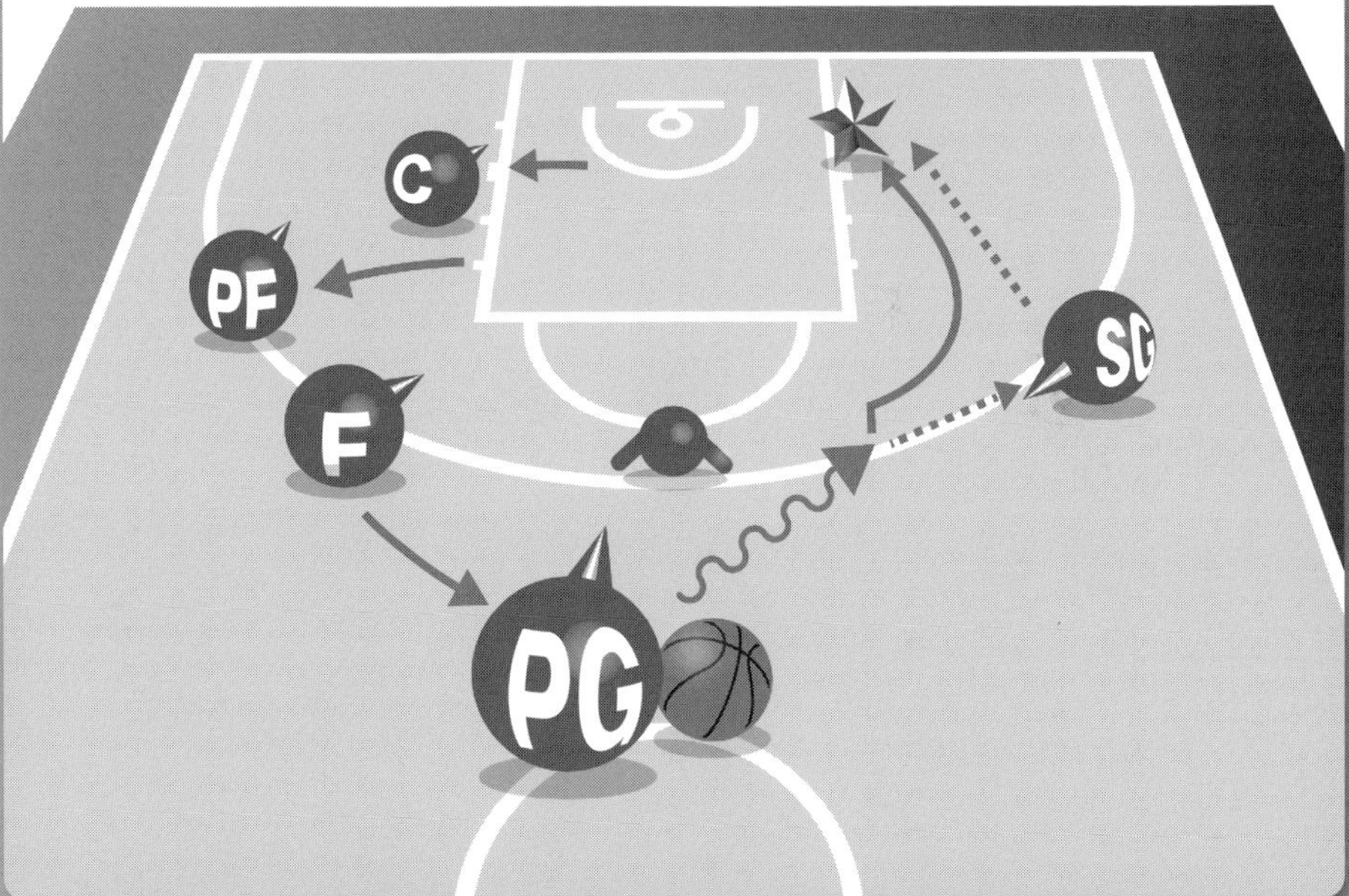

基本陣型を作る❶

「スリー(3)アウト・ツー(2)イン」とは

バスケットボールの基本となる陣型とは

5人が動きながらシュートチャンスを作るのがバスケットボールの競技性ですが、攻撃を始める時の基本陣型をまずは覚えておきましょう。コート上のバランスがとりやすいからです。これを「フロアーバランス」と言います。

そして陣型にはいくつかあり、基本陣型となるのが、この「スリー（3）アウト・ツー（2）イン」です。

これはゴールから離れたエリアに3人の選手（図内PG、SG、F）、ゴールの近くに2人の選手（図内PF、C）が配備された陣型です。ゴールの近くから確実に得点することを最優先にしつつ、ゴール付近のスペースを作り、そこに他の3選手が走り込むような攻撃が展開しやすい基本陣型と言えます。

「スリーアウト・ツーイン」のメリットとデメリット

スリーアウト・ツーインの陣型からローポストやハイポストのインサイド陣にパスして、高さを武器に戦うことができます。

ただしインサイドの2人とアウトサイドの3人がこの陣型にこだわって止まった状態でいたらチームオフェンスはスムーズに展開されません。ディフェンスにプレーを読まれて対応されてしまうからです。

特に相手が自分たちより大きい選手・チームの時などは、アウトサイドの人数を増やす戦い方も必要になります（14ページ）。

スリーアウト・ツーインの陣型と各ポジションの名称

C
PF
SG
F
PG
[パワーフォワード]
ゴール近くでプレーするセンターとの連係を図りながら攻撃するのに加え、リバウンドやスクリーン（ディフェンスの動きを邪魔する壁）をセットするなどまわりを助ける役割がある
[センター]
身長の高さや腕の長さ、そしてジャンプ力も含めた高さを武器に、ゴール下を支配するチームの大黒柱。ゴール下では激しいコンタクト（接触）プレーが展開されるため、強さも備えておく必要がある
[シューティングガード]
ポイントガードからセンターへのパスを経由してつないだり、ドリブル突破からパスする技術も武器となる。「シューティングガード」という文字どおり、3ポイントシュートなどのシュート力も求められる
[フォワード]
どこからでもシュートを決められる、オールラウンドの1対1のうまさが特に求められるポジション。相手のディフェンス網を突破し、チームに得点をもたらす力が必要
[ポイントガード]
バックコート（自陣）からフロントコート（敵陣）へとボールを運び、ゲームをコントロールする司令塔。他の選手が活かされるようにパスを上手に配球する技術、そして視野の広さが必要となる

TEAM RULE みんなが同じ練習をして基本技術を備える

各ポジションに役割はありますが、全員が同じ練習をして基本技術を備えることが大切です。ガードはセンターのプレーを、センターもガードのプレーを備えることによって、第2章以降で紹介するチームオフェンスがスムーズに展開されます。

基本陣型を作る❷
「フォー（4）アウト・ワン（1）イン」と「ファイブ（5）アウト」

ポジションを決めつつ それに縛られないように

ゴールから離れたエリアに4人の選手（**図1**のPG、SG、F、PF）、ゴールの近くに1人の選手（**図1**のC）が配備されるのがフォー（4）アウト・ワン（1）インの陣型です。最初からこの陣型でチームオフェンスをスタートさせる場合がある一方、スリーアウト・ツーインの形（12ページ）からインサイドの選手がアウトサイドに出て来て、フォーアウト・ワンインになる場合もあります。

ただしチームの一番大きな選手がインサイドに配備されるとは限りません。むしろ各選手がどのポジションにいても攻撃をスムーズに展開できるようにすることが理想です。オールラウンドにプレーできることにより相手ディフェンスも攻撃する選手の動き方を読めず対応に苦労するのです。

大きな選手がいないチームの考察ポイント

ゴール下で確実に得点できるセンターがいなかったり、自分たちよりはるかに大きなチームと戦う場合には、5人全員がアウトサイドに広がって攻撃を仕掛ける陣型もあります。これが「ファイブ（5）アウト」です（**図2**）。3ポイントのシュートチャンスを作りつつ、インサイドのスペースにどのようなタイミングで飛び込むかが成否を分けます。

そしてインサイドに移動した選手が元々いたスペースに他の選手が埋めるという具合に、連動して「スペース」を使うわけです。

フォーアウト・ワンインの陣型

ＰＦやＣがアウトサイドに出て来てインサイドにスペースを作る
C
スペース
F
PF
ウイングはフリースローラインの延長線上を目安にポジションをとる
SG
PG
ツーガードポジションは制限区域のラインの延長線上を目安にポジションをとる
図1

ファイブアウトの陣型

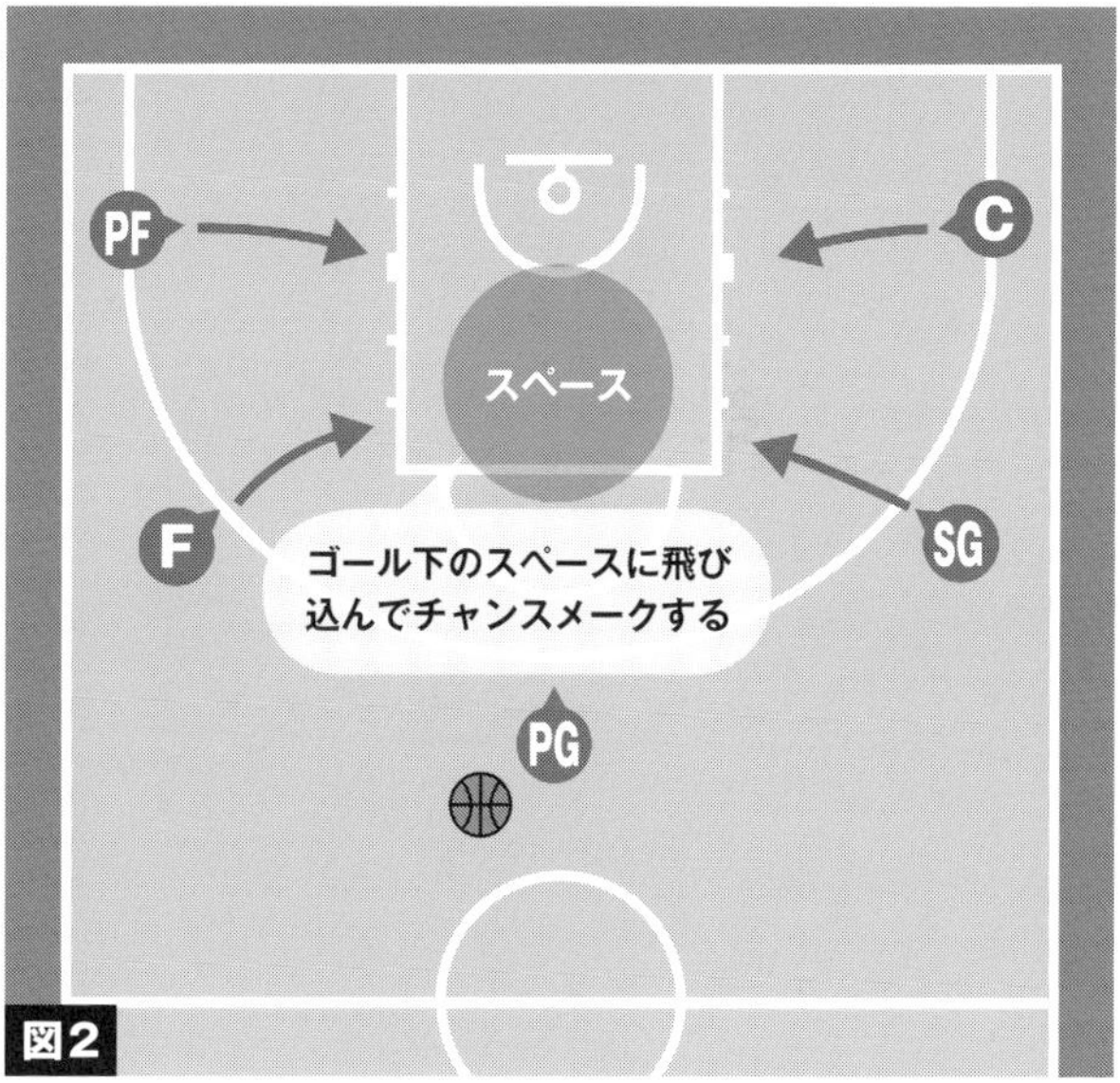
PF
C
スペース
F
SG
ゴール下のスペースに飛び込んでチャンスメークする
PG
図2

TEAM RULE

インサイドに積極的に飛び込む

このような陣型をチームの基本としながらも、動きながらシュートチャンスを作ることが大切です。フォーアウト・ワンインやファイブアウトでもインサイドに積極的に飛び込み、ディフェンスを収縮させることを心掛けてください。

基本陣型を作る③

フォーメーションが必要とされる理由

個々の得点力を活かせるように攻撃を仕掛ける

試合ではチームオフェンスを機能させる以前に、個々の技術を最大限に活かして得点することが大切です。バックコート（自陣）からフロントコート（相手陣内）へとボールを運んで来たPGに攻撃力があるなら3ポイントやドライブ（ゴールに向かってドリブルするプレー）で得点することができるかもしれません（**図1**）。

もしCの攻撃力を活かすなら、PGがCへのパスを最優先にコントロールするのも手です（**図2**）。またSGやFの得点力を活かすのならウイングにパスをさばくことができますし、そこからCにパスする攻撃も効果的です（**図3**）。

5人全員がボールに触って攻撃を展開する

さて、**図1**、**図2**、**図3**と、ボールに触る選手が増えているのがわかると思います。この発想が5人によるフォーメーションの基本的な考え方です。PGがシュートを打つだけの攻撃を何度も繰り返していたら、他の4選手は戦う気持ちが失せてしまいます。

これらの図ではまだ残り2選手、FとPFがボールに触っていませんが、彼らにもボールを回しながら攻撃を展開するというのがフォーメーションの理想なのです。まったくボールに触っていない選手がいきなりシュートを決めることは難しいと言わざるを得ません。そういう意味でも5人で「ボールをシェアする（分け合う）」ことがとても大切なのです。

個々のプレーを活かす得点パターン

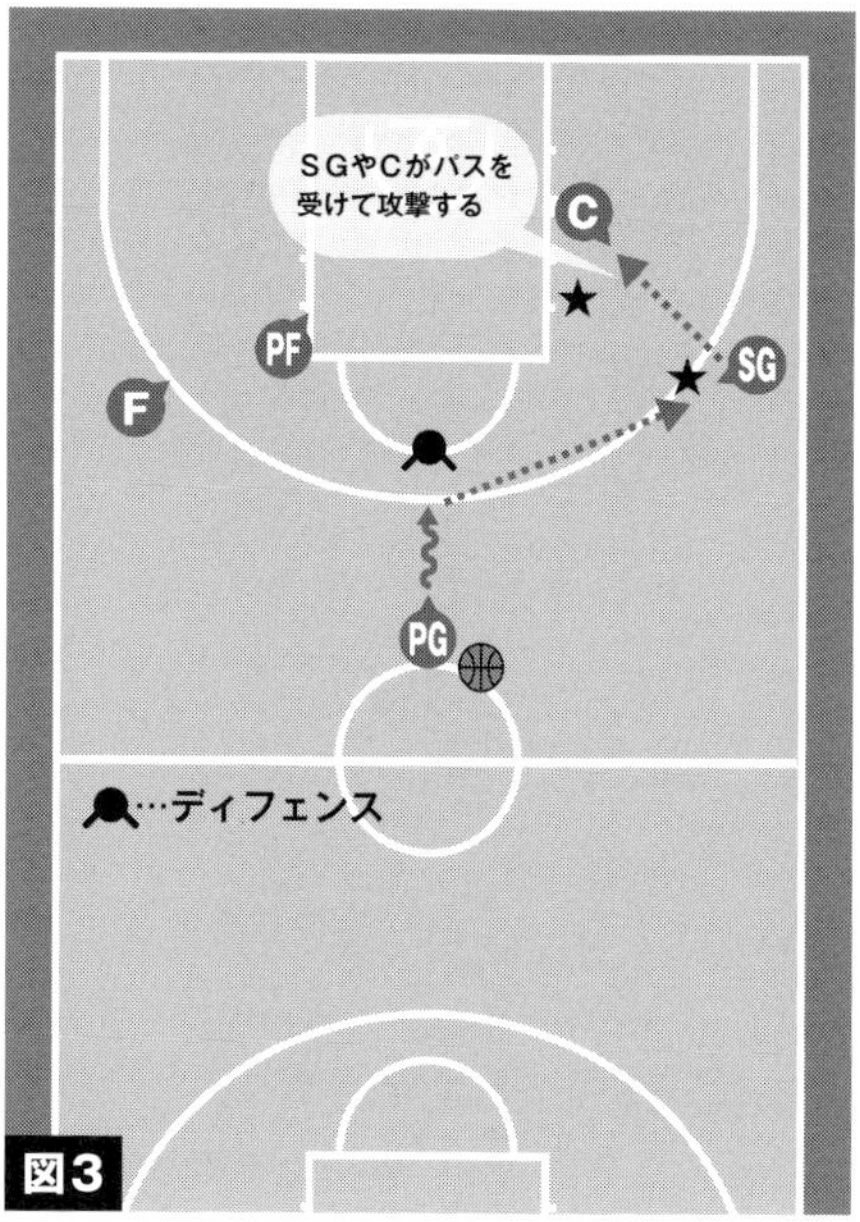
ＳＧやＣがパスを
受けて攻撃する
C
PF
F
SG
PG
…ディフェンス
図3

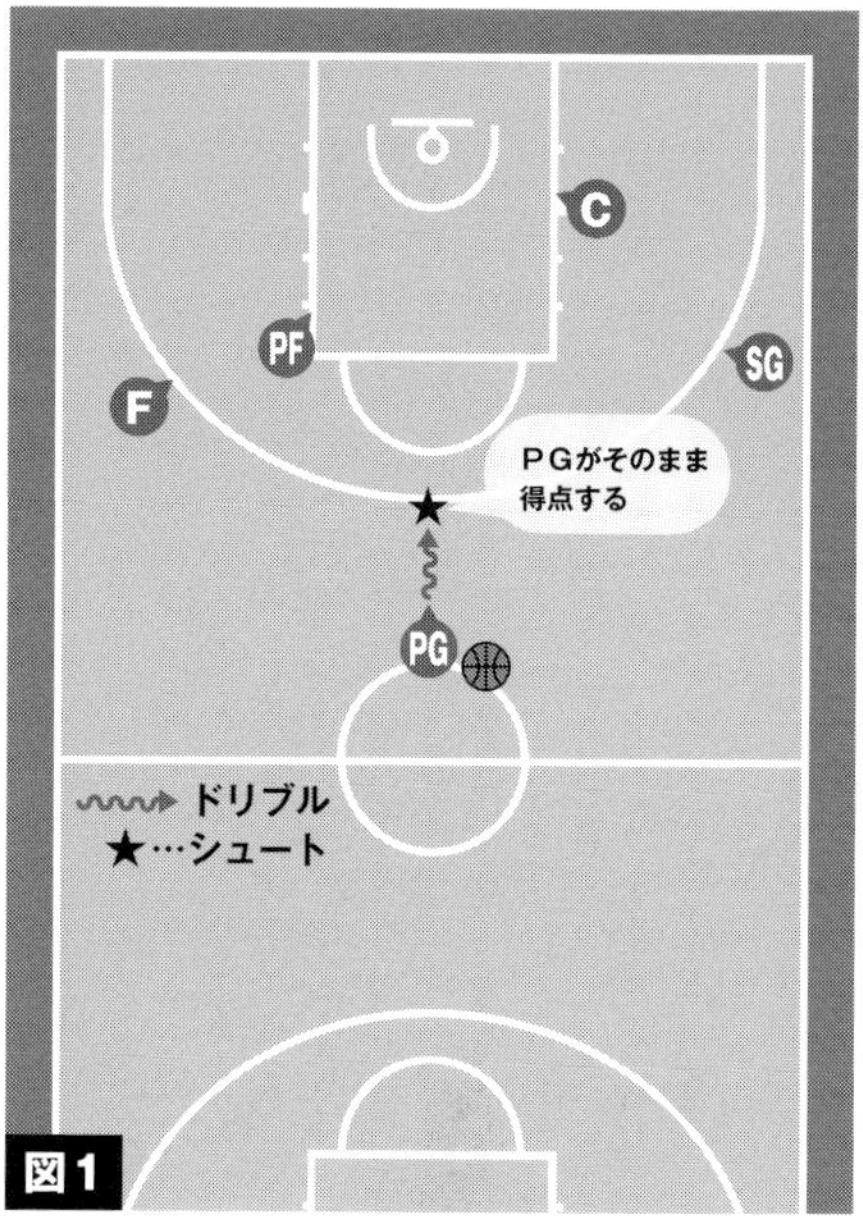
C
PF
F
SG
ＰＧがそのまま
得点する
PG
ドリブル
★…シュート
図1

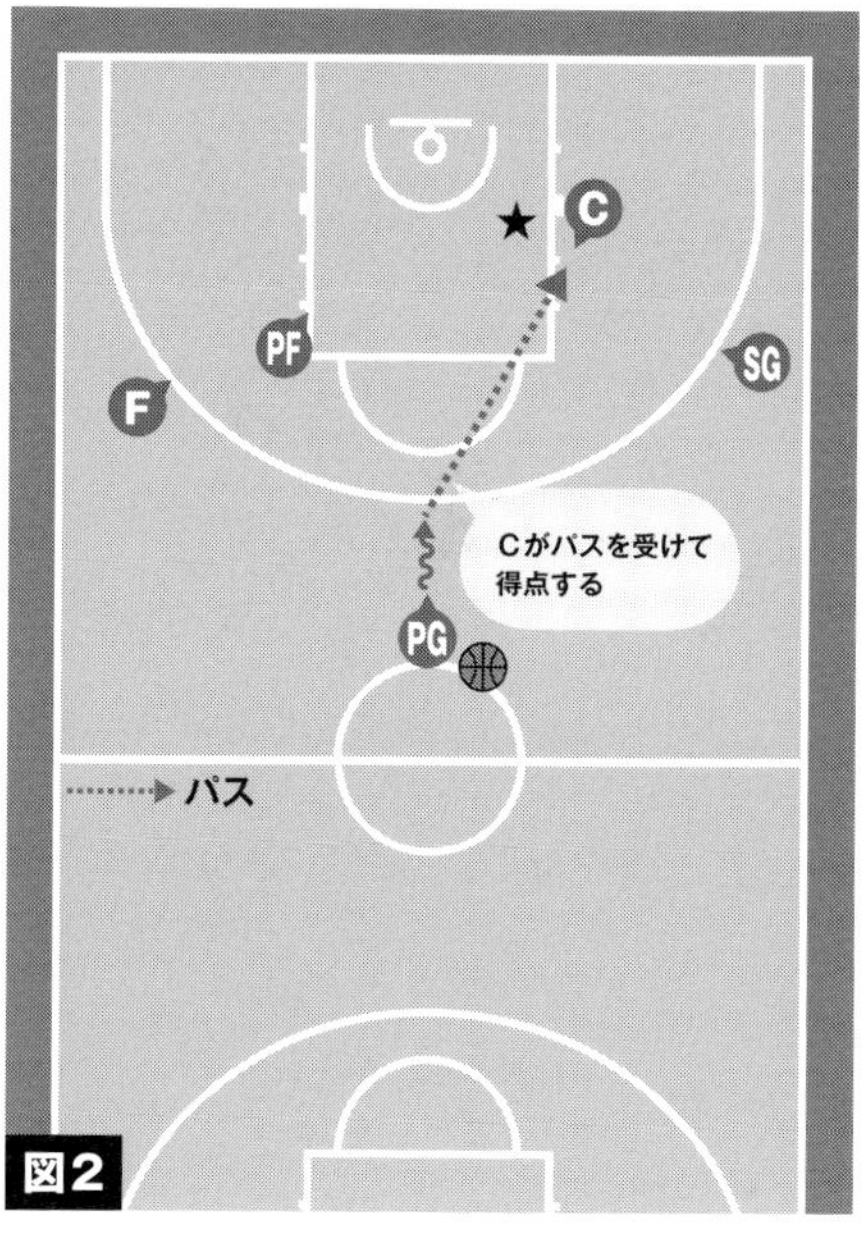
C
PF
F
SG
Ｃがパスを受けて
得点する
PG
パス
図2

TEAM RULE
パスのアングルを変える

図3のようにウイングを経由することによって、ＳＧの攻撃力を活かせるだけでなく、Ｃへのパスもつながりやすくなります。このように「パスのアングル」を変えることによって、相手ディフェンスはパスコースをおさえにくくなるからです。

ボールサイドカットとバックカット

次のパスを考える前に必ずゴールを見る

ボールをシェアしながらフォーメーションを機能させることによって、得点のチャンスが生まれやすくなります。しかし同時に、そこに落とし穴があります。フォーメーションどおりにプレーしてしまいがちなのです。

『シュートを打てるにもかかわらずパスしてしまう』

『パスした後、自分の役割は終わったと勘違いして立ち止まる』

つまり、自分で積極的に攻める気持ちを忘れやすいという側面が潜んでいるのです。したがってボールを持ったら次のパスを考える前に必ずゴールを見てシュートを狙うこと。そうすることでディフェンスもインライン（ゴールとボールマンとを結んだ架空のライン）をおさえようとする分、パスコースが空くわけです。

ゴールに向かってどう走り込むか

例えば、ボールを運んできたPGがSGにパスした後、ゴールを強く意識することによってシュートを狙うことができます。ボールマンであるSGのほうから走り込む動きを「ボールサイドカット」（**図1**）と言い、逆側から走り込む動きを「バックカット」（**図2**）と言います。

そのようなPGの狙いを察知したCがスペースを作る動きをすることによって、PGのシュート率も高まります。このようにゴールへと向かう気持ちが大切で、まわりもその狙いに連動するのです。

ボールサイドカット

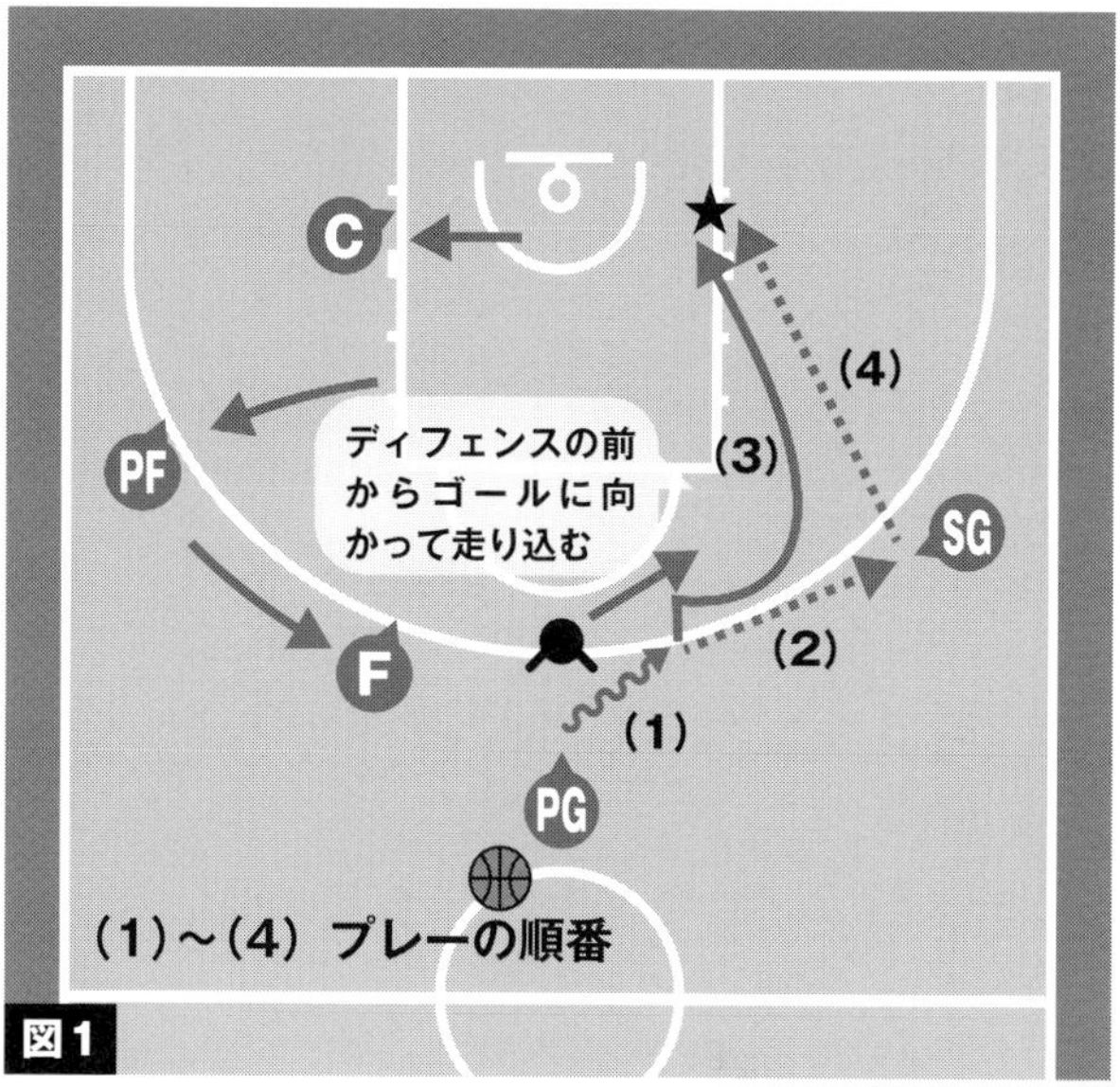
C
PF
F
PG
SG
ディフェンスの前からゴールに向かって走り込む
(1)
(2)
(3)
(4)
(1)～(4) プレーの順番

図1

バックカット

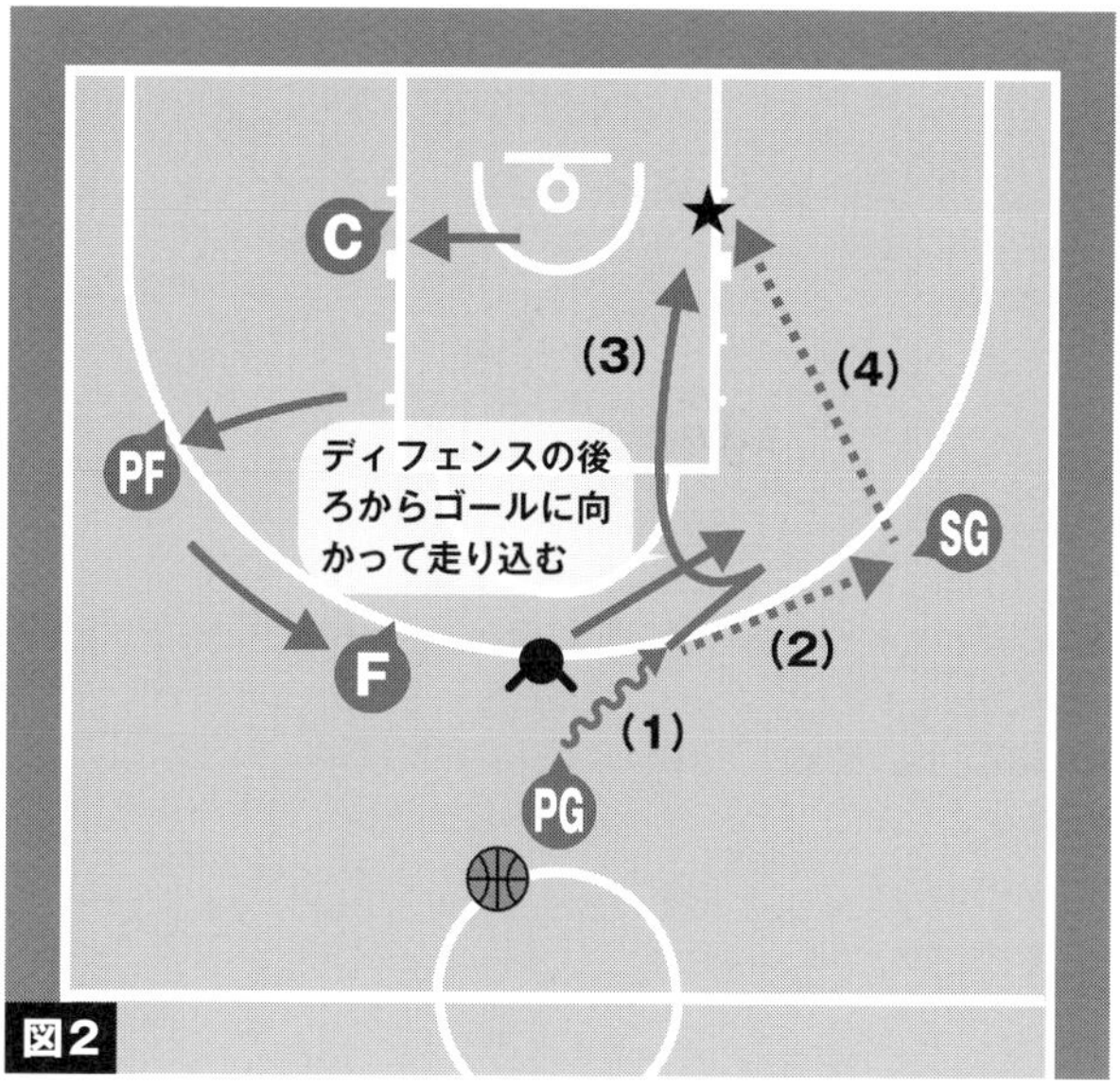
C
PF
F
PG
SG
ディフェンスの後ろからゴールに向かって走り込む
(1)
(2)
(3)
(4)

図2

TEAM RULE

ディフェンスとの駆け引きを優位に進める

ボールサイドカットを一度行うと、ディフェンスはそのコースをおさえて来ます。そうしたらバックカットを狙うという具合に、ディフェンスとの駆け引きの中で走り込むコースを決めるうまさを備えましょう。

動き方の基本❷

合わせの動きでズレをつく

ウイングのディフェンスを引きつけてパスする

ＰＧがゴールへと向かいながらパスを受けることによってディフェンスがどう対処するか見ていきましょう。

ＰＧの突破に対して、ＳＧをマークするディフェンスがカバーする場合があります（**図1**）。このようなディフェンスは「ヘルプディフェンス」と言います。つまりＰＧは自分をマークするディフェンスだけでなくＳＧのディフェンスも引きつけられています。したがってＳＧがパスを受けられるコーナーなどに移動することによってシュートチャンスが生まれます。

このようにインサイドからアウトサイドへとパスをさばくような攻撃は「キックアウト」とも呼ばれています。パスを受けた選手にとってはシュートを打ちやすい格好だけに効果的です。

センターのディフェンスを引きつけてパスする

むしろ多いのは、**図2**のようにＣのディフェンスがヘルプディフェンスして来るケースかもしれません。相手のビッグマン（大きな選手）がＰＧのシュートをブロックしようとするのです。そこでＣがＰＧからパスを受けられるところに移動することによってシュートチャンスが生まれます。

このようにＰＧのゴールへと向かう動きからディフェンスにズレが生じ、合わせの動きをすることによってシュートチャンスが生まれるわけです。このようなパターンをいくつも備えておきましょう。

ウイングの合わせの動き

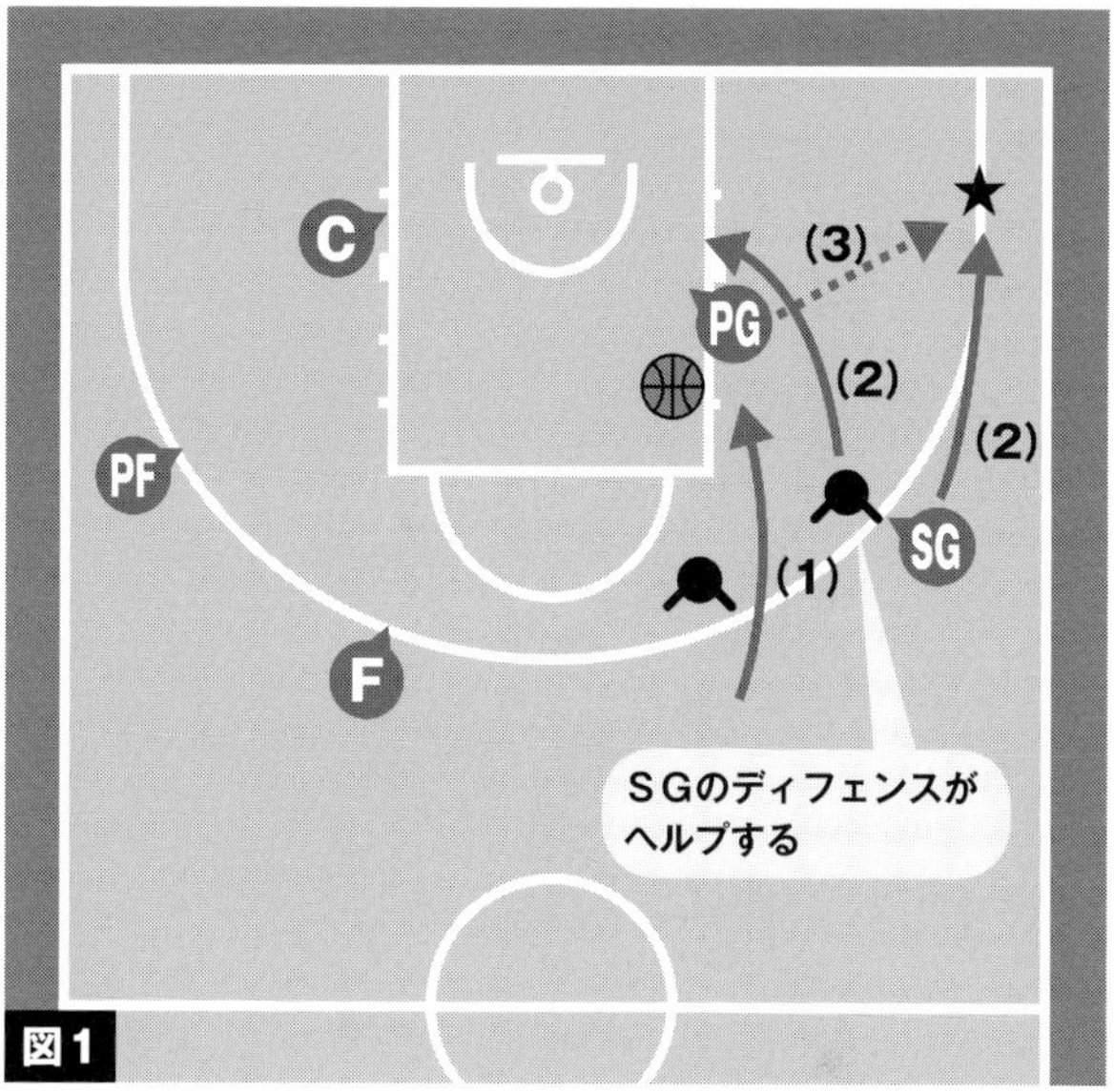

センターの合わせの動き

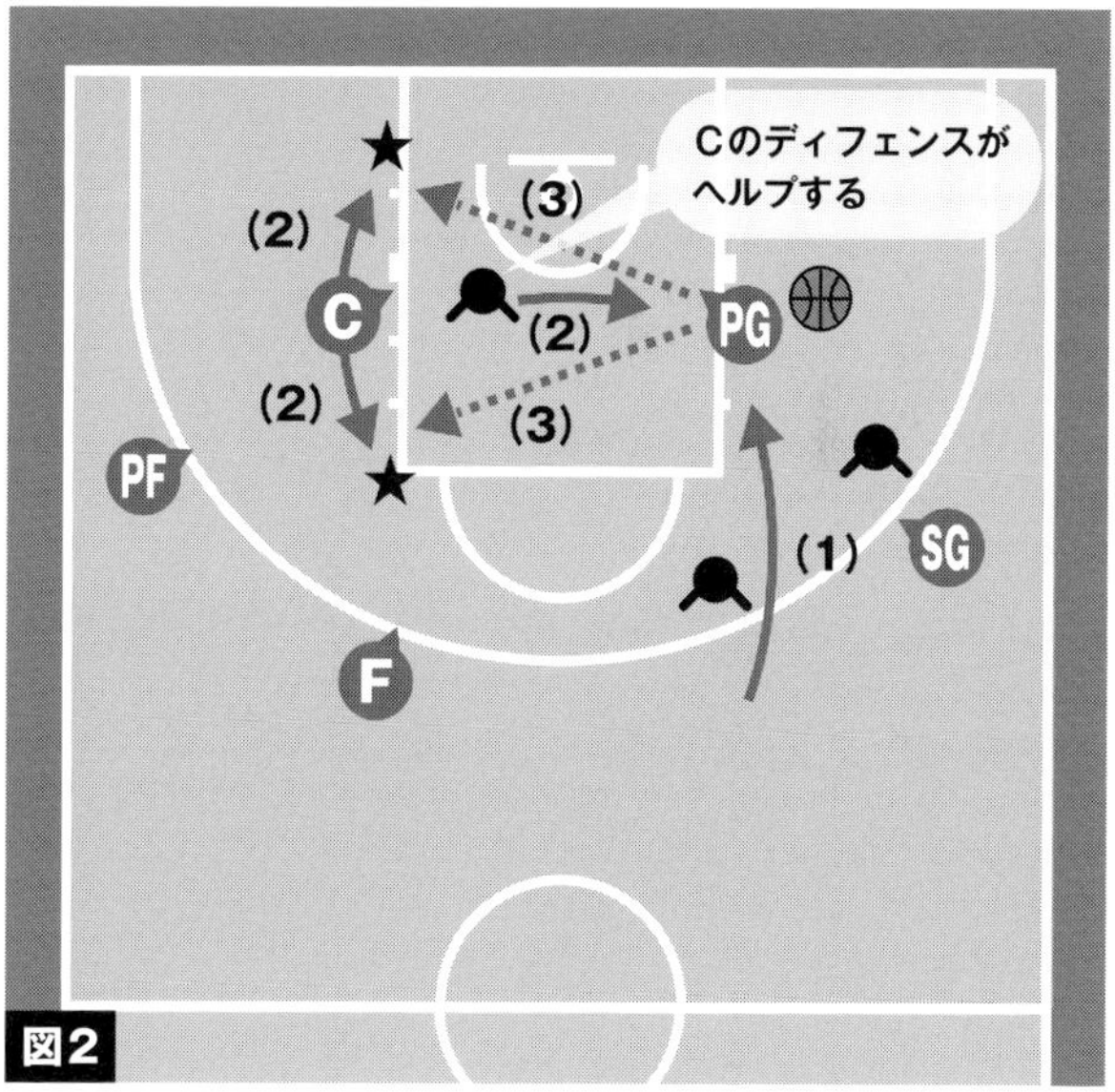

TEAM RULE
ボールマンの動きに合わせる

合わせのパスを受ける選手は、シュートを打ちやすいところに動くことが大切ですが、ボールマンであるPGの体勢を見る必要があります。PGが見えないところに動いてもパスを出してもらえないからです。図1でSGがトップ方向に動くとパスを受けにくい状況です。SGの移動を示す→がコーナー方向だけに伸びているのはそうした理由からなのです。

動き方の基本❸

「パワーサイド」と「ウィークサイド」とは

ボールがないサイドでもさぼらないように

図のように、コートを縦に半分に割ってみてください。ボールがあるサイドのことを「パワーサイド（ボールサイド）」、ボールがないサイドのことを「ウィークサイド」と言います。つまり前ページまでに紹介した動きの基本は、パワーサイドの動きということになります。

冒頭で触れたとおり、バスケットボールはボールを持っていない選手の動きがとても重要な意味を持ちます。パスを出してほしいからといってボールマンにみんなが群がってしまってはディフェンスに簡単に守られてしまいます。

また、遠くで突っ立ってボールマンのプレーを見ているだけでも駄目です。いつパスが回って来ても良いように体勢を整えておくことが大切です。

ウィークサイドで行われていること

では、ウィークサイドでどのような動きが行われているかというと、まずは「スクリーンプレー」が挙げられます。攻撃側の1人が壁となり、ディフェンスの動きを邪魔するプレーです。このスクリーンプレーを行うことによって、アウトサイド（**図1**）やインサイド（**図2**）にノーマークの選手を作ることができます。また、ウィークサイドのディフェンスがパワーサイドにヘルプしにくくさせる意味でも効果的です。

まずは二つのスクリーンプレーとその記号を覚えてください。

ダウンスクリーン

ウィークサイド
パワーサイド
PFがベースライン方向に向かってスクリーンをセット。Fがアウトサイドでノーマークになってパスを受ける
C
(3)
F
(2)
SG
PF
(4)
(1)
PG
スクリーン
図1

アップサイドスクリーン

ウィークサイド
パワーサイド
Fがセンターライン方向に向かってスクリーンをセット。PFがインサイドでノーマークになってパスを受ける
C
(2)
(4)
F
SG
(3)
(1)
PF
PG
スクリーン
図2

TEAM RULE
スクリーンを有効に使うために

スクリーンをセットした選手を「スクリーナー」と言い、スクリーンを使う選手を「ユーザー」と言います。ユーザーはスクリーナーとこすれ合うように通り抜けることによってディフェンスのマークを外すことができます。これを「ブラッシング」と言います。

パスのもらい方❶
「Vカット」と「Lカット」

「静から動」へと緩急の変化をつける

ボールの流れを図で示すと、パスの受け渡しが簡単に行われているように映りますが、試合ではレベルが高くなるほどディフェンスからのプレッシャーがきつくなります。つまりパスをもらう前の動きを工夫する必要があるのです。

アウトサイドでパスを受ける際によく使われるのが「Vカット」です。一度ゴール方向に走り込む素振りを見せて出て来るコースが「V」の字のようになることからそう言われています（**図1**）。

Vカットを行う際にも同じスピードで動いていたらディフェンスにマークされてしまいます。ゆっくりとした動きから急激にスピードアップしてディフェンスを一気に引き離す。すなわち「静から動」へと緩急の変化をつけることがパスをもらう上で大切です。

方向転換を図るタイミングをディフェンスに読まれない

ローポストにいる選手がハイポストに移動してパスを受ける動きを「ハイポストフラッシュ」と言います。さらにそこからアウトサイドに飛び出す動きは、「L」の字になることから「Lカット」と呼ばれています。

このLカットもVカットと同様に、動きに緩急をつけること。そして方向転換を図るタイミングをディフェンスに読まれないことが、ノーマークでパスをもらうコツです。これらVカットやLカットのような動きを取り入れながらパスを受けましょう。

Vカット

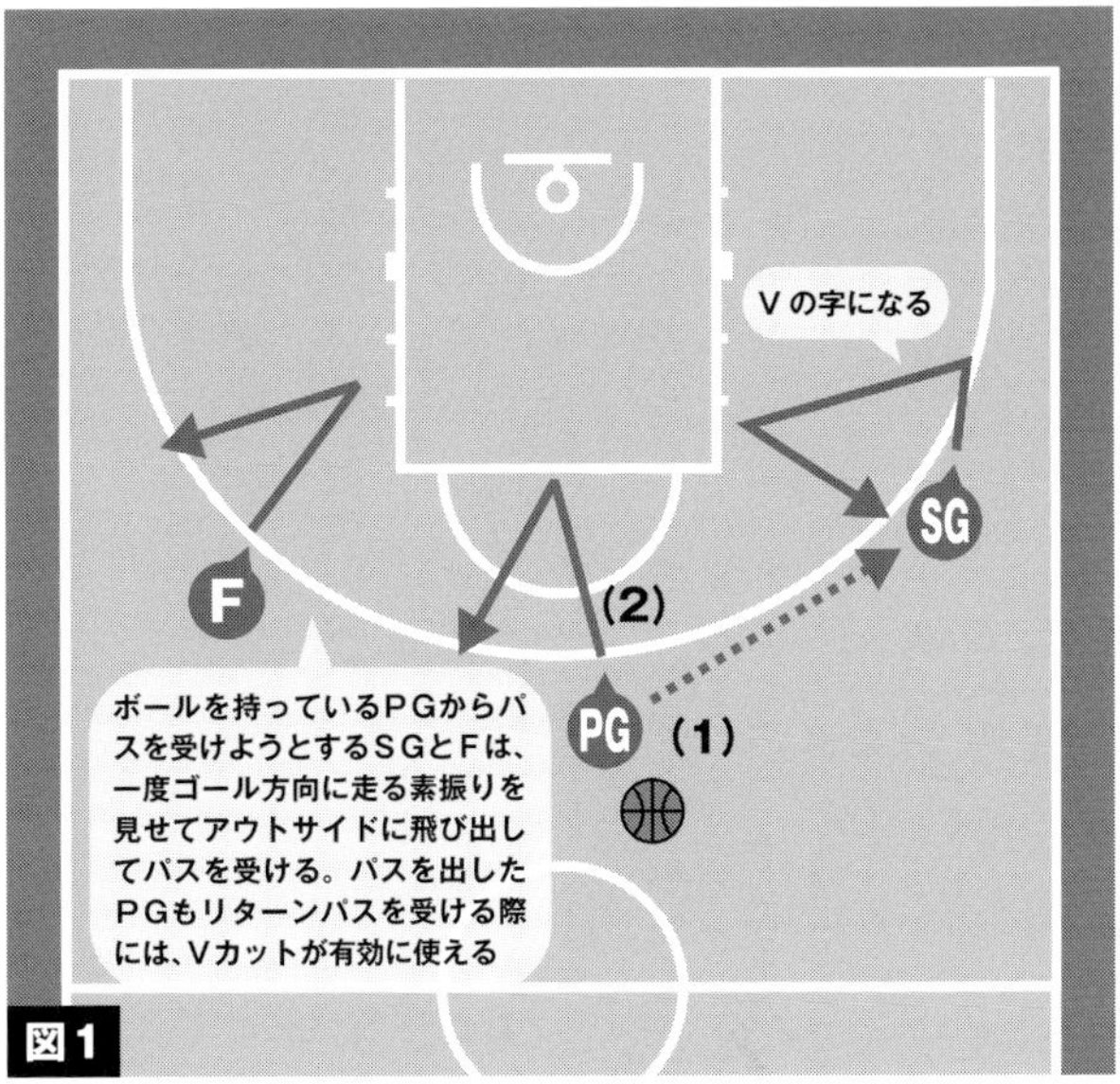
Vの字になる
(2)
(1)
F
SG
PG
ボールを持っているPGからパスを受けようとするSGとFは、一度ゴール方向に走る素振りを見せてアウトサイドに飛び出してパスを受ける。パスを出したPGもリターンパスを受ける際には、Vカットが有効に使える

図1

Lカット

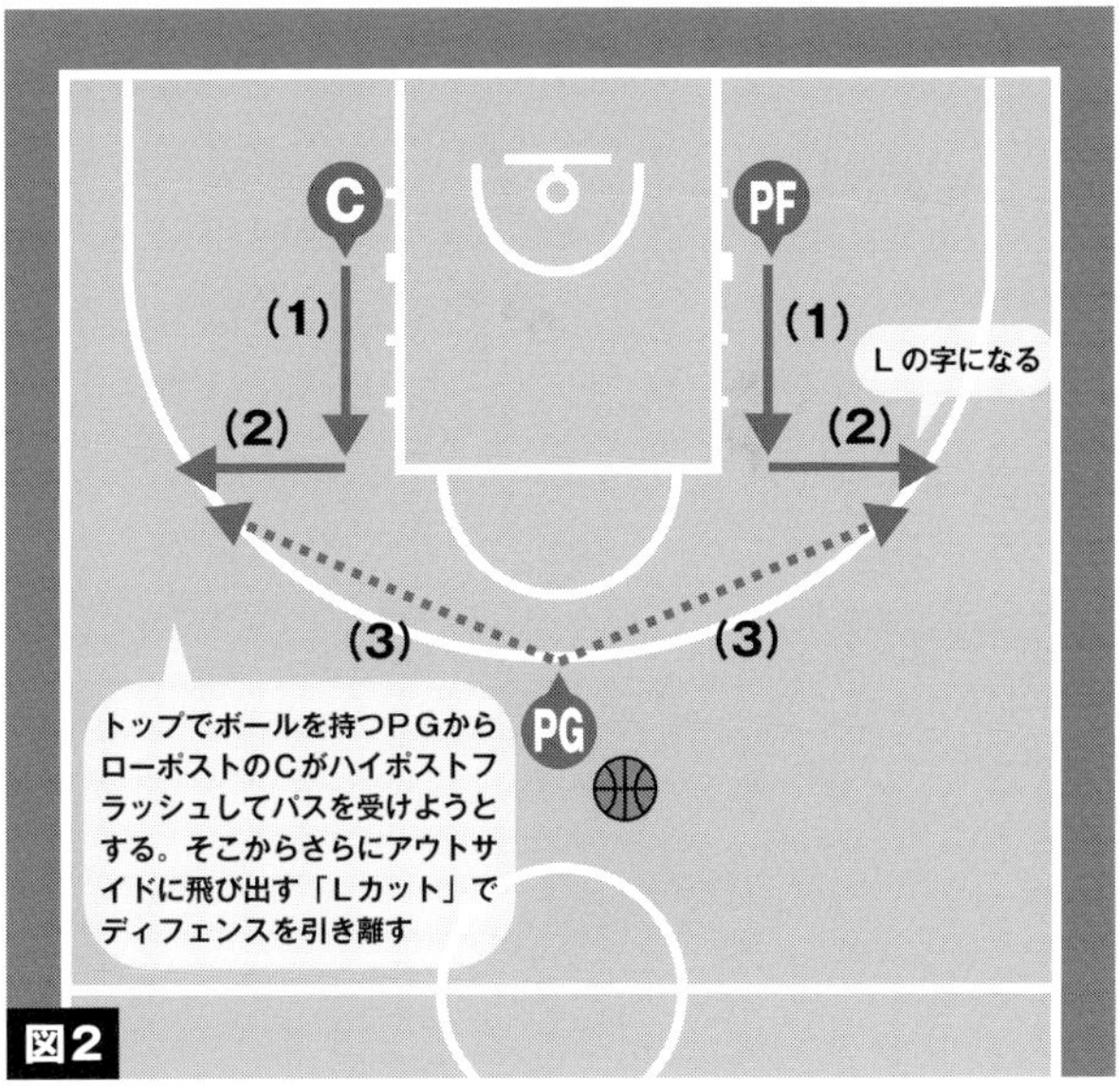
C
PF
(1)
(1)
(2)
(2)
Lの字になる
(3)
(3)
PG
トップでボールを持つPGからローポストのCがハイポストフラッシュしてパスを受けようとする。そこからさらにアウトサイドに飛び出す「Lカット」でディフェンスを引き離す

図2

TEAM RULE
ディフェンスの状況を把握する

VカットとLカット、両方ともディフェンスの状況を把握することがポイントです。ディフェンスが勢いよくアウトサイドについて来るような場合には、逆にゴール方向に走り込んでパスを受けることもできるわけです。

パスのもらい方❷

「ストレートカット」と「カールカット」そして「フレアーカット」

スクリーンを使って確実にパスをもらう

動きに緩急をつけても、素早いディフェンスを相手にした時、パスをもらいにくいことがあります。そういうケースで有効に使えるのがスクリーンです(22ページ)。

例えば、インサイドでダウンスクリーンをセットするCを使って、Fがアウトサイドに真っ直ぐ飛び出してパスをもらうプレーがあります。これを「ストレートカット」と言います(**図1**)。

ところがディフェンスはスクリーンをかいくぐってマークして来るものです。このような技術は「ファイトオーバー」と言います。

ファイトオーバーすることを予測するFは、スクリーナーを巻き込むように動くことによってディフェンスをスクリーンにぶつけることができます。これを「カールカット」と言います(**図2**)。

ディフェンスの対応をよく見て動き方を工夫

さらにディフェンスがカールカットして来ることを読んで先回りすることがあります。これを「スライドスルー」と言います。

このスライドスルーするディフェンスの狙いを読んだFは、ボールマンから離れる動きをすることによって、ノーマークになることができます。この動きを「フレアーカット」と言います(**図3**)。

このようにパスをもらう上でスクリーンプレーは有効ですが、ディフェンスの対応をよく見て動き方を工夫する必要があるというわけです。

フレアーカット

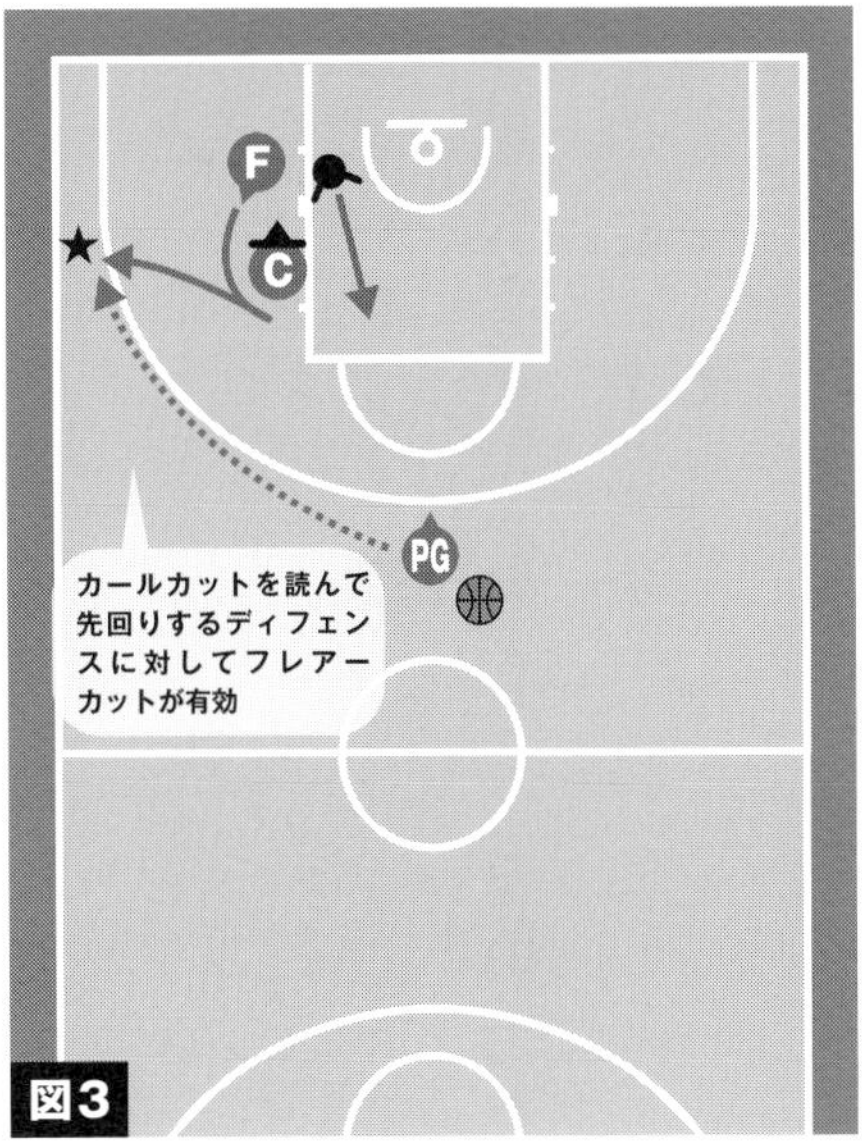
F
C
PG
カールカットを読んで先回りするディフェンスに対してフレアーカットが有効
図3

TEAM RULE

動きのバリエーションを用意する

フォーメーションを作る際には、選手のシュートが決まりやすい形を作ることが大切ですが、同時にディフェンスの対応を想定して、動きのバリエーションを用意しておきましょう。

ストレートカット

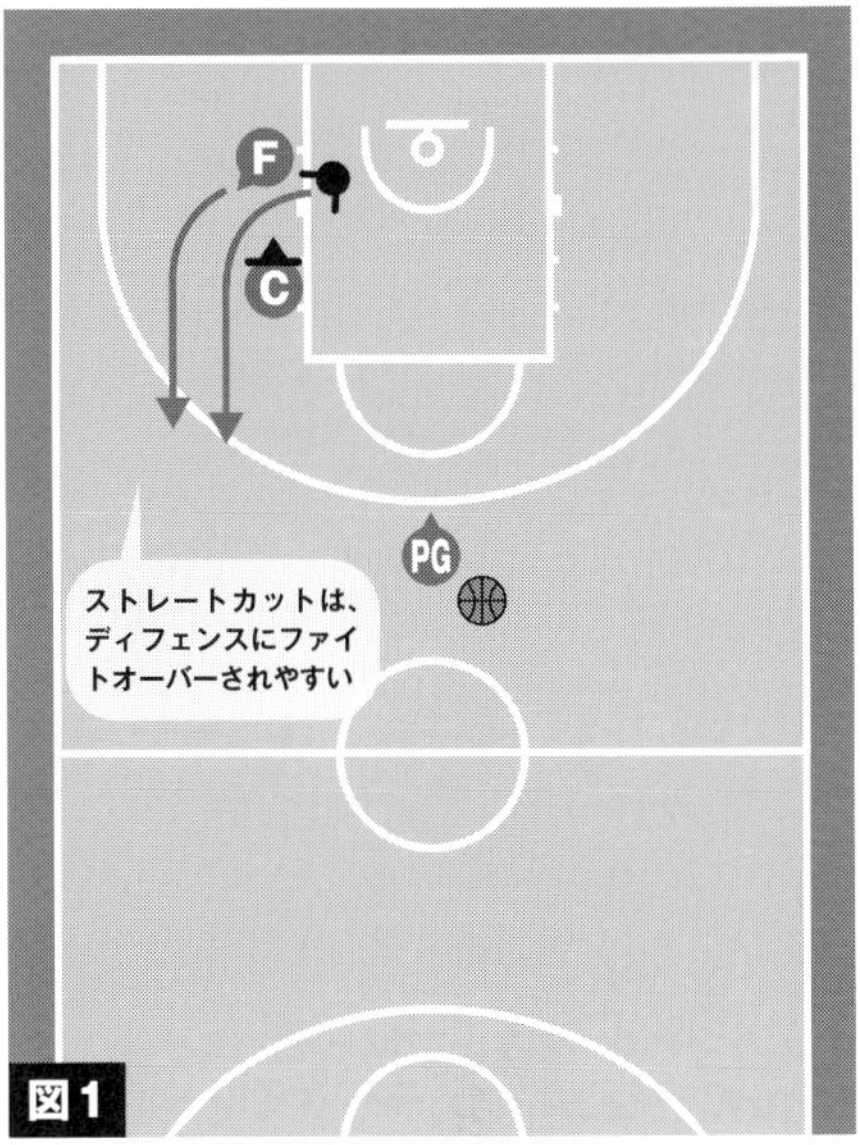
F
C
PG
ストレートカットは、ディフェンスにファイトオーバーされやすい
図1

カールカット

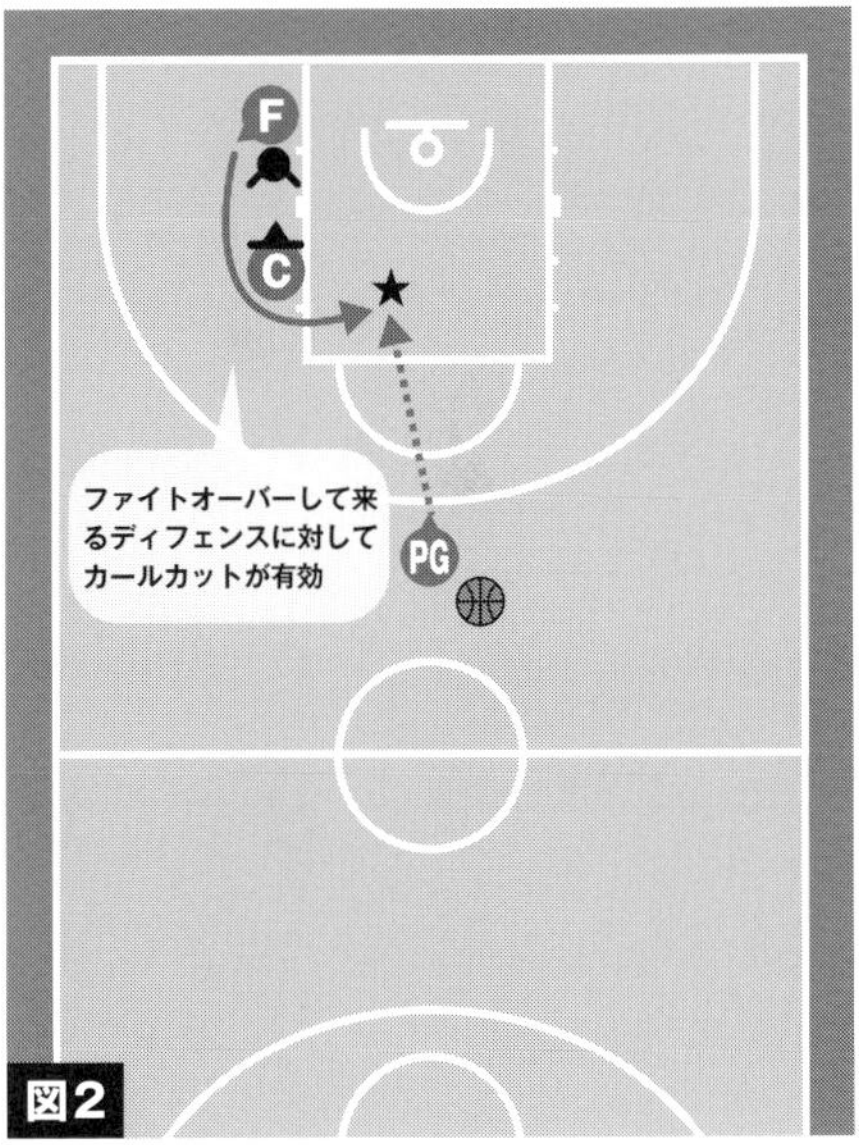
F
C
PG
ファイトオーバーして来るディフェンスに対してカールカットが有効
図2

オンボールのスクリーンプレー❶

ボールマンがスクリーンを使う「ピックアンドロール」

ボールマンがドリブルしながらスクリーンを使う

ウィークサイドでスクリーンプレーを取り入れることによってパスを受けやすくなりますが、さらにパワーサイドでも使われます。ボールマンがドリブルしながらスクリーンを使い、相手を引き離して攻撃を展開するプレーは、「ピックアンドロール（インサイドスクリーン）」と呼ばれています（**図1**）。

前ページまでに紹介したウィークサイドのスクリーンプレーが、オフボールの（ボールがないところでの）スクリーンプレーだとすると、このピックアンドロールは「オンボールのスクリーンプレー」という言い方もできます。

5人がフォーメーションを行うのは、1対1の有利な状況を作り出すのに加え、この「2対2」へとつなげる狙いも含まれます。

時間をかけずにシュートチャンスを作りやすい

このピックアンドロールもディフェンスの対応によって攻撃の方法が変わって来ます。ディフェンスがマークマンを交換して対処する「スイッチ」を行う場合など、スクリーナーがダイブする（ゴール方向に動く）ことによって、1対1の有利な状況を作ることができます（**図2**）。攻撃側の大きな選手に小さなディフェンスがマークする格好になることが多いからです。

このピックアンドロールは時間をかけずにシュートチャンスを作りやすいという意味でも有効です。

ピックアンドロールからシュート

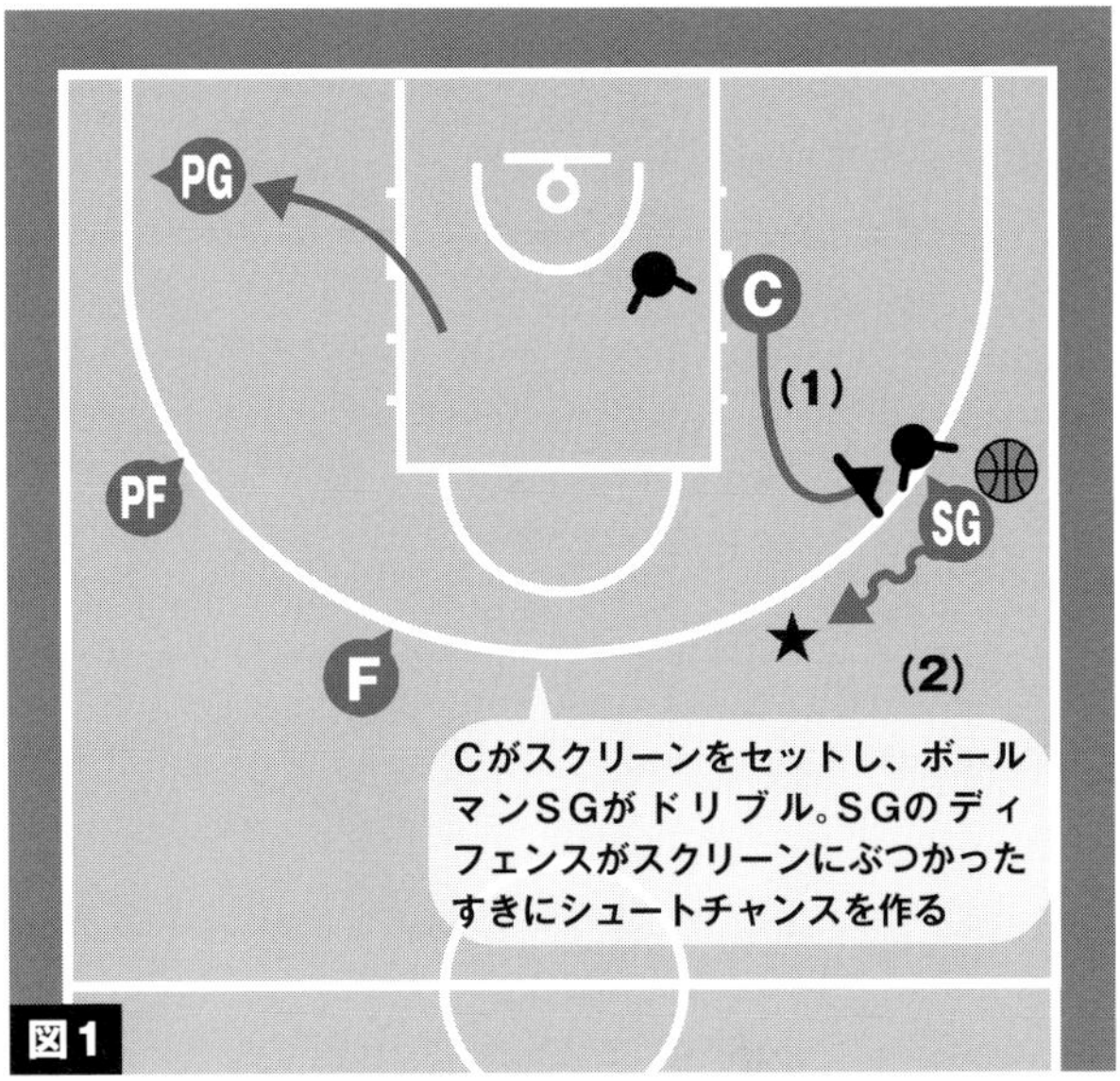
PG
C
(1)
PF
SG
F
(2)
CがスクリーンをセットしＬ、ボールマンSGがドリブル。SGのディフェンスがスクリーンにぶつかったすきにシュートチャンスを作る

図1

ピックアンドロールからスクリーナーにパス

PG
(2)
(3)
PF
C
SG
F
(1)
Cがスクリーンをセットし、ボールマンSGがドリブル。ディフェンスがスイッチしたため、CはダイブしてSGからパスを受けてシュートチャンスを作る

図2

TEAM RULE
ディフェンスにズレが生じるようにスクリーナーとして立つ

壁となってディフェンスの動きを食い止めるには、当たり負けしない強さが必要です。それだけにCやPFがスクリーナーになるケースが多いと言えます。しかしPG、SG、Fもスクリーナーになることによって、ディフェンスにズレが生じ、パスが受けやすくなることを覚えておきましょう。

オンボールのスクリーンプレー❷

スクリーナーがボールマンとなる「トレールプレー」

スクリーナーのボールマンからユーザーがパスを受ける

（28ページの）ピックアンドロールとは逆にスクリーナーがボールマンとなり、ユーザーが走り込みながらパスを受けてシュートチャンスを作るプレーもあります（**図1**）。これは「トレールプレー（アウトサイドスクリーン）」と呼ばれています。

また、スクリーナーCのディフェンスがユーザーPGに対処するようなケースではボールマンであるCがそのままシュート、またはゴール方向にドリブルしてシュートチャンスを作ることもできます。

これをフォーメーションの中に組み込むことができますし、フォーメーションがうまく展開されない時に使うこともできます。時間がかからないシンプルな攻撃なのでとても有効に使えるのです。

まわりの3人もパスを受けられる準備をする

ピックアンドロールやトレールプレーの図は、↓が短く見にくいかもしれません。実際に狭いエリアで行われるプレーなので仕方がないのですが、そこで突破口を開くのに加え、まわりの3人もパスを受けられる準備をしておくことが大切です。

それぞれのディフェンスが、スクリーンプレーに対するカバーリングに入った際に他3選手がノーマークになりやすいからです。パワーサイドでスクリーンプレーが始まった瞬間、ウィークサイドでも合わせの動きを心掛けてチャンスを作りましょう。

トレールプレーからユーザーにパス

ボールマンCが、すぐそばを走り込むPGに手渡しパス
C
PF
SG
F
PG

図1

トレールプレーからそのままシュート

スクリーナーCのディフェンスが、ユーザーのPGに引きつけられたため、ドリブルでゴールに向かう
C
PF
SG
F
PG

図2

TEAM RULE
両手で手渡しパスする

ボールマンであるスクリーナーからユーザーがパスを受ける際には、ハンドオフ（手渡し）パスとなります。言い換えるとスクリーナーが持つボールをユーザーが持ち去るような格好となります。その際にスクリーナーはしっかりと両手でボールをキープすることが大切です。ディフェンスがボールを奪い取ろうと狙っているからです。

Column

ドリブルを終えてすぐスクリーナーとなるスクリーンプレーもある

ドリブルから手渡しパスした後にスクリーナーとなる

（30ページの）「トレールプレー」に似たスクリーンプレーとして最近よく使われるのが、「ドリブルスクリーン」です。ドリブルからハンドオフパスした後にスクリーナーとなって、近づいてパスを受けたチームメイトがユーザーとなるスクリーンプレーです。

チームオフェンスはお互いの息を合わせなくてはいけませんが、プレーがスムーズにいくようになるとディフェンスを戸惑わせることができます。

この章で紹介したような基本戦術を発揮するために、チームに求められるのがフォーメーションなのです。その具体的な方法へと話を進めていきましょう。

ドリブルスクリーン

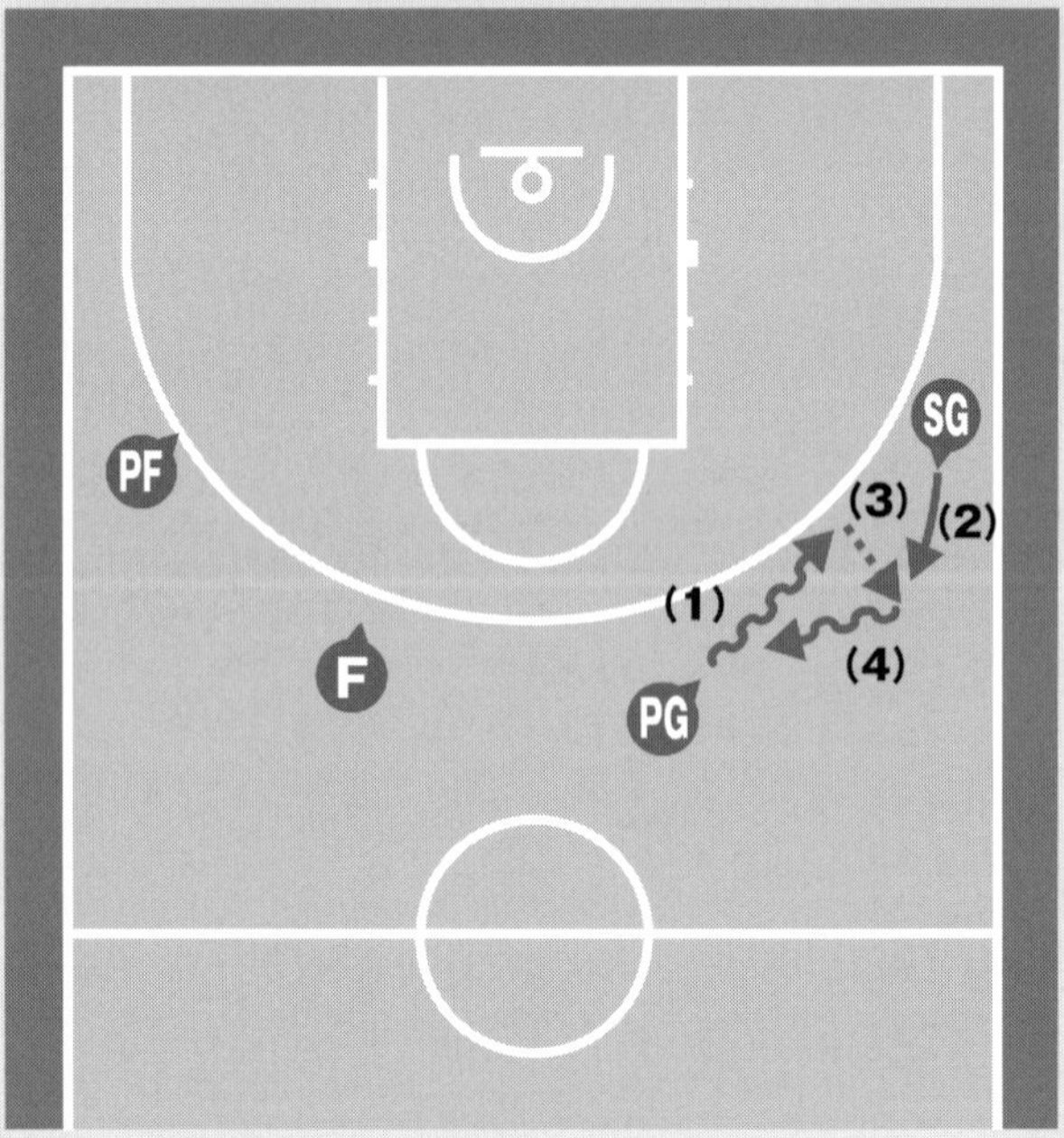

PGがSGに向かってドリブルし、ハンドオフパスすると同時にスクリーンをセット。パスを受けたSGがそのスクリーンを使ってシュートチャンスを作る

第2章

フレックスモーション オフェンス

Team Offense 2

フレックスモーションオフェンスの基本

「ダウンスクリーンモーション」と「アップサイドスクリーンモーション」の陣型

5人が動きながら全員がボールを触る

まずは私がみなさんにお勧めしたい「フレックスモーションオフェンス」から紹介しましょう。「フレックス」とは「フレキシブル（自由度が高い／融通が効く）」という意味で、ディフェンスの対応によっていろいろなオフェンスに移行できるということです。また、これには「ダウンスクリーンモーション」と「アップサイドスクリーンモーション」の2種類あります。

このオフェンスにはメリットがまだあります。5人全員が動きながらボールを触ることを基本とするため、選手が立ち止まったりボールに触れないという状況に陥りにくいことです。良いスクリーンをセットしゴールへと積極的に動くことによってディフェンスを困らせることができるのです。

十分なスペースを確保する陣型が最大の特徴

図を見てください。フォーアウト・ワンインに映るかもしれませんが、このオフェンスは「スリーアウト・ツーイン」が基本となっています。つまりインサイドの選手がアウトサイドに出ているということです。その点も含めてこの陣型の特徴は、十分なスペースを確保している点にあります。

ツーガードポジションにそれぞれガードが2人、両サイドのコーナーにフォワードが2人、そしてパワーサイドのローポストにセンターが配備されています。この陣型からどう動いていくか、36ページから紹介していきましょう。

フレックスモーションオフェンスの陣型

PF
C
F
左右のコーナーに１人ずつポジションをとる
パワーサイドのローポストでセンターが構える
SG
PG
ツーガードポジションに１人ずつポジションをとり、そのうち１人がボールマンとなる

TEAM RULE シュートを狙う姿勢を忘れない

フレックスモーションオフェンスを取り入れる上で注意しなくてはいけないことがあります。それはシュートを狙う姿勢を決して忘れないことです。次のページから紹介する動きにこだわり過ぎると、ゴールを見ないでパスばかりを考えてしまいがちなのです。つまりこの陣型を作った時点で、ボールマンであるＰＧはゴールをしっかりと見てからアクションを起こすということです。

ダウンスクリーンモーション❶

ダウンスクリーンモーションの動き方を覚える

シュートが打てなくてもスペースを確保し続ける

フレックスモーションオフェンスのうち、まずはダウンスクリーンモーションの動き方を見ていきましょう。一つのアクションが起こる度にシュートチャンスが生まれやすいのがこのオフェンスの特徴ですが、ここでは5人の動きを把握してください。

【図1】

ツーガードポジションでボールを持つPGが、もう一方のツーガードポジションにいるSGにパスを出します。それを機にローポストのCがスクリーンをセット。コーナーにいるFはそのスクリーンを使いながら、逆サイドのローポストに移動します。

【図2】

SGがボールを持つ状況で、PGがダウンスクリーンをセット。ローポストのCはそのスクリーンを利用しながらアウトサイドへと飛び出します。

【図3】

Cがツーガードポジションに移動し、PGはコーナーへと広がる動きをします。

図1と**図3**を見比べると左右対称になっているのがわかると思います。つまり、たとえシュートが打てなくてもスペースを確保できている状態であり、次のフレックスモーションオフェンスへとスムーズに移行できることを意味します。ツーガードポジションでSGがボールを持ったこの状況から同じ動きを左サイドでも行います。

次のページではその動きを確認しておきましょう。

右サイドからスタートしたダウンスクリーンモーション

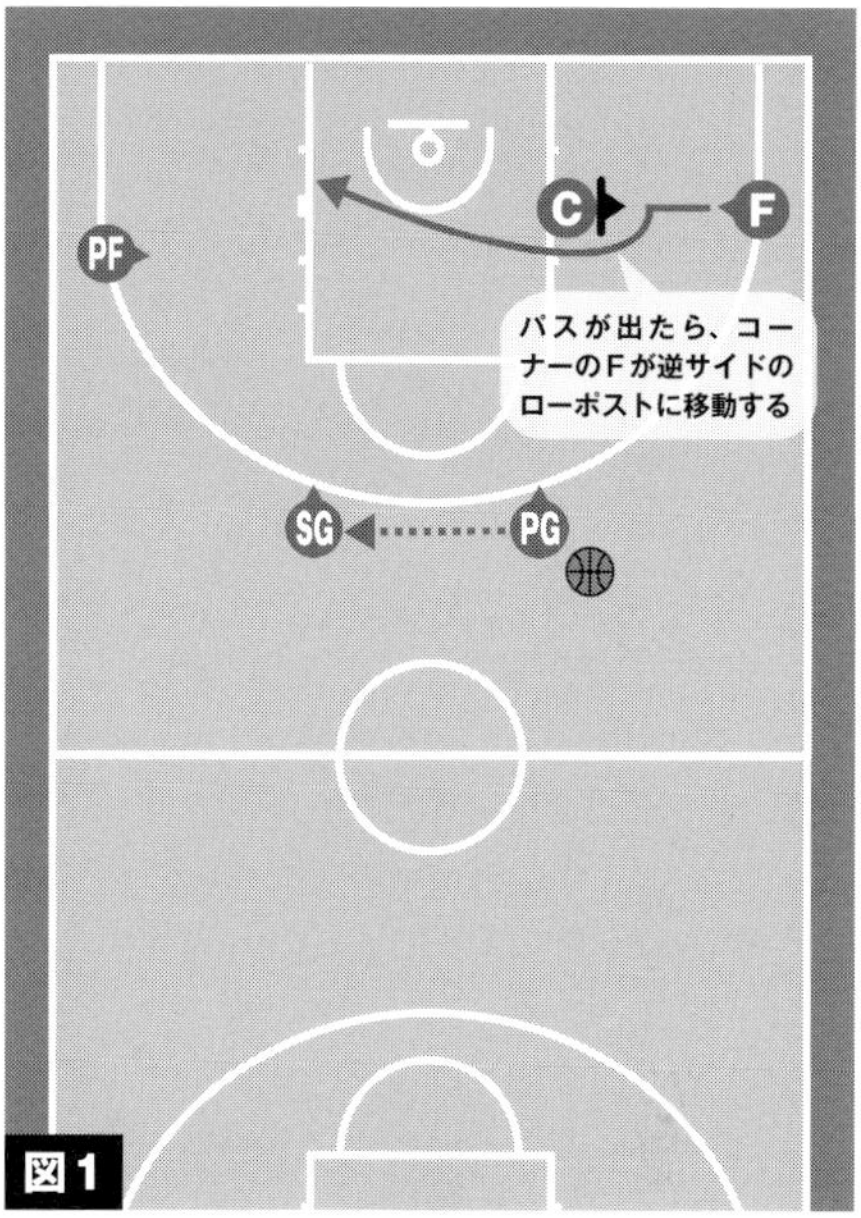
PF
F
C
PG
SG
パスが出たら、コーナーのFが逆サイドのローポストに移動する

図1

Cがアウトサイドに飛び出す
F
C
PF
SG
PG

図2

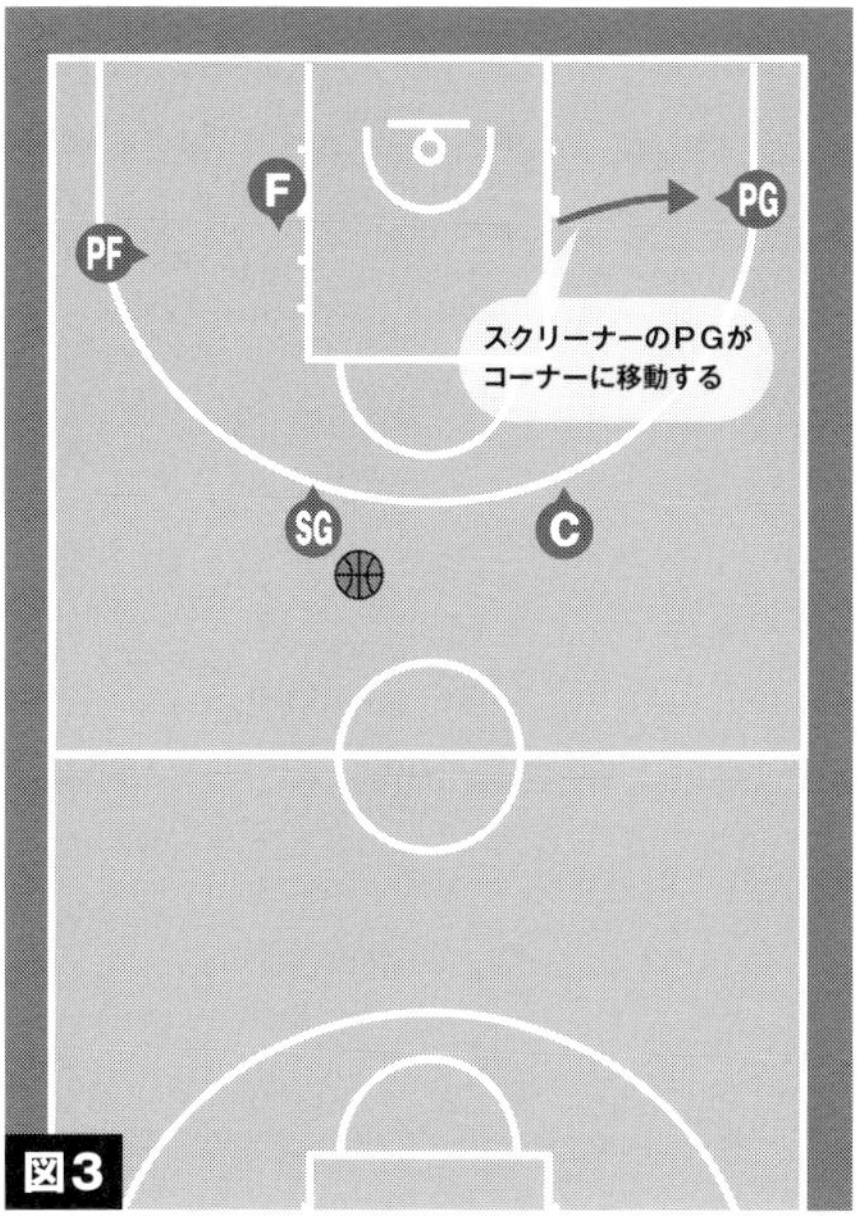
F
PG
PF
スクリーナーのPGがコーナーに移動する
SG
C

図3

TEAM RULE
大きな選手をアウトサイドに引き出す

図2でFがコーナーからローポストに移動した時点でスリーアウト・ツーインになっているように、その陣型は目まぐるしく変わるのが特徴の一つ。そして図3では、Cがアウトサイドに移動しています。つまり相手ディフェンスの大きな選手をアウトサイドに引き出す上で有効だということです。

逆サイドからダウンスクリーンモーションを展開する

全員がボールに触りながら攻撃を展開する

前のページ（**図1**～**図3**）からの続きです。左サイドのツーガードポジションにボールが移動して来たところから同じ動きを左右対称で行います。

【図4】

ツーガードポジションでボールを持つSGが、もう一方のツーガードポジションに移動して来たCにパスを出します。それを機にローポストに移動して来たFがスクリーンをセット。コーナーにステイしていたPFはそのスクリーンを使いながら、逆サイドのローポストに移動します。

【図5】

ツーガードポジションでCがボールを持つ状況で、SGがダウンスクリーンをセット。同じサイドのローポストのFはそのスクリーンを利用しながらアウトサイドへと飛び出します。

【図6】

Fがツーガードポジションに移動し、スクリーナーだったSGはコーナーへと広がる動きをします。

これで36ページの**図1**、すなわちスタートと同じ状態です。つまり全員がボールに触りながら、攻撃を展開したということです。

さて、ポジションがそれぞれ違うのがわかると思います。ここではセンターがアウトサイドでボールマンとなり、2人のガードがコーナーにポジションをとり、3ポイントを狙える形となっています。

それぞれの選手の特性をフィットさせることにより、個々の攻撃力を発揮しやすくなります。

左サイドからスタートしたダウンスクリーンモーション

PF
F
PG
パスが渡ったら、コーナーのＰＦがローポストに移動する
SG
C
図4

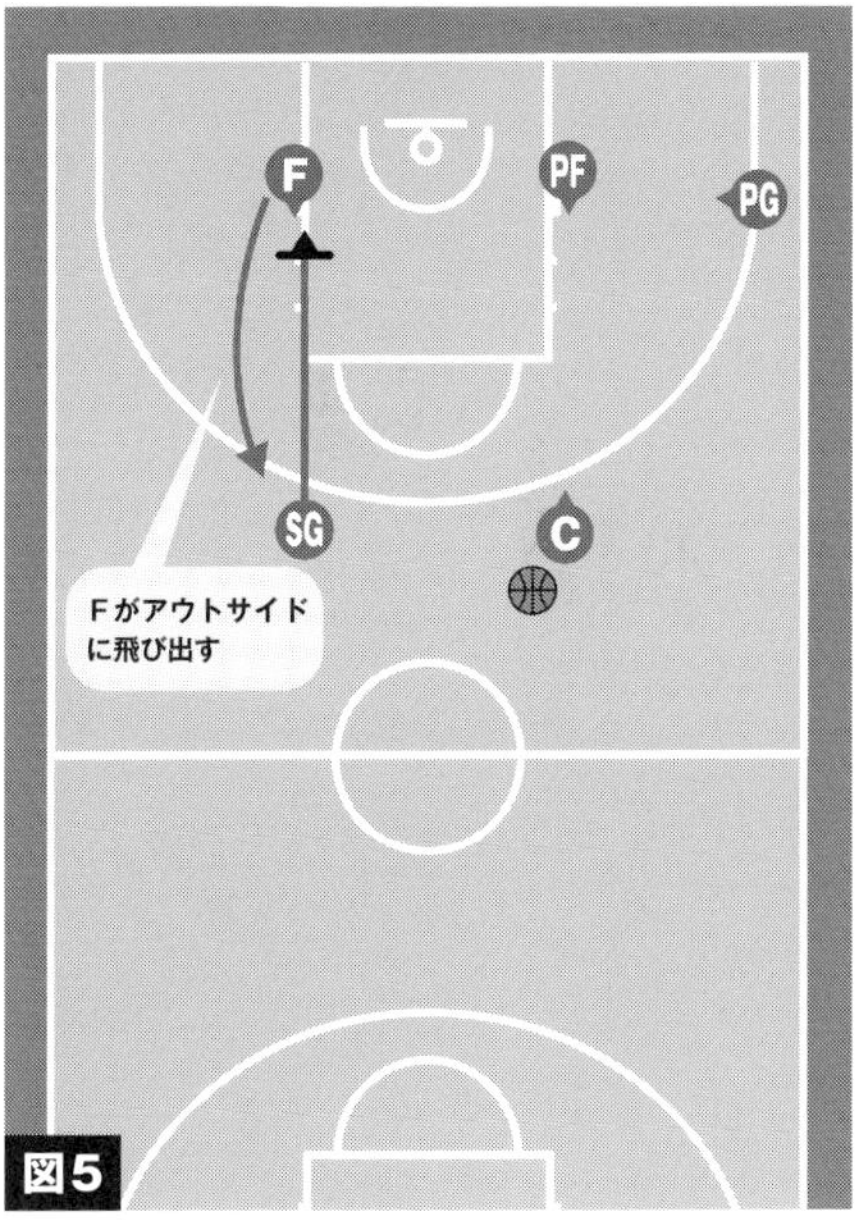
F
PF
PG
SG
C
Ｆがアウトサイドに飛び出す
図5

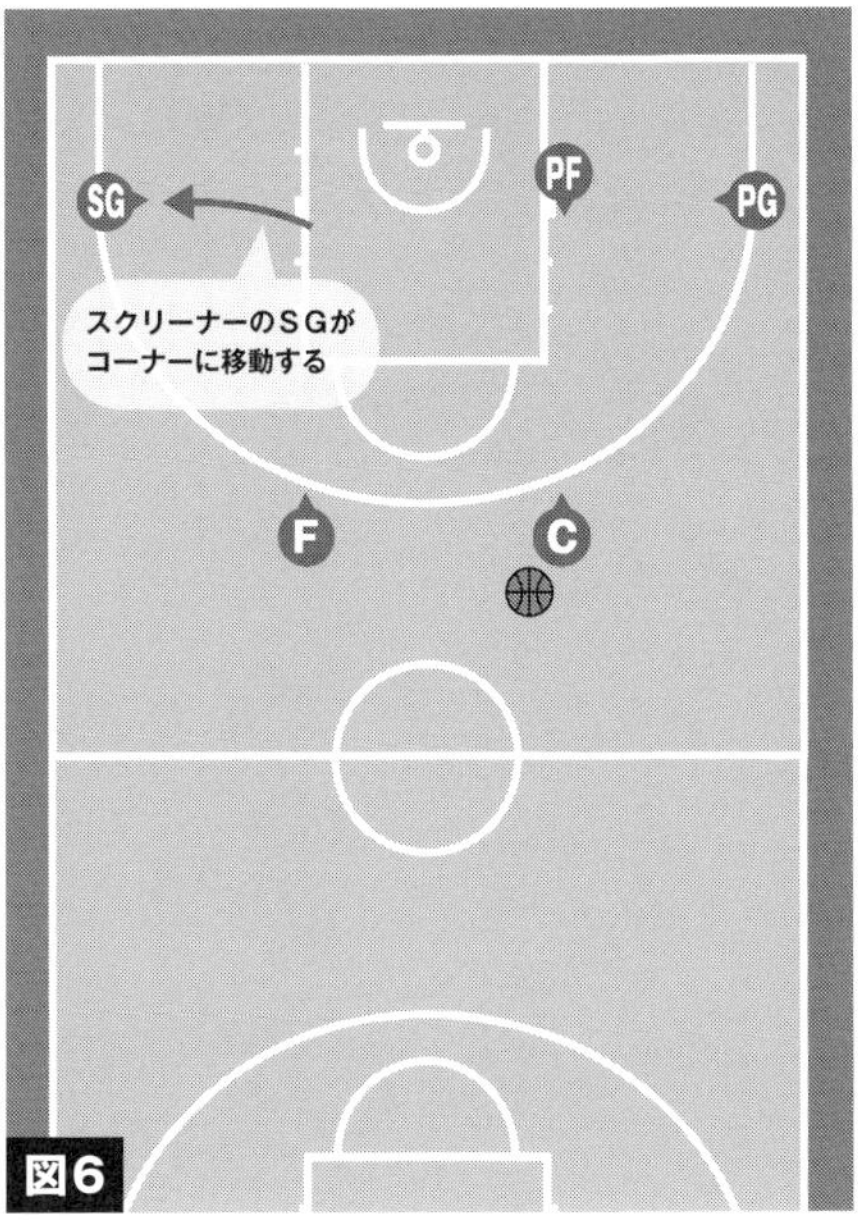
SG
PF
PG
スクリーナーのＳＧがコーナーに移動する
F
C
図6

TEAM RULE
段階を踏んで練習する

練習では、36 ページから続く図1～図6の動きをゆっくりと歩くくらいのスピードで行います。これを「ウォークスルー」と言います。そうして少しずつスピードアップして体に染み込ませた後、ダミー（立っているだけの）ディフェンスをつけて試合へと近づけていきましょう。

ダウンスクリーンモーション❸

パスを受けたらシュートを狙う

ゴール近くでパスを受けたらシュートに

ダウンスクリーンモーションの流れは38ページで説明したとおりです。これをスムーズにできることが大切ですが、忘れてはならないのがシュートエリアでパスを受けて、積極的にシュートを狙うことなのです。

【図1】

ボールがPGからSGへと渡る間に、FがCのスクリーンを使ってゴールへと向かいます。そのタイミングでFがパスを受けられれば、ゴールに近いだけに絶好のシュートチャンスです。

【図2】

その時に気をつけなければならないのは、PFのディフェンスでず。コーナーから離れてヘルプディフェンスして来るケースがあるからです。その場合、ボールマンであるSGはコーナーにステイするPFにパスすることができます。PFのシュートレンジが広ければ、3ポイントシュートを狙うことも可能です。

コーナーからコーナーまで幅広い視野を意識する

ツーガードポジションからパスをさばくSGには、一方のコーナーから逆サイドのコーナーまで幅広く見渡せる視野が求められます【図3】。

Fの動きしか見ていなければ、PFのディフェンスにボールを奪われる危険性があります。同時にノーマークになっているPFの存在にも気づけるように、広い視野を意識するのです。

ダウンスクリーンモーションのシュートチャンス

PF
F
C
PFのディフェンスがヘルプで寄る
SG
PG
図2

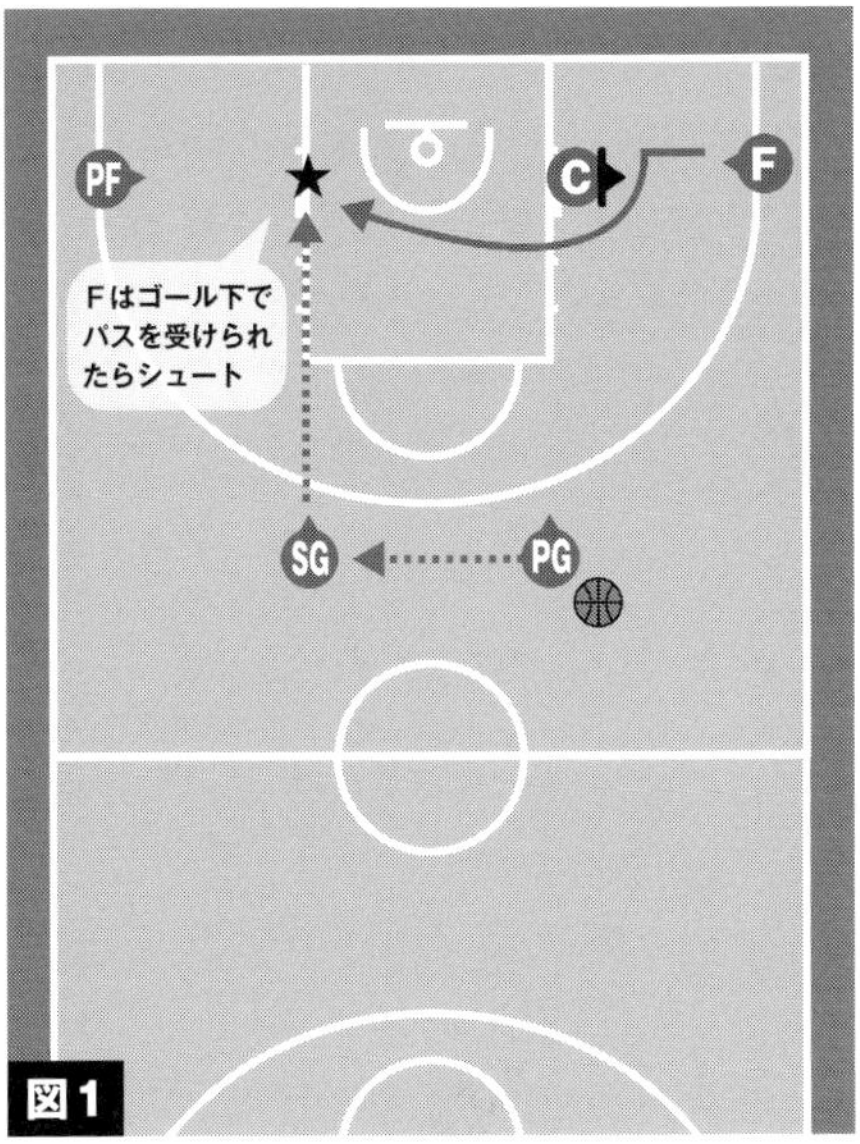
PF
C
F
Fはゴール下でパスを受けられたらシュート
SG
PG
図1

ボールマンの視野

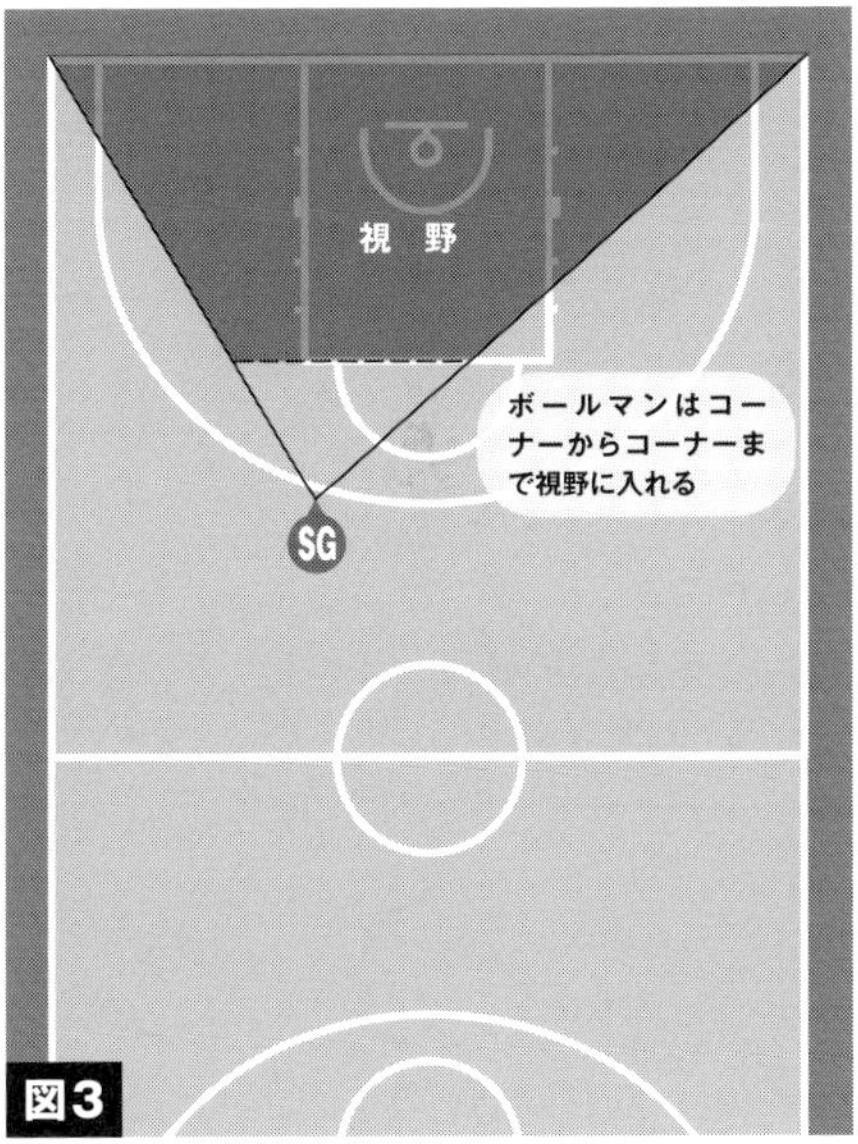
視　野
ボールマンはコーナーからコーナーまで視野に入れる
SG
図3

TEAM RULE
オフェンスリバウンドを忘れない

シュートを意識するのはボールマンだけではありません。スクリーナーのCもFの動きを把握し、シュートを打つようならオフェンスリバウンドに入るタイミングをとることが大切です。Cにとってリバウンドはとても大事な役割の一つなのです。

ディフェンスをよく見て走るコースを決める

ディフェンスの対応によっては逆側から走る

Fの動きに対してディフェンスがどう対応して来るか、もう少し細かく見ていきましょう。

【図1】

フロントサイドから（ボールサイドを）走るFに対して、Cのディフェンスがそのコースを読んでポジションをとる場合があります。そういう時にFは、バックサイド（ベースライン側）から逆サイドのローポストに移動します。

【図2】

Cのディフェンスが、Fの動きを止めようとゴールから離れた場合、スクリーナーであるCがロールする（図で言うと左足を引く）ことによって、SGからのパスを受けることができます。ボールマンのSGはCとF、シュートにつながりやすいほうにパスすることができます。

ステップバックから3ポイントシュートに

【図3】

フロントサイドを走ろうとするFに対して、Fのディフェンスがベースライン側から走って対処して来るケースがあります。そういう場合、Fが元々いたポジションに戻るような形でステップバックします。そこでSGからの（逆サイドへの）スキップパスを受けることによって、3ポイントシュートを狙うことができます。

ただしパスの距離が長くなると、相手ディフェンスにインターセプトされる危険性が高まるので正確なパスが欠かせません。

ディフェンスの対処によって変わるシュートのパターン

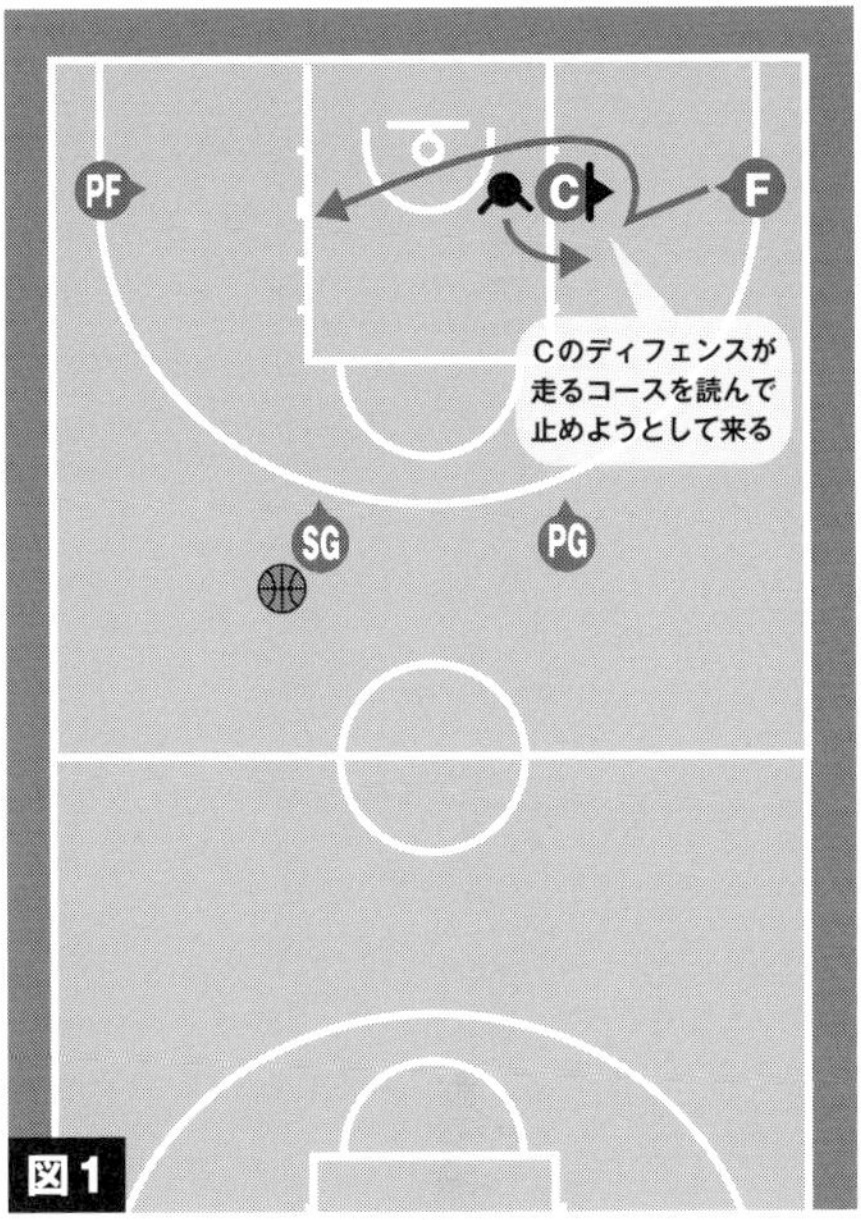
PF
F
C
SG
PG
Cのディフェンスが
走るコースを読んで
止めようとして来る
図1

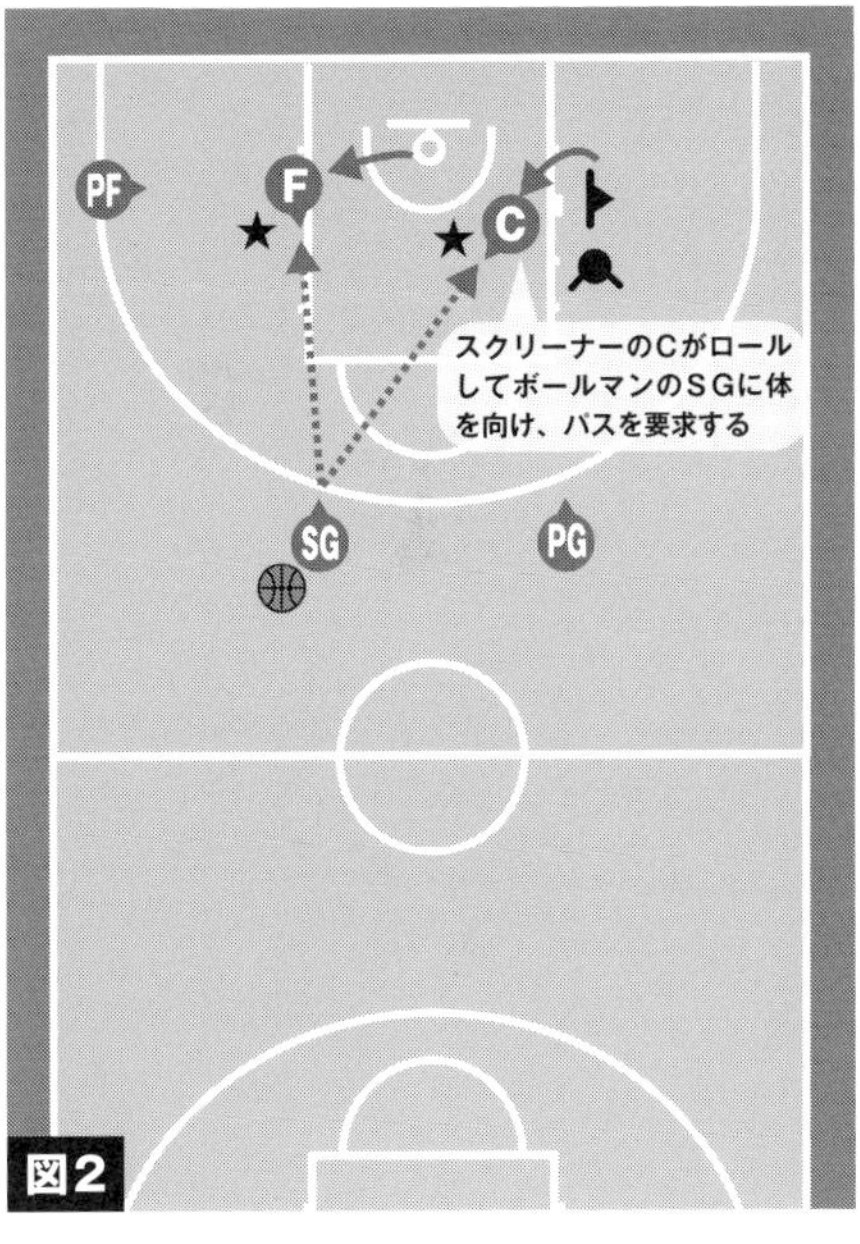
PF
F
C
SG
PG
スクリーナーのCがロール
してボールマンのSGに体
を向け、パスを要求する
図2

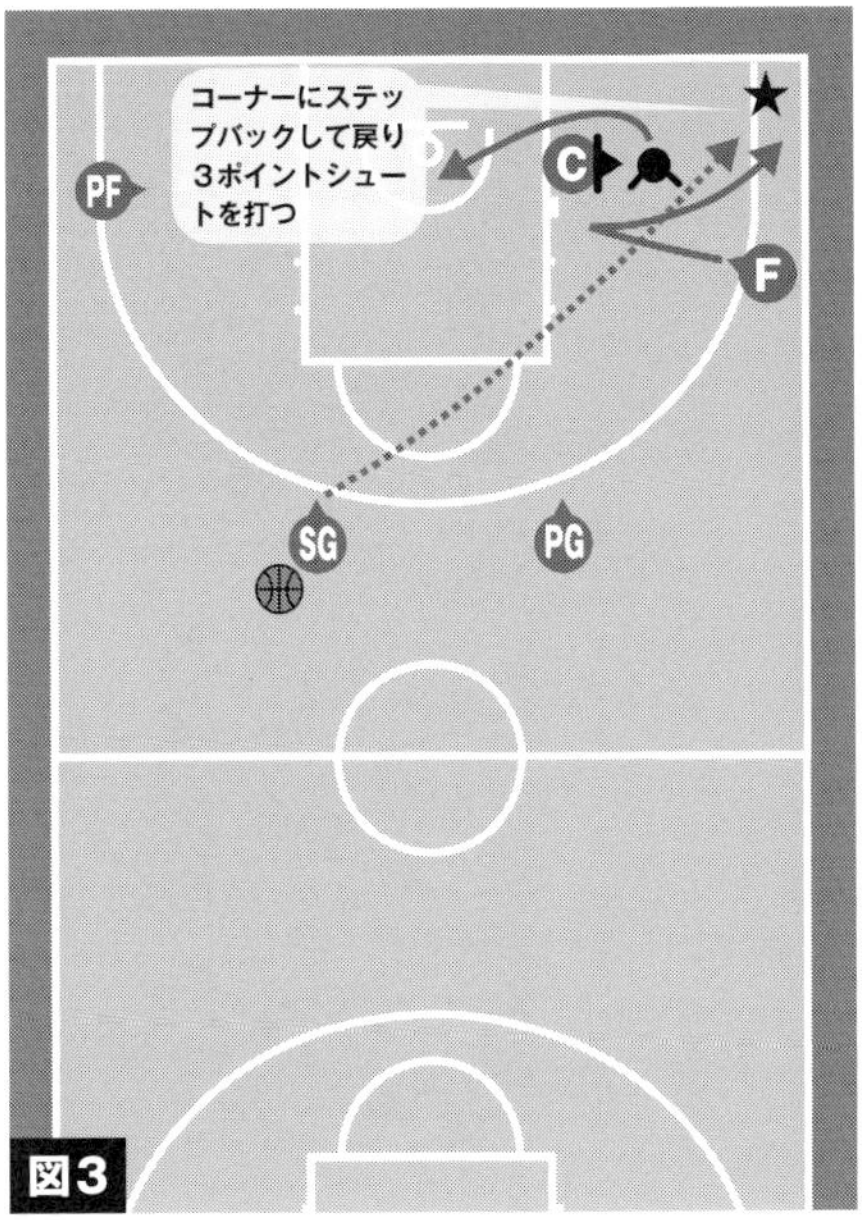
コーナーにステッ
プバックして戻り
3ポイントシュー
トを打つ
PF
C
F
SG
PG
図3

TEAM RULE
ディフェンスに接触してもめげない

図1のようなケースで、Fがディフェンスのいるほうに走らなければならない場合もあります。そういう時には相手とぶつかり合う格好となりますが、たとえ相手と接触してもあきらめていけません。そこで立ち止まるのではなく、相手に体を当ててロールするなど動き方を工夫しながら行きたいポジションに移動するのです。

ディフェンスがパスコースをおさえる時の攻め方

ディフェンスのディナイに対して裏のスペースをつく

極端なポジションどりでパスコースを封じて来るチームがあります。パスコースを手で封じるディフェンス技術は「ディナイ」と言いますが、体ごと入れる「オーバーディナイ」をして来るチームもあります。そういう状況も想定しておく必要があります。

【図1】

PGからSGにパスをして、フレックスモーションオフェンスに入ろうとしている状況ですが、SGのディフェンスがオーバーディナイしている状況です。時にはCのディフェンスがPGからのパスコースに入るケースもあります。

【図2】

この状況でFがスクリーンを使ってカットし、逆サイドのローポストに移動してもパスを受けられません。なぜならボールをPGが持ったままで、SGには渡っていないからです。

そこでFはSGのディフェンスのほうに走り、アップサイドスクリーンをセットします（22ページ）。そうしてSGはスクリーンを使いながらゴール方向へと走り込み、PGからのパスを受けるのです。このように裏のスペースをつくことによって、シュートチャンスが生まれます。

【図3】

また、SGがゴール近くでパスを受けた時、Cのディフェンスがヘルプに来た場合には、Cにパスを合わせることもできます。

ディフェンスの対応をしっかりと見てプレーを判断しましょう。

オーバーディナイするディフェンスに対してアップサイドスクリーン

SGのディフェンス
がオーバーディナイ
図1

Fがアップサイ
ドスクリーンを
セットする
図2

バックカットした後の合わせ

Cのディフェンスがへ
ルプに来る場合もある
図3

TEAM RULE
アイコンタクトを使う

PGがSGにパスを出せない時、2人のうちどちらかがFにスクリーンをセットするように、目の合い図で要求するのも手です。これを「アイコンタクト」と言います。逆にFのほうからセットすることをアイコンタクトで知らせることもできます。このようなコミュニケーションを意識しましょう。

ダウンスクリーンモーション❻

ツーガードポジションで パスが渡った時のチャンスの作り方

ツーガードポジションからの合わせ

ＰＧからＳＧへとパスが渡り、ＰＧがダウンスクリーンをセットするシーンに着目してみましょう。ダウンスクリーンモーションの基本的な流れとしては、Ｃがスクリーンを使ってツーガードポジションに移動するように説明しました（36ページ）。

【図1】

だからといって、Ｃはツーガードポジションに移動することだけを考えるべきではありません。最優先してほしいのは、ＳＧからのパスをゴール下で受けてシュートを決めることです。特にＣのディフェンスがＣをチェイス（後追い）するケースでは、（図のような）カールカットからシュートチャンスへとつなげることができます。

【図2】

また、ＰＧがダウンスクリーンをセットすると同時に、ＳＧがドライブでシュートチャンスを作られる時があります。その積極性をＳＧは大事にするべきですが、もし相手のビッグマンがゴール前に立ちはだかってシュートを打てない場合には、プレーを冷静に判断する必要があります。特にＰＧのスクリーンを使ってツーガードポジションに移動して来たＣにキックアウト（パス）することによって、3ポイントシュートを狙うことができます。

【図3】

たとえシュートを打てなくても、他の4人がポジションを修正することで基本型に戻り、攻撃を作り直すことができるのです。

フレックスモーションの基本型

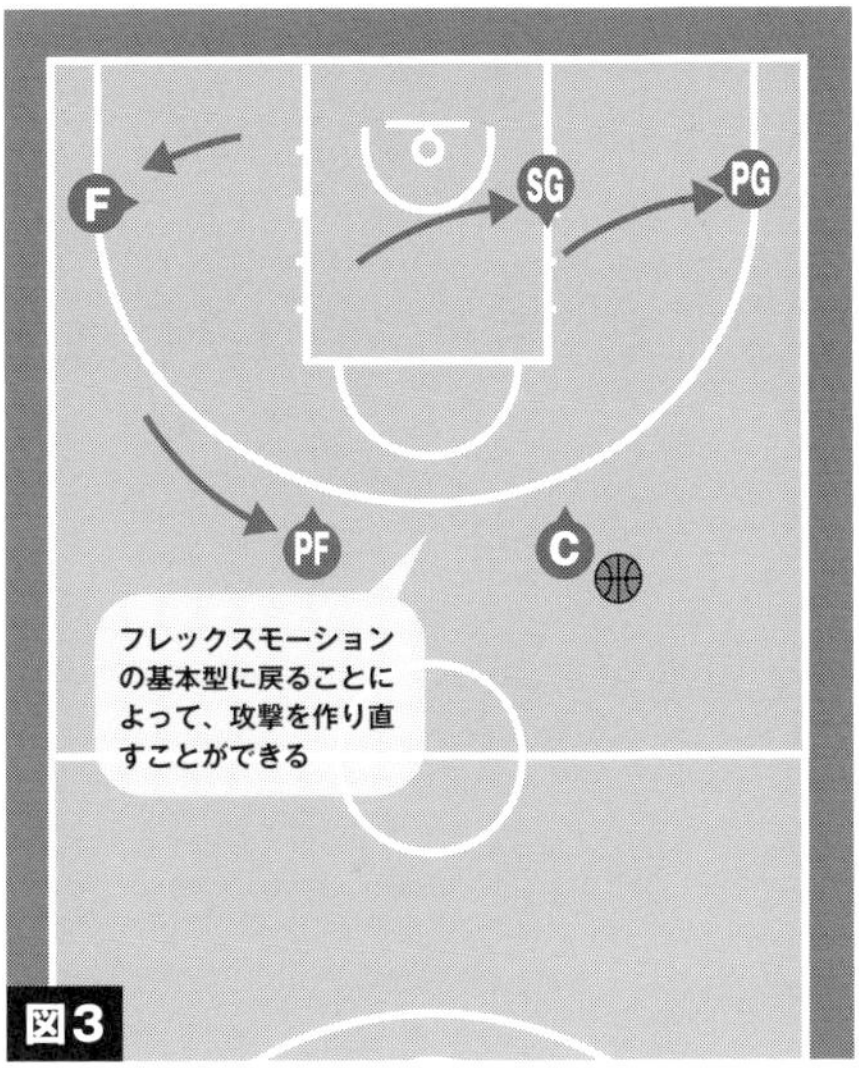
F
SG
PG
PF
C
フレックスモーションの基本型に戻ることによって、攻撃を作り直すことができる

図3

TEAM RULE
ドライブが開始されたらスペースを作る

図2のように、チームメイトがドライブするケースでは、まわりの選手はスペースを作ることを心掛けましょう。それによって自分のディフェンスがボールマンであるＳＧにヘルプしづらくなるからです。

Cがカールカットからシュートするパターン

PF
F
C
Cがカールカットする
SG
PG

図1

ＳＧのドライブから合わせるパターン

PF
F
C
PG
ＳＧがドライブでシュートチャンスを作る
SG

図2

ピックアンドロールに切り換える

時間的な余裕がない時のオフェンスの切り替え方

FがCのスクリーンを使って逆サイドのローポストに移動できない時、またはその動きをするだけの時間的な余裕がない時には、ピックアンドロールに切り換えるのも手です。

【図1】

ツーガードポジションでPGがSGにパスを出したら、そのままCのほうに走りダウンスクリーンをセットします。

【図2】

Cは、PGがセットしたスクリーンを使ってSGのほうに向かって走ります。時間がない時には、SGからのパスをCが受けてシュートを打つこともできますが、6〜8秒残っているならCがSGのディフェンスに対してスクリーンをセット。ボールマンであるSGとCとの2対2で攻撃します。

【図3】

SGがスクリーンを使いながらドリブルしてシュートチャンスを作ります。SGがスクリーンを通過した後、Cはダイブして（ゴール方向に動いて）SGからのパスを受けるのも手です。

フレックスモーションオフェンスの動きを読んでいるディフェンスにとっては意表をつかれる形となります。SGのドリブルへの対処が遅れてズレが生じれば、他の選手がノーマークになることができるかもしれません。

このようにピックアンドロールなど別のオフェンスへと移行できるのもフレックスモーションオフェンスのメリットです。

ダウンスクリーンモーションからピックアンドロールに移行

PF
C
F
PGがダウン
スクリーンを
セット
SG
PG

図1

PF
C
F
PG
SG
Cがピックスク
リーンをセット

図2

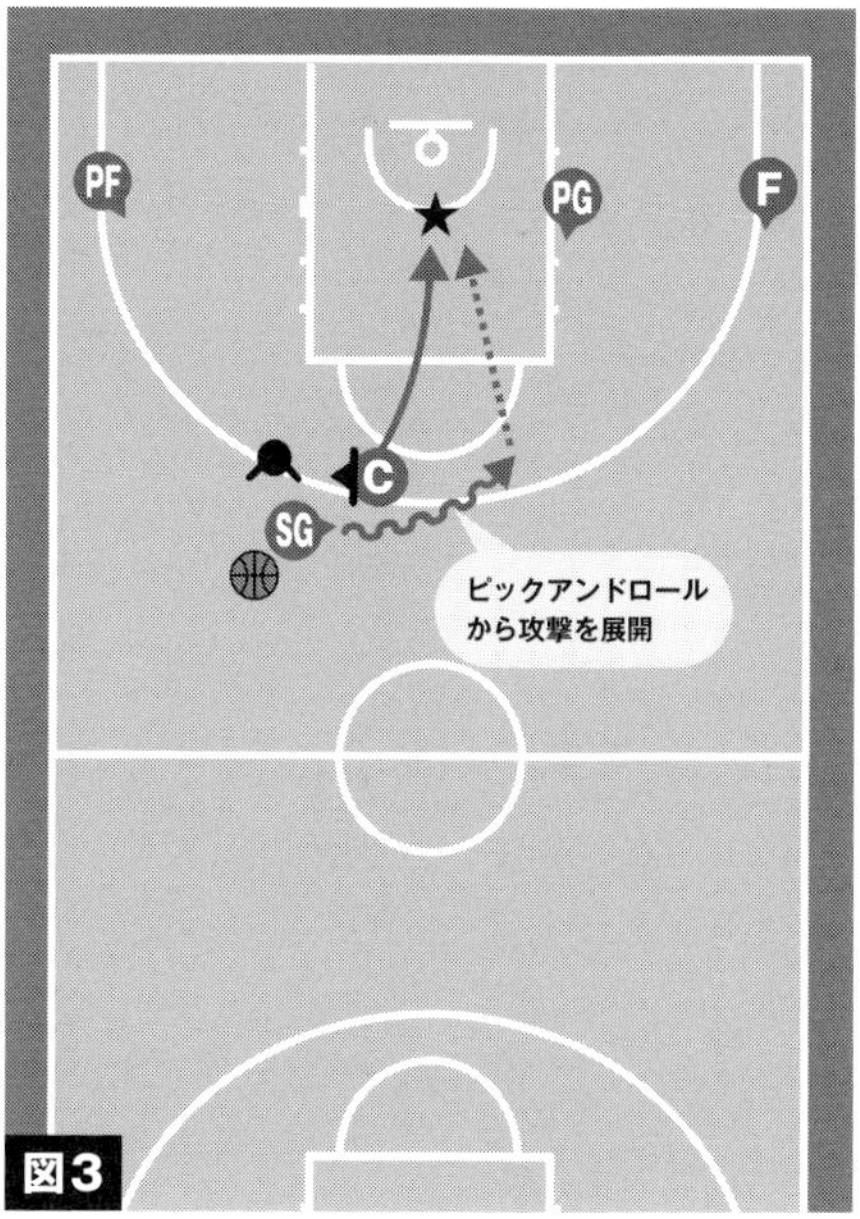
PF
PG
F
C
SG
ピックアンドロール
から攻撃を展開

図3

TEAM RULE
スクリーンが セットされるのを待つ

図2のように、Cがスクリーンをセットする前、ローポストからトップに移動する格好となります。その動きの最中にSGがドリブルを始めると、ピックアンドロールが機能しなくなります。したがってCがスクリーンをセットしたことを確認して、SGがドリブルを始めることがポイントです。

一定の距離を置くディフェンスに対する攻め方

相手の意表をついて動く方向を変える

ここまで紹介したダウンスクリーンモーションは、相手ディフェンスの厳しいマークを外すことが目的でした。ところがなかには、わざと攻撃側と一定の距離をとってディフェンスするチームもあります。後述しますが、ゾーンディフェンスもそれに含まれます。そのようなチームに対しての効果的なフォーメーションを紹介しておきましょう。

【図1】

フレックスモーションの基本陣型をとり、ＰＧからＳＧへとパスを出します。

【図2】

Ｆがアクションを起こすと同時に、ＰＧも動き出します。しかもＦはスクリーンを使うのではなく、ツーガードポジションに。ＰＧはダウンスクリーンをセットするふりをして、逆サイドのローポストへと移動します。このように、相手ディフェンスの意表をつく形で動く方向を変えることを「スリップ」と言います。ＰＧにしてもＦにしてもノーマークになることができれば、シュートチャンスとなります。

【図3】

たとえＰＧやＦにパスを出すことができなくても、Ｃがコーナーにポップアウトすることによって、フレックスモーションの基本型に戻ることができます。つまりここから再度、攻撃を作り直すことができるわけです。

そのことも考慮してＳＧはプレーを選択する必要があります。

スリップから基本型へと戻る

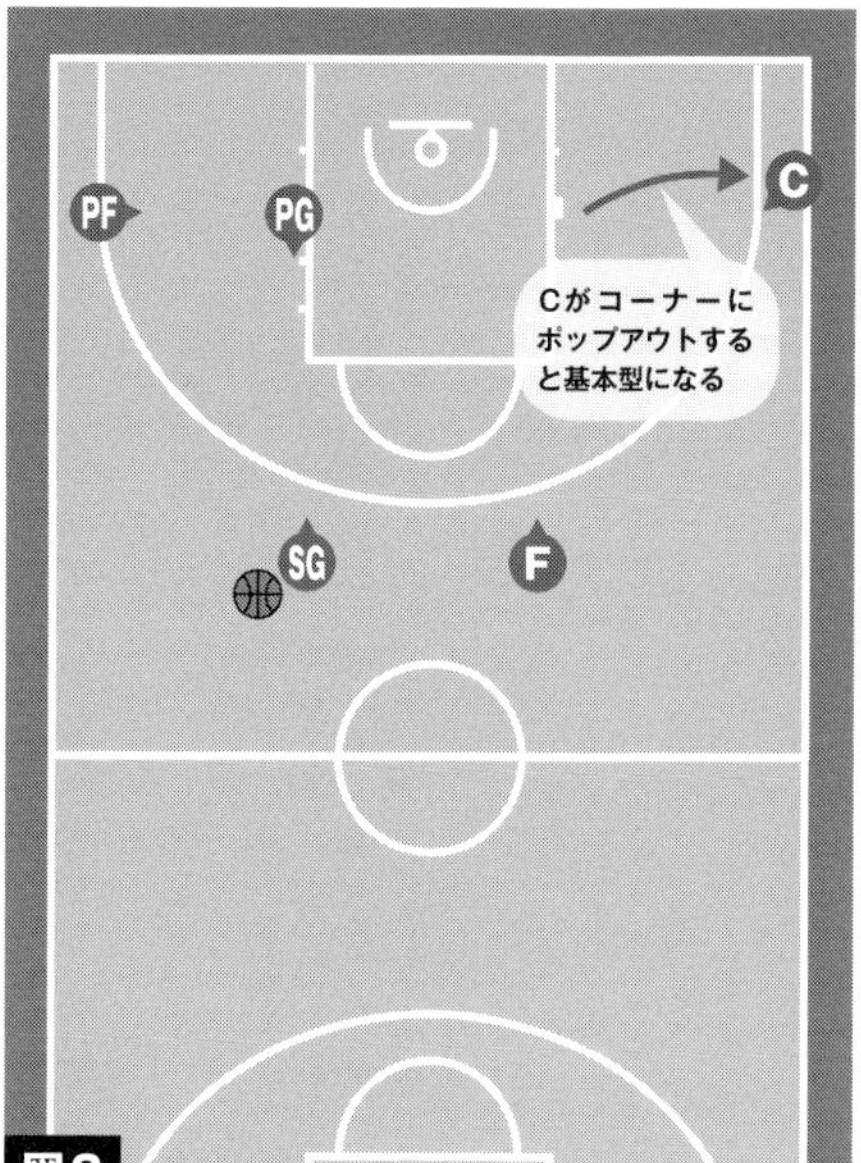
PF
PG
C
Cがコーナーに
ポップアウトする
と基本型になる
SG
F

図3

PF
C
F
SG
PG
PGからSGにパス

図1

PF
C
F
SG
PG
PGとFが同時に動く

図2

TEAM RULE
ディフェンスの対処をよく見る

相手がしつこいディフェンスの場合、この「スリップ」ではマークを外せないことを忘れないでください。ディフェンスがどのような対処をして来るかしっかりと見て、攻撃の仕方を判断することが欠かせないわけです。

アップサイドスクリーンモーションの動き方を覚える

ダウンスクリーンとの違いを理解する

フレックスモーションオフェンスの中で次に紹介するのは、「アップサイドスクリーンモーション」です。このオフェンスもダウンスクリーンモーションと同じように、一つのアクションが起こる度にシュートチャンスが生まれます。しかしここではまず、5人の動きを把握しましょう。

【図1】

ツーガードポジションでボールを持つPGが、もう一方のツーガードポジションにいるSGにパスを出します。それを機にローポストのCがスクリーンをセット。コーナーにいるFはそのスクリーンを使いながら、逆サイドのローポストに移動します。

【図2】

SGがボールを持つ状況で、Cがアップサイドスクリーンをセットします。

【図3】

ツーガードポジションのPGはそのスクリーンを利用しながらコーナーへと移動し、Cがツーガードポジションに移動します。

ダウンスクリーンモーションと同様、**図1**と**図3**を見比べると左右対称になっています。たとえシュートが打てなくても、十分なスペースを確保できているフロアーバランスと言え、再度モーションオフェンスを展開できます。

ツーガードポジションでSGがボールを持ったこの状況から同じ動きを左サイドからも行います。次のページでその動きを確認しておきましょう。

右サイドからスタートしたアップサイドスクリーンモーション

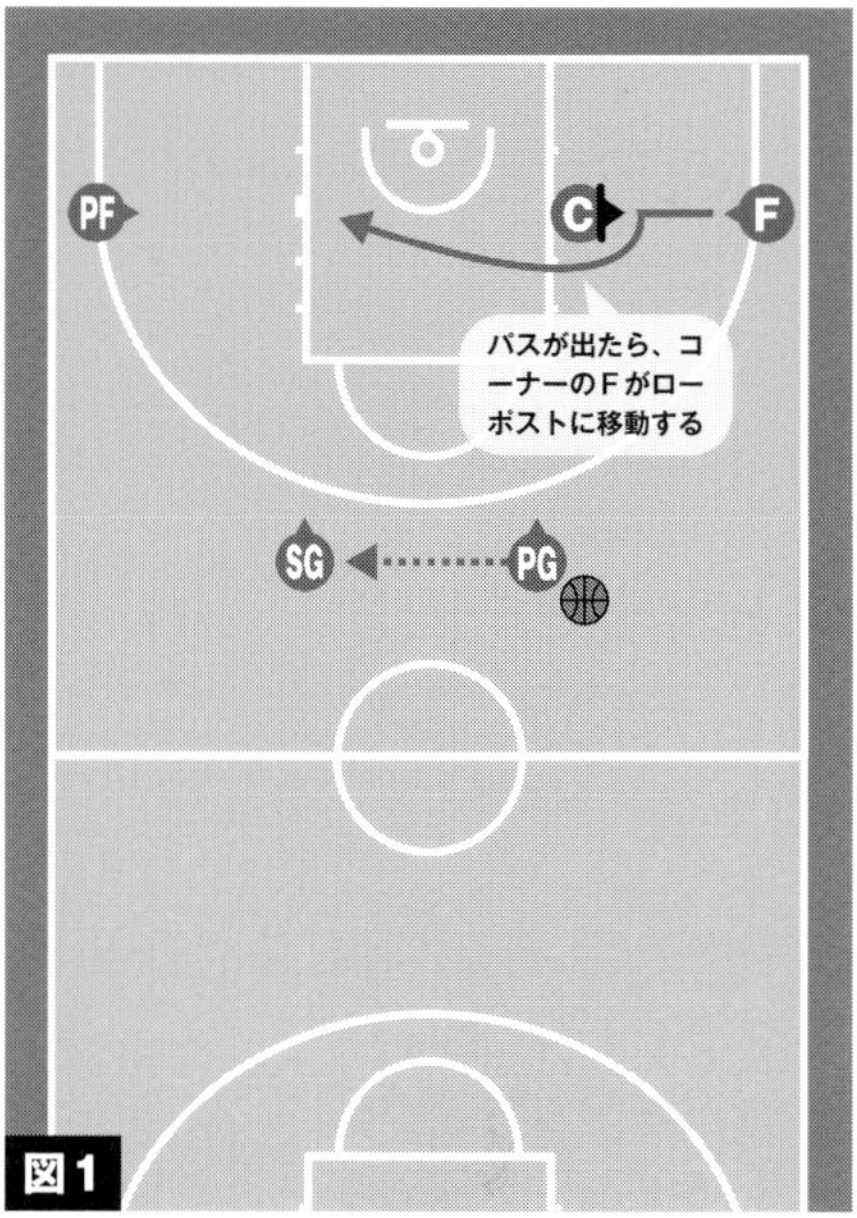
PF
C
F
バスが出たら、コーナーのFがローポストに移動する
SG
PG
図1

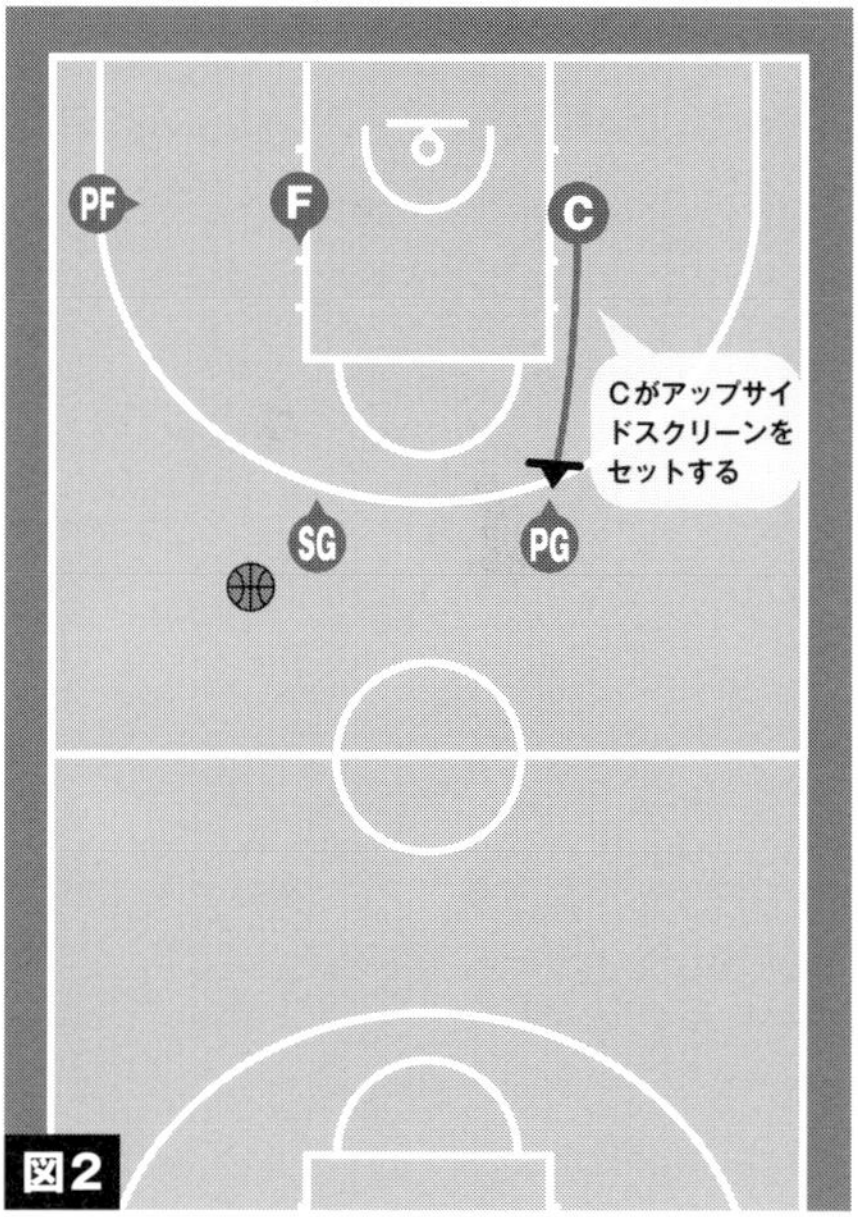
PF
F
C
Cがアップサイドスクリーンをセットする
SG
PG
図2

PF
F
C
(2)
(1)
SG
PG
PGがスクリーンを使ってコーナーに移動する
図3

TEAM RULE
得意なプレーが発揮しやすい動きを

図3ではPGがコーナーに移動していますが、これは3ポイントシュートを狙うためです。もしこの動きの中で高さや強さを活かすのであれば、ゴール方向にカットすることもできます。つまり得意なプレーを発揮しやすい動きを選択するわけです。

逆サイドからアップサイドスクリーンモーションを展開する

全員がボールに触って攻撃を展開する

前のページ（**図1〜図3**）からの続きです。ボールが左サイドのツーガードポジションに移動して来たところから同じ動きを左右対称で行います。

【図4】

ツーガードポジションでボールを持つSGが、もう一方のツーガードポジションに移動して来たCにパスを出します。それを機にローポストに移動して来たFがスクリーンをセット。コーナーにステイしていたPFはそのスクリーンを使いながら、逆サイドのローポストに移動します。

【図5】

ツーガードポジションでCがボールを持つ状況で、Fがアップサイドスクリーンをセットします。

【図6】

同じサイドのツーガードポジションのSGはそのスクリーンを利用しながらコーナーへと移動します。さらにFがツーガードポジションに移動します。

これで前ページの**図1**、すなわち基本型に戻ります。つまり全員がボールに触りながら、攻撃を展開したということです。

ダウンスクリーンモーションと同様、ポジショニングがそれぞれ変わります。ここでもセンターがアウトサイドでボールマン、2人のガードがコーナーにポジションをとり、3ポイントシュートを狙える形が作られています。

各々の特性をフィットさせることにより、個々の攻撃力が発揮されやすくなるでしょう。

左サイドからスタートしたアップサイドスクリーンモーション

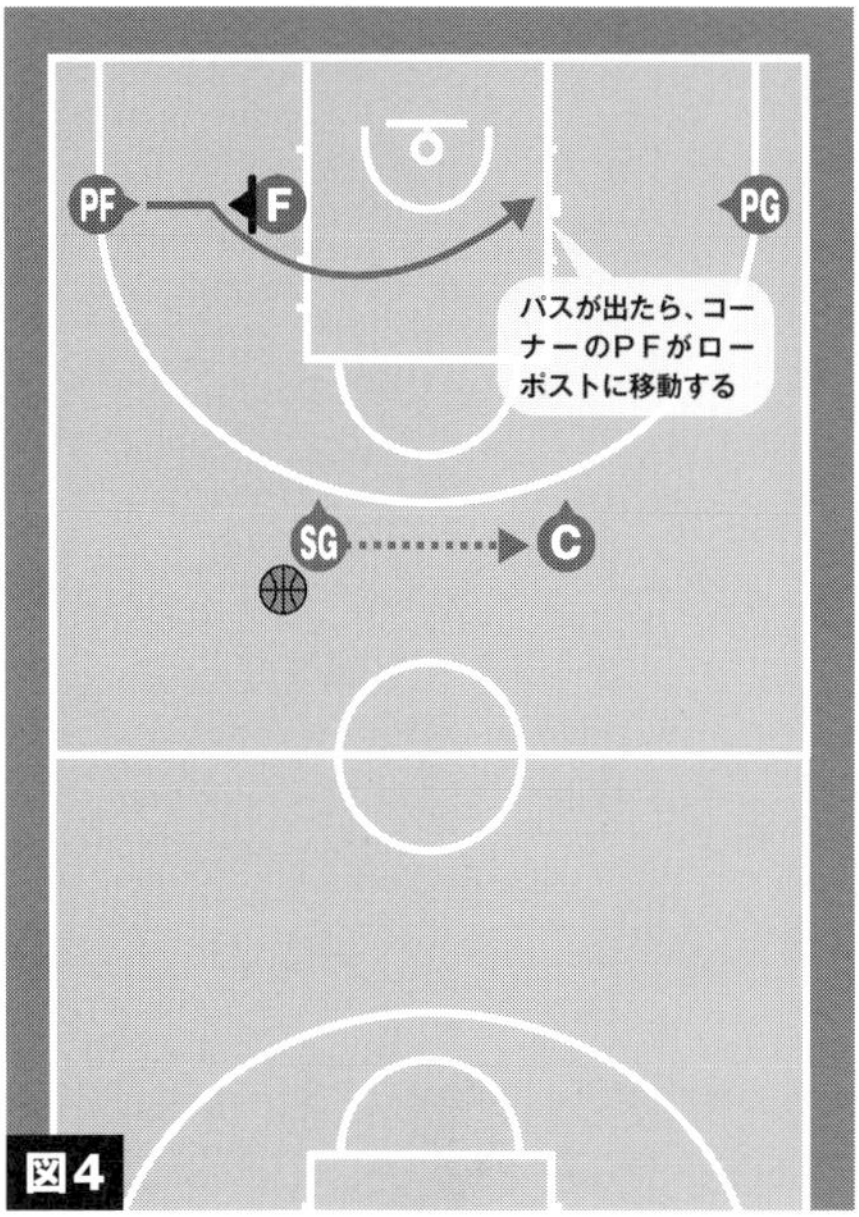
PF
F
PG
パスが出たら、コーナーのＰＦがローポストに移動する
SG
C

図4

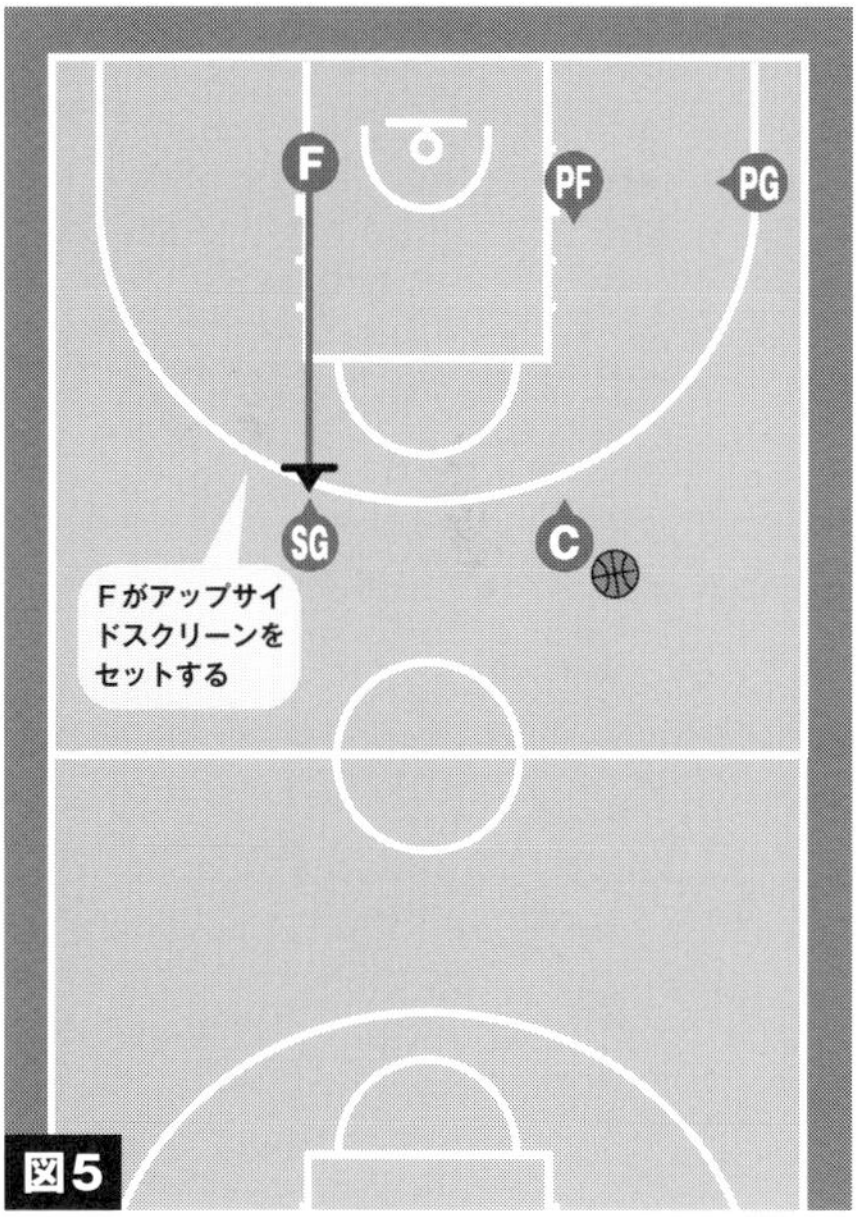
F
PF
PG
SG
C
Ｆがアップサイドスクリーンをセットする

図5

PF
PG
F
(1)
(2)
SG
C
ＳＧがスクリーンを使ってコーナーへと移動する

図6

TEAM RULE
二つのモーションオフェンスを使い分ける

ダウンスクリーンモーションと同様に、練習ではこの図１～６の動きをウォークスルーで行い、少しずつスピードアップ。そしてダミーディフェンスをつけて試合へと近づけましょう。さらにこのアップサイドスクリーンモーションとダウンスクリーンモーションをスムーズに使い分けることも大切です。

アップサイドスクリーンモーション❸

スクリーナーの角度を変える

自分の背中をスペースに向けるような角度で立つ

コーナーから逆サイドのローポストに動くFについてはダウンスクリーンモーションと同じなので、ここではアップサイドスクリーンのシーンに着目したいと思います。ポイントとなるのが「スクリーナーの角度」です。

【図1】

3ポイントシュートを得意とするPGがコーナーのスペースを活かしたい場面では、スクリーナーであるCは自分の背中をそのスペースに向けるような角度で立つことがポイントです。PGがスクリーンを使った後、Cはゴール方向に動くことによってSGからパスを受けられるかもしれません。

【図2】

PGの身長が高かったり、自らのジャンプ力を活かしたい時などはゴール方向に走り込むのも手です。その場合、スクリーナーは背中をそのスペースに向けることによってPGのディフェンスが引っ掛かりやすくなります。

【図3】

ちなみにPGがボールマンでそのまま3ポイントシュートを打たせたいケースでは、スクリーナーはゴール方向に向くような角度で立つのも手です。

このようにアップサイドスクリーンの角度を変えることによって、ユーザーが使いやすくなる場合もあれば、逆にディフェンスに対応されてしまう場合もあるわけです。時にはディフェンスの動きを食い止めることを優先して角度を先に決めるケースもあります。

背中越しから3ポイントシュートを狙わせるための角度

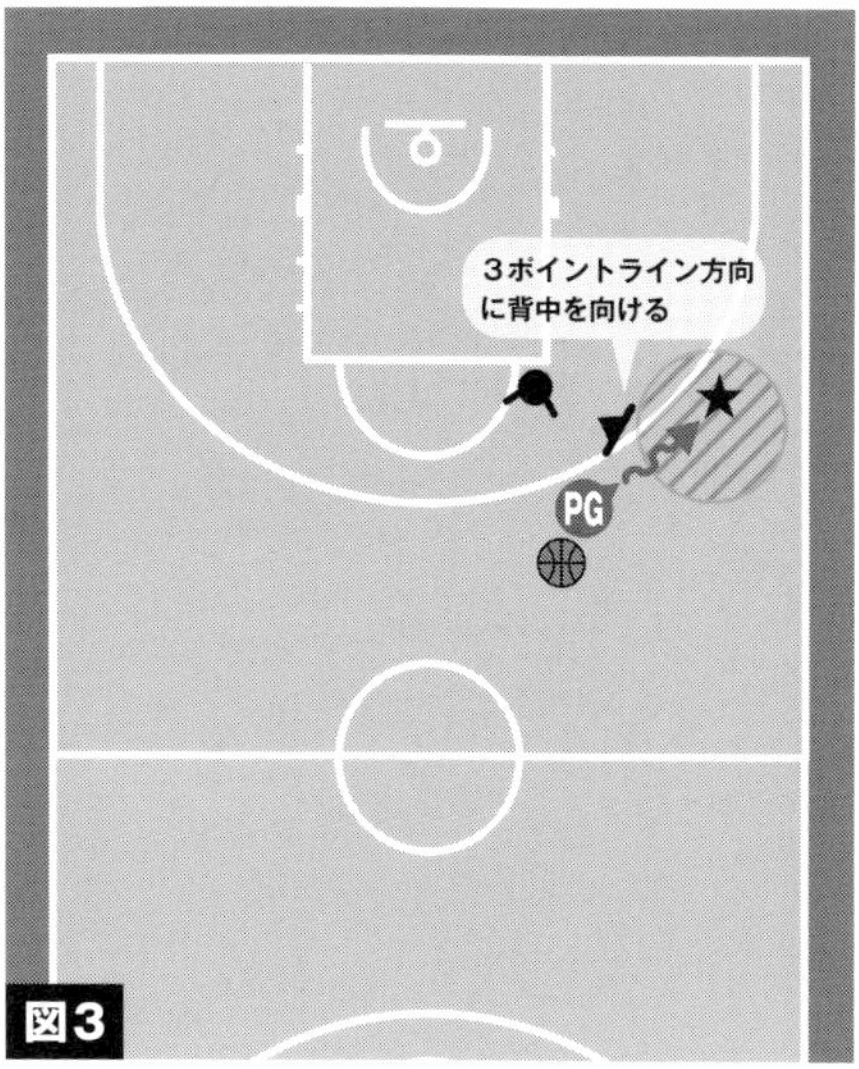
3ポイントライン方向
に背中を向ける
PG

図3

TEAM RULE
一度セットしたら動かない

スクリーナーの角度は重要なポイントです。ただし、一度セットした直後、その角度を変えようと動いてディフェンスの動きを邪魔すると、オフェンス（攻撃側の）ファウルをとられてしまうので気をつけましょう。

コーナーのスペースを使う角度

PF
F
C
コーナーに背中
を向ける
SG
PG

図1

ゴール下のスペースを使う角度

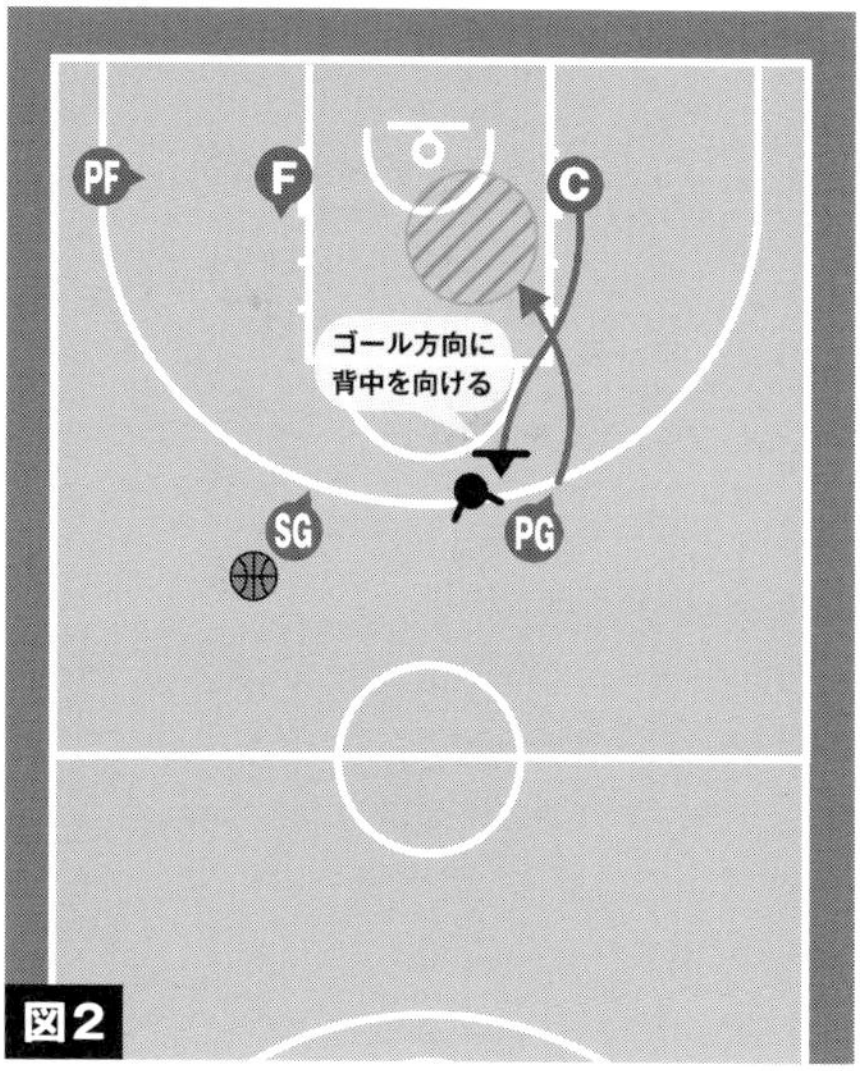
PF
F
C
ゴール方向に
背中を向ける
SG
PG

図2

スクリーナーのディフェンスの動きを把握する

ディフェンスがスイッチした瞬間にダイブする

攻撃する狙いにのっとってスクリーンがセットされた時、相手ディフェンスもいろいろな対応をして来ます。

【図1】

SGがボールマンで攻撃を展開。ユーザーであるPGがコーナー方向のスペースに走り込めるように、Cが角度を調整しながらアップサイドスクリーンをセットします。

【図2】

PGのディフェンスがスクリーナーCにぶつかってマークを続けるのが困難な状況です。そこでCのディフェンスがスイッチしてPGの動きをケアします。

【図3】

Cのディフェンスがスイッチ寄りにポジションをとると同時に、スクリーナーであるCはダイブします。ゴール下でノーマークになることができれば、SGからのパスを受けてシュートを打つことができます。たとえFのディフェンスがヘルプして来ても、高さで上回っていれば1対1を優位に進めることができるでしょう。

どのような攻撃を展開できるかの鍵を握るのは、Cのディフェンスです。このようにマークマンを変える「スイッチ」を行う場合があれば、自分の姿をPGに見せてすぐにスクリーナーCに戻る「ショウディフェンス」を行う場合もあります。そのディフェンスの動きを把握せずにゴール下でパスを受けようとすると、相手にカットされるので注意しましょう。

ディフェンスがスイッチやショウした時の攻め方

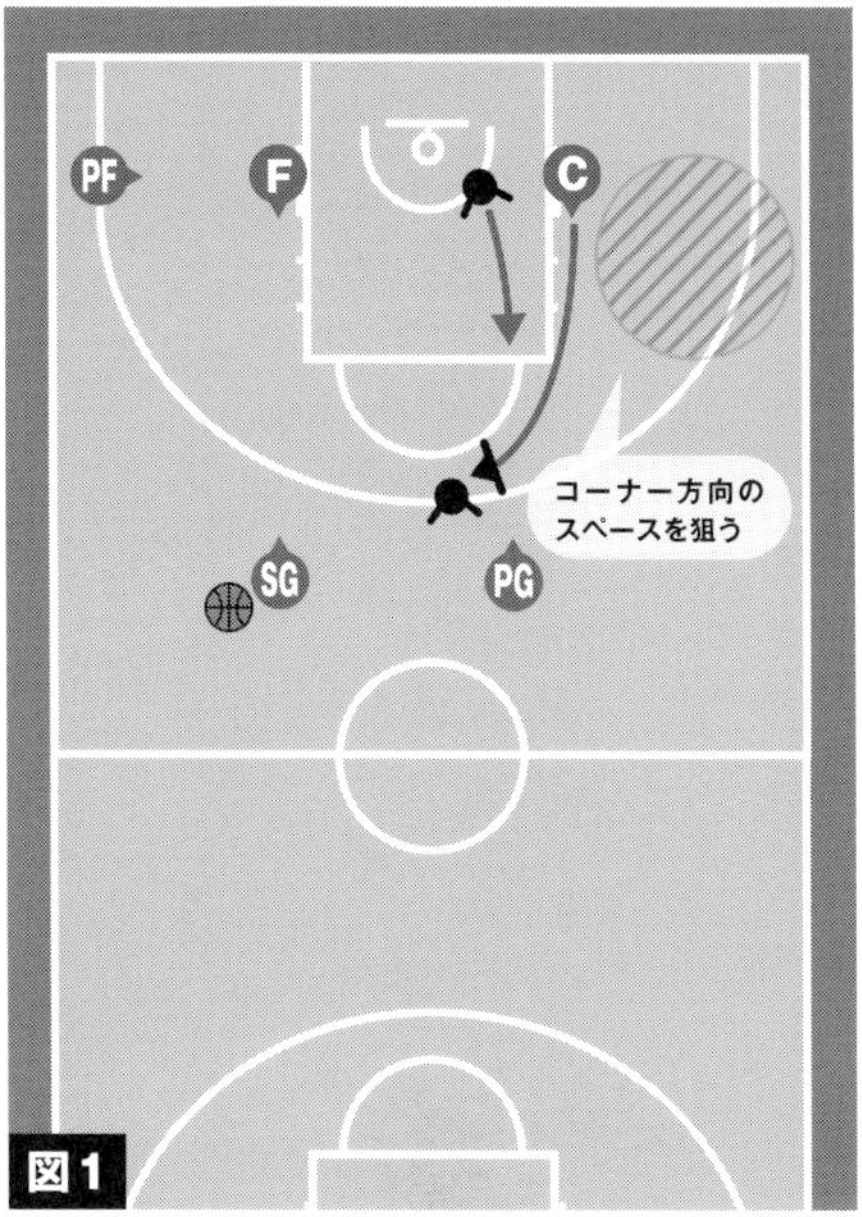
PF
F
C
PG
SG
コーナー方向の
スペースを狙う
図1

PF
F
C のディフェンスが
PG をマークする
C
SG
PG
図2

PF
F
PG
C
SG
ダイブするCに
パスを合わせる
図3

TEAM RULE
ユーザーのディフェンスをまずはスクリーンに引っ掛ける

ＰＧのディフェンスがスクリーンをかいくぐる「ファイトオーバー」をして来たら、マークがずれないのでＣはダイブできません。言い換えるとＰＧのディフェンスをスクリーンに、しっかりと引っ掛けることができてこそ、スクリーナーがダイブするチャンスが生まれるということです。

アップサイドスクリーンモーション⑤

スクリーナーの体の向きを逆にする

フロントサイドスクリーンとバックサイドスクリーン

スクリーンプレーにおいてスクリーナーは、ユーザーのディフェンスの動きを体の正面で受け止める「フロントサイドスクリーン」が基本とされています。しかし最近は、体の向きを逆側にする「バックサイドスクリーン」が増えて来ました。

【図1】

Cがアップサイドスクリーンをセットしましたが、スクリーナーの背中の方向にPGが走り込んでいません。それゆえPGのディフェンスがファイトオーバーでマークし続けている状況です。

【図2】

そこでスクリーナーCは、ボールマンであるSGに再度スクリーンをセットします。その時の体の向きに注目してください。SGのディフェンスを体の正面で受け止める格好となっていません。SGとそのディフェンスが背中越しにいる体勢となっています。

【図3】

SGがスクリーンを使ってドリブルし、それに対してCのディフェンスがヘルプします。その瞬間、スクリーナーCはダイブします。体の向きがボールマンの方向にすでに向いているため、反転する動作を省いていち早くダイブしながらパスを受けることができます。

この向きでスクリーンをセットする際には、両手を体の正面に組むのではなく、両手を上げてボックスアウトのような体勢で静止します。両手で相手の動きを邪魔していないことを示しましょう。

バックサイドスクリーンを使った攻撃法

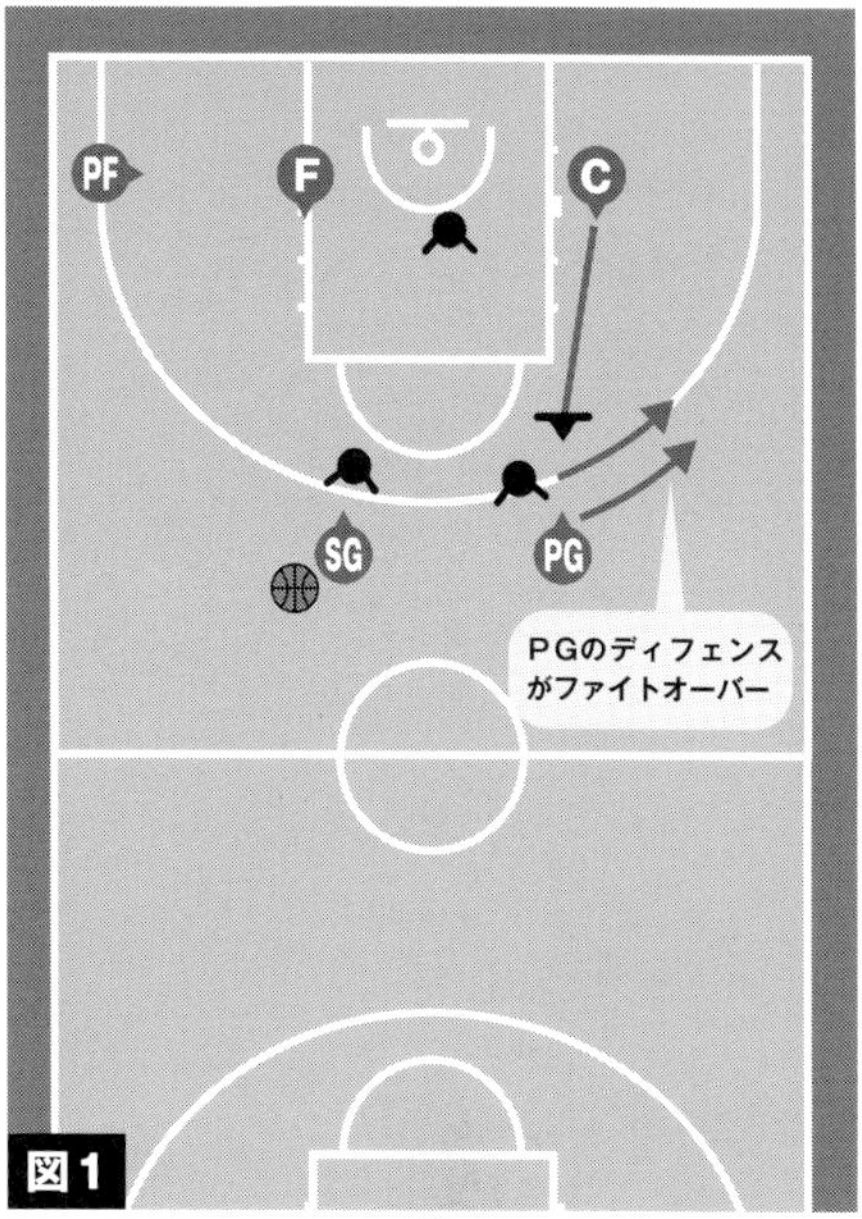

図3 — 素早くダイブできる

図1 — PGのディフェンスがファイトオーバー

図2 — Cがバックサイドスクリーンをセット

TEAM RULE
オフェンスファウルに注意する

フロントサイドスクリーンでもバックサイドスクリーンでも、動いてディフェンスの動きを邪魔すると「オフェンスファウル」をとられます。特にバックサイドスクリーンはユーザーのディフェンスが見えにくいだけに、ついつい動いてしまいがちなのです。しっかりと静止するように心掛けましょう。

エントリーのパスコースをディナイされた時の展開法

パスができなくても焦らずに攻撃を展開する

ディフェンスが、ダウンスクリーンモーションやアップサイドスクリーンモーションを読んで、エントリーの（最初の）パスコースをおさえて来るケースがあります。そういう時に焦ってはいけません。フォーメーションにこだわるのではなく、『ゴールを狙う』原則を忘れずにプレーしてください。

【図1】

ＳＧのディフェンスがパスコースに入っているため、ＰＧがＳＧにパスできない状況です。ボールマンであるＰＧがゴールを狙う積極性を大事にしつつ、ＳＧはバックカットしてゴール近くでパスを受けるプレーに移行することが可能です。

【図2】

または、コーナーにいるＦがウイングに移動してＰＧからパスを受けることもできます。それに伴いウィークサイドでは、ＳＧがダウンスクリーンをセット。コーナーのＰＦはそのスクリーンを使って、ツーガードポジションに移動します。

【図3】

ウイングでパスを受けたＦは、ノーマークであればシュートを狙えます。もしくはＣがスクリーンをセットし、2対2で攻撃を展開するのも手です。

【図4】

もし時間の余裕があるのなら、Ｆがツーガードポジションのに パスを出してからローポストに移動することによって基本型に戻ることもできます。

エントリーのパスコースをディナイされた時の展開法

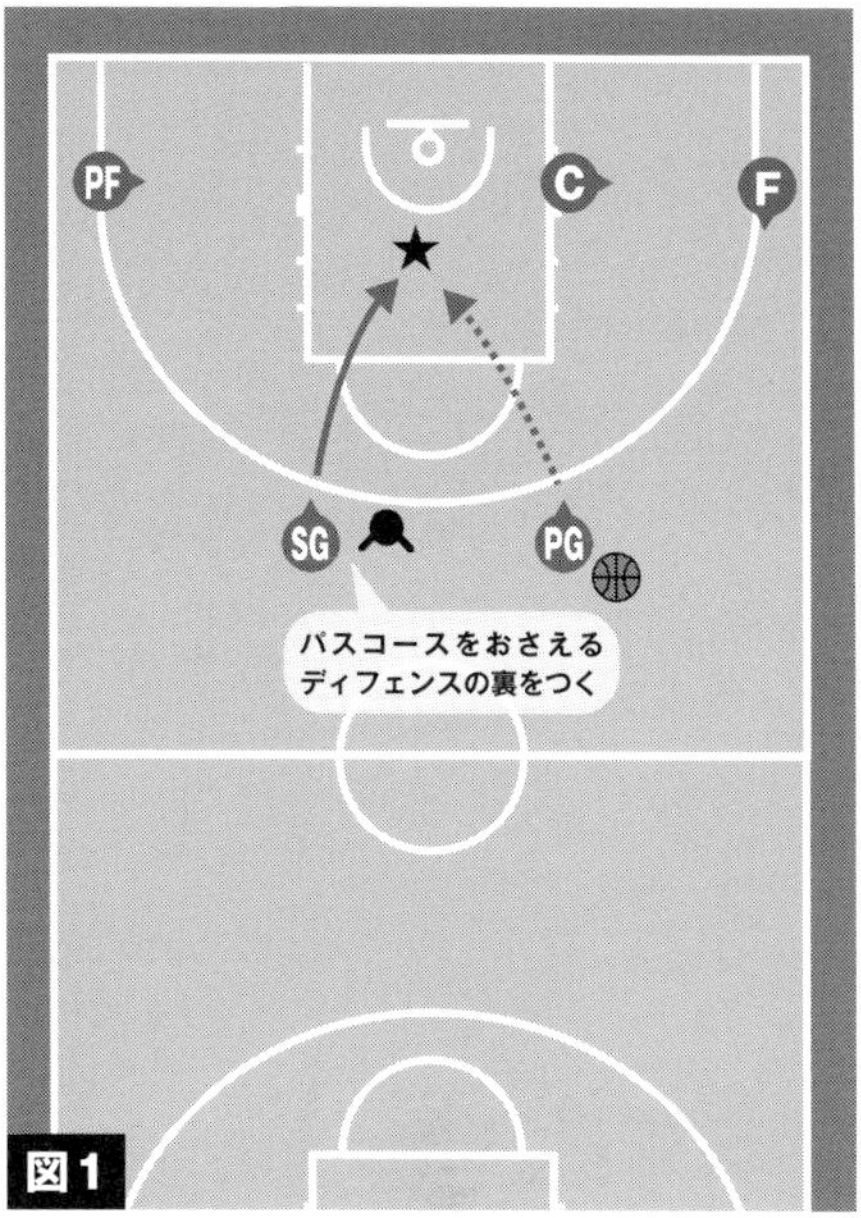
PF
C
F
SG
PG
パスコースをおさえる
ディフェンスの裏をつく
図1

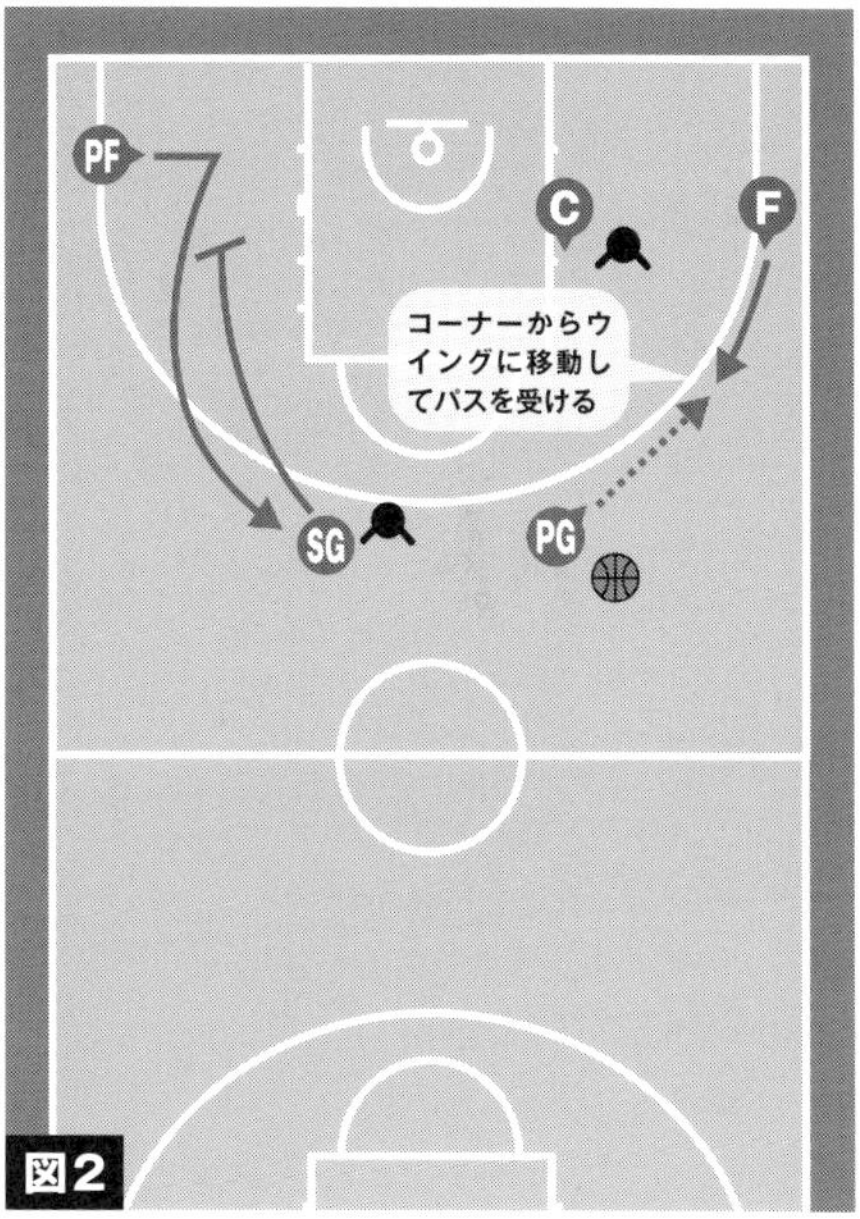
PF
C
F
SG
PG
コーナーからウ
イングに移動し
てパスを受ける
図2

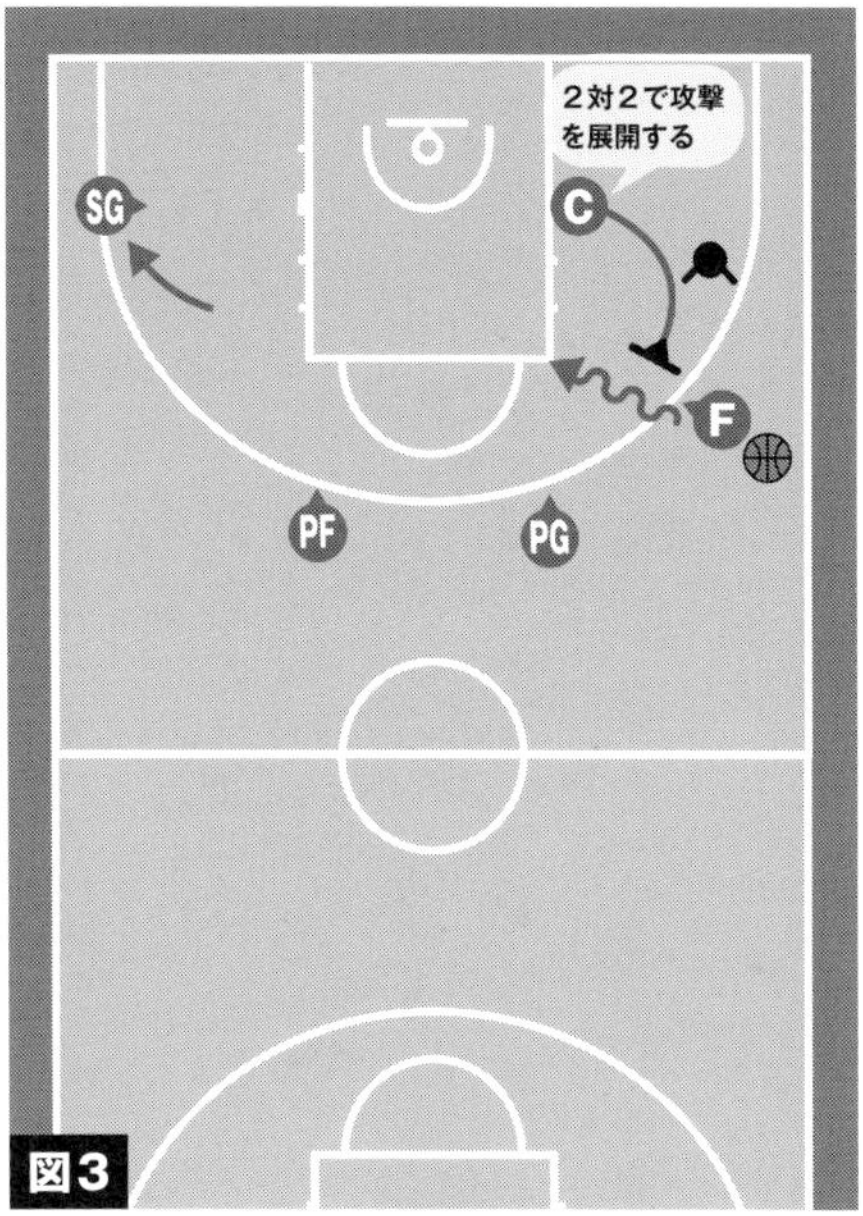
SG
C
F
PF
PG
2対2で攻撃
を展開する
図3

SG
C
F
PF
PG
基本型に戻って
攻撃を作り直す
図4

フレックスモーションオフェンスの特性❷

ＵＣＬＡカットから移行する

他のオフェンスを展開しながらの移行

フレックスモーションオフェンスを始める際に、基本となる陣型をとるのに時間をかけていたらディフェンスに対応されてしまいます。それだけにいろいろな形のオフェンスを展開しながら、フレックスモーションオフェンスに入れるようにしておくことをお勧めします。

【図1】

ツーガードポジション、ウイング、ワンインサイドの陣型からスタート。Ｃがアップサイドスクリーンをセットするタイミングに合わせて、ツーガードポジションのＰＧがウイングのＦにパス。一方ウィークサイドではＳＧがダウンスクリーンをセットし、ウイングのＰＦがそれを使ってツーガードポジションに移動します。このような動きをはさむことによって、ＳＧとＰＦのディフェンスがパワーサイドにヘルプしにくくなります。

【図2】

ＦにパスしたＰＧがＵＣＬＡカット。そこでノーマークができればシュートチャンスになりますが、パスが入らなければツーガードポジションのＰＦにパスを出します。

【図3】

パスを出したＦは逆サイドのローポストに、スクリーナーＣはツーガードポジションにポップアウトし、そしてＰＧとＳＧがコーナーに移動することによってフレックスモーションオフェンスの基本型になります。つまり攻撃を組み立て直すことができるわけです。

UCLAカットからフレックスモーションオフェンスに移行

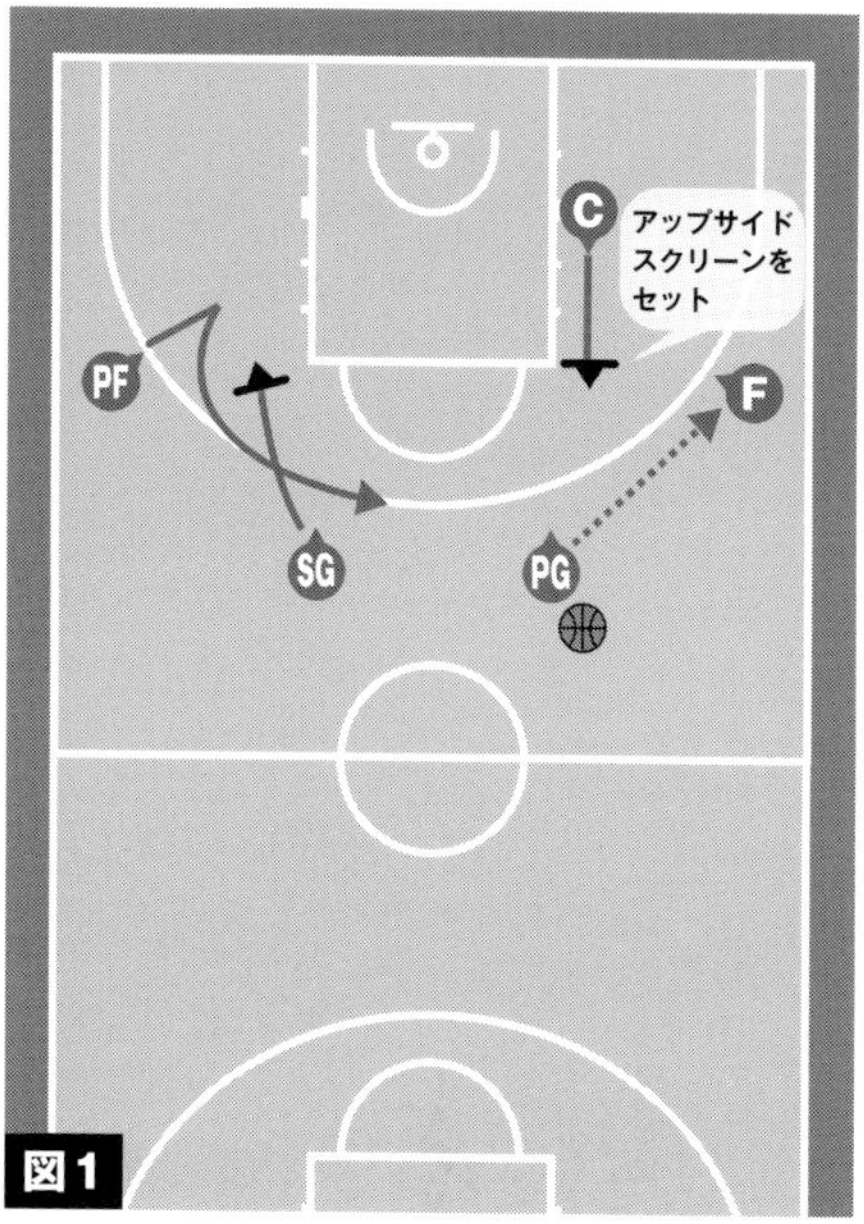
C
アップサイド
スクリーンを
セット
PF
F
SG
PG
図1

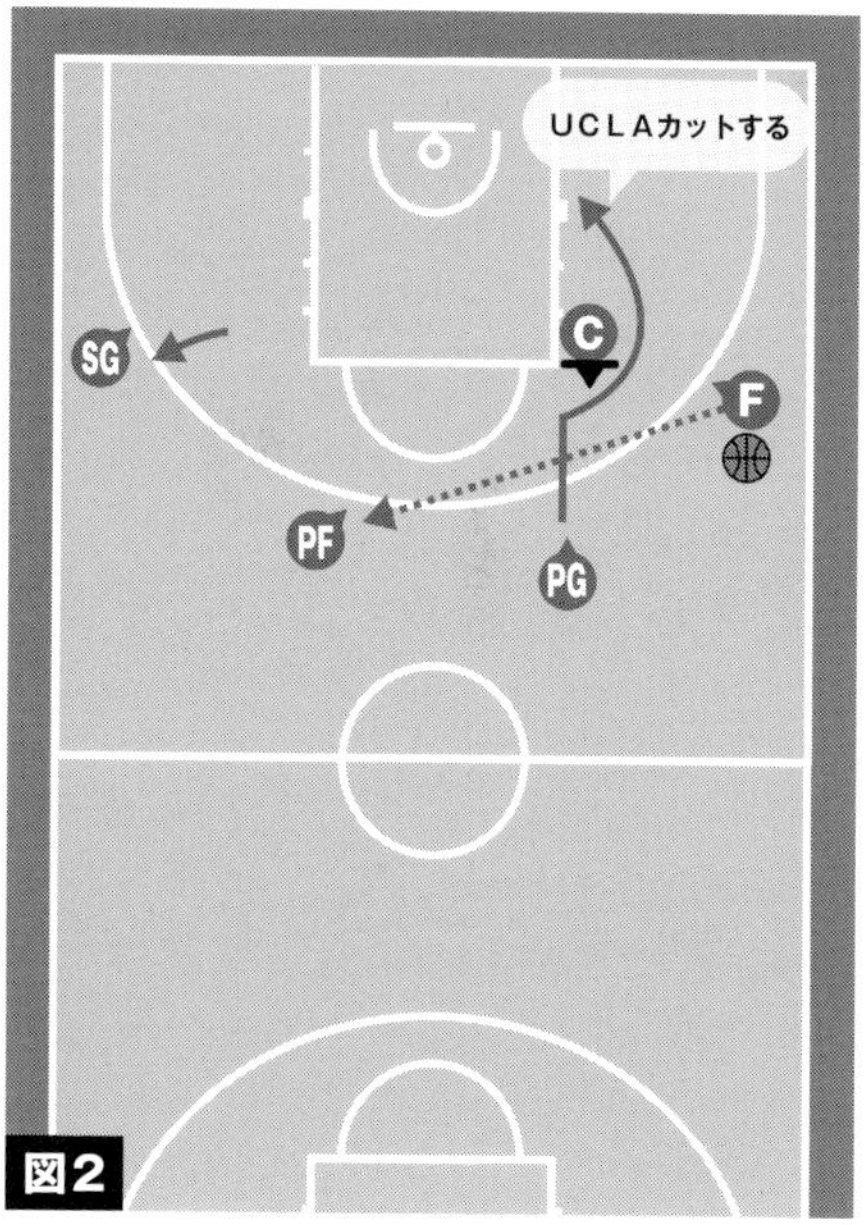
UCLAカットする
SG
C
F
PF
PG
図2

F
PG
SG
PF
C
基本型に戻って
攻撃を作り直す
図3

TEAM RULE
相手ディフェンスの対応を難しくさせる

　このようなオフェンスの移行がスムーズにできるようになると、相手ディフェンスに読まれずにフレックスモーションオフェンスに入ることができるわけです。またはディフェンスに少しでも考えさせるだけでタイムロスが生じ、オフェンスを展開しやすくなるとも言えます。

ドリブルダウンから移行する

ドリブルダウンから連動してスムーズに入る

64ページではツーガード、左右のウイングの形からフレックスモーションオフェンスに入りました。試合ではフロントコートにドリブルで入った状況から攻撃を展開することがほとんどです。そこから3人がアウトサイド、2人がインサイドにポジションをとるスリーアウト・ツーインの形でも確認しておきましょう。

【図1】

PGがトップからツーガードポジションへとドリブルします。それに伴いウイングのSGはVカットしてツーガードポジションに移動し、PGからのパスを受けます。一方、ウイングのFと、ローポストのCはそれぞれ左右のコーナーへと移動してスペースを広くとります。

【図2】

ここからスムーズに連動して、フレックスモーションオフェンスへと移行するのです。コーナーのFがPFのスクリーンを使ってパワーサイドのローポストに移動します。

【図3】

さらにツーガードポジションのPGがダウンスクリーンをセットします。ローポストのPFはそれを使ってツーガードポジションに移動します。その後、PGはコーナーへとポップアウトします。

引き続きフレックスモーションオフェンスを展開することができますし、ここまでの過程においてノーマークを作ることができればシュートを狙います。

ドリブルダウンからフレックスモーションオフェンスに入る

図3

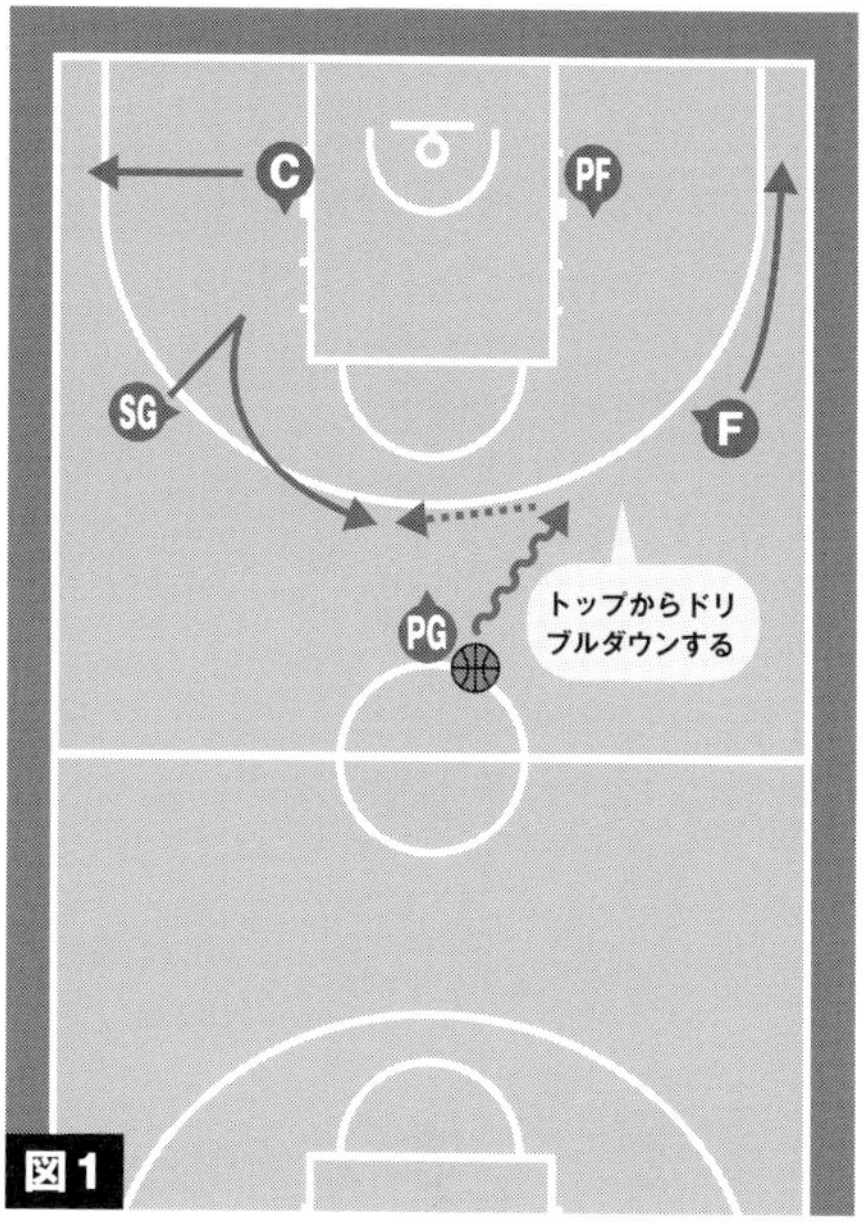

図1

TEAM RULE
フロントコートに入る前にフォーメーションを知らせる

ボールマンがドリブルでフロントコートに入った時、そこからすぐにモーションオフェンスに入りたい時があります。それだけに図1のようにドリブルダウンからのポジション移動をスムーズにできるようにしておく必要があります。しかしながらチームメイトにフォーメーションを知らせるのは、フロントコートに入る前が理想です。その点について94ページで後述します。

図2

分解練習❶

ダウンスクリーンモーション・シューティング

スクリーナーもパスを受けてシュートを打つ

フレックスモーションオフェンスの動きを覚えただけでは得点につながりません。その動きから実際にシュートを打つ練習を重ねることによって、試合で活かされるようになります。そこでダウンスクリーンモーションからのシューティングを紹介しましょう。

【図1】

Cがローポストに、ツーガードポジションにAとBがポジションをとり、AがBにパスを出します。

【図2】

Aがダウンスクリーンをセットし、Cがカールカットしながら Bからのパスをゴール下で受けてシュートを打ちます。Cのディフェンスが後ろからマークで付いて来ることを想定しています。

【図3】

Cは、Aがセットしたスクリーンを使ってストレートカット。アウトサイドでパスを受けてシュート、もしくはスクリーナーAがダイブしてゴール下でパスを受けてシュートを打ちます。その際にAは、Cが通過してから動くようにしてください。

【図4】

Cがストレートカットでアウトサイドに移動した場合、スクリーナーAは、コーナーへと移動してBからのスキップパスを受けて3ポイントシュートを打ちます。

時間や本数を決めて、それぞれのパターンからコンスタントにシュートが決まるように練習し、慣れてきたらダミーディフェンスをつけて行いましょう。

ダウンスクリーンモーション・シューティングの練習法

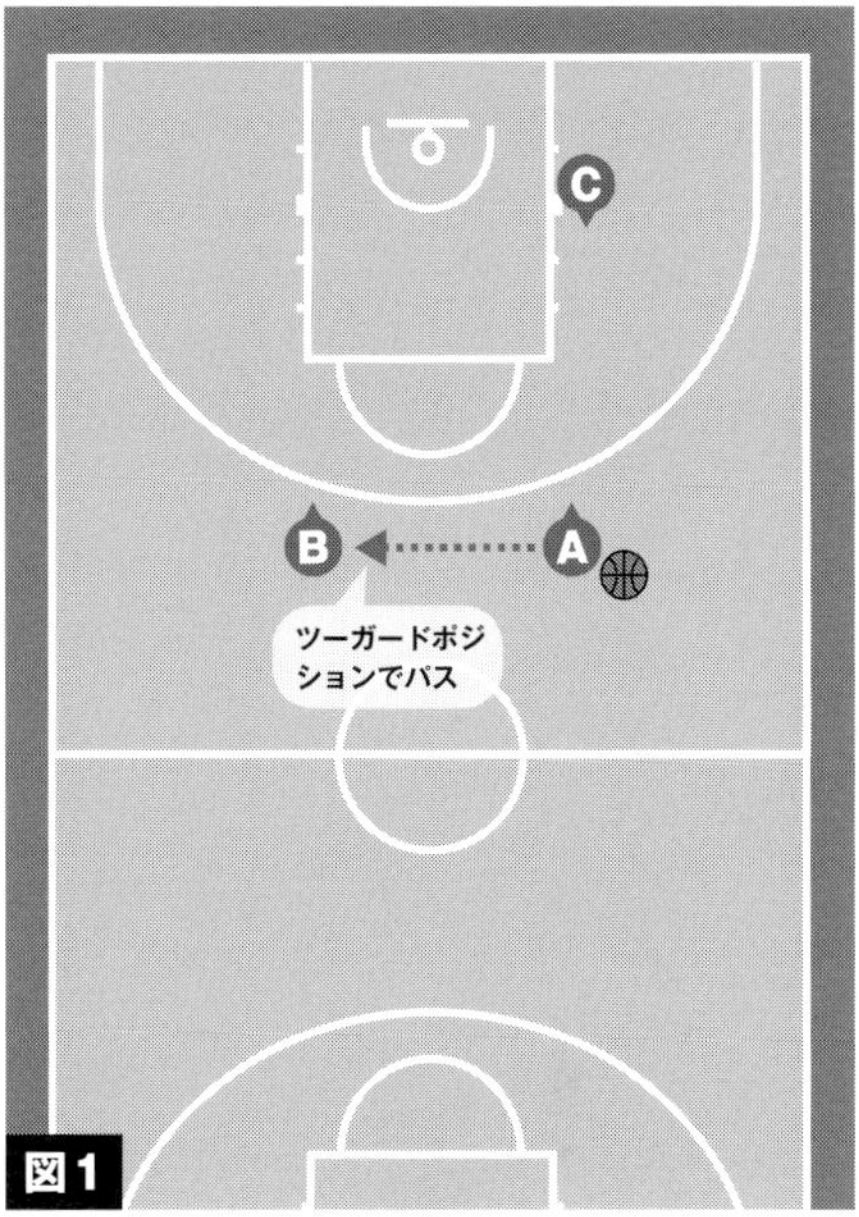

図1

図2

図3

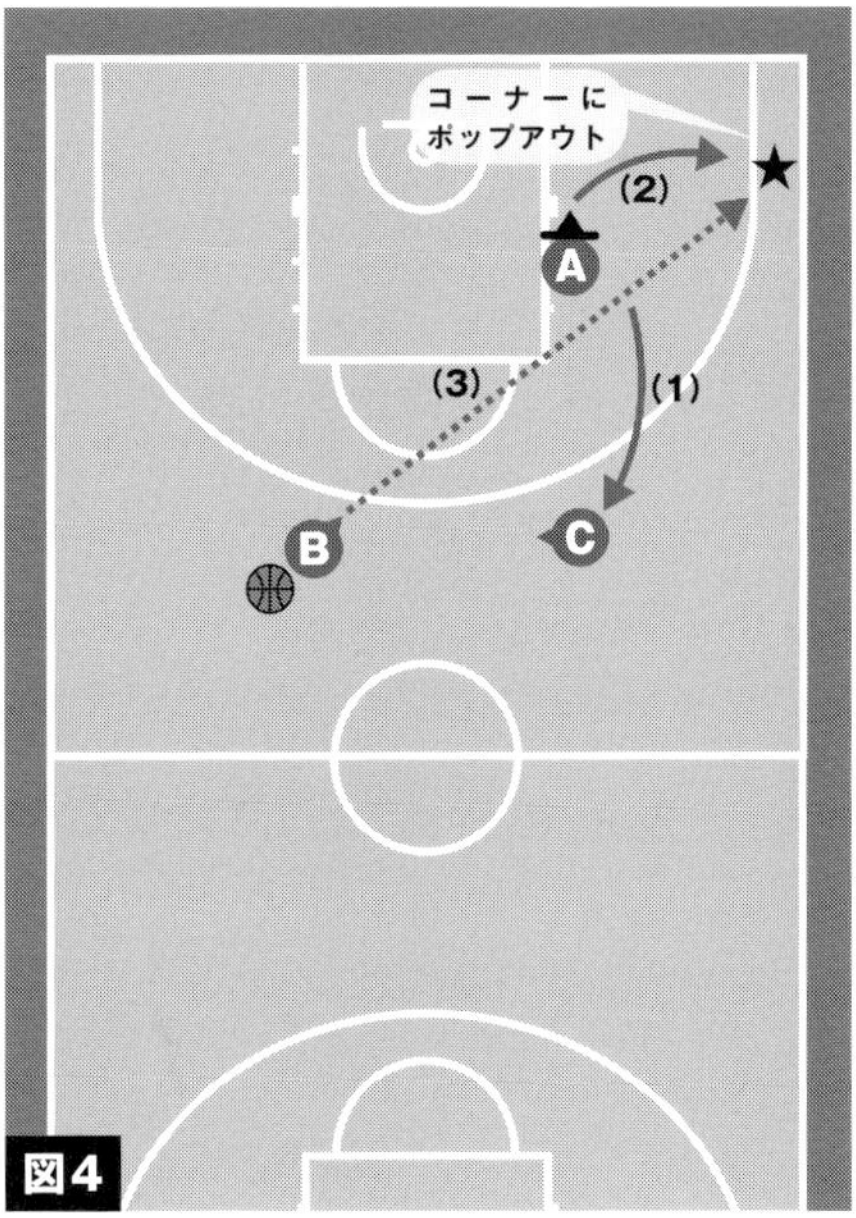

図4

分解練習❷

アップサイドスクリーンモーション・シューティング

ディフェンスを入れることでより実戦的になる

次に、アップサイドスクリーンモーションからのシューティングを紹介しましょう。

【図1】

Cがローポストに、ツーガードポジションにAとBがポジションをとり、AがBにパスを出します。

【図2】

Cがアップサイドスクリーンをセットし、Aがバックカットしながらからのパスをゴール下で受けてシュートを打ちます。Aのディフェンスが後ろからマークで付いて来ることを想定しています。

【図3】

Aは、Cがセットしたアップサイドスクリーンを使ってフレアーカットし、ウイングまたはコーナー方向でパスを受けてシュート、もしくはスクリーナーCがダイブしてゴール下でパスを受けてシュートを打ちます。その際にCは、Aが通過してから動くようにしてください。

【図4】

Aがバックカットでゴール方向に移動した場合、スクリーナーCは、ウイングまたはコーナーへと移動してBからのパスを受けてシュートを打ちます。

時間や本数を決めて、それぞれのパターンからコンスタントにシュートが決まるように練習し、慣れてきたらダミーディフェンスを付けて行います。さらにライブで行い（試合形式で3対3）、ダウンスクリーンモーションと交えて試合で使えるようにしていきましょう。

アップサイドスクリーンモーション・シューティングの練習法

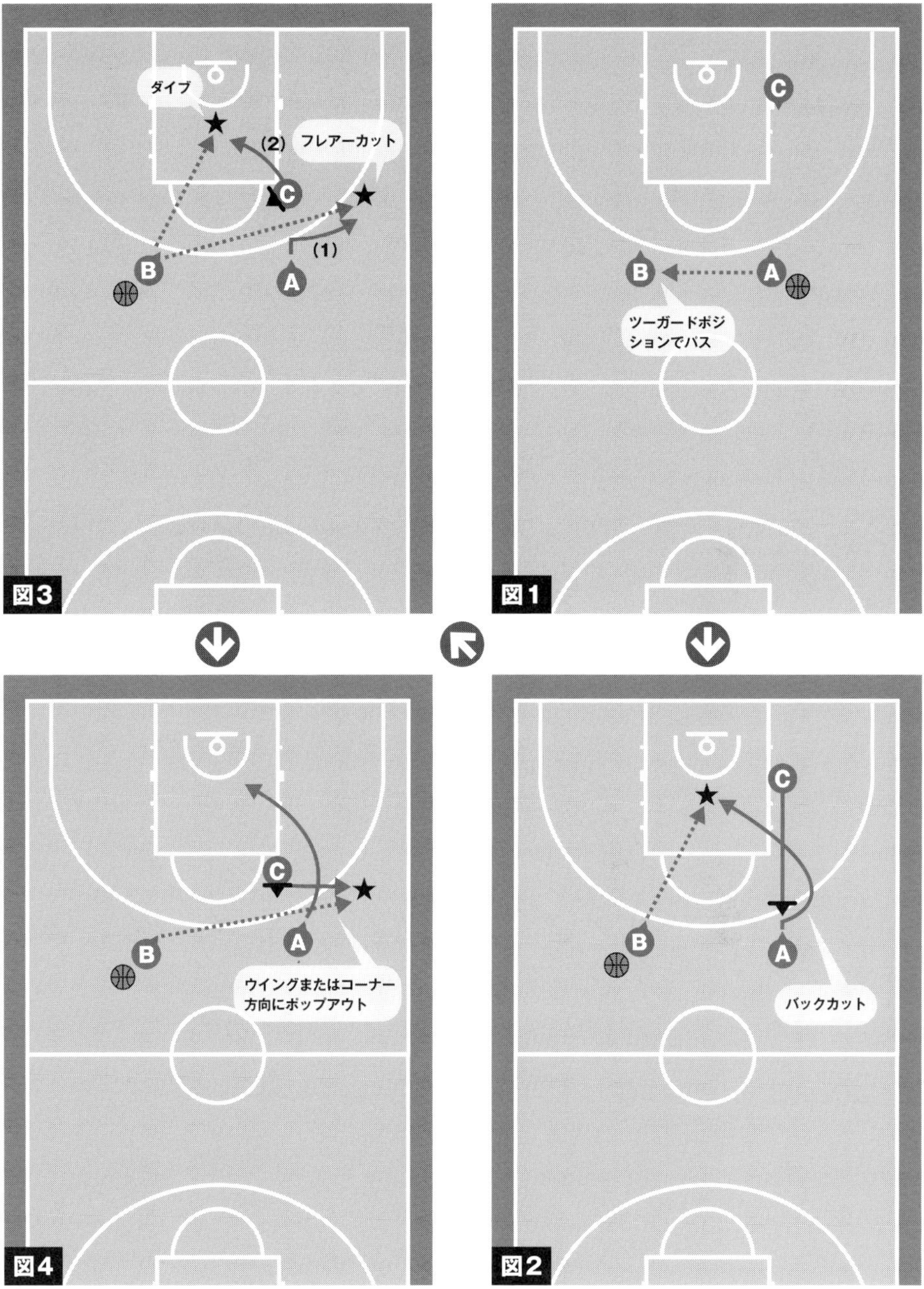

分解練習❸

バンプを入れた4対4の実戦練習

バンプやドライブを織り交ぜて実戦的に

フレックスモーションオフェンスを実戦的に練習するポイントを挙げておきましょう。練習を効果的に行うには、ディフェンスも手を抜かずに行うことが大切です。

【図1】

ツーガードポジションでAがボールを持ち、逆サイドのコーナーの選手を入れないで4対4の形を作ります。そしてAからBにパスが渡るとともにディフェンスがポジションを修正します。Bのディフェンスがボールマンにプレッシャーをかけ、他3選手はヘルプポジションに移動します。

【図2】

コーナーのDは、Cのスクリーンを使いますが、その際にDのディフェンスとお互いにバンプします（ぶつかり合います）。実際の試合でもDの走るコースをチェックして来ることを想定するわけです。

【図3】

Dがフロントサイドから逆サイドのローポストに移動します。もしDのディフェンスがフロントサイドをおさえて来たら、バックサイド（ベースライン側）から移動します。

【図4】

ボールマンBはインサイドのCやDにパスするだけでなく、自分で攻撃を仕掛けることを忘れないようにしてください。特に意識してほしいのがミドルドライブです。CやDのディフェンスがそれを止めようとしたら、CやDにキックアウトする（パスをさばく）ことができます。

4対4の実戦練習

C
D
B
A
ツーガードポジションでパスが渡ったら
ディフェンスもポジションを修正する
図1

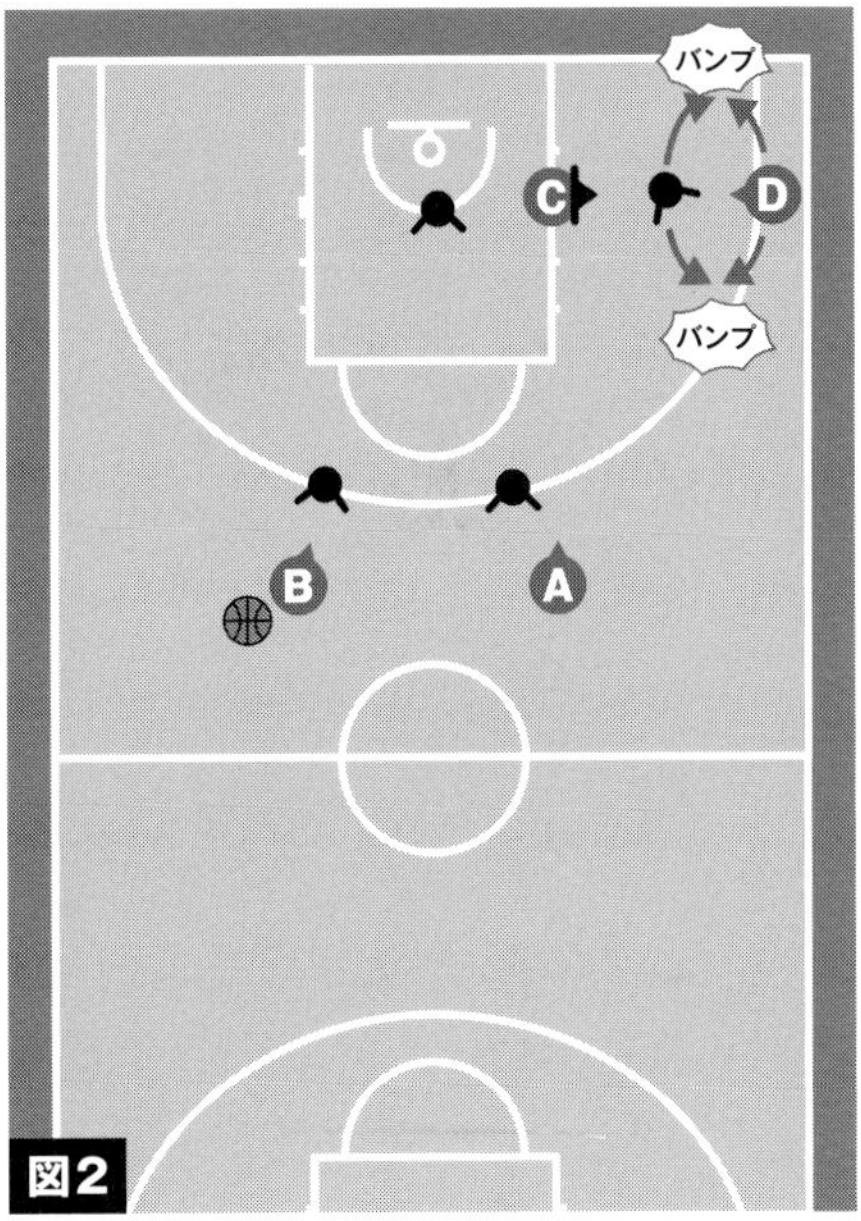
バンプ
C
D
バンプ
B
A
図2

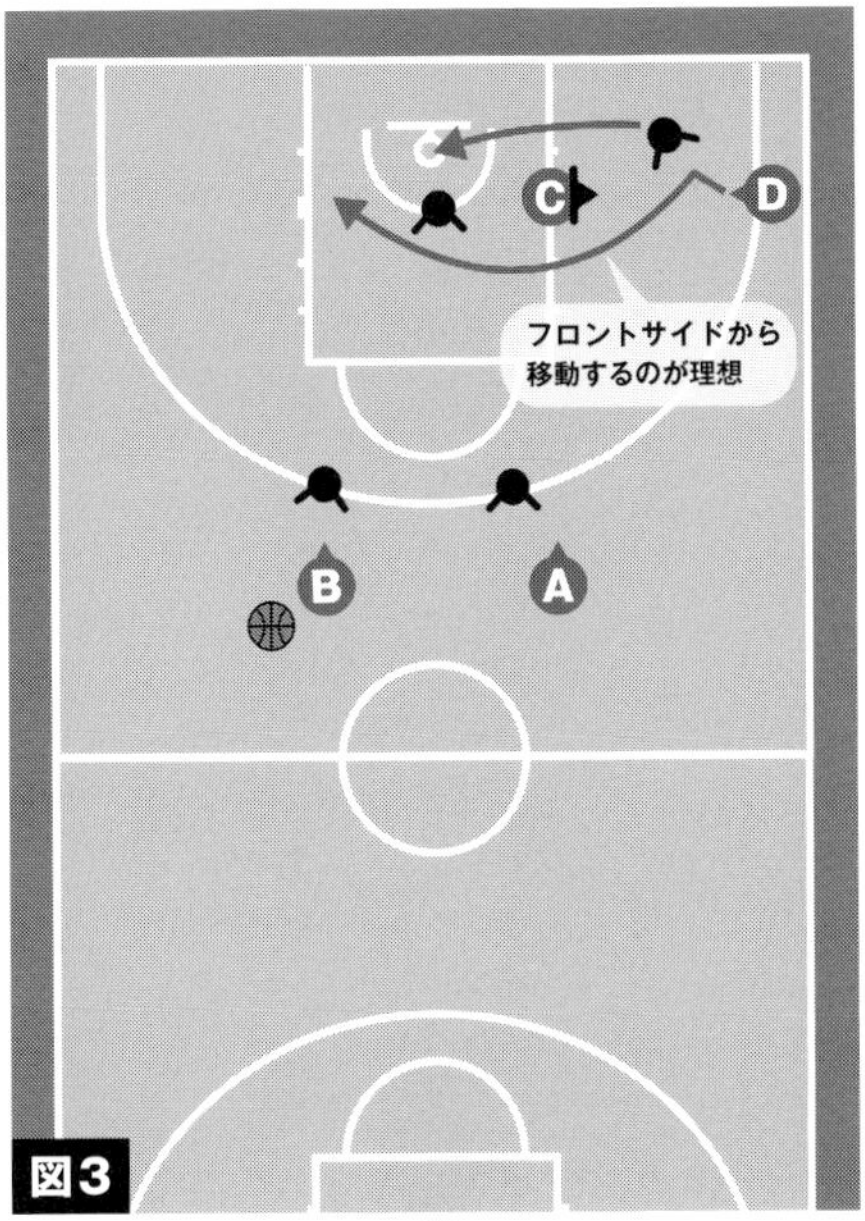
C
D
フロントサイドから
移動するのが理想
B
A
図3

D
C
ドライブでディフェ
ンスを引きつけられ
ればパスに転じる
B
A
図4

Column

ハイピックが使われる理由

ディフェンスとのズレからアウトナンバーを作る

ボールマンに対してスクリーンをかける「ピックスクリーン」は、攻撃のきっかけを作る上で効果的です。さらに最近は、フロントコートに入ってすぐにスクリーンをかける「ハイピック」が頻繁に見られるようになりました。

【図1】

ボールマンであるPGがドリブルしてディフェンスをかわし、4対3のアウトナンバー（数的優位な状況）を作ります。

【図2】

さらにスクリーナーCがゴール方向にカットすることによって一瞬、5対3の状況が生まれるのです。

ハイピックからのアウトナンバー

PF
F
SG
PG
C
フロントコートに入ってすぐにピックスクリーン

図1

ボールマンであるPGがドリブルしてまず、PGのディフェンスをかわし4対3のアウトナンバー（数的優位な状況）を作る

PF
F
SG
PG
C
一瞬、5対3の状況が生まれる

図2

さらにスクリーナーCがゴール方向にカットすることによって一瞬、5対3の状況が生まれる

第3章

自分たちに合ったモーションオフェンスを備える

Team Offense 3

シャッフルオフェンスとシアトルスライス

ボールをシェアできる二つのモーションオフェンス

前章で紹介したフレックスモーションオフェンスの良い点は、5人がボールを触りながら攻撃を展開できるところです。そしてツーガードポジション以外の3人がベースラインに近いエリアに並ぶのも特徴の一つでした（**図1**）。これとは違うオフェンスを二つ紹介しましょう。「シャッフルオフェンス（**図2**）」と「シアトルスライス（**図3**）」です。

二つに共通しているのは、ツーガードポジションと両サイドのウイングにそれぞれ選手が配置されることです。基本陣型として違うのは、ポストマンであるCの立つ位置です。それぞれの図を見ながら説明しましょう。

シャッフルオフェンスとシアトルスライスの基本陣型

【図2】

シャッフルオフェンスにおけるCの位置は、ハイポストです。つまりフリースローラインからベースラインにかけてのスペースを空けておく形になります。そのスペースに走り込むことを狙いとするこのような陣型は「ハイセット」とも呼ばれています。

【図3】

シアトルスライスの場合、Cはローポストにポジションをとるのが基本です。それによりフリースローライン付近のスペースを使いやすくなりますし、Cの移動によりゴール下のスペースも使えます。

次のページから、シャッフルオフェンスについて説明しましょう。

シアトルスライスの基本陣型

図3

Cがローポストにポジションをとり、フリースローライン付近のスペースをあけておく

フレックスモーションオフェンスの基本陣型

図1

シャッフルオフェンスの基本陣型

図2

Cがハイポストにポジションをとり、ゴール下のスペースを空けておく

TEAM RULE
相手に読まれないために

　フォーメーションをたくさん備えれば良いというものではありません。まずは一つのフォーメーションを繰り返して武器にするべきです。が、少しずつ増やしていくことによってフォーメーション間の移行も可能だけに、ディフェンスに読まれにくくなります。特にこの章で紹介する二つのオフェンスはいずれもシンプルなので積極的に取り入れてみてください。

シャッフルオフェンス❶

シャッフルオフェンスの動き方の基本

ボールサイドカットから シュートへと持ち込む

シャッフルオフェンスにおけるアウトサイドの4選手の動きを見ていきましょう。ハイポストのCとの合わせについては、80ページで説明します。

【図1】

ツーガードポジションのSGがボールを持った状態からスタートし、SGはPGにパスします（1）。その後、SGはスクリーンをセット（2）。ウイングのPFがそのスクリーンを使ってツーガードポジションへと移動します。

【図2】

SGからパスを受けたPGは、ウイングのFにパスします（1）。そしてボールサイドカットしてゴールへと向かいながら、Fからパスを受けられればシュートチャンスが生まれます。

パスを受けられなかった 場合には逆サイドに展開

FがボールサイドカットするPGにパスを出せなかった時には、同じように展開していきます。

【図3】

ウイングのFからツーガードポジションのPF、PFからSGへとパスを展開します。その間にPGはウイングへと移動します。

【図4】

SGはPGにパスしてボールサイドカット。パスを受けられればシュートを打てますが、パスを受けられなければアウトサイドで同じように展開。PFがスクリーンをセットし、Fがツーガードポジションに移動します。

シャッフルオフェンスの動き方

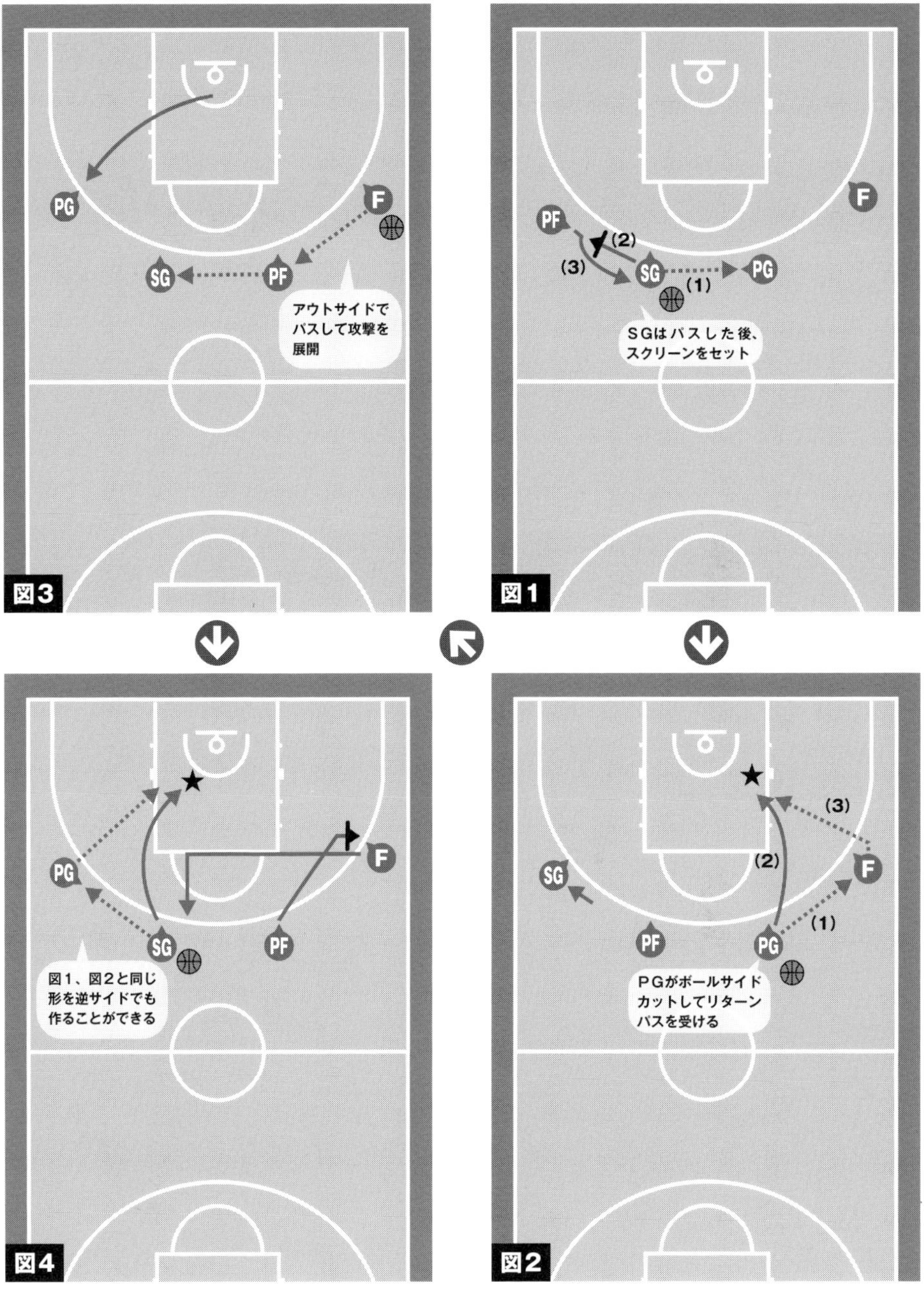
図1
PF
F
(2)
(3)
SG
PG
(1)
SGはパスした後、
スクリーンをセット
図2
★
(3)
(2)
SG
F
(1)
PF
PG
PGがボールサイド
カットしてリターン
パスを受ける
図3
PG
F
SG
PF
アウトサイドで
パスして攻撃を
展開
図4
★
PG
F
SG
PF
図1、図2と同じ
形を逆サイドでも
作ることができる

シャッフルオフェンス❷

シュートチャンスを的確にとらえる

シャッフルオフェンスからのシュートチャンス

ハイポストにCがポジションをとった状態で、シャッフルオフェンスからどのようなシュートチャンスが生まれるか見ていきましょう。アウトサイドの4人の動き方は、前のページで説明したとおりです。

【図1】

SGがツーガードポジションからPGにパスしてボールサイドカット。前のページではPGからリターンパスを受けてSGがシュートへと持ち込みました。

【図2】

ゴール近くに移動するSGのシュートチャンス（1）の他に、ハイポストのCがボールマンに寄ることによって、パスを受けてシュートを打てます（2）。またはSGがいたスペースに入って来るFにパスすれば3ポイントシュートが狙えます（3）。ディフェンスがその3ポイントシュートを警戒して間合いを詰めてくれれば、ドライブすることができます。

レシーバーが動くタイミングを合わせる

【図3】

SGがボールサイドカットして逆サイドへと抜けていくタイミングで、Cがダイブしながら PGからのパスを受けることができます。パスのレシーバーとなるCが、SGおよびそのディフェンスの動きを察知し、タイミングよくダイブすることによってシュートチャンスが生まれるわけです。Cの動き方を82ページで整理しましょう。

シャッフルオフェンスのシュートチャンス

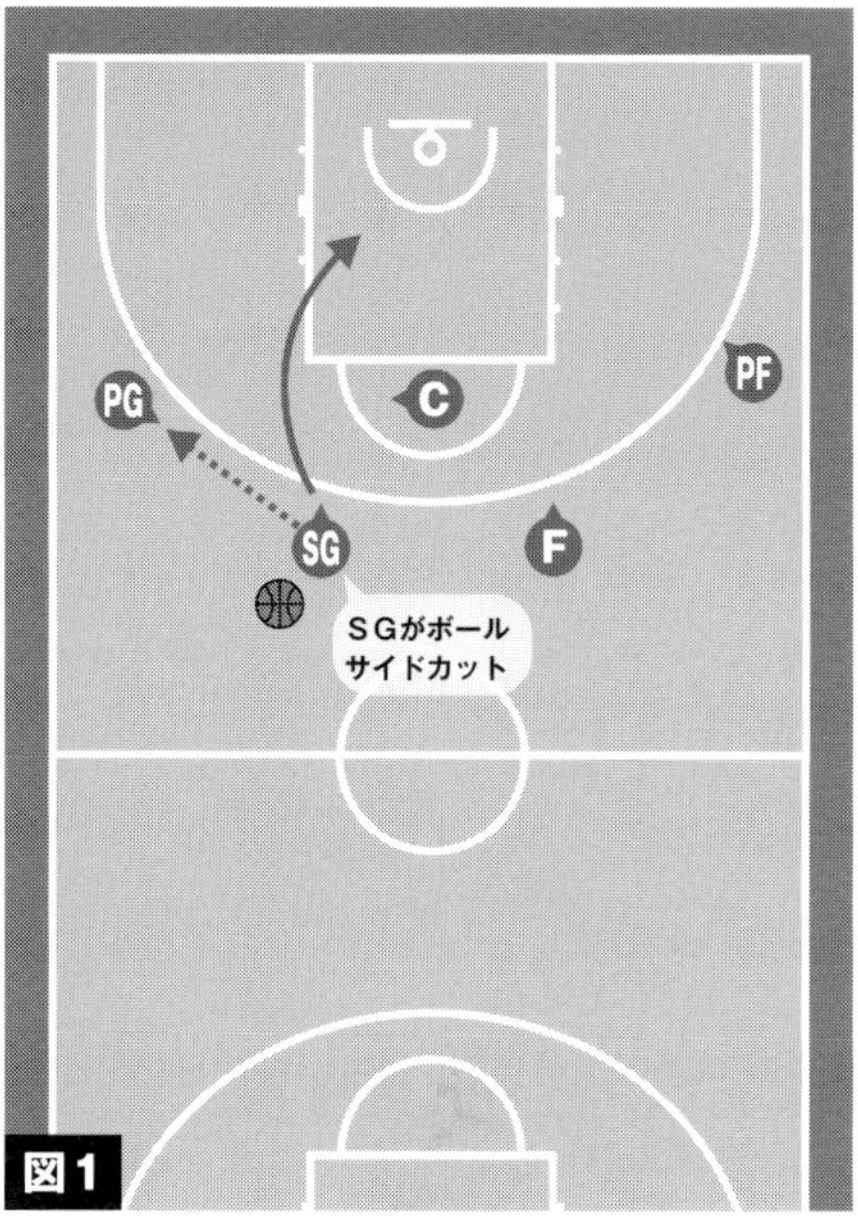

図3 Cがタイミングよくダイブする

図1 SGがボールサイドカット

図2 PGはノーマークの選手を探してパス

TEAM RULE
パスの本数を決めてからシュートを打つ練習を

　試合ではシャッフルオフェンスの動きからシュートチャンスを作ることが目的となりますが、練習ではパスの本数を決めてからシュートを打つと効果的です。左右にボールを展開しながらシャッフルオフェンスの動きを繰り返すことによって、オフェンスがスムーズになっていくからです。まずは10本パスをつないでからレイアップシュートへと持ち込みましょう。

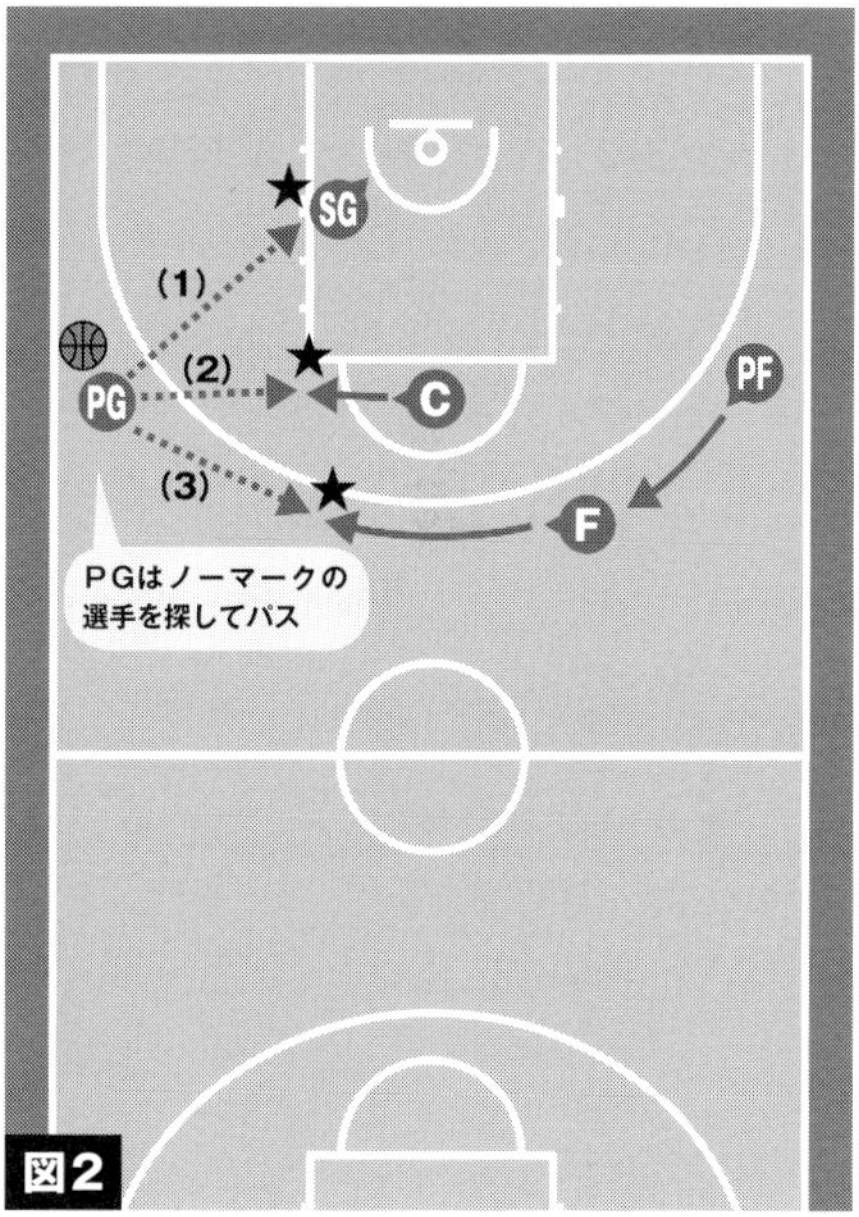

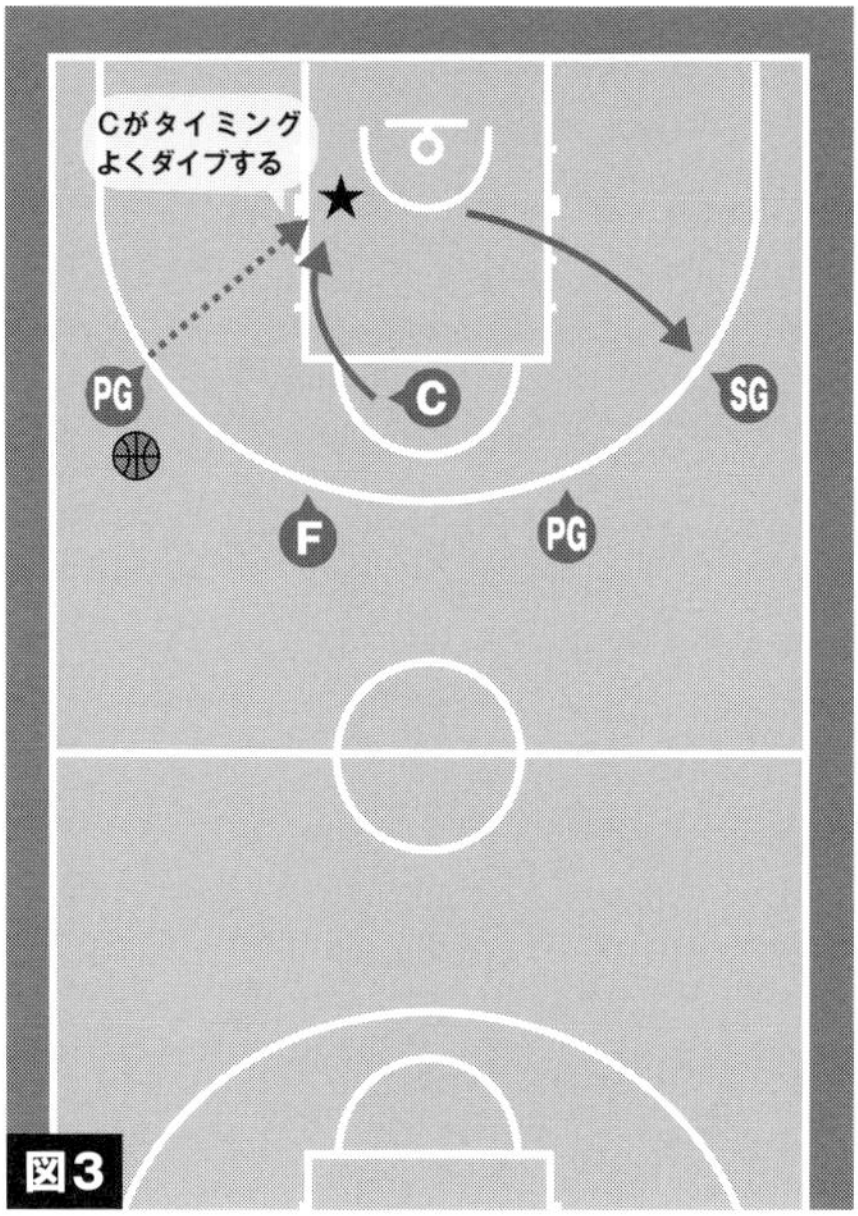

シャッフルオフェンス❸

ハイポストからアップサイドスクリーンをセットする攻撃法

ボールサイドカット できない時の攻め方

ＳＧがＰＧにパスした後、ディフェンスのマークがきつくてボールサイドカットができないケースがあります。そういう状況をＣが察知すれば、別の攻撃へと移行することができます。

【図1】

ツーガードポジションからＳＧがウイングのＰＧにパスしたタイミングで、Ｃがアップサイドスクリーンをセットします。

【図2】

ＳＧはボールサイドカットする素振りを見せてから、バックカットしてゴール方向に走り込みます。そうしてＰＧからのパスを受けてシュートを狙うわけです。

ハイポストの動きを 整理しておく

シャッフルオフェンスでは、ハイポストのＣのみ、フリースローライン近辺の限定的な動きとなります。しかしながらＣがチームメイトとそのディフェンスの動きを把握することによって、攻撃の幅が広がります。そこでＣの動き方を整理しておきましょう。

【図3】

フリースローライン近辺を左右に動き、ゴール下のスペースを空けておくのが基本です（1）。そしてボールサイドカットした選手が逆サイドに移動した後に、ダイブしてパスを受けるのも手です（2）。

さらにこのページで触れたとおり、アップサイドスクリーンをセットすることによってユーザーが動きやすくなります（3）。

ハイポストからアップサイドスクリーンをセットする攻撃法

ハイポストからアップサイドスクリーンをセットする
PG
PF
C
SG
F
図1

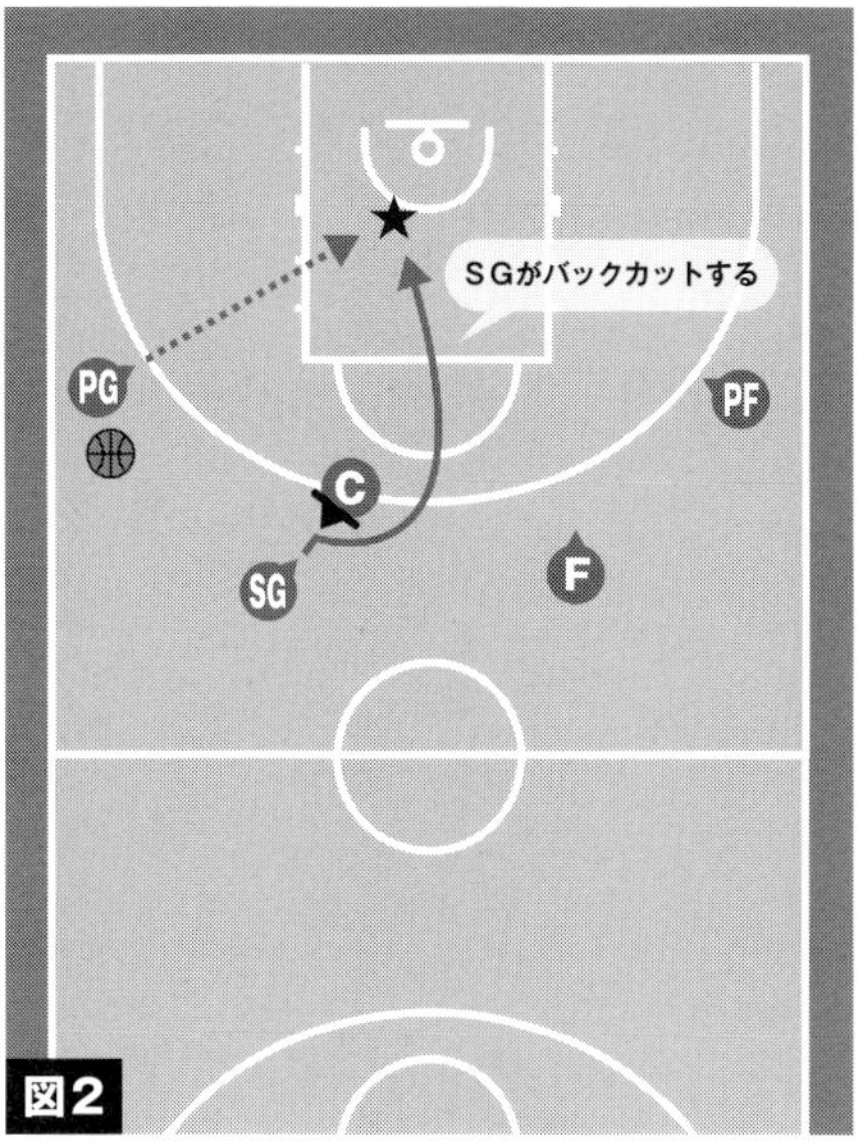
SGがバックカットする
PG
PF
C
SG
F
図2

ハイポストCの動き方

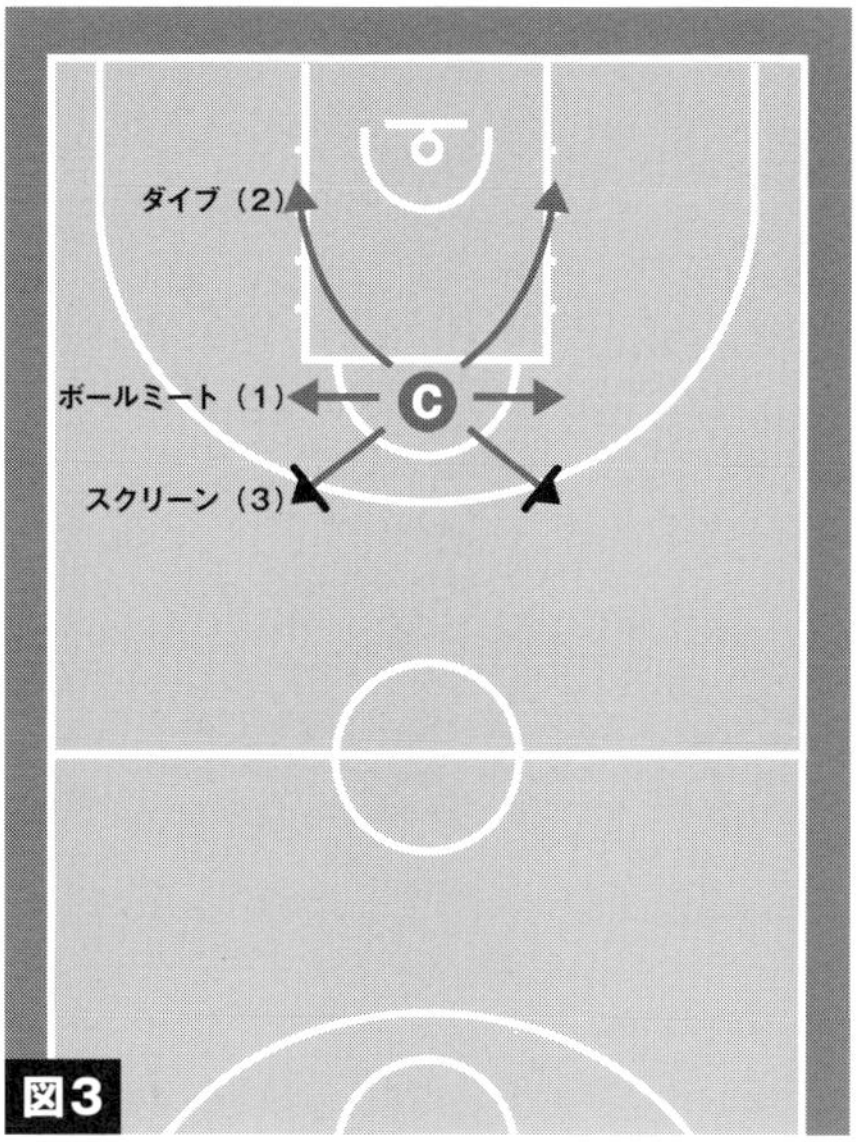
ダイブ（2）
ボールミート（1）
C
スクリーン（3）
図3

TEAM RULE
どこからでも得点できるスキルを

C以外の4選手がアウトサイドの4ケ所をポジション移動する形となります。そのためどこからでも得点できるスキルを身に付けておくことが大切です。また、Cも時にはアウトサイドで動く1人になれるように練習しておくと、攻撃バリエーションが広がります。

シャッフルオフェンス❹

ピックアンドロールへの移行

ハイポストからボールマンにピックスクリーンをセット

シャッフルオフェンスでCがスクリーンをセットするオフェンスをもう一つ紹介しましょう。ボールマンにスクリーンをセットする「ピックアンドロール」です。

【図1】

ツーガードポジションでPFがPGにパスを出します。そしてハイポストからCがピックスクリーンをセットします。

【図2】

ボールマンであるPGは、Cのスクリーンを使いながらドリブルします。そこでノーマークになることができれば、シュートチャンスが生まれます。

【図3】

PGのドリブルに対してCのディフェンスが対応して来た時など、Cがダイブすることによって PGからパスを受けることもできます。またSGのディフェンスがヘルプに寄れば、3ポイントシュートのチャンスができるかもしれません。

制限時間を把握して攻撃法を決定する

モーションオフェンスの動きを何度も繰り返しているとディフェンスに読まれ、そのままシュートを打てずにいるとオーバータイムになります。そのような事態を回避するために、ピックアンドロールは有効です。時間をかけずにチャンスを作れるからです。しかもシャッフルオフェンスから移行することによってディフェンスは対応が難しくなります。

シャッフルオフェンスからピックアンドロールへの移行

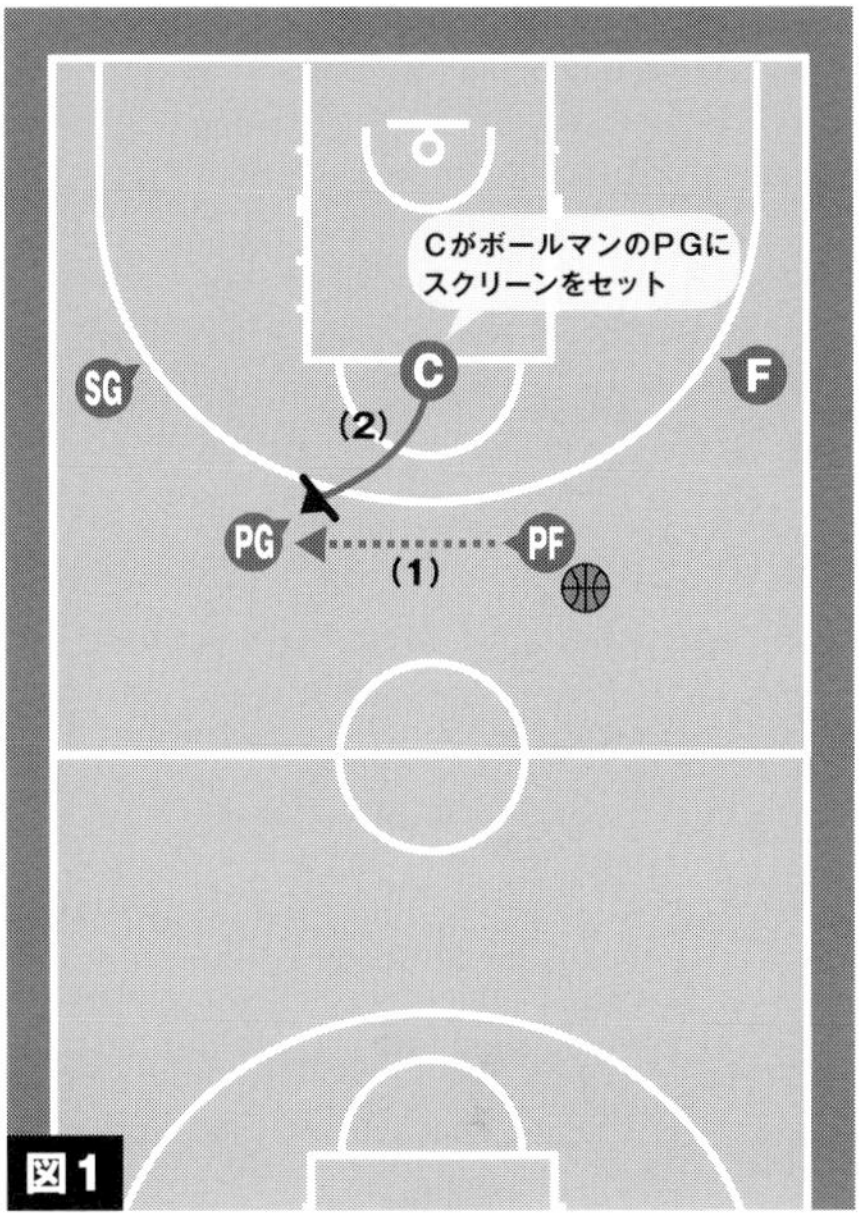
CがボールマンのＰＧにスクリーンをセット
SG
C
(2)
PG
PF
(1)
F
図1

ＰＧがスクリーンを使いながらドリブルしてチャンスメーク
SG
C
PG
PF
F
図2

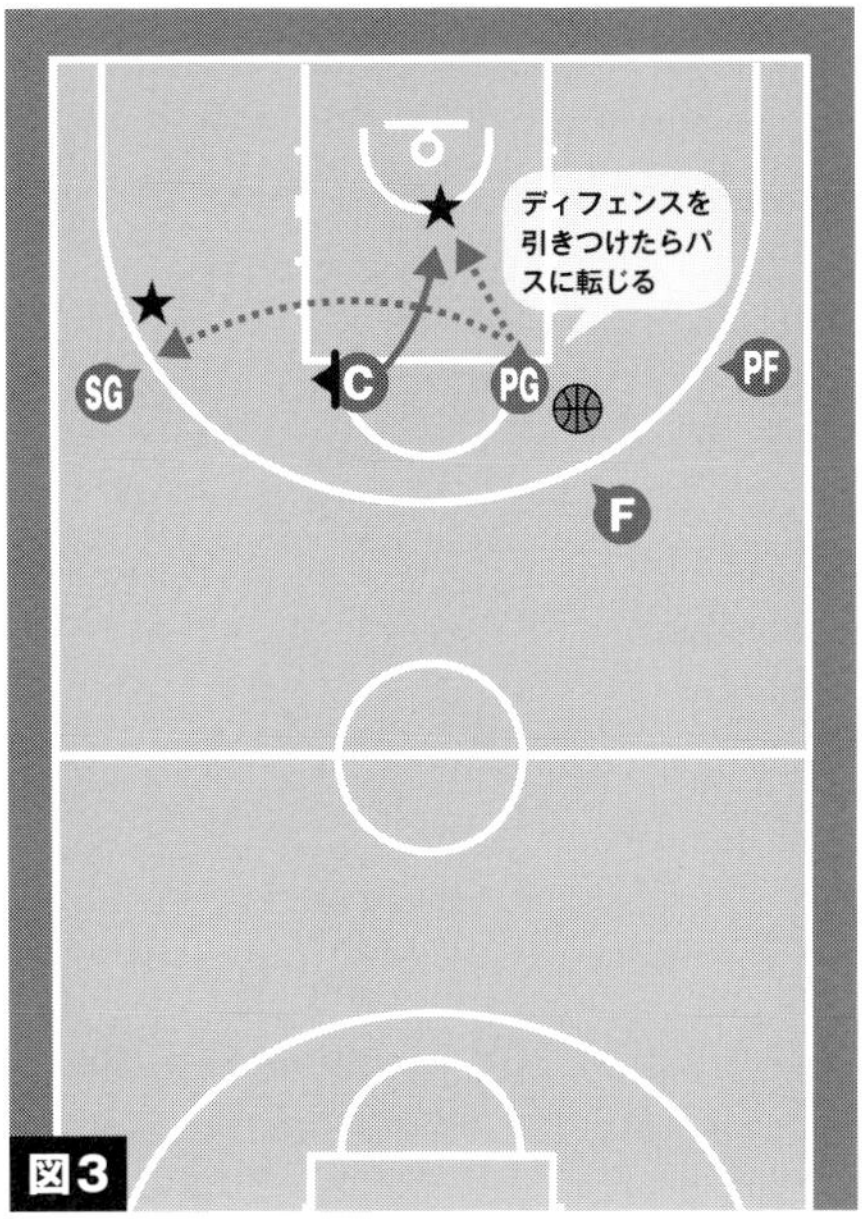
ディフェンスを引きつけたらパスに転じる
SG
C
PG
PF
F
図3

TEAM RULE
ピックアンドロールでは ディフェンスの対応を見る

ピックアンドロールに対してディフェンスは、マークマンを換える「スイッチディフェンス」や、スクリーナーのディフェンスが一度姿を見せる「ショウディフェンス」などいろいろな対応をしてきます。そうした中でボールマンは自分がシュートを打つべきか、スクリーナーに打たせるべきか正しく判断することが大切です。

シアトルスライス❶

シアトルスライスの動き方の基本

逆サイドからボールサイドカットする

シアトルスライスはシャッフルオフェンスと同様、ツーガードポジション、左右のウイングにそれぞれポジションをとってスタートしますが、Cはローポスト間を移動することを基本とします。

【図1】

ツーガードポジションでPGがSGにパスします。さらにSGはウイングのFにパスを展開します。パスを出したSGはゴールから離れるように移動し、ツーガードポジションのスペースを空けます。

【図2】

シャッフルオフェンスではウイングにパスをさばいた選手がボールサイドカットしましたが、このシアトルスライスでは、PGが逆サイドからボールサイドカットしてシュートチャンスを作ります。

2人ずつが同じサイドでポジションチェンジする

シャッフルオフェンスと違う点がまだあります。シアトルスライスは、アウトサイドの4つのポジションを移動するフォーメーションではないということです。

【図3】

ボールサイドカットに対してパスが入らず、逆サイドにボールを展開していく方法は88ページで紹介します。その時にPGとPF、SGとF、2人ずつが同じサイドでポジションチェンジする形となります。つまり選手が入れ替わっているように見えて、実は2人のコンビネーションが崩れていないということです。

シアトルスライスからのシュートチャンス

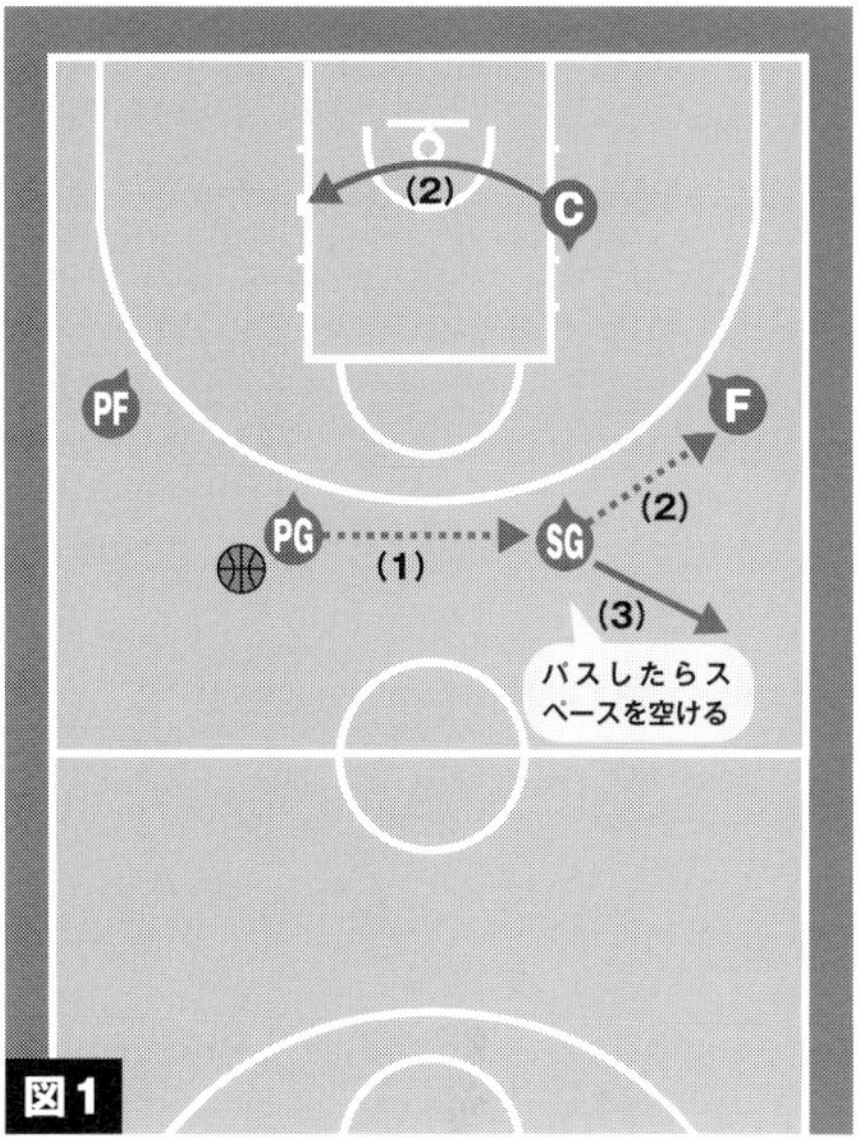

図2 逆サイドからエルボーに走り込む

図1 パスしたらスペースを空ける

パスが展開された時の選手の流れ

図3 2人ずつが同じサイドでプレーする

TEAM RULE
エルボーに走り込む

　図2のように、ボールサイドカットする際にはエルボー（フリースローラインの端）のあたりを走り抜けることによってFからのパスが受けやすくなり、シュートチャンスが生まれます。ここがシアトルスライスの大事なポイントです。そしてパワーサイドからセンターがいなくなり、そのスペースにダイブするのが特徴です。さらにCのディフェンスがカバーに来たら、Cがノーマークになります。

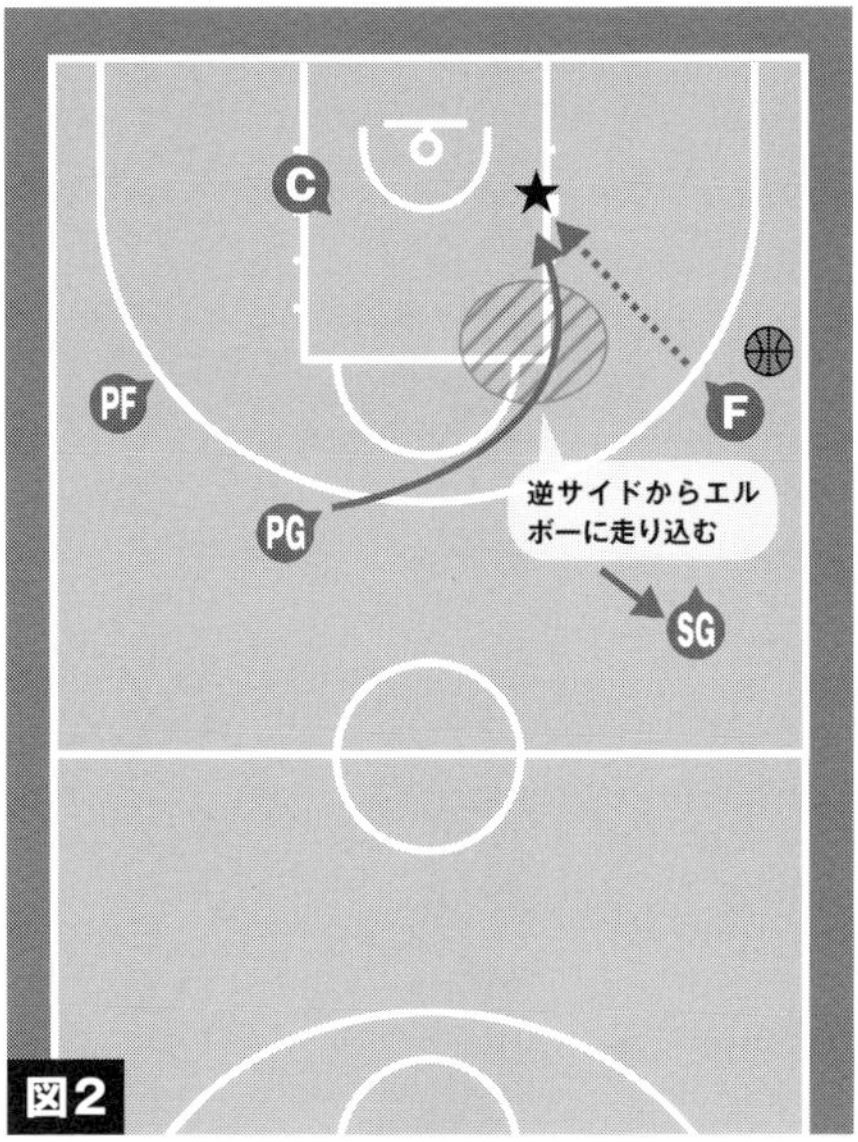

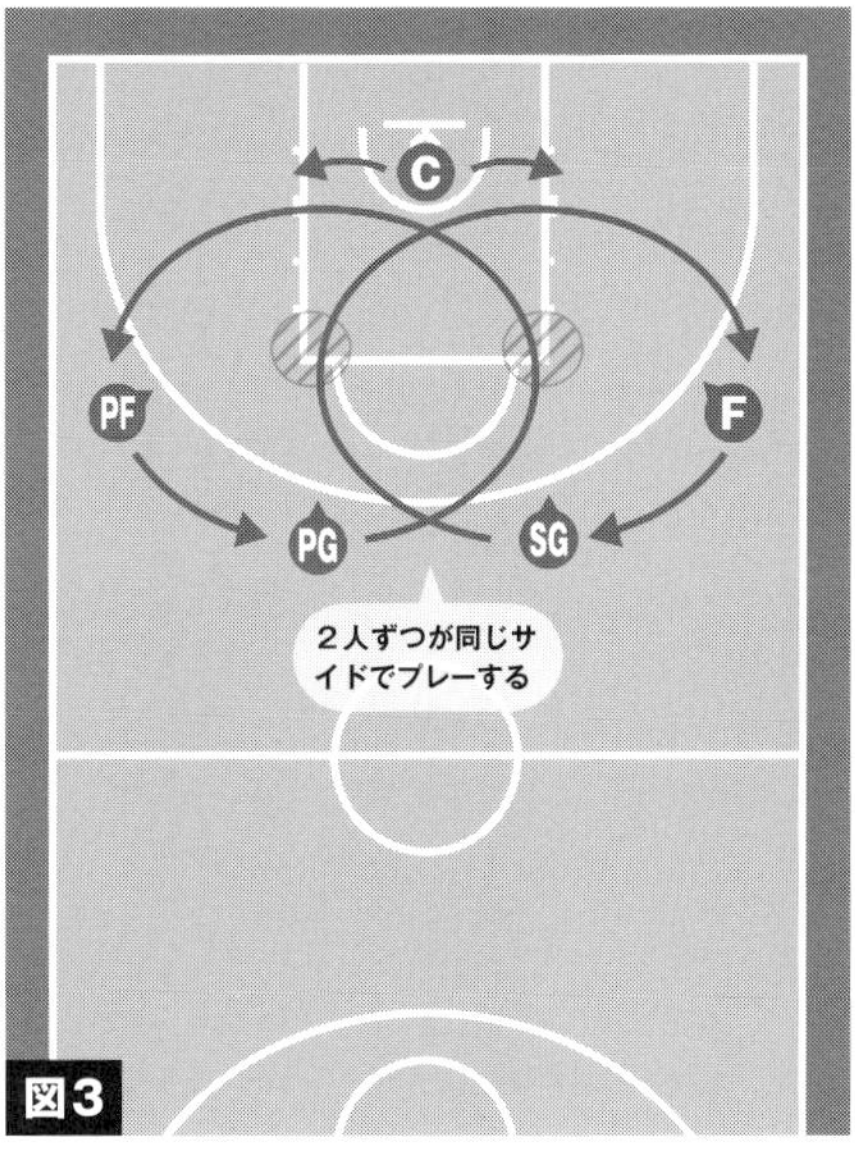

シアトルスライス❷

ボールサイドカットにパスが入らない時の展開法

セーフティポジションにパスして逆サイドへと展開

前のページから引き続き、逆サイドからボールサイドカットしたPGにパスが入らなかった時の展開を見ていきましょう。

【図1】

ツーガードポジションのスペースを空けるためゴールから離れるように動いたSGに、Fがパスを出します。このようなパスを受けたり、相手にボールを奪われた時、いち早く自陣に戻れる「セーフティ」の役割もこのSGは担っています。SGにボールがおさまる間に、PFがツーガードポジションに、PGがウイングへと移動しておきます。

【図2】

SGがツーガードポジションのPFにパスを展開します。PFはさらにウイングのPGへとパスを回し、セーフティのポジションへと移動しておきます。同時にCは逆サイドのローポストに移動し、パワーサイドのスペースを空けます。

【図3】

ボールマンのPGは、逆サイドからボールサイドカットしエルボーに走り込むSGにパスを出すことによって、レイアップのシュートチャンスが生まれます。

【図4】

もしPGからSGにパスが入らなければ、PGはセーフティポジションのPFにパスを戻して逆サイドへと再度展開することもできます。このように4人がボールに触り、2人ずつが同じサイドでプレーするのが特徴なのです。

シアトルスライスの逆サイドへの展開法

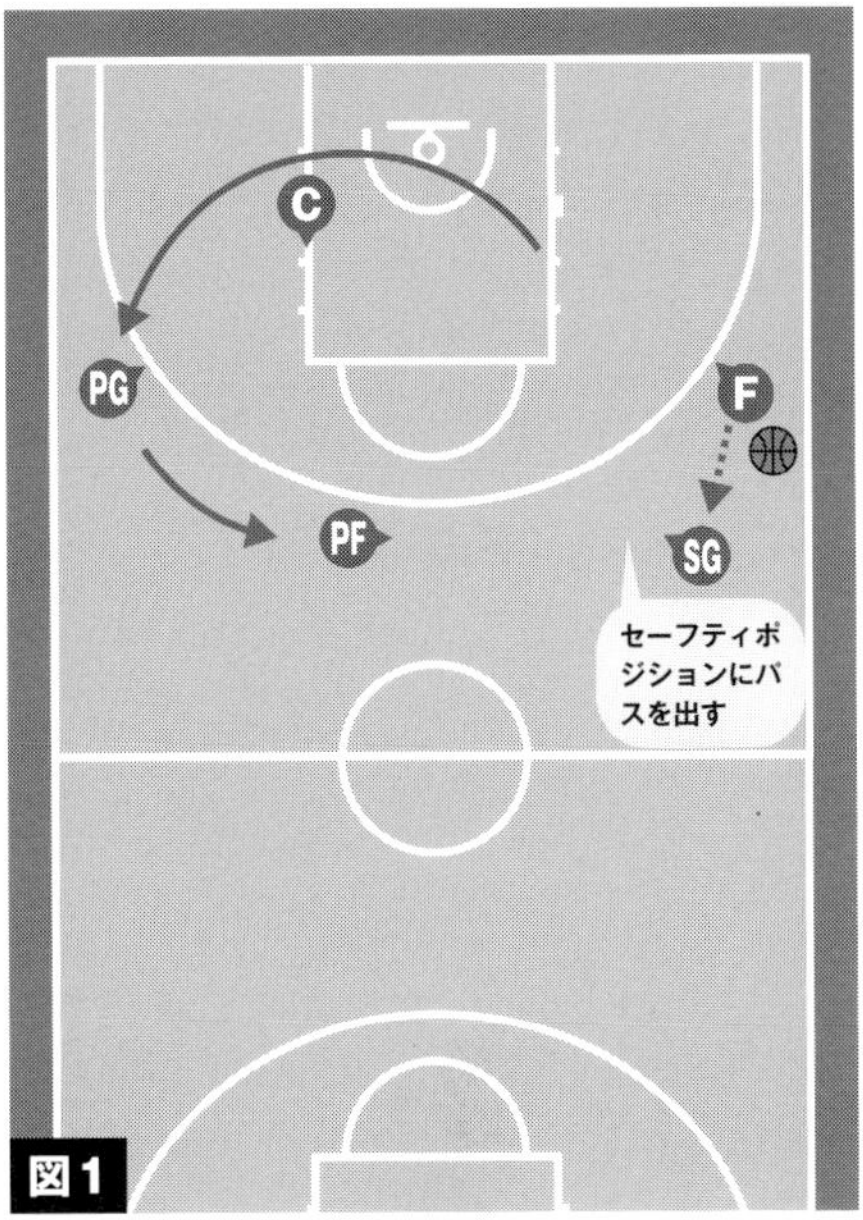

図1

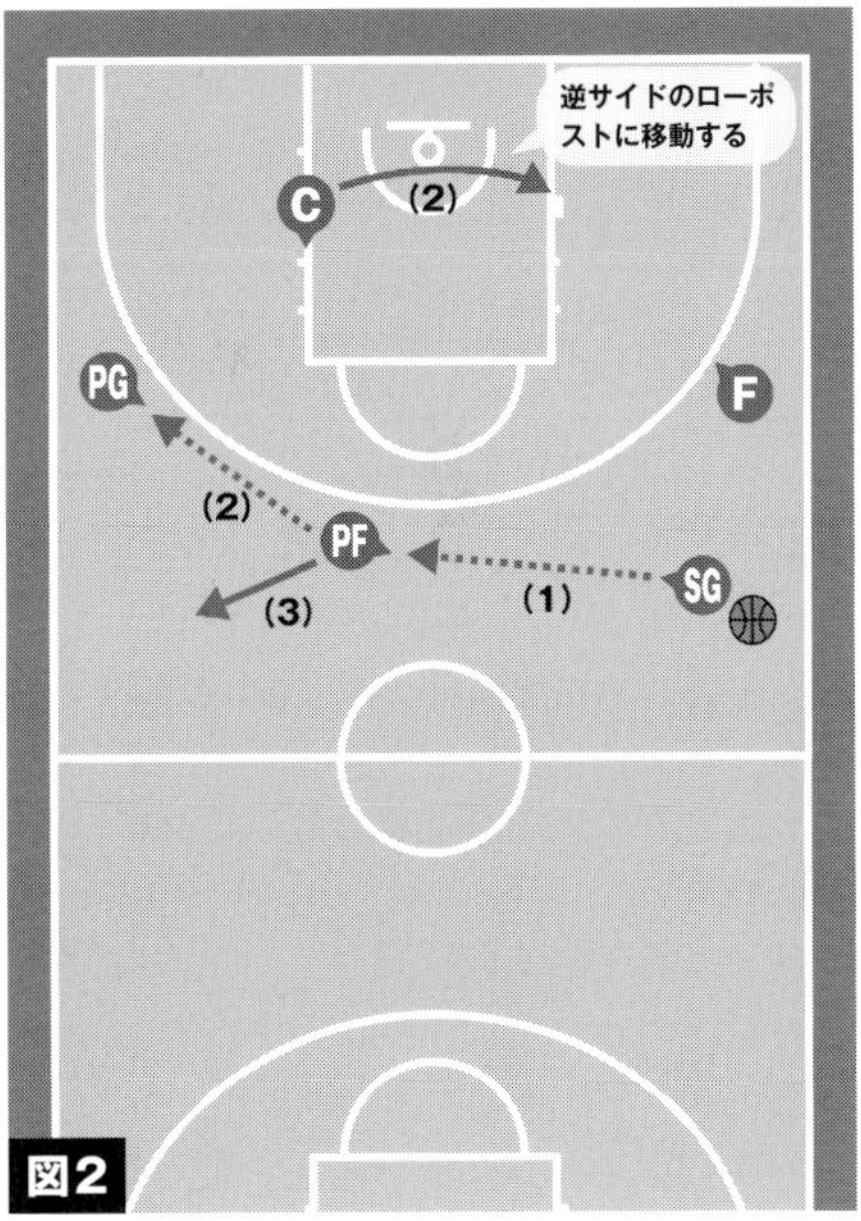

図2

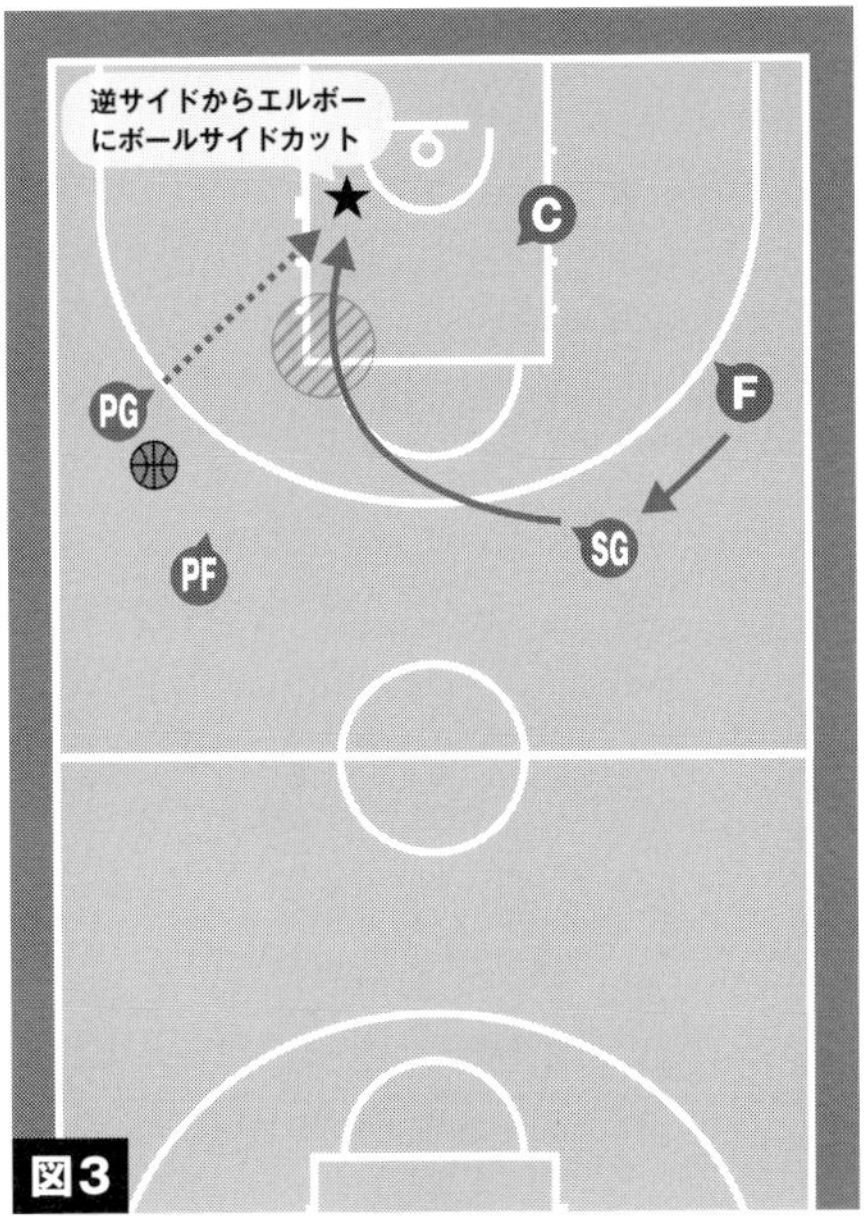

図3

図4

シアトルスライス❸

逆サイドからのボールサイドカットをケアされた時の攻撃法

他の選手もパスを受ける準備をしておく

シアトルスライスの動きを相手ディフェンスが察知した場合には当然、逆サイドからのボールサイドカットを警戒して来ます。そういうケースに備えて、別のポジションにパスを回してシュートに持ち込む意識も持っておくようにしましょう。

【図1】

ツーガードポジションのPGからSGにパスが渡り、さらにウイングのFにボールが展開された時、Cは逆サイドのローポストに移動するのがシアトルスライスの基本です。しかしパワーサイドで優位な状況を作れている場合には、Cがパスを受けて1対1で攻撃することもできます。

【図2】

ローポストのCやボールサイドカットするPGに、PFのディフェンスが引きつけられる場合、PFがノーマークになって3ポイントのシュートチャンスが生まれるかもしれません。

セーフティポジションからドリブルしてパスする

【図3】

セーフティのSGがFからパスを受けて逆サイドに展開する際、レシーバーとの距離が広過ぎたり、パスするタイミングがつかみにくい場合、ドリブルをはさんでからパスするプレーも効果的です。

【図4】

適切なポジションから良いタイミングで走り込むことによって、シアトルスライスが活かされます。

シアトルスライスによって生まれるシュートチャンス

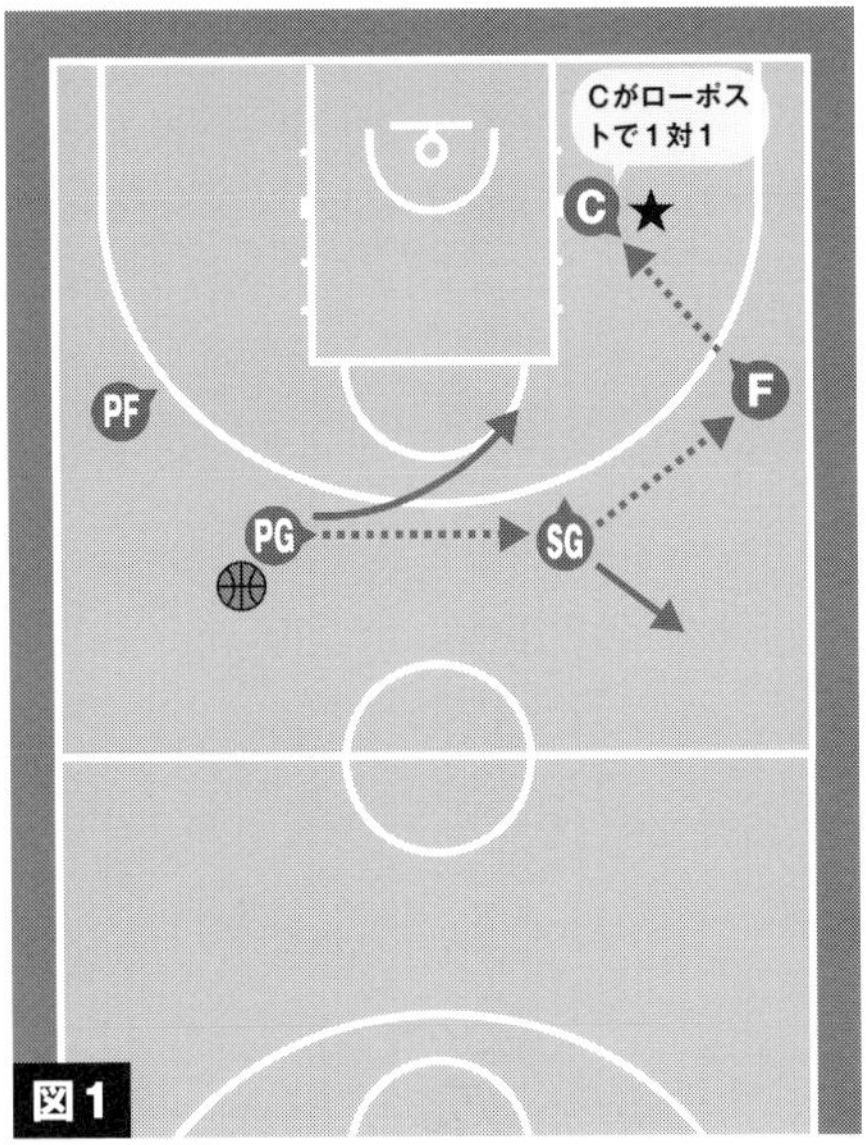
Cがローポストで1対1
C
F
PG
SG
PF
図1

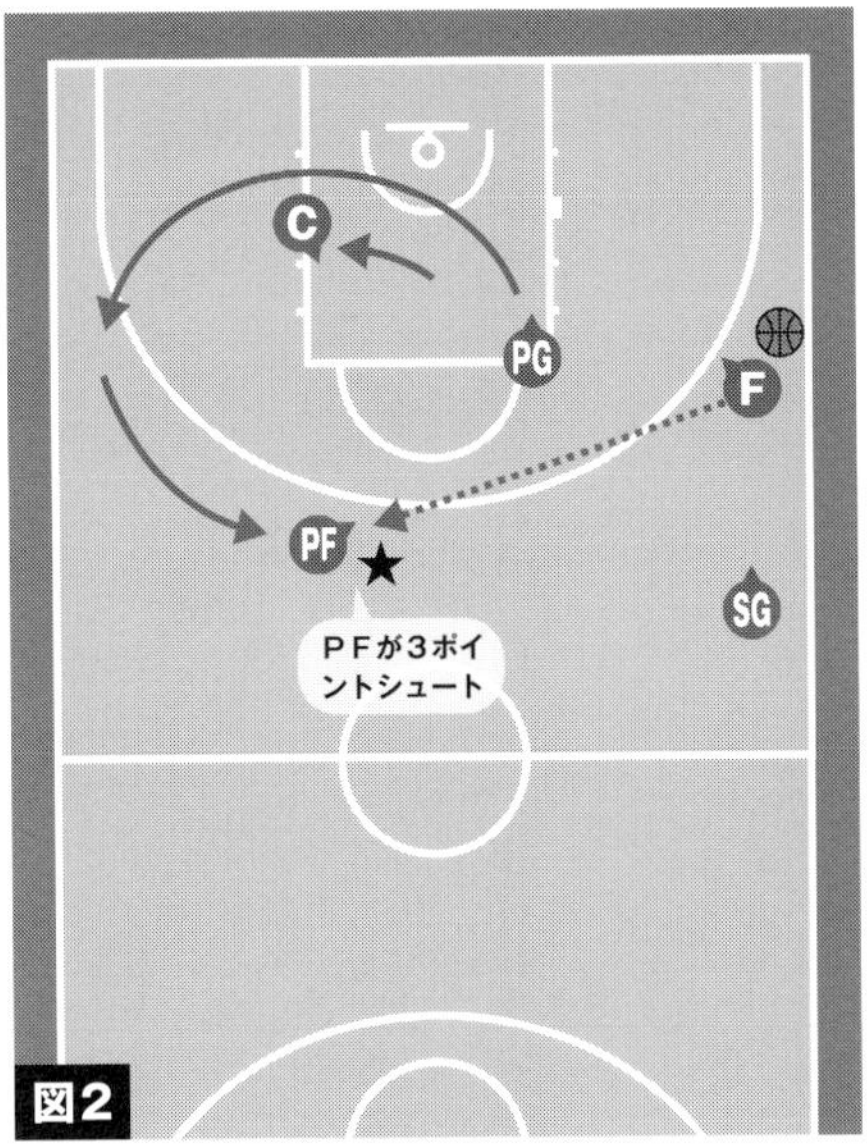
PFが3ポイントシュート
C
PG
F
PF
SG
図2

ドリブルをはさんでパスを出すパターン

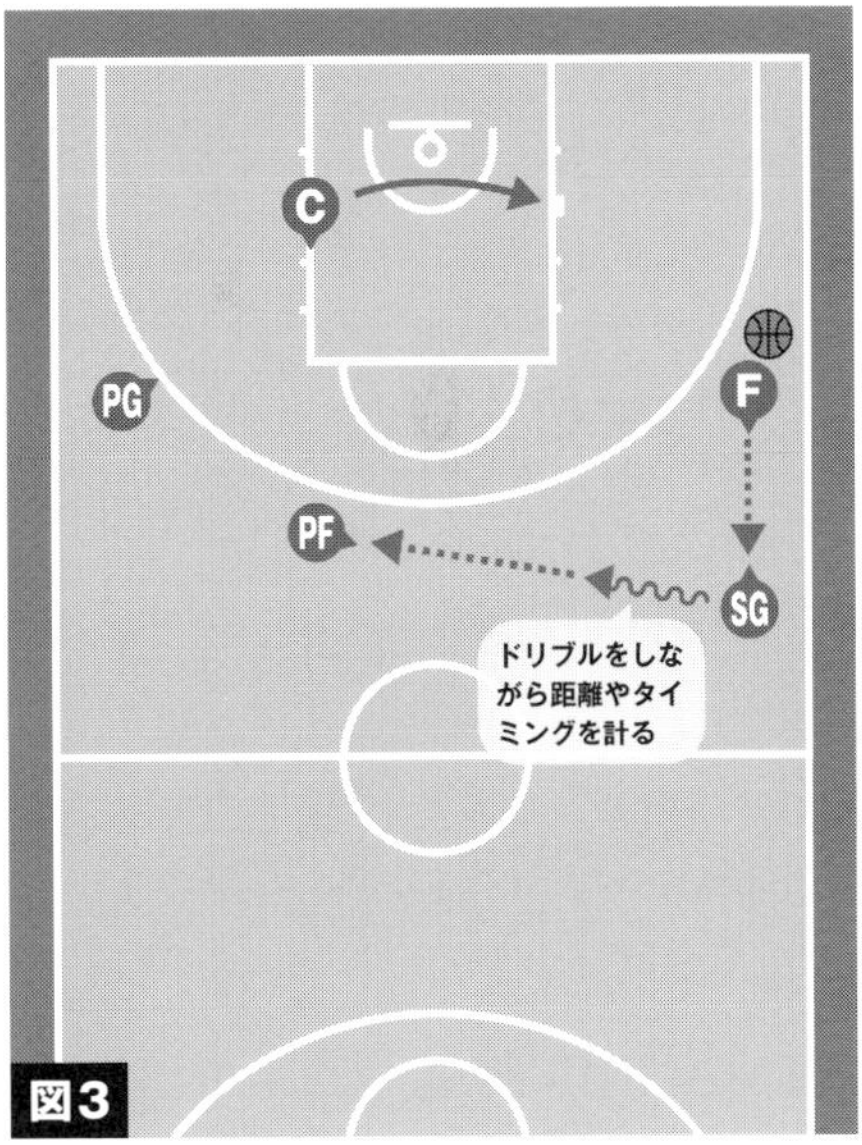
ドリブルをしながら距離やタイミングを計る
C
PG
F
PF
SG
図3

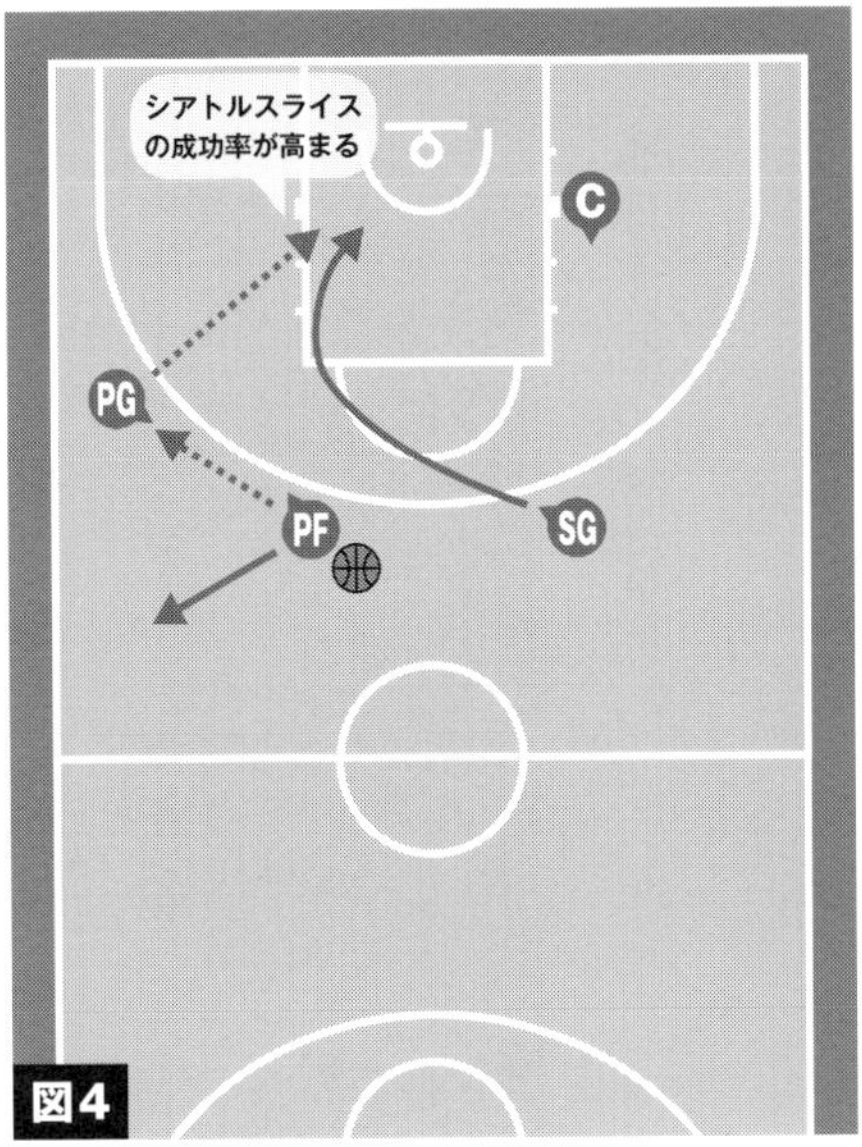
シアトルスライスの成功率が高まる
C
PG
PF
SG
図4

シアトルスライス❹

ディナイされたらシャッフルオフェンスへと移行

ファーストカットに続きセカンドカットを試みる

相手ディフェンスがシアトルスライスを読み、セーフティへのパスをディナイするケースがあります。そういう時の攻め方、およびシャッフルオフェンスへの移行の仕方を紹介しておきましょう。

【図1】

FからSGへのパスコースにディフェンスがポジションをとり、ディナイしている状況です。もしPGのボールサイドカットにFがパスを合わせることができなければ、SGもゴールに向かって走り込みます。つまりPGがファーストカット、SGがセカンドカットするわけです。

【図2】

セカンドカットのSGに対してもパスが入らない場合には、シアトルスライスを継続するよりシャッフルオフェンスに移行したほうが良い場合があります。ウイングでFがボールを持っている状況で、PFがパワーサイドに、PGとSGもそれぞれアウトサイドのスペースを埋め、ローポストのCはハイポストへと移動します。

【図3】

ツーガードポジション、左右のウイング、そしてハイポストにポジションをとった状態からシャッフルオフェンスへとスムーズに移行することができます。FからPF、そして逆サイドのPGへとパスを展開します。

【図4】

パスを受けたPGは、ウイングのSGにパスしてボールサイドカットしてリターンパスを受けます。

ファーストカットとセカンドカット

図1

シャッフルオフェンスへと移行

図2

図3

図4

Column

チームメイトに次のフォーメーションを速やかに伝える

ナンバーコールはバックコートで

複数のフォーメーションをチームとして備えた場合、ポイントガードはどのフォーメーションを使うかチームメイトに知らせる必要があります。その名称を叫んでしまうと相手ディフェンスにばれてしまうので、数字などのサインで知らせるのが一般的です。これを「ナンバーコール」と言います。

どのタイミングでナンバーコールを出すかというと、フロントコート（相手陣内）に入る前が理想です。つまりバックコート（自陣）にいる間にナンバーコールを出し、チームメイトが次にどのフォーメーションで攻撃するかわかっおくようにするのです。それによって全員が基本となる攻撃陣型へと速やかに移動することができ、貴重な攻撃時間を節約することができるわけです。

逆にフロントコートに入ってあわててナンバーコールを出すようだと、基本陣型を作るのに時間をロスしてしまい十分な攻撃時間を確保できなくなる恐れがあります。

それだけにディフェンスはボールを運ぶポイントガードに対してナンバーコールを出させないようにプレッシャーをかけて来る場合があるので、ボールマンは気をつけるようにしてください。

バックコートで ナンバーコール

第4章

スタックとワンフォー

Team Offense 4

スタックとワンフォーの基本

2人ずつが並んでスクリーナーとなり多彩な攻撃を展開する

制限区域に沿って2人ずつが並ぶ陣型

フロアーバランスをあえて崩し、2人の選手が並ぶようにしてスタートするフォーメーションがあります。それが「スタック」です。

【図1】

トップのPGがボールを持っている時、制限区域のラインに沿って2人ずつが並んでポジションをとります。図ではCとF、PFとSGという組み合わせになっていますが、CとSG、PFとFという組み合わせでも構いません。

基本的にはインサイドの選手が左右それぞれ、ボールマンに近い位置に立ち、ベースライン側に3ポイントシュートを得意とする選手がポジションをとります。

そしてダブル（2人の）スクリーンを使いながらアウトサイドに飛び出し、PGからのパスを受けて3ポイントシュートを打つのがこのスタックの特徴ですが、そのプレーについては116ページから後述します。

ボールマンに対して他の4人が一直線に並ぶ

【図2】

スタックから多彩なチームオフェンスを展開できるのが「ワン（1）フォー（4）」です。CとPFがそれぞれハイポストに移動し、それと同時にFとSGも左右のウイングにそれぞれ移動します。

【図3】

ボールマンのPGに対して他の4人が一直線に並ぶこのワンフォーについて先に説明していきます。

ワンフォーの基本陣型

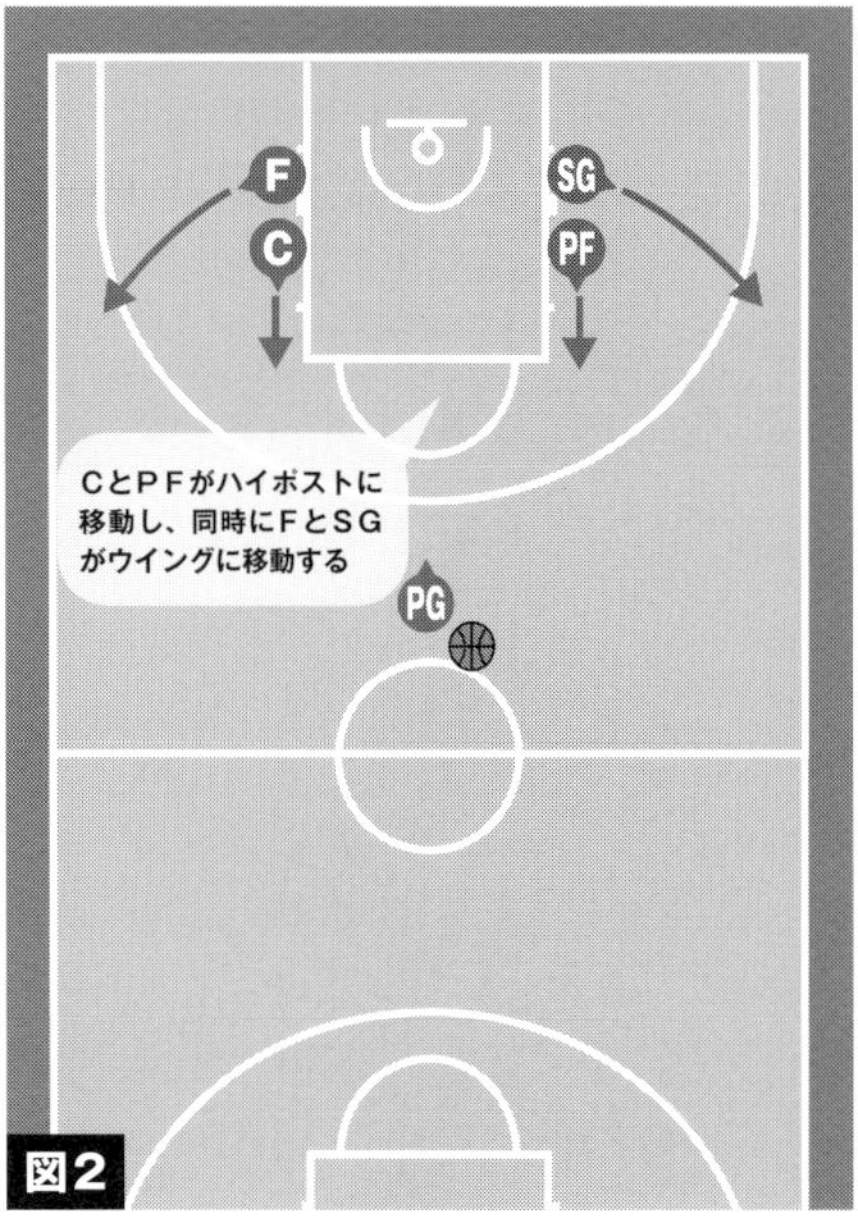
F
SG
C
PF
CとPFがハイポストに
移動し、同時にFとSG
がウイングに移動する
PG
図2

F
C
PF
SG
ボールマンに対して他
の4人が一直線に並ぶ
PG
図3

スタックの基本陣型

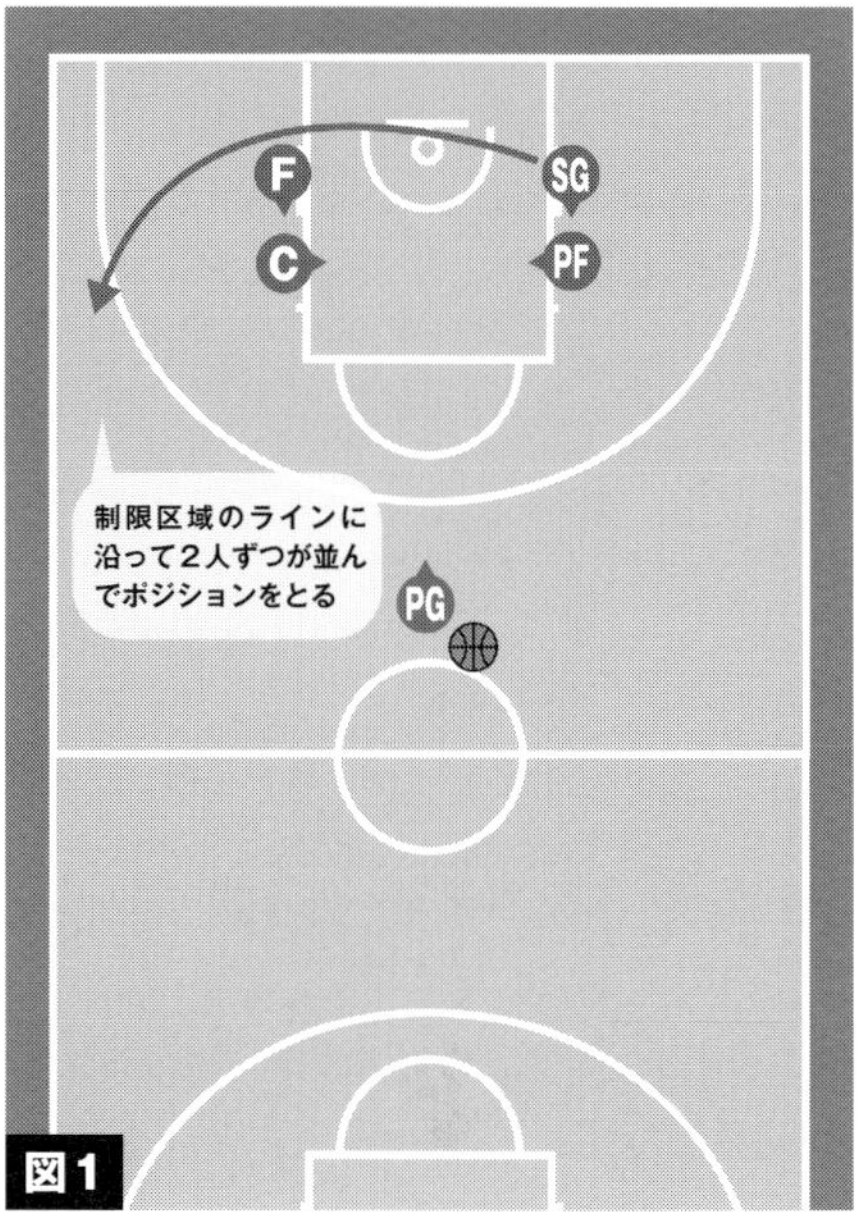
F
SG
C
PF
制限区域のラインに
沿って2人ずつが並ん
でポジションをとる
PG
図1

TEAM RULE
4人が動き出すタイミングを合わせられるように

スタックから3ポイントシュートのチャンスを作る動きをするのか、それともワンフォーから攻撃を展開するのか、PGのナンバーコールが欠かせません。なぜなら4人の動き出すタイミングがとても重要な意味を持つからです。それぞれがバラバラな動きにならないように気をつけましょう。

ワンフォー❶

バックドアカットとUCLAカット

ハイポストにパスが渡ったらバックドアカット

ワンフォーの基本陣型からハイポストにパスが渡った時と、ウイングにパスが渡った時の基本プレーを一つずつ紹介しましょう。

【図1】

ボールマンであるPGが、ハイポストに移動して来たインサイドの選手、図内ではPFにパスを出します。

【図2】

そのパスのタイミングおよびディフェンスの動きを見ながらウイングの選手、図内ではSGがゴールへとカットします。それに対してPFは体をセンターライン方向に向けたまま背後に走り込むSGにバウンドパスなどを出してシュートチャンスを作ることができます。このプレーを「バックドア」と言います。

その間にウィークサイドでは、CがスクリーンをセットしてFをノーマークにするなど、ディフェンスがパワーサイドのヘルプへと行きにくくしましょう。

ウイングにパスが渡ったらUCLAカット

次にウイングにパスが渡った時の「UCLAカット」です。

【図3】

PGはウイングのSGにパスを出します。PFはそのままアップサイドスクリーンをセットします。

【図4】

PGはスクリーンを利用しながらボールサイドカットをして、SGからのパスを受けることによってシュートチャンスが生まれます。

ワンフォーからのバックドアカット

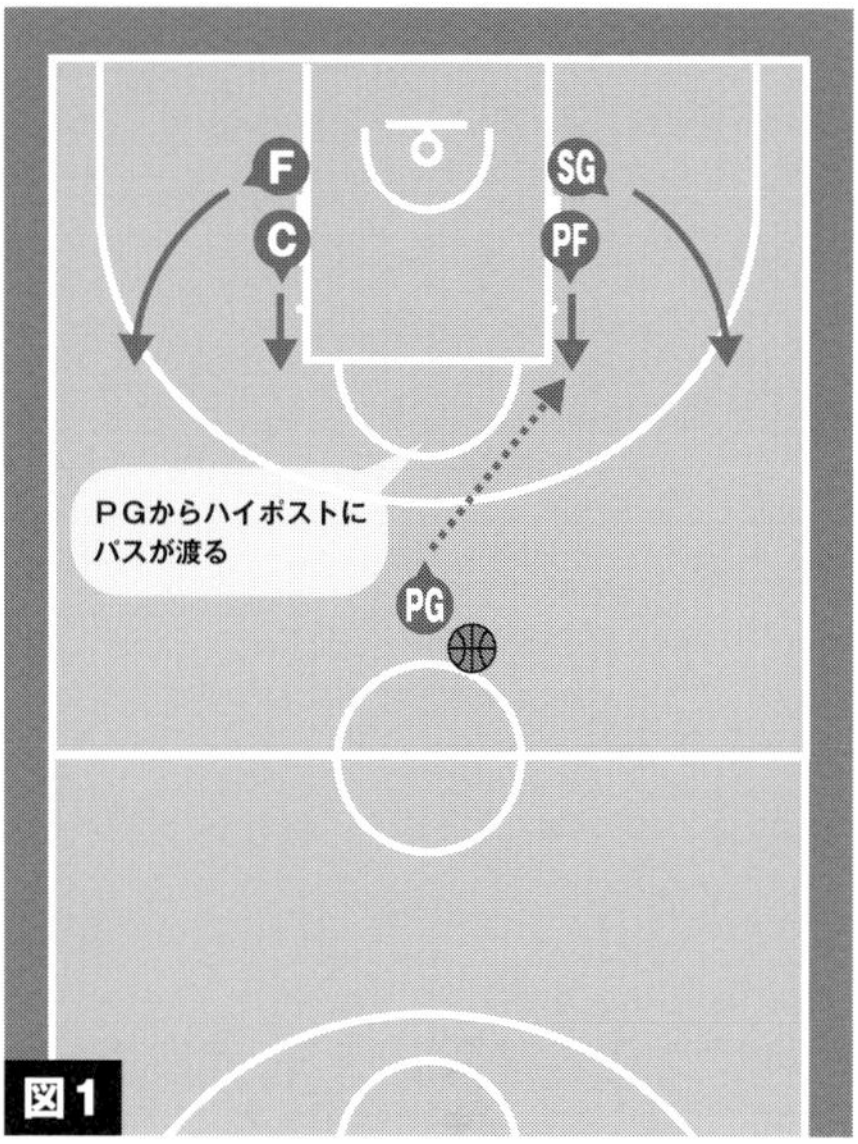
F
SG
C
PF
PGからハイポストに
パスが渡る
PG
図1

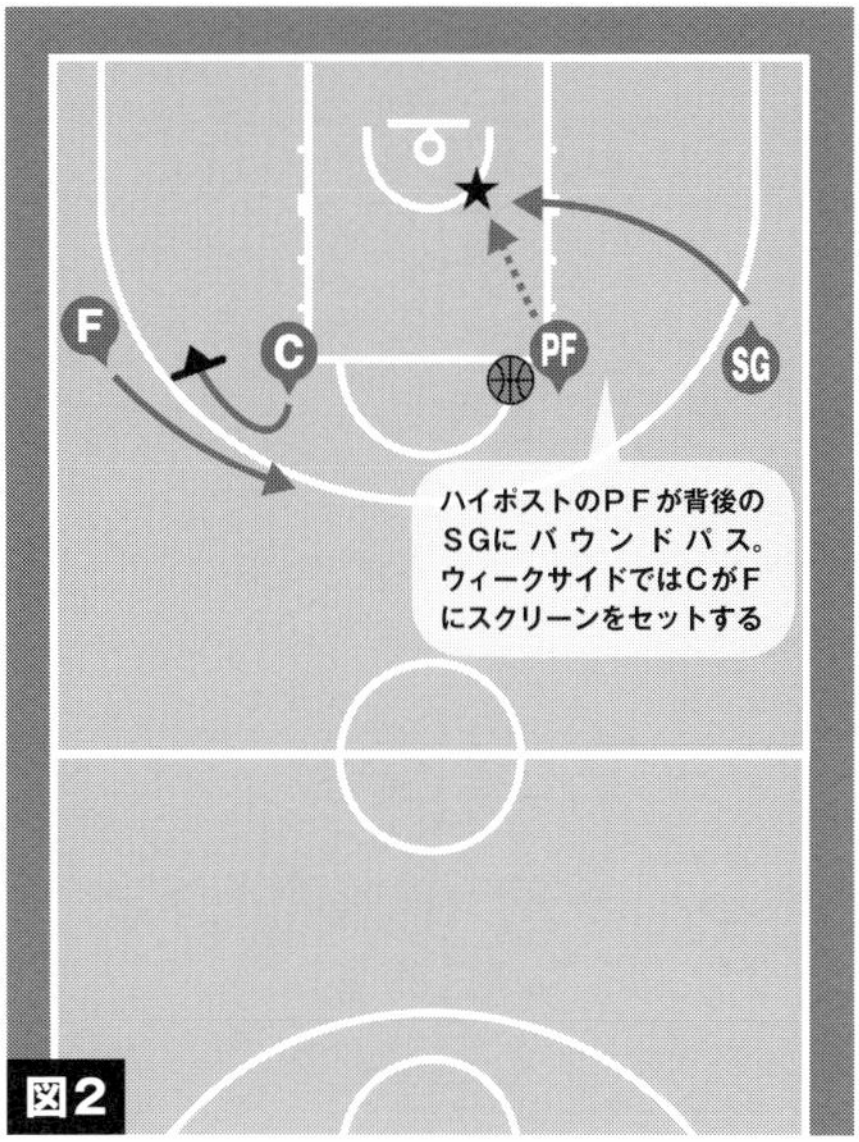
F
C
PF
SG
ハイポストのＰＦが背後の
ＳＧに バ ウ ン ド パ ス。
ウィークサイドではＣがＦ
にスクリーンをセットする
図2

ワンフォーからのUCLAカット

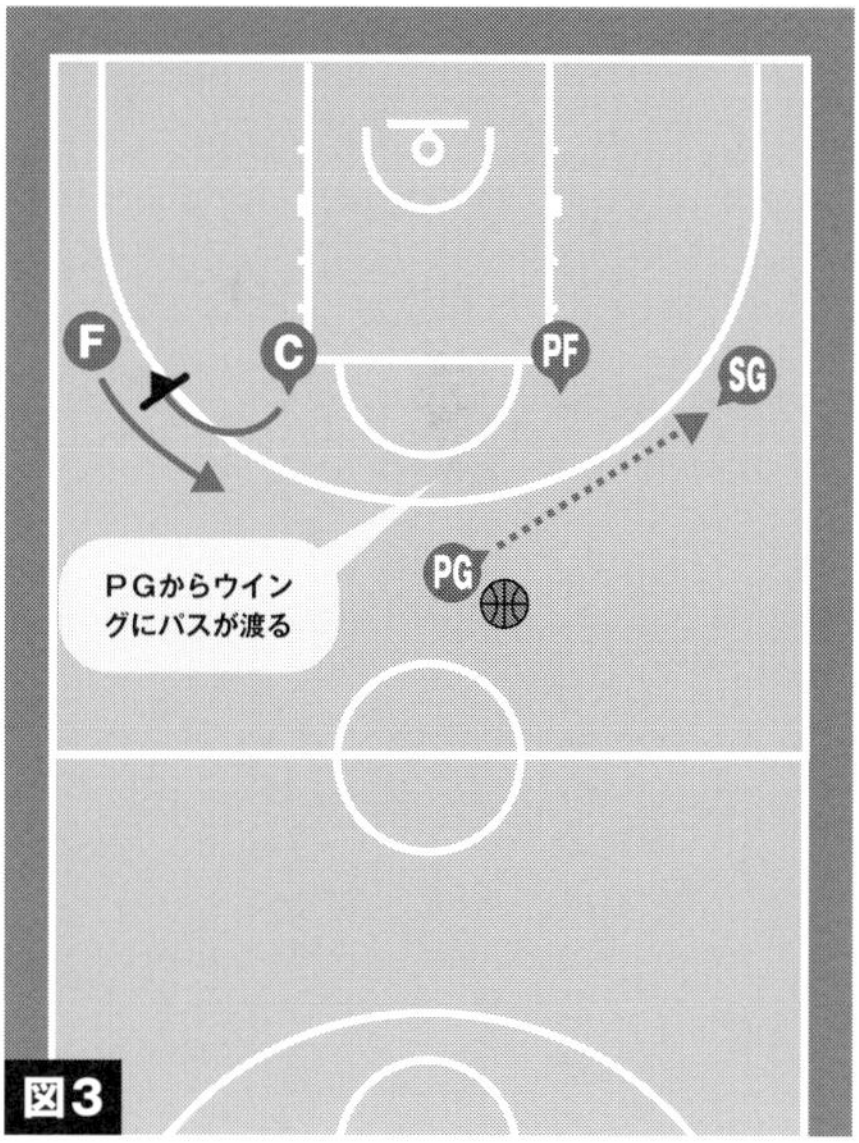
F
C
PF
SG
ＰＧからウイン
グにパスが渡る
PG
図3

PF
SG
C
F
ＰＧはＵＣＬＡ
カットしてＳＧか
らのパスを受ける
PG
図4

ワンフォー❷

バックドアカットからハンドオフへの移行

バックドアカットを相手に対応された時の攻撃法

ワンフォーからハイポストにパスが入った瞬間、バックドアカットした際にディフェンスから対応されるケースがあります。そういう場合に備えて別のフォーメーションに移行できるようにしておきましょう。

【図1】

ボールマンであるPGがハイポストに移動して来たPFにパスを出します。そしてPFが、バックドアカットするSGにバウンドパスを出そうとしますが、SGのディフェンスにパスコースをおさえられている状況です。

【図2】

パスを受けられなかったSGは、Cのスクリーンを使いながらFがセットしたスクリーンを利用してコーナー方向に移動します。そしてPGがトップから、ボールマンであるPFのほうに走り込みハンドオフで（手渡しパスを受けて）2対2の攻撃を展開します。その時にPGがノーマークであればシュートチャンスですし、PFがダイブして（ゴール方向で）パスを受けられるかもしれません。

【図3】

2対2で攻撃できない場合に備えて、ウィークサイドでもノーマークを作ります。コーナー方向に動いたSGがCのセットするダウンスクリーンを使ってディフェンスを振り切るのです。そうしてPGからパスを受けてシュートを打ちます。または、スクリーナーのCがダイブしてPGからのパスを受けるという展開も可能でしょう。

バックドアカットをディフェンスに対応された時の展開法

SG
F
C
(1)
(2)
PF
PG
ウィークサイドでも
スクリーンプレーを
行い攻撃の選択肢を
増やしておく

図3

F
C
SG
PF
PG
ハイポストのPFに
パスが渡ったものの、
SGのディフェンス
がバックドアカット
をケアしている状況

図1

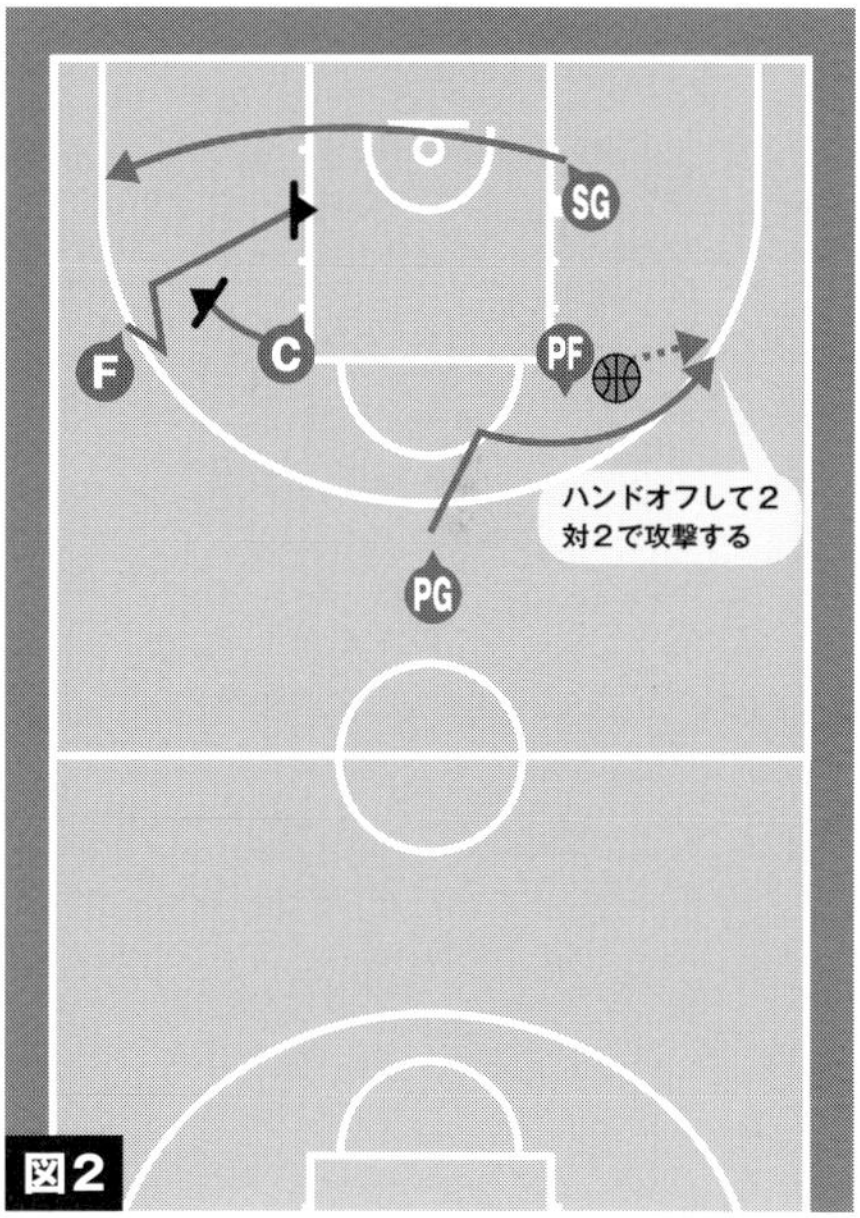
SG
F
C
PF
PG
ハンドオフして2
対2で攻撃する

図2

TEAM RULE
ポップアウトして3ポイントシュートを狙えるように

図２でＰＧにハンドオフしたＰＦのシュートレンジが広いのであれば、ポップアウトして（アウトサイドに飛び出して）３ポイントシュートを打つという攻撃法もあります。個々のプレーの幅を広げることがチームオフェンスの選択肢を増やすことにつながるわけです。

ワンフォー❸
UCLAカットからピックアンドロールへの移行

攻撃力がある選手に対して2人目のスクリーンを用意

ワンフォーからウイングにパスが渡った瞬間、UCLAカットに対してディフェンスに対応されることがあります。そういうケースに備えて別のプレーを用意しておきましょう。

【図1】

ボールマンであるPGがウイングのSGにパスを出します。PGがUCLAカットするものの、SGのディフェンスがケアしているため、パスを受けられない状況です。そこでハイポストのPFはSGに対してピックスクリーンをセットします。

【図2】

SGはスクリーンを使ってノーマークになることができればシュートチャンスが生まれます。もしPFのディフェンスが、スイッチやショウディフェンスして対処して来た場合には、PFがダイブ(ゴール方向にカット)してパスを受けられるかもしれません。さらに、SGがチャンスメークに苦労しそうならCもSGに対してピックスクリーンをセットします。

【図3】

Cがセットしたスクリーンを使ってSGがシュートを打つことができますし、Cがダイブすることによって SGからのパスを受けられるかもしれません。

攻撃力があるSGの場合、このように1人だけでなく、2人目のスクリーンも用意し、SGを起点に攻撃する手もあります。でもそればかりだと攻撃のバランスが悪くなるので注意です。

UCLAカットをディフェンスに対応された時の展開法

PG
PF
F
C
SG
徹底してＳＧを起点
に攻撃を仕掛ける

図3

F
C
PF
SG
PG
ＰＦがピック
スクリーンを
セットする

図1

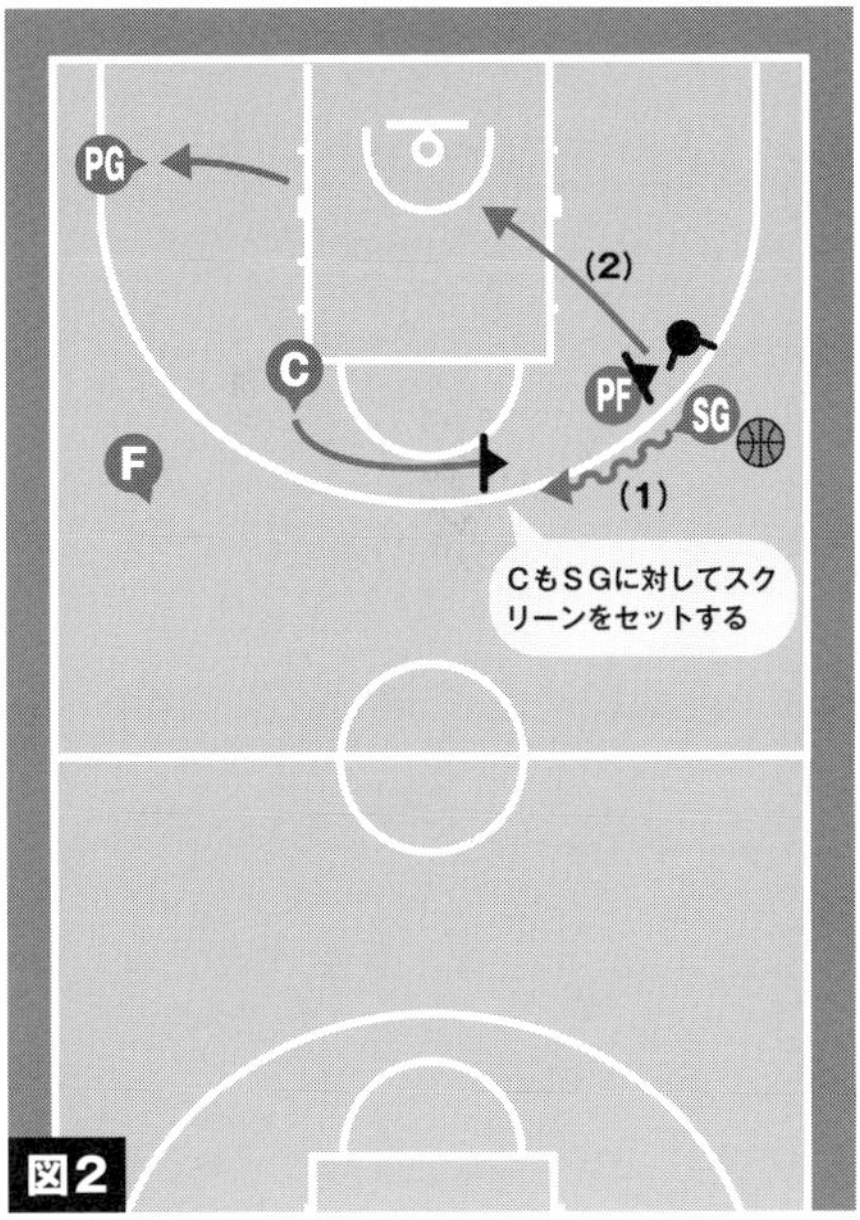
PG
(2)
C
PF
SG
F
(1)
ＣもＳＧに対してスク
リーンをセットする

図2

TEAM RULE
まわりの選手は邪魔しない

スクリーンをセットしたＰＦがダイブしたものの、ゴール下でパスを受けられなかった場合、立ち止まらないようにしてください。すでにＳＧとＣの２対２の攻撃が始まっているため、それを邪魔してしまう恐れがあるからです。図３のようにコーナーへと移動するなどスペーシングを意識し、Ｃがダイブをしやすくしましょう。

ワンフォーからフレックスモーションオフェンスへの移行

相手に読まれずフレックスモーションオフェンスに

ウイングにパスが渡ったものの、UCLAカットを相手にケアされた時の展開法をもう一つ紹介します。「フレックスモーションオフェンス（34ページ）」への移行です。

【図1】

ボールマンであるPGがウイングのSGにパスを出して、UCLAカットします。

【図2】

パスを受けられなかったPGはすぐさまSGにアップサイドスクリーンをセットします。同時にハイポストの2人はそれぞれのサイドのツーガードポジションに移動し、逆サイドのウイングであるFはコーナーへと移動します。

【図3】

ボールマンのSGは、ツーガードポジションのPFにパスを出し、スクリーンを使って逆サイドのローポストに移動。そこでノーマークになればPFからのパスを受けてシュートを打てる可能性もあります。それができなければツーガードポジションでPFがCにパスを出し、スクリーナーのPGはコーナーに移動します。

【図4】

このフレックスモーションオフェンスの基本陣型からCがPFにパスを出して、ダウンスクリーンモーションやアップサイドスクリーンモーションを展開することができます。ワンフォーからの移行で相手に読まれず、フレックスモーションオフェンスに入ることができるとも言えます。

ワンフォーからフレックスモーションオフェンスの基本陣型に

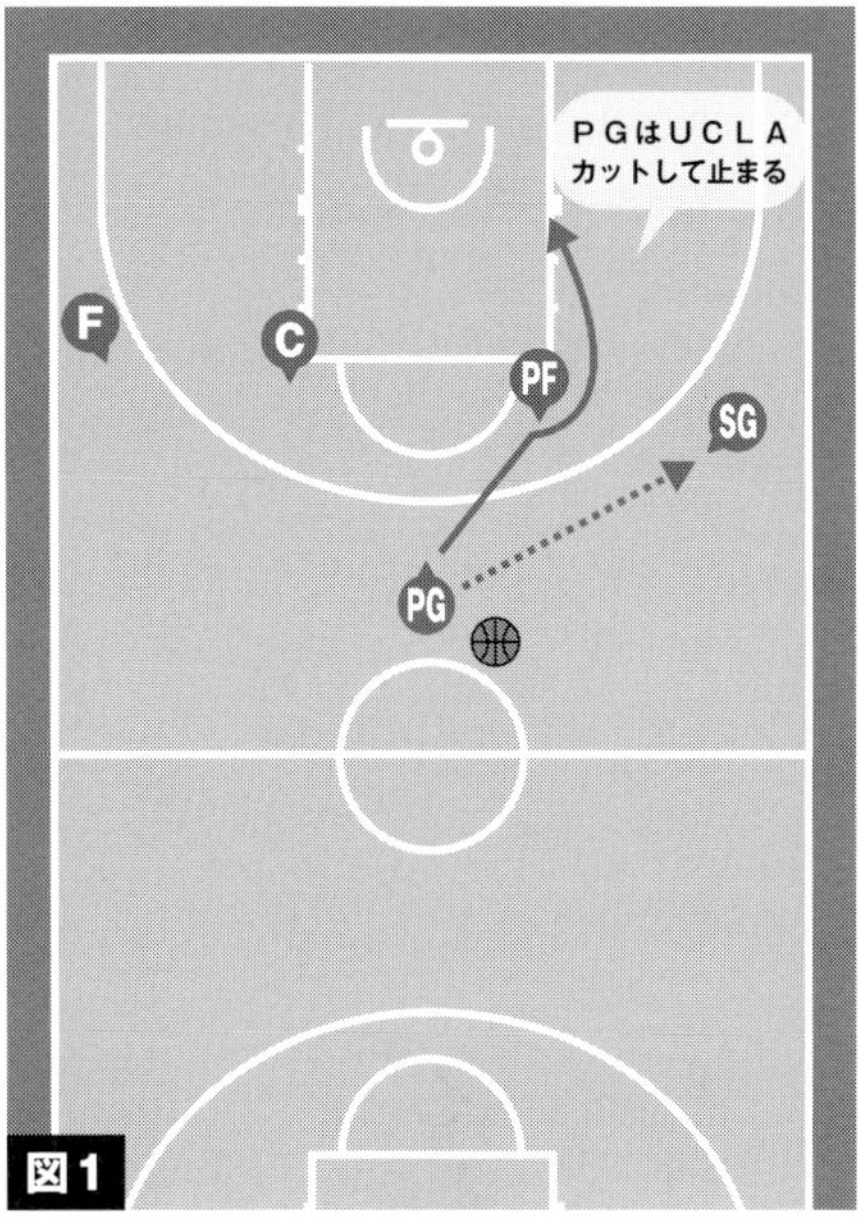
ＰＧはＵＣＬＡ
カットして止まる
F
C
PF
SG
PG

図1

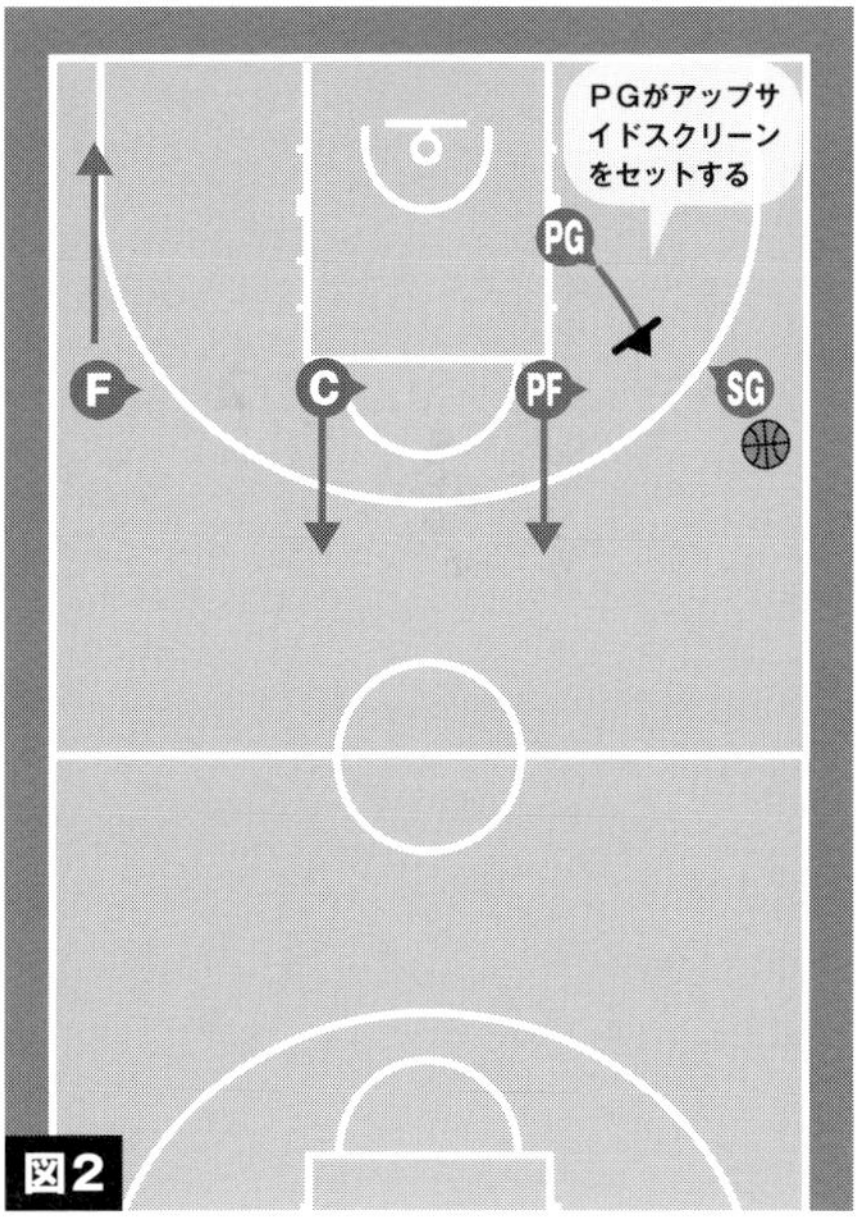
ＰＧがアップサ
イドスクリーン
をセットする
PG
F
C
PF
SG

図2

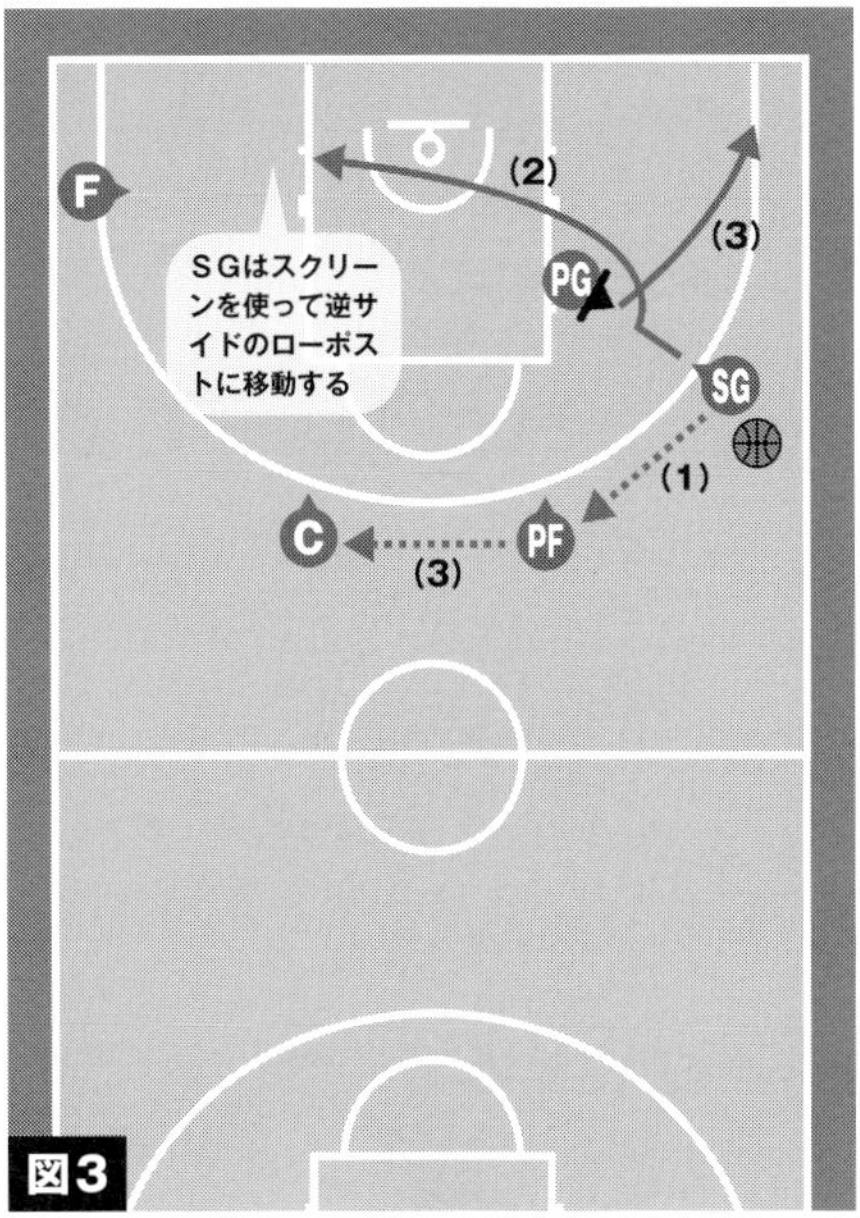
ＳＧはスクリー
ンを使って逆サ
イドのローポス
トに移動する
F
PG
SG
PF
C
(1)
(2)
(3)
(3)

図3

フレックスモー
ションオフェン
スを展開する
F
SG
PG
C
PF

図4

ワンフォー⑤

インサイド主体に攻撃する「エックスカット」

インサイド2人が交差して動く

スタックからワンフォーに移行しインサイドの2人、CとPFを主体に攻撃するパターンに目を向けてみましょう。2人が交差するように動くことから「エックス（X）カット」と呼ばれています。

【図1】

ボールマンであるPGがトップでポジションをとり、スタックからワンフォーに移行します。

【図2】

トップのPGからウイングのSGにパスされると同時に、パワーサイドのハイポストにいるPFがウィークサイドのローポストに移動します。

【図3】

PFが移動するタイミングに合わせて、ウィークサイドのハイポストにいるCがパワーサイドのローポストに移動します。そしてウイングのSGからパスを受けてシュートを打ちます。

ムービングポストでポストプレーを確実に

このエックスカットは、PFの動きをファースト（1番目の）カット、Cの動きをセカンド（2番目）カットとしてローポストのエリアを確実に使うのが狙いです。

なぜなら最初からローポストに立ち止まってポストプレーをするスタンディングポストより、動いてパスを受ける「ムービングポスト」のほうがディフェンスは対処しづらいからです。

ワンフォーからのエックスカット

PF
C
F
ウィークサイドのハイポストからパワーサイドのローポストに移動する
SG
PG
図3

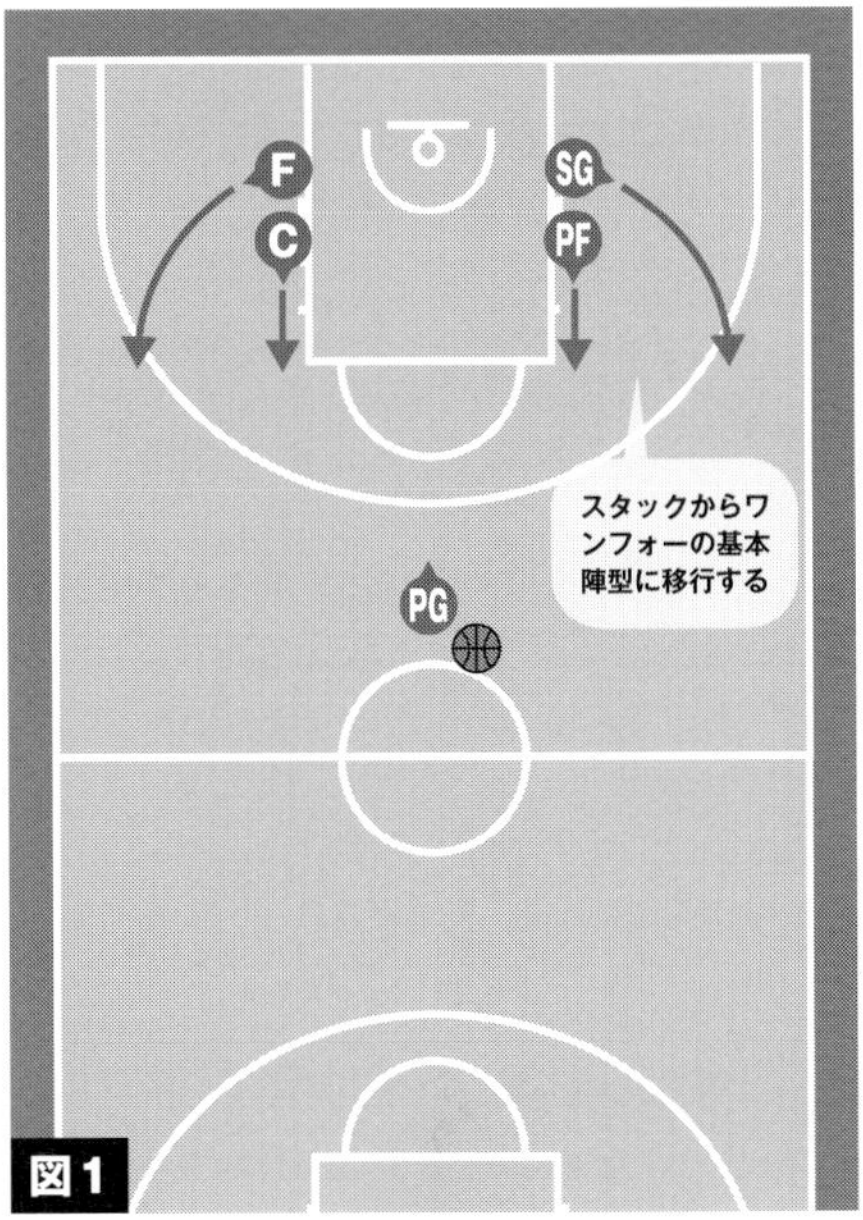
F
C
SG
PF
スタックからワンフォーの基本陣型に移行する
PG
図1

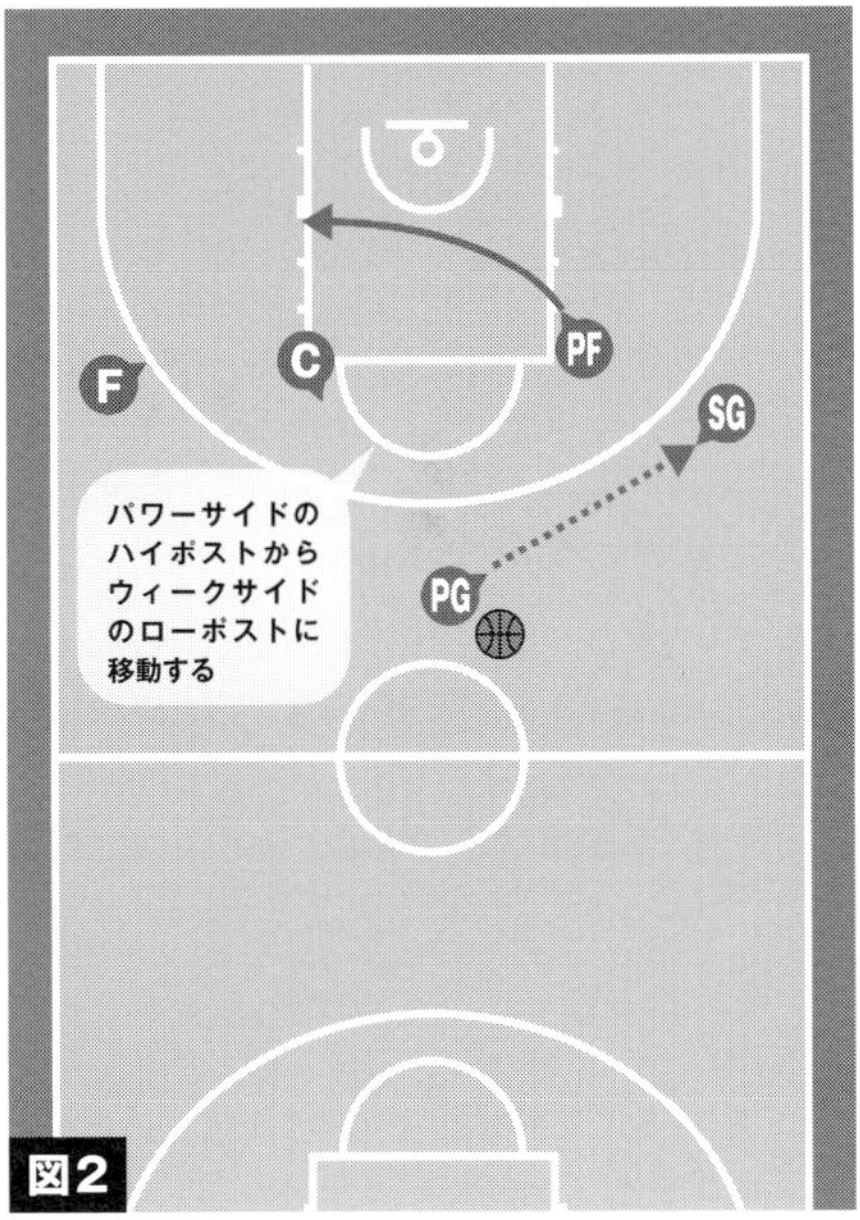
C
PF
F
SG
パワーサイドのハイポストからウィークサイドのローポストに移動する
PG
図2

TEAM RULE
インサイドでもクィックネスを活かす

インサイドでは高さがあるほうが有利ですが、ムービングポストのような動きを入れることによってクィックネス（俊敏さ）を活かすことができます。つまりマッチアップする相手が大きくても、自分のスピードを活かすことによってインサイドでノーマークを作れるということです。

ハイ・ロー❶

ハイポストからローポストへのパスでシュートチャンスを作る

コンビネーションでインサイドを攻略する

制限区域付近のフォーメーションとして最も代表的なものがハイポストからローポストにパスをつなぐ「ハイ・ロー」です。

【図1】
PGはハイポストのPFかCにパスします（図内ではPF）。そのタイミングに合わせてCかPFはダイブします（図内ではC）。

【図2】
ハイポストでパスを受けたPFは、ローポストに移動して来たCにパスを出すことによってシュートチャンスが生まれます。

ここではCはいったんハイポストまで移動していますが、移動するふりをしてその途中でローポストに方向転換することもできます。その動きでディフェンスの意表をつくのです。

ウイングを経由してハイ・ローを展開する

次に紹介するのは、ウイングを経由する「ハイ・ロー」です。

【図3】
PGからSGにパスされると同時にウィークサイドのハイポストにいるCがパワーサイド寄りにポジションをとります。

【図4】
パワーサイドのPFはハイポストからローポストに移動します。ハイポストのCはSGからのパスを受け、すぐさまローポストのPFにパスします。

このハイ・ローにはバリエーションがあるので、110ページ以降でも紹介していきましょう。

ハイポストにパスを入れるハイ・ロー

ハイポストから
ローポストに移
動する
C
F
PF
SG
PG
図1

ハイポストか
らローポスト
にパスする
C
★
F
PF
SG
PG
図2

ウイングを経由するハイ・ロー

パワーサイド寄
りにポジション
を移動する
C
PF
SG
PG
図3

ハイポストか
らローポスト
にパスする
★
F
PF
C
SG
PG
図4

ハイ・ロー❷

ダウンスクリーンからのハイ・ロー

インサイドの２人が互いにスクリーンを掛け合う

インサイドを主体に攻撃を展開していると、相手ディフェンスは当然ローポストやハイポストのパスコースをおさえに来ます。そこでなかなかパスがインサイドに入らない場合には、インサイドの2人ＰＦとＣがお互いにスクリーンを掛け合うプレーが効果的です。そのうちダウンスクリーンのプレーから見てみましょう。

【図１】

トップのＰＧからウイングのＦにパスが渡りましたが、ハイポストのＣにパスが入らない状況です。そこでＣはボールマンから離れる動きをします。同時にウィークサイドのハイポストにいたＰＦは、ローポストへと移動します。

【図２】

ＣはＰＦに対してダウンスクリーンをセットします。ＰＦはそのスクリーンを使ってパワーサイドのハイポストに移動してＦからのパスを受けます。

【図３】

ハイポストのＰＦから、ローポストのＣにパスが渡ればシュートチャンスが生まれます。

ただし気をつけなければならないのは、Ｃが3秒以上制限区域にとどまるオーバータイムです。それだけにＦからのパスを受けたＰＦはほとんどボールを保持せずパスを出すこと。パスを受けたＣもシュートまたはドリブルを速やかに行うことがポイントです。それらがスムーズにいかない場合、Ｃはいったん制限区域の外に出てポジションをとり直しましょう。

ダウンスクリーンからのハイ・ロー

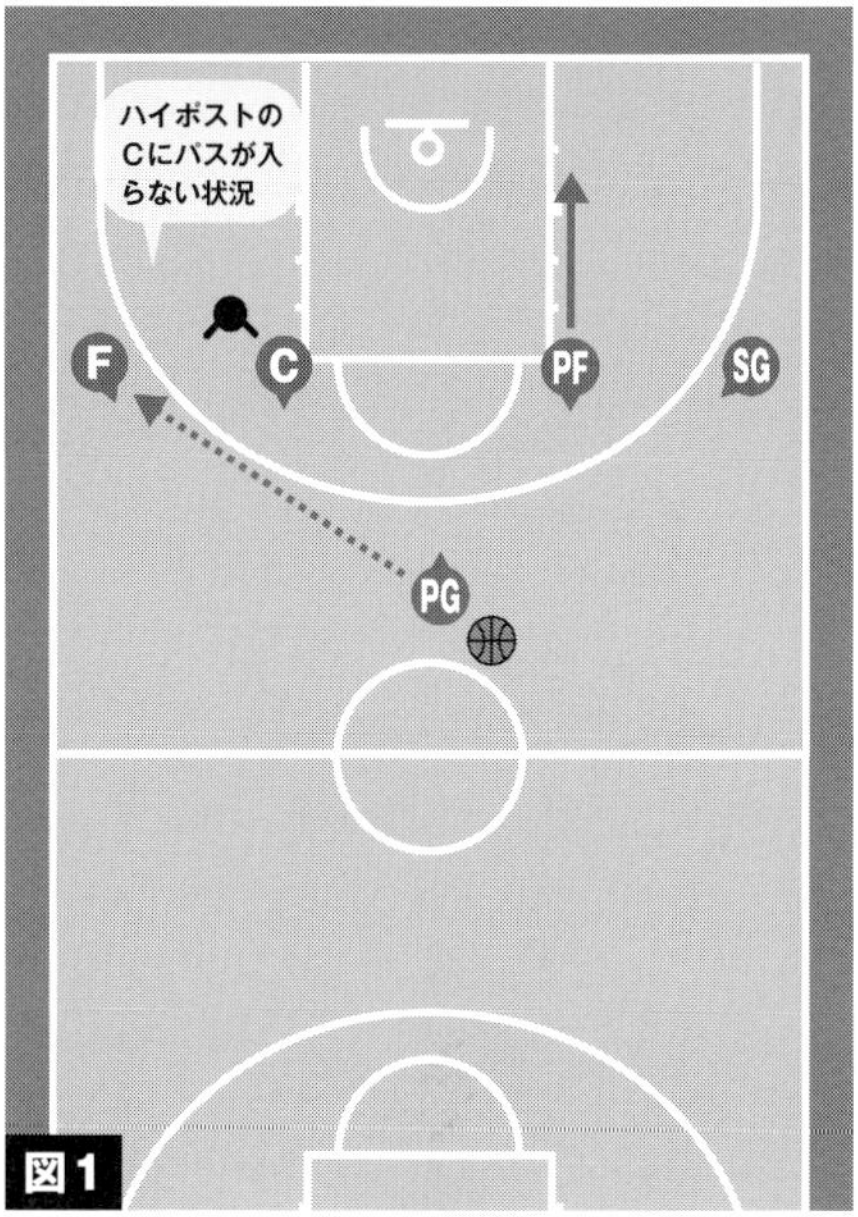
ハイポストの
Cにパスが入
らない状況
F
C
PF
SG
PG
図1

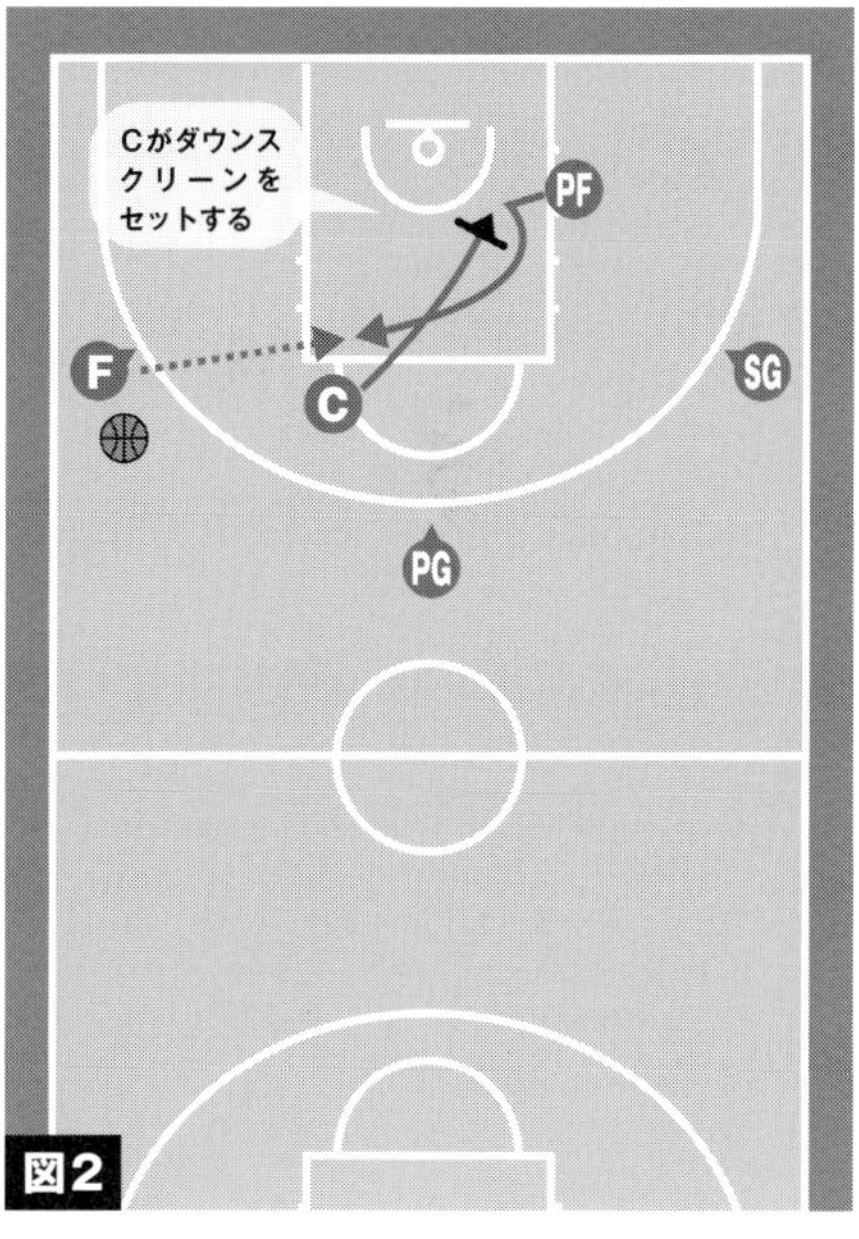
Cがダウンス
クリーンを
セットする
PF
F
C
SG
PG
図2

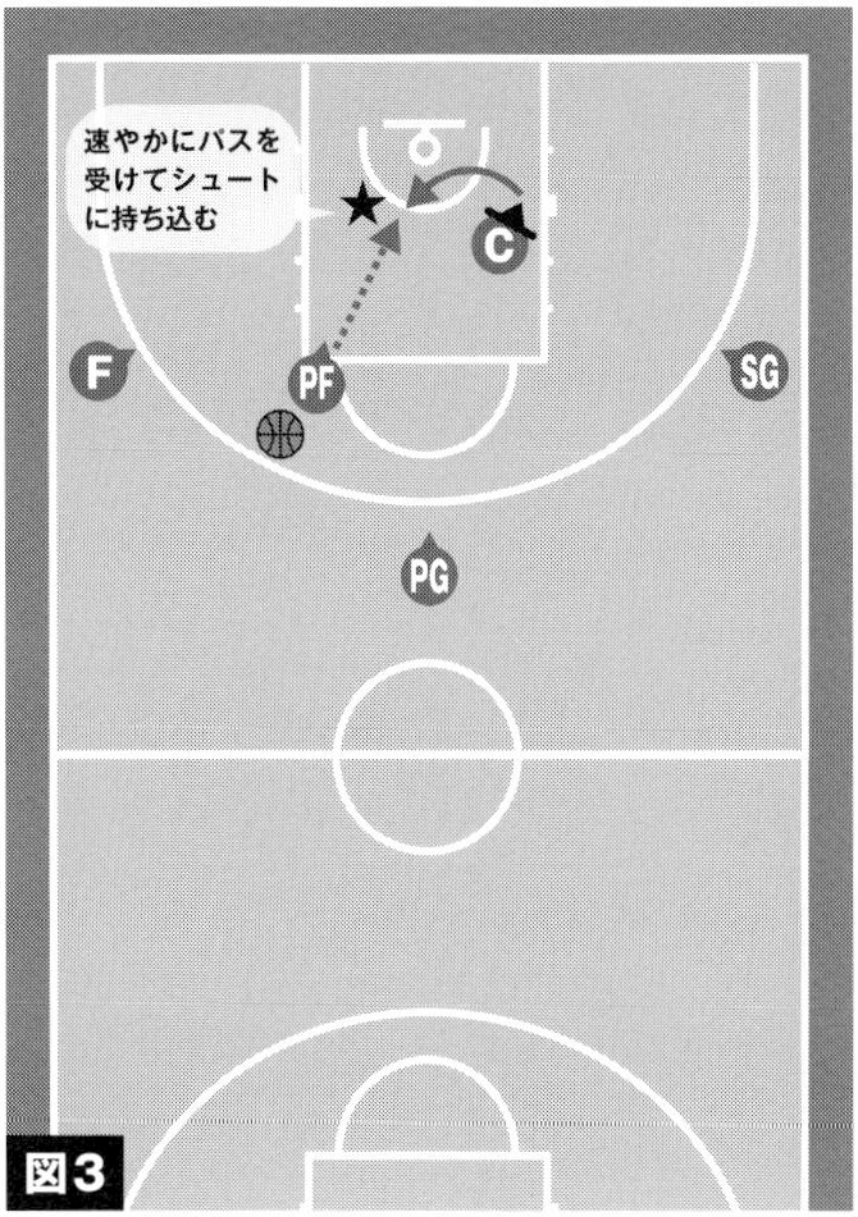
速やかにパスを
受けてシュート
に持ち込む
C
F
PF
SG
PG
図3

TEAM RULE
ウイングからのパスを弾いてローポストへ

ウイングからのパスをハイポストで受け、そこでボールをゆっくりと保持してしまうとディフェンスに対応されたり、オーバータイムになるケースがあります。それだけにウイングからのパスを保持せずに弾いてローポストへとつなげるようなプレーが効果的な場合があります。ＰＦとＣ、お互いの息を合わせて使ってみてください。

ハイ・ロー❸

アップサイドスクリーンからのハイ・ロー

スクリーナーがパスを受けてからのハイ・ロー

111ページでは、ダウンスクリーンのユーザーがハイポストでパスを受けてからの展開でした。次に紹介するのは、アップサイドスクリーンのスクリーナーがパスを受けてからの展開です。

【図1】

Cがパワーサイドのローポストへの移動を、ディフェンスにケアされている状況です。そこでPFは、PGからSGへとパスが渡ると同時に、Cに対してアップサイドスクリーンをセットします。

【図2】

CはPFのスクリーンを使って、パワーサイドのローポストに移動します。スクリーナーのPFは、ディフェンスの動きを阻止しながらCが通過したことを確認して、SGからのパスをハイポストで受けます。

【図3】

ハイポストのPFから、ローポストのCにパスが渡ればシュートチャンスが生まれますが、このプレーでも気をつけなければならないのは、前ページと同様、Cが3秒以上制限区域にとどまるオーバータイムです。

したがってSGからのパスを受けたPFはほとんどボールを保持せず、弾くパスなどを有効に使って速やかにパスを出すこと。一方、パスを受けたCもシュートまたはドリブルを速やかに行うことが大切です。一連の流れがスムーズに行かない場合にCは一度、制限区域の外に出てポジションをとり直してください。

アップサイドスクリーンからのハイ・ロー

ハイポストのCが
ローポストに移動
できない状況
F
C
PF
SG
PG

図1

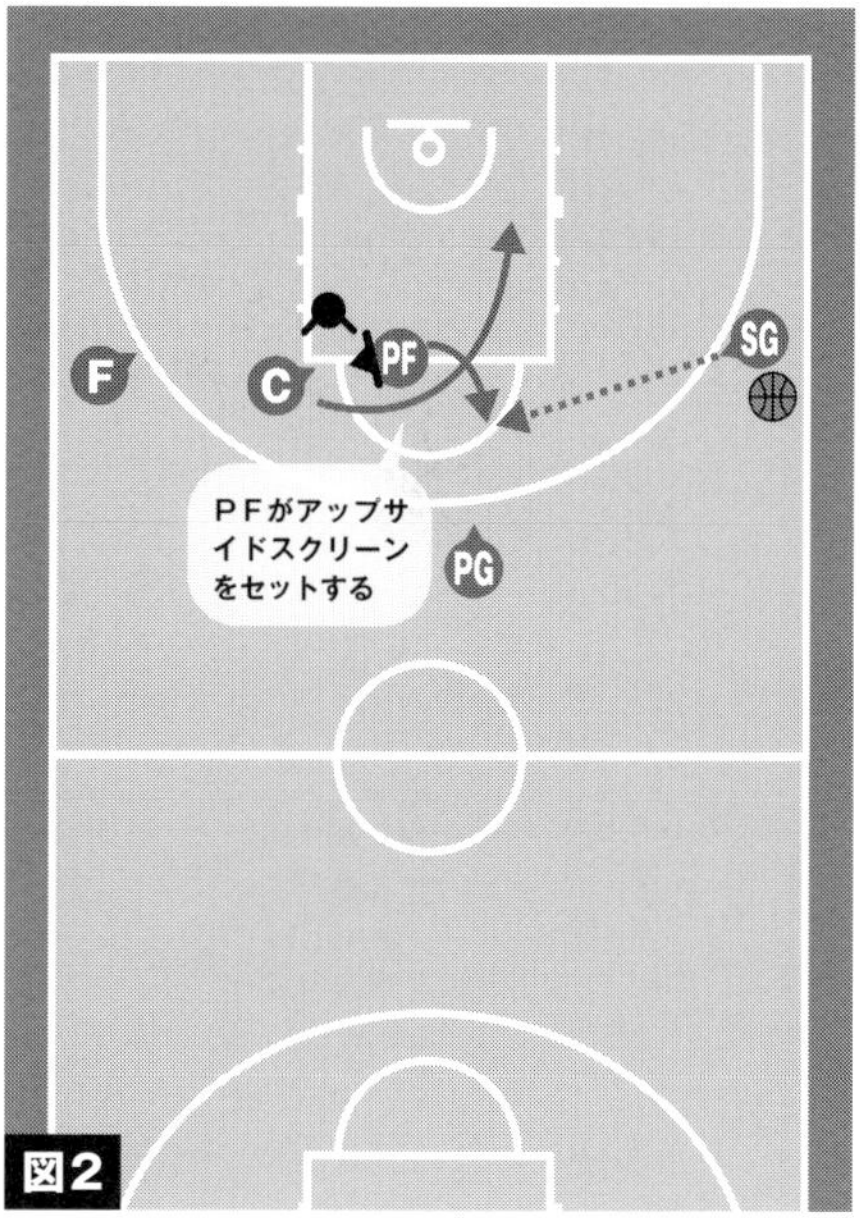
F
C
PF
SG
PG
PFがアップサ
イドスクリーン
をセットする

図2

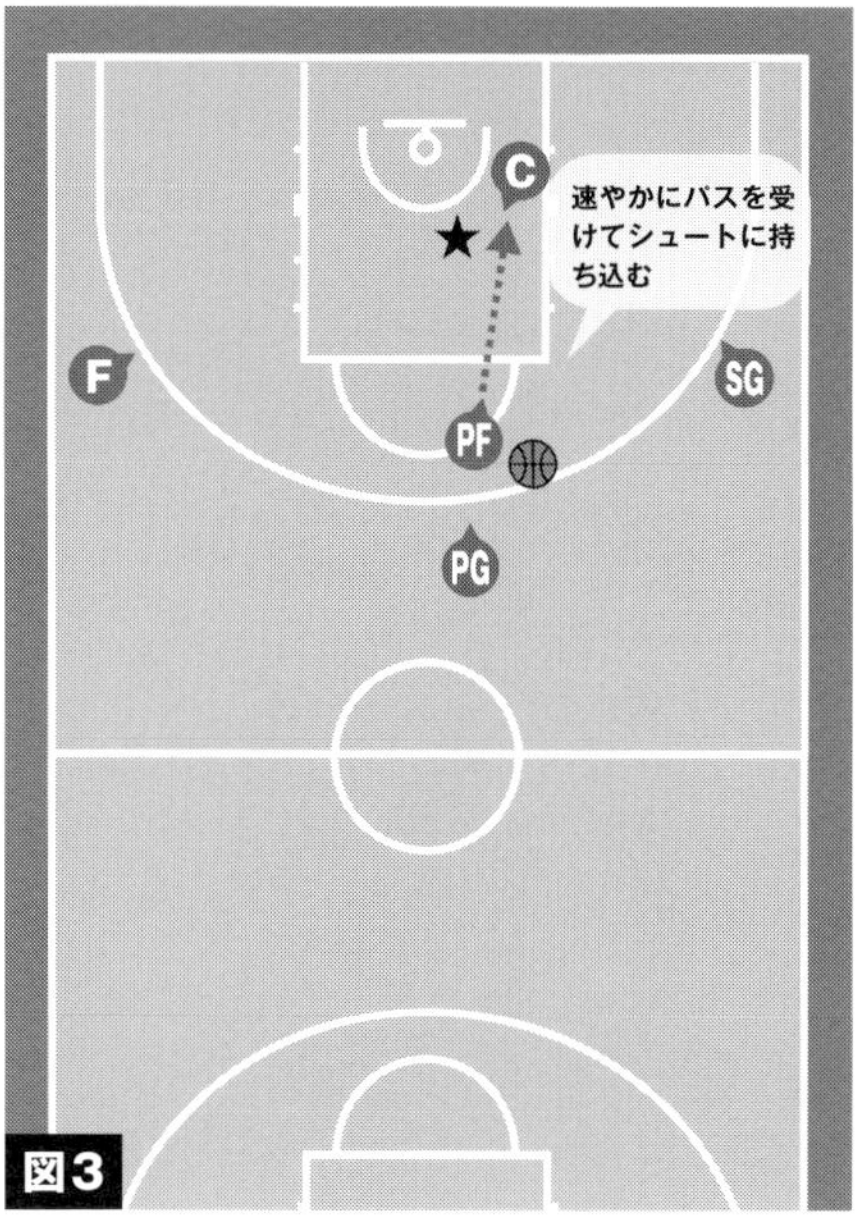
C
速やかにパスを受
けてシュートに持
ち込む
F
SG
PF
PG

図3

TEAM RULE
スクリーンを通過したことを確認してからパスを受ける

スクリーナーのPFは、ユーザーであるCがスクリーンを通過したことを確認してからパスを受けることがポイントです。Cが制限区域に入ってから時間的な余裕がないからといって、スクリーナーが焦って動き出さないように注意しましょう。

ハイ・ローからピックアンドロールへの移行

「ピック!」と叫んでピックスクリーンをセット

インサイドにパスを入れて、ハイ・ローを展開しようとするものの、相手ディフェンスに読まれている場合には、そのままピックアンドロールに移行することもできます。

【図1】

PGからSGにパスが渡ると同時に、ハイポストのCはパワーサイドに寄り、PFはローポストへと移動します。

【図2】

Cは「ピック!」と叫んでSGに対してピックスクリーンをセットします。その声を合図にPFはウィークサイドのローポストに移動します。

【図3】

SGはスクリーンを使ってドリブルしてチャンスメークします。たとえディフェンスにベースライン側へと方向づけされても、ローポストのPFやFのディフェンスがヘルプに寄る状況を把握することにより、パスをさばくことができます。特にこのケースではFがノーマークになることが多いので狙い目です。

【図4】

SGがミドル(コートの中央)側をドリブルで突破できればチャンスはさらに広がります。自らシュートを打てるかもしれませんし、Cのダイブにパスを出すのも手です。その2対2からさらにパスを合わせられるように、ウィークサイドにいる他の選手もポジションを修正しておくことが攻撃の幅を広げます。

ハイ・ローからピックアンドロールへの移行

C
PF
F
SG
PG
Cはパワーサイドに寄り、ＰＦはローポストに移動する
図1

PF
F
C
SG
PG
Cは「ピック！」と叫んでスクリーンをセットし、ＰＦはウィークサイドに移動する
図2

PF
F
C
SG
PG
ヘルプディフェンスが来たところがノーマークになる
図3

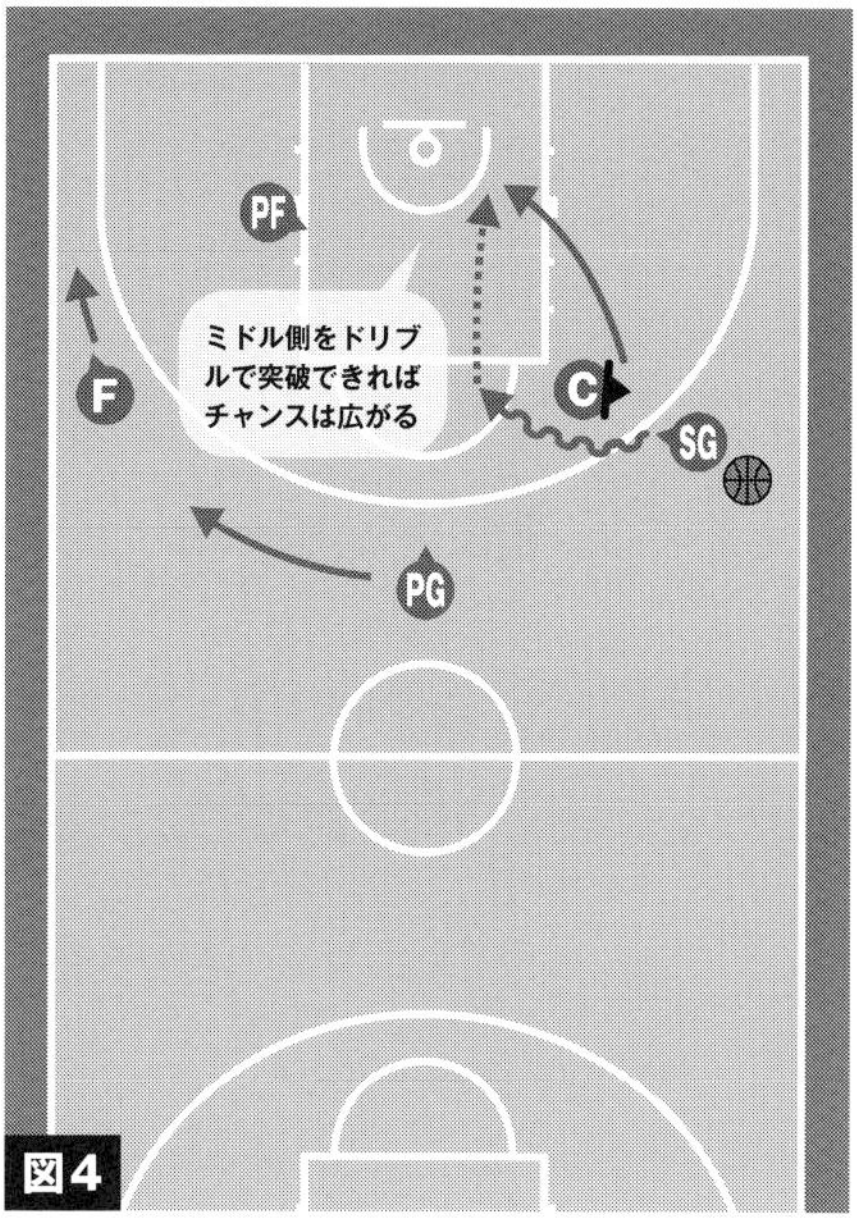
PF
F
C
SG
PG
ミドル側をドリブルで突破できればチャンスは広がる
図4

スタック❶

スタックから3ポイントシュートを打つ動きの基本

3ポイントシュートを両サイドで狙いやすい

ここからは「スタック（96ページ）」の目的の一つである3ポイントシュートへの持ち込み方に着目しましょう。

【図1】

PGがトップでボールを持ち、他の4選手が制限区域に沿って左右2人ずつポジションをとります。その際にインサイドのCとPFが左右それぞれボールマンに近い位置に立ち、ベースライン側に3ポイントシュートを得意とするFとSGがポジションをとります。

そしてPGのドリブルとタイミングを合わせて、SGがダブル（2人の）スクリーンを使いながらアウトサイドに飛び出します。さらにPGからのパスを受けることによって3ポイントシュートを打つことができます。

シューターにパスが渡らない時の展開法

SGがパスを受けたもののシュートを打てない場合のフォーメーションも用意しておきましょう。

【図2】

FがPFのスクリーンを使って逆サイドのウイングに移動します。自らのシュートチャンスを作ると同時に、SGがCにパスを入れて攻撃しやすくするためです。

【図3】

PGがSGにパスしようとしたもののディフェンスにディナイされている場合には、ウィークサイドのウイングに移動して来たFにパスを通すことによって3ポイントシュートが狙えます。

スタックからの基本の動き

F
SG
(1)
C
PF
(3)
SGがダブルスクリーンを使って3ポイントシュートを打つ
(2)
PG
図1

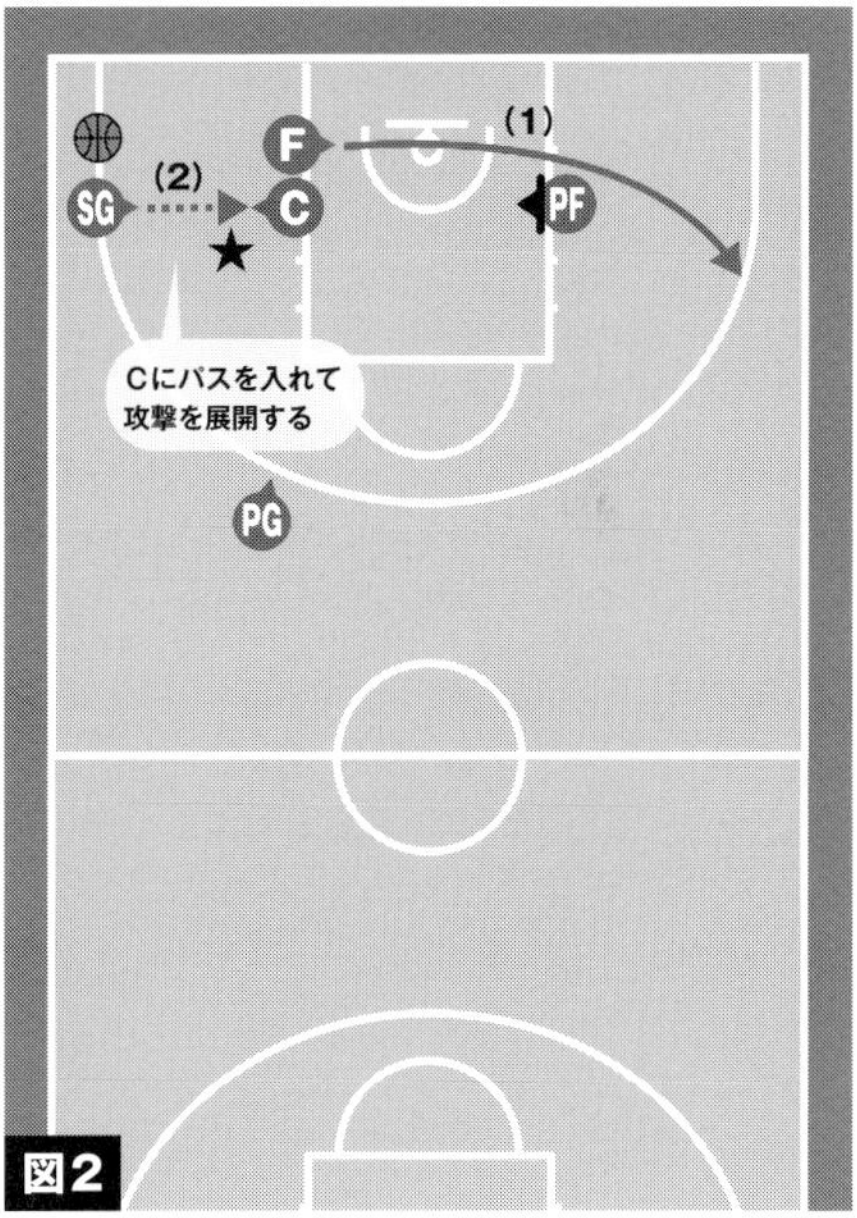
(1)
F
(2)
SG
C
PF
Cにパスを入れて攻撃を展開する
PG
図2

F
(2)
C
PF
SG
(3)
1人のシューターにパスがつながらなかったら、逆サイドのシューターにパスをつなぐ
(1)
PG
図3

TEAM RULE
2人の間にすき間を作らない

ダブルスクリーンをセットして、ディフェンスの動きを食い止めることによって、シューターはノーマークになりやすく3ポイントシュートの確率が高まります。したがってダブルスクリーンをセットする2人はすき間を空けてはいけません。その間をディフェンスがかいくぐってマークし続けるからです。

スタック❷

エースシューターがいるチームは「ダブルシングル」が有効

エースシューターがダブルかシングルか選択

スタックのオプションプレーとして「ダブルシングル」というフォーメーションがあります。エースシューターがダブルスクリーンかシングルスクリーン、どちらかを選択することからそのように呼ばれています。

【図1】

スタックを組む4人のうちエースシューターのSGがゴール下にポジションをとり、CとFがセットするダブルスクリーンか、PFがセットするシングルスクリーンを使ってアウトサイドに飛び出します。ダブルスクリーンを選択した後の展開は（116ページの）スタックの基本の動きと同様です。

シングルスクリーンを選択した時の展開法

SGがシングルスクリーンを選択した時のパターンです。

【図2】

SGがPFのスクリーンを有効に使ってアウトサイドに飛び出すことによって、ウイングで3ポイントシュートのチャンスが生まれます。その動きにディフェンス全体がつられるケースでは、Fが逆サイドのウイングに飛び出す動きが効果的です。

【図3】

Fにパスが渡ったもののシュートが打てない場合、PGにパスを返し、PFがSGにアップサイドスクリーンをセットします。それを使ってSGがダイブすることによって、PGからのパスを受けてシュートチャンスが生まれます。

ダブルシングルの展開法

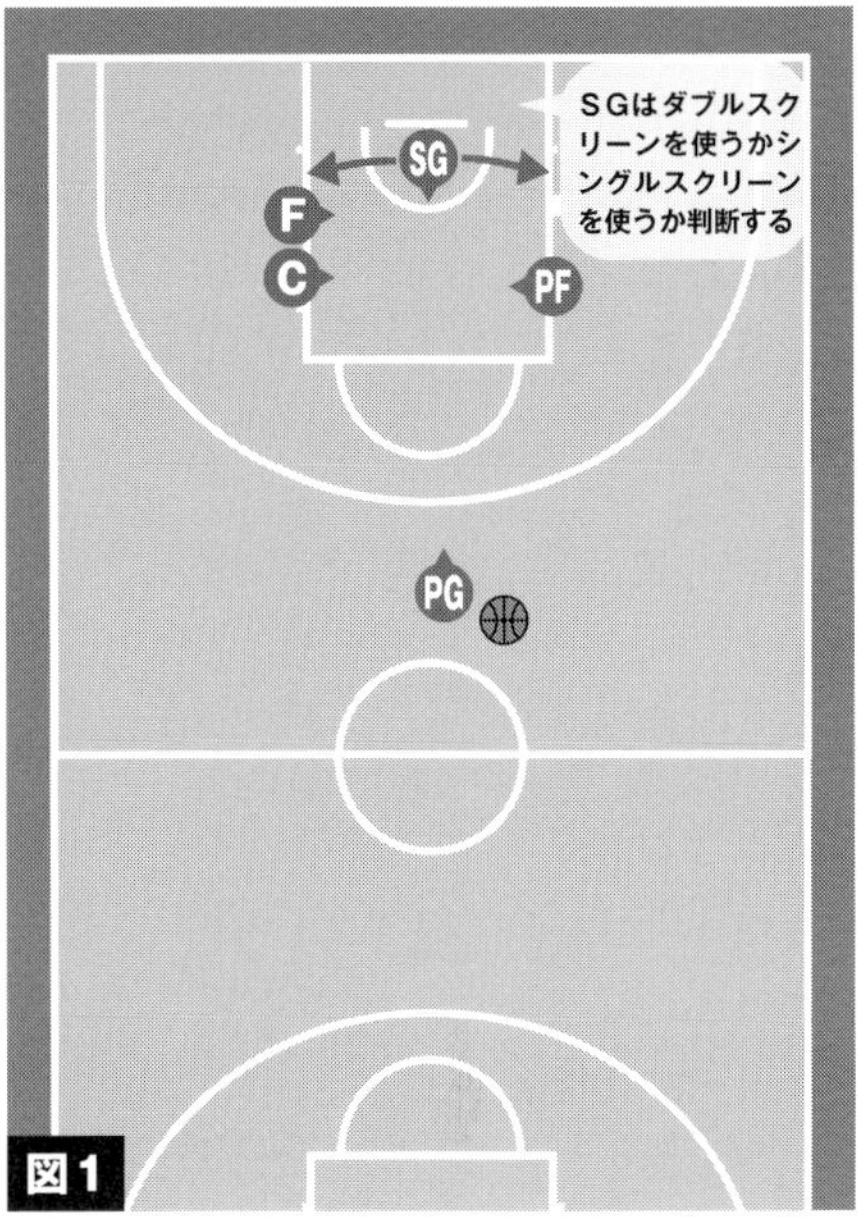
SGはダブルスクリーンを使うかシングルスクリーンを使うか判断する
SG
F
C
PF
PG
図1

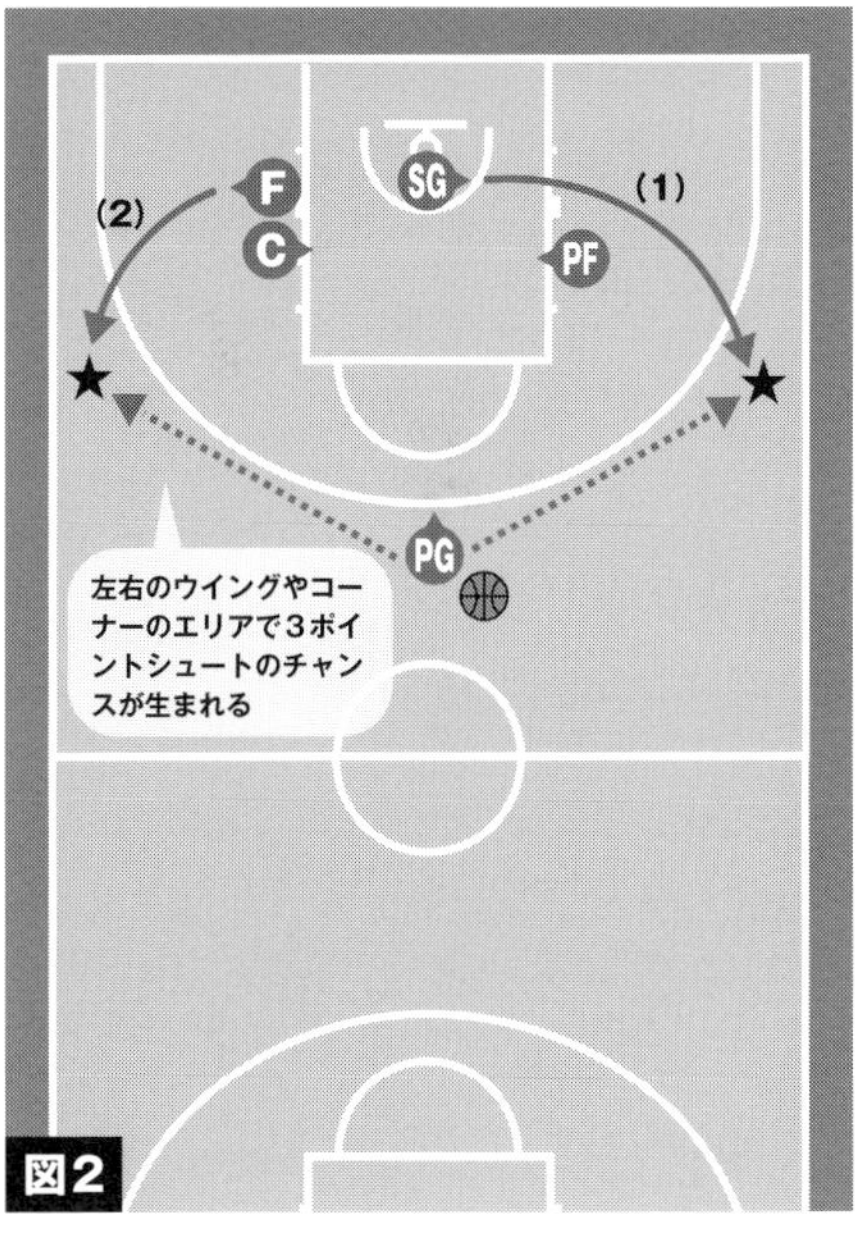
(2)
(1)
F
SG
C
PF
PG
左右のウイングやコーナーのエリアで3ポイントシュートのチャンスが生まれる
図2

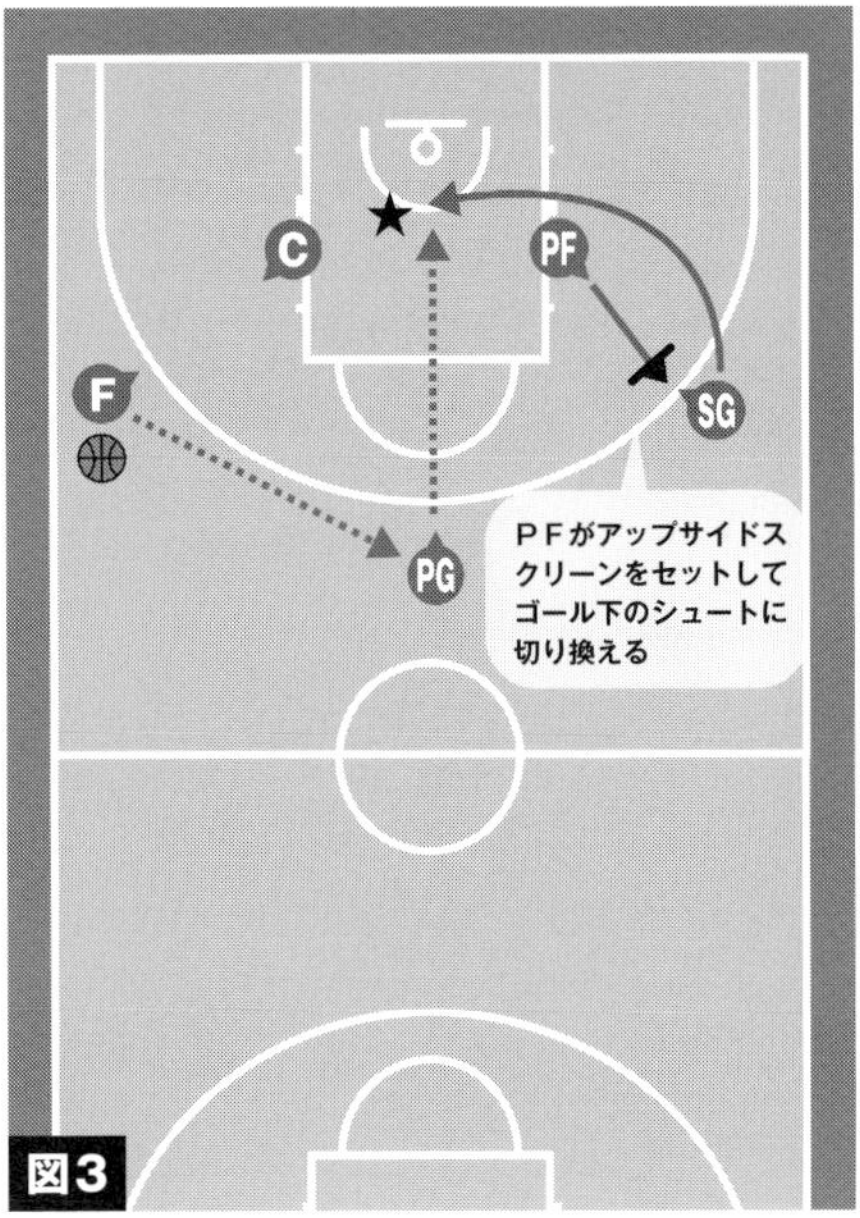
C
PF
F
SG
PG
PFがアップサイドスクリーンをセットしてゴール下のシュートに切り換える
図3

TEAM RULE
ドリブルの方向で左右を決める方法も

ＳＧが３ポイントシュートを打つためには、ＳＧ自身がどちらに動くか判断するのが基本です。ただしもう一つの方法があります。それはＰＧがドリブルで進む方向をサインにする方法です。その方向に動くという方法だけでなく、わざと逆方向に動くという方法も可能です。

スタック❸

ウイングでシュートが打てない時のダブルシングルの展開法

SG、F、PFの3人のシュートチャンスを作る

ダブルシングルのフォーメーションは、一度のパスが渡らなくても攻撃を継続することができます。どのような仕組みになっているか見てみましょう。この動きを繰り返すことがそのままダブルシングルの分解練習にも相当します。

【図1】

PGのドリブルに合わせてSGが、CとFがセットするダブルスクリーンを使って3ポイントシュートを打つことができます。

【図2】

図1でSGにパスが渡らない場合、逆サイドに進むPGのドリブルに合わせてFが、PFのシングルスクリーンを使ってウイングに移動します。そこでPGからパスを受けられれば3ポイントシュートを打てます。

【図3】

図2でFにパスが渡らなかった場合、SGはCと一緒にダブルスクリーンをセットします。すなわちFが元々いたところです。そのダブルスクリーンを使ってPFが逆サイドのウイングに移動します。そこでPGからのパスを受けて3ポイントシュートを打てます。

【図4】

図3でPFがパスを受けられなければ、Fはシングルスクリーンをセット。それを使ってSGがウイングに移動するという流れです。

つまり、SG、F、PFの3人がシュートチャンスを作るために動き、Cだけがスクリーンを継続して動かないということです。

ダブルシングルの流れ（分解練習）

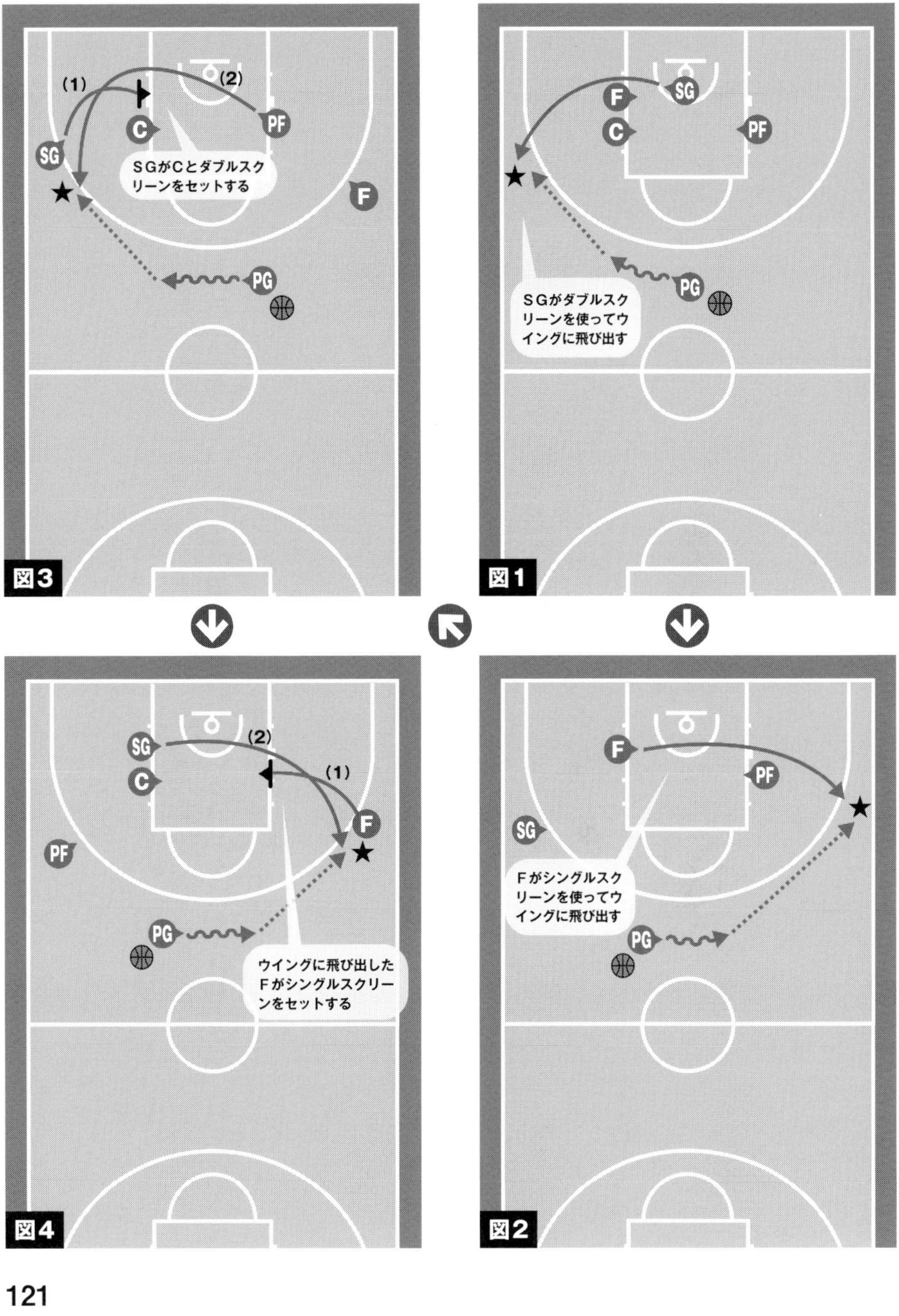
図1
F
SG
C
PF
PG
SGがダブルスクリーンを使ってウイングに飛び出す
図2
F
PF
SG
PG
Fがシングルスクリーンを使ってウイングに飛び出す
図3
(1)
(2)
C
PF
SG
F
PG
SGがCとダブルスクリーンをセットする
図4
SG
C
(2)
(1)
F
PF
PG
ウイングに飛び出したFがシングルスクリーンをセットする

スタック❹

センター（C）も打つことができるダブルシングル展開法

ダブルスクリーンでスライドしてCも打つ

120ページのダブルシングルは、Cがスクリーナーを継続するフォーメーションでした。Cのシュートレンジが広いのであれば、3ポイントシュートのチャンスを4人に増やすのも手です。その流れを確認しておきましょう。

【図1】

PGとタイミングを合わせてSGとFがウイングへと飛び出します。その後、Cはベースライン側にスライドします。

【図2】

図1でSGにパスが渡らない場合、SGはCと一緒にダブルスクリーンをセットします。ただし、Cが元々いたところです。そのダブルスクリーンを使ってPFが逆サイドのウイングに移動します。

【図3】

図2でPFにパスが渡らなかった場合、Fがシングルスクリーンをセットし、Cがそれを使って逆サイドのウイングに移動します。その間にSGはベースライン側にスライドします。

【図4】

この流れからCがPGからパスを受けられれば、3ポイントシュートを打つことができます。同時に逆サイドのPFがSGと一緒にダブルスクリーンをセットすることにより、この流れを継続することができます。

これがSG、F、PF、そしてCの4人がシュートチャンスを作ることができるダブルシングルのフォーメーションです。

センターも打つことができるダブルシングルの流れ（分解練習）

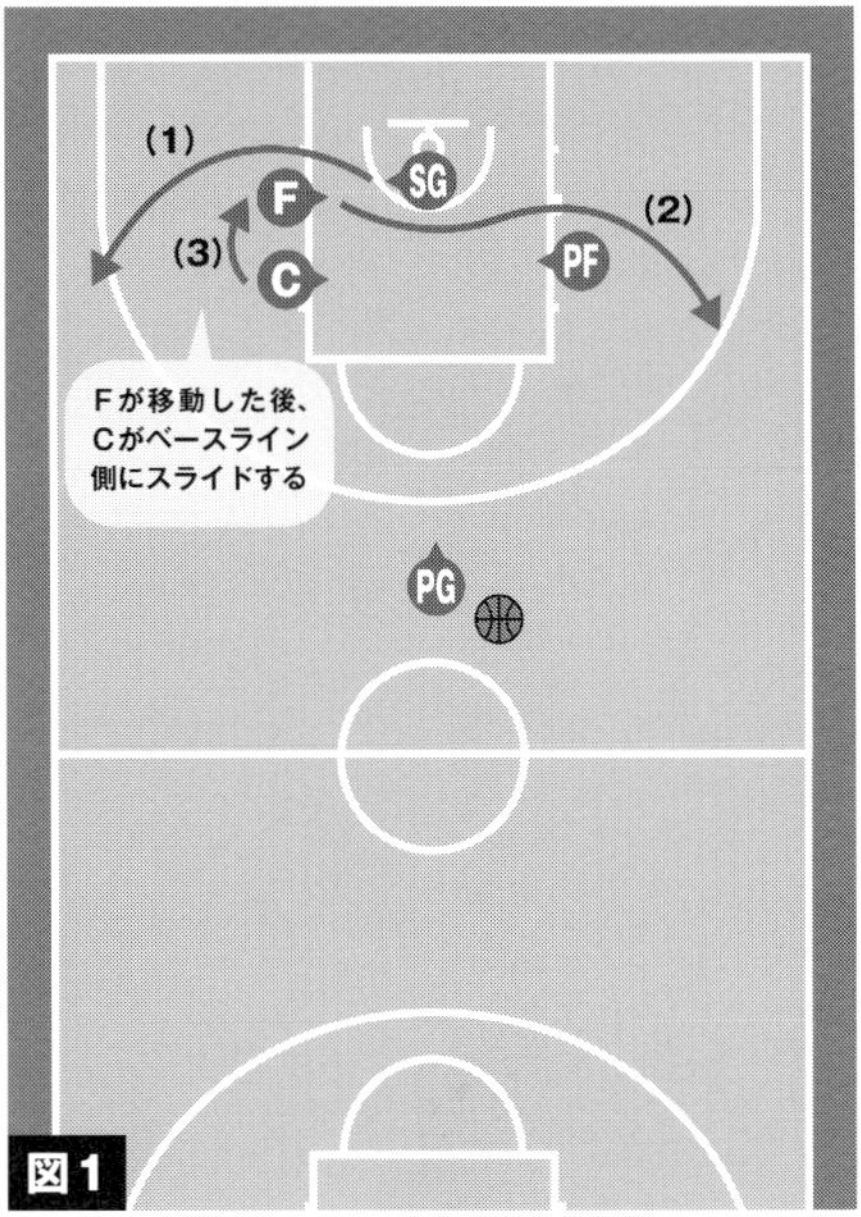
(1)
(2)
(3)
SG
F
C
PF
PG
Fが移動した後、Cがベースライン側にスライドする
図1

(1)
(2)
C
PF
SG
F
PG
SGがCのいたところにダブルスクリーンをセットする
図2

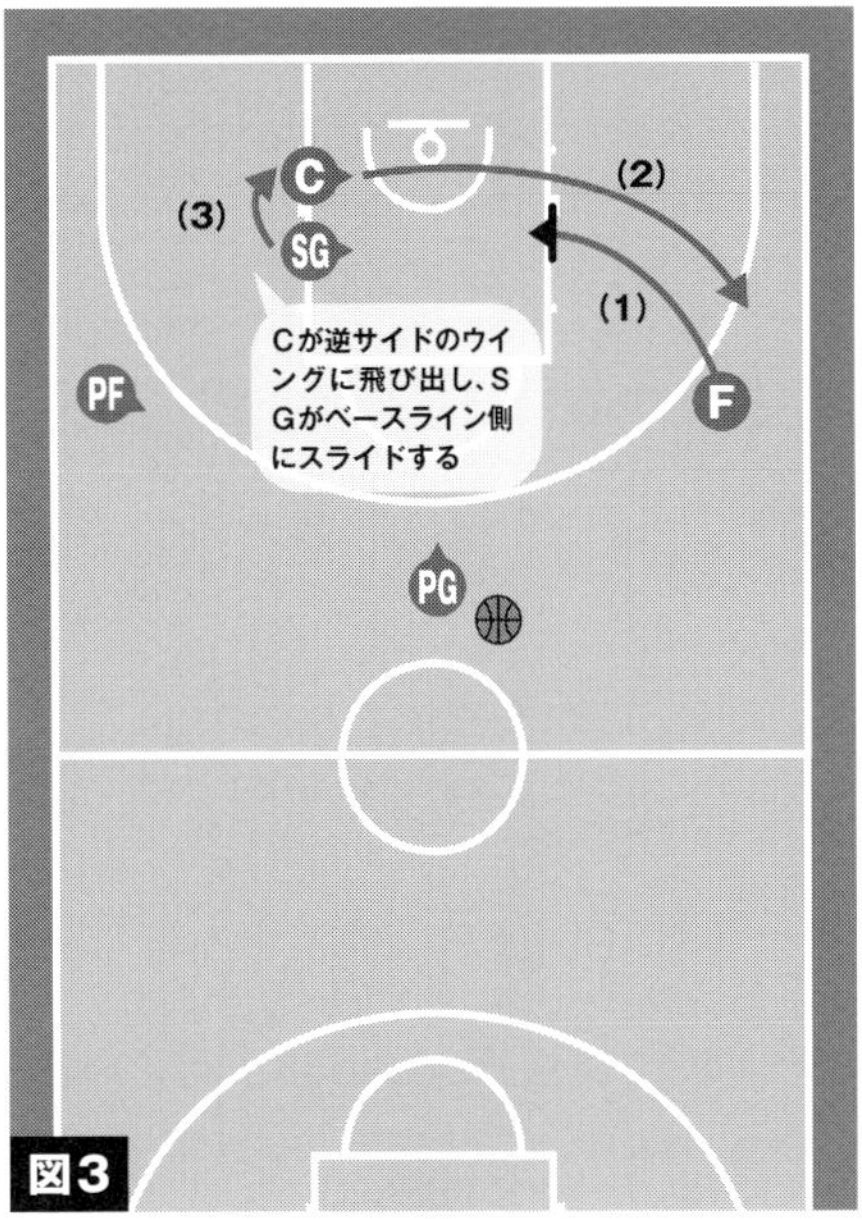
(1)
(2)
(3)
C
SG
PF
F
PG
Cが逆サイドのウイングに飛び出し、SGがベースライン側にスライドする
図3

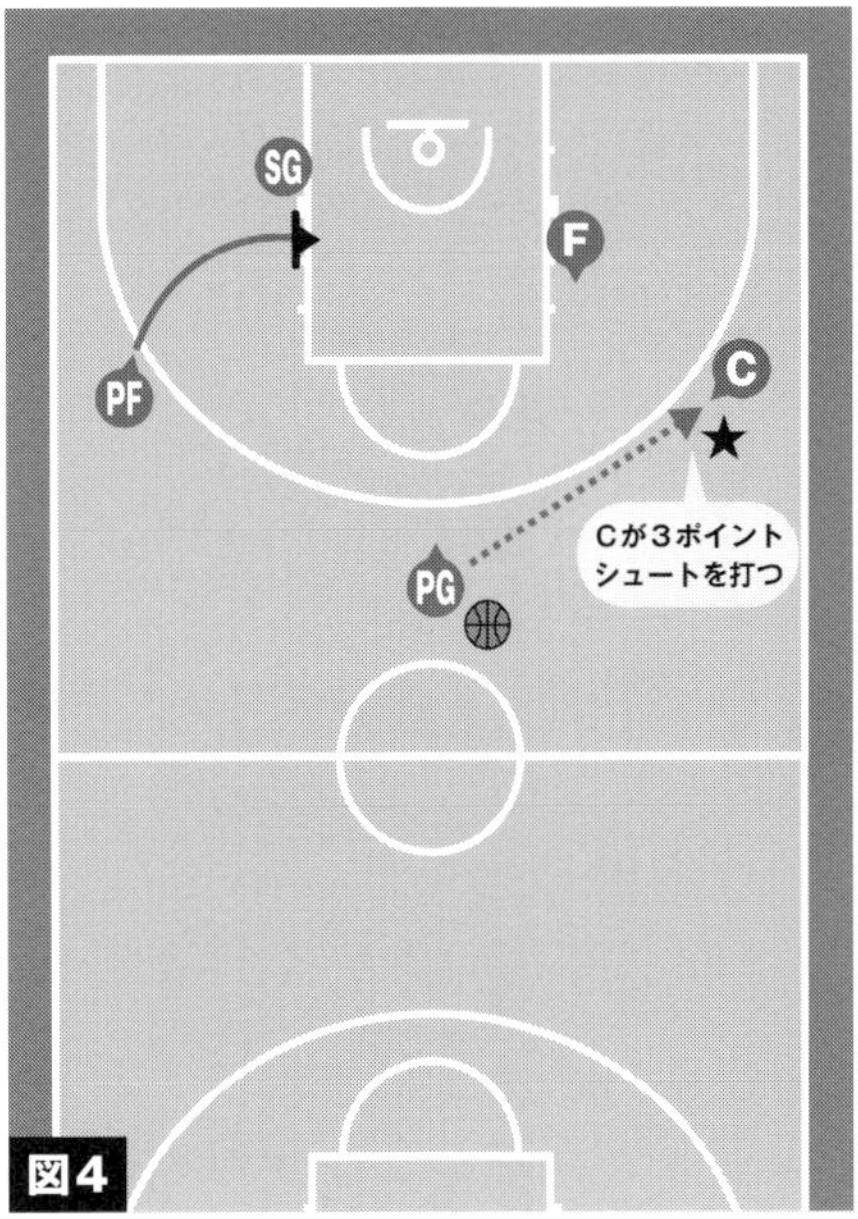
SG
F
PF
C
PG
Cが3ポイントシュートを打つ
図4

スタック⑤
スタックからのオプションプレー

ディフェンスの動きに応じたパスの受け方

エースシューターであるSGに対して、相手もいろいろな対応をして来るはずです。そこでディフェンスの動きに応じたパスの受け方を確認しておきましょう。

【図1】

PFのシングルスクリーンを使ったSGがウイングに飛び出すもののパスを受けられない状況なら、PFがアップサイドスクリーンをセットするのも手です。

【図2】

SGはPFのスクリーンを使った後、さらにCとFのダブルスクリーンを使って逆サイドに移動します。もしSGのディフェンスがウイングに先回りするようなコース取りをするなら、コーナー方向に動くことによってPGからのパスが受けやすくなります。

ディフェンスがチェイスする場合の動き方

【図3】

ディフェンスがチェイス（後追い）して来るケースで、SGはダブルスクリーンを巻き込むように動くカールカットから、制限区域内でパスを受けることができるかもしれません。

【図4】

カールカットしてノーマークになろうとしたSGに対して、Cのディフェンスがバンプ（接触）してくる場合があります。その時には、スクリーナーのCが状況を把握してダイブすることによってPGからのパスを受けて、シュートに持ち込むことが可能です。

ディフェンスが先回りする時のパスの受け方

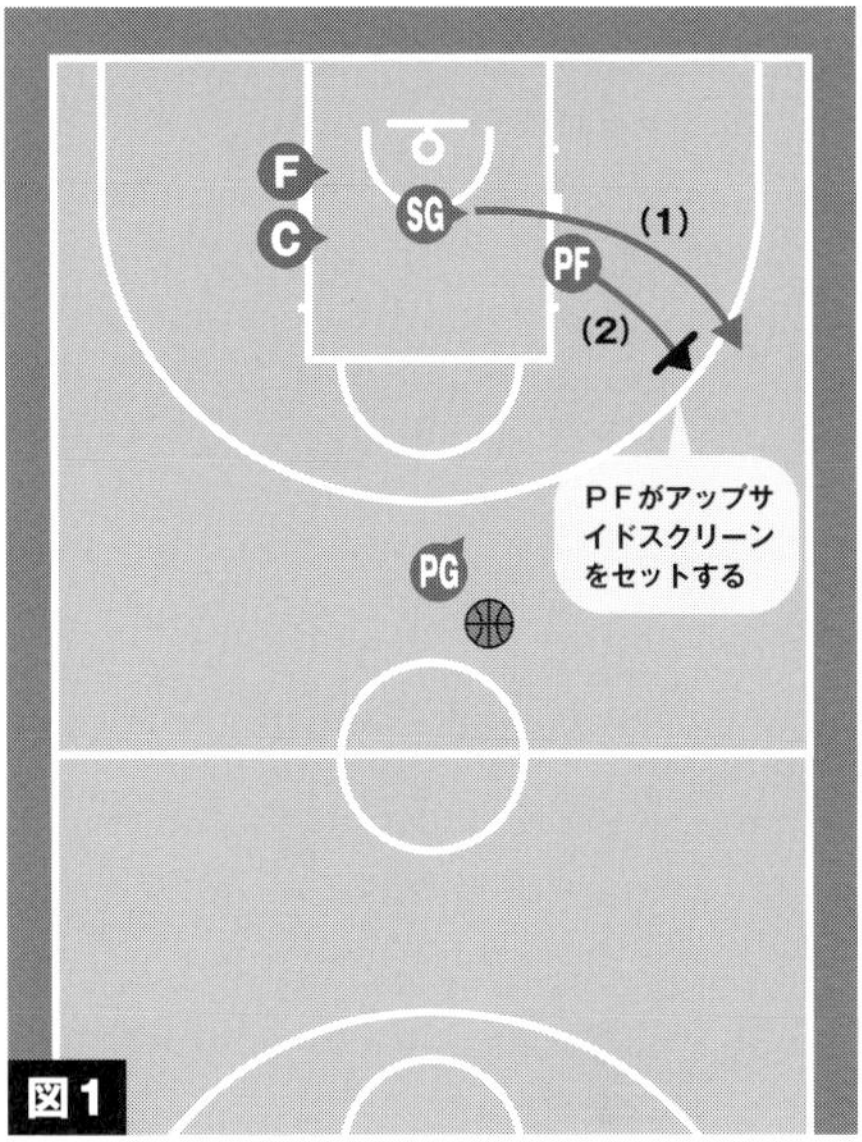
F
C
SG
PF
(1)
(2)
PG
ＰＦがアップサイドスクリーンをセットする
図1

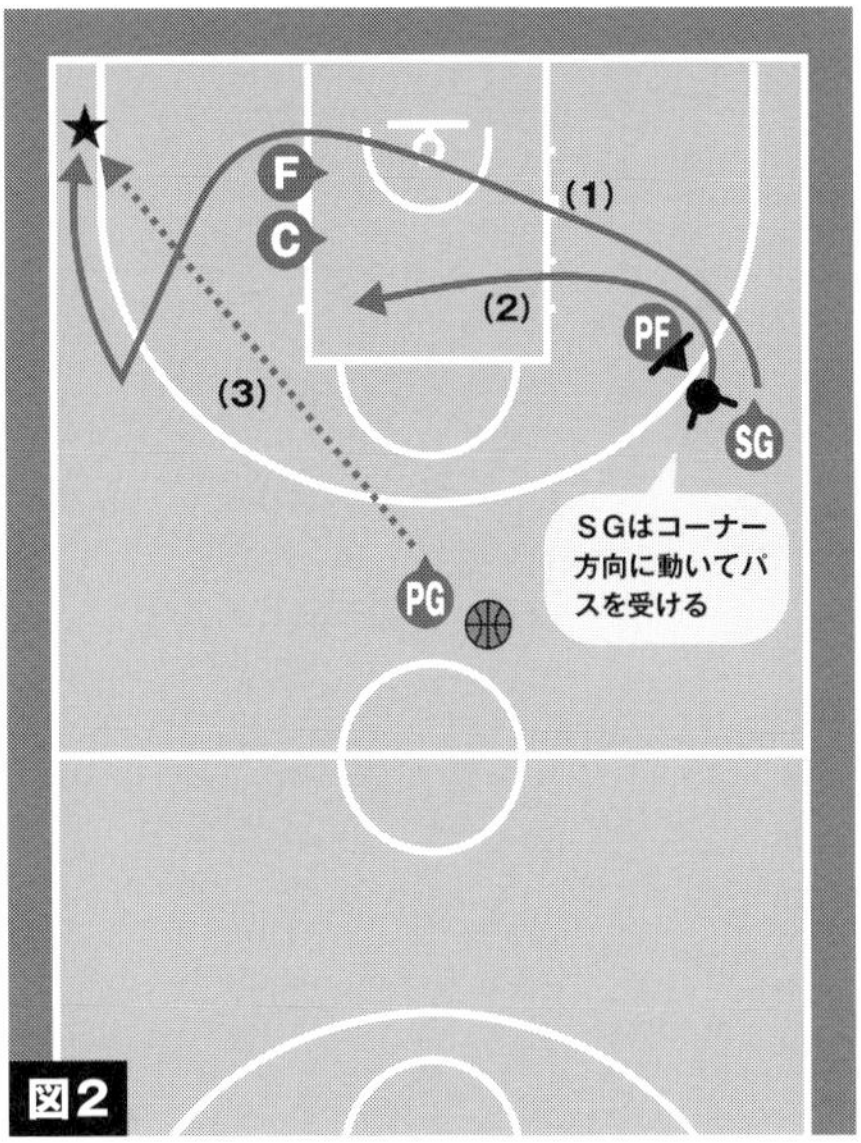
F
C
PF
SG
(1)
(2)
(3)
PG
ＳＧはコーナー方向に動いてパスを受ける
図2

ディフェンスがチェイスする時のパスの受け方

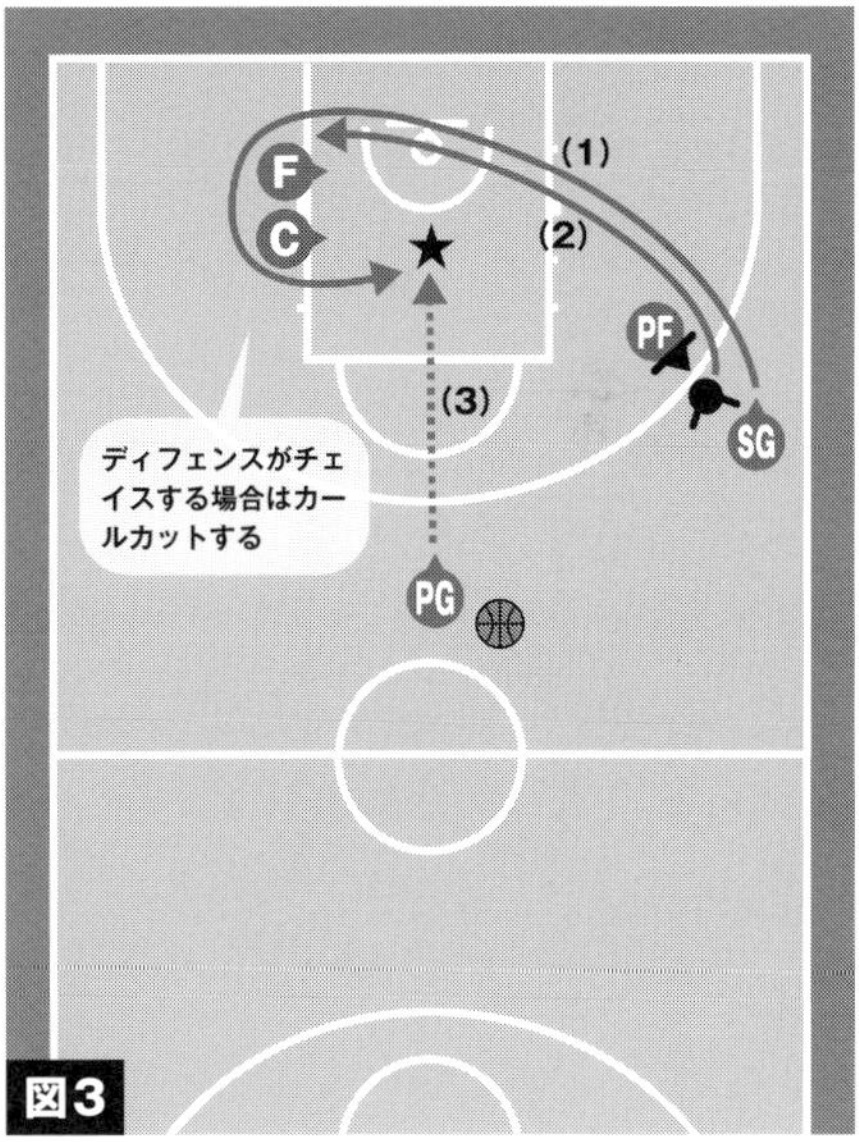
F
C
PF
SG
(1)
(2)
(3)
PG
ディフェンスがチェイスする場合はカールカットする
図3

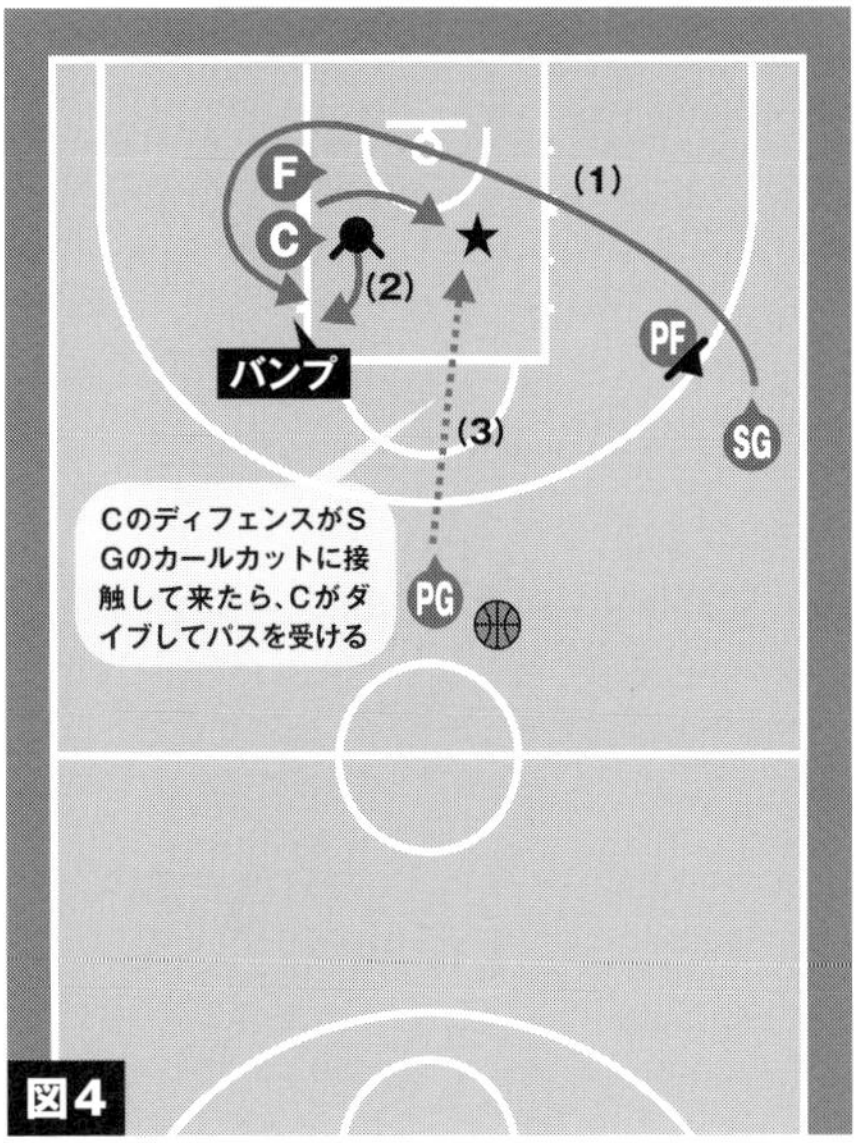
F
C
PF
SG
(1)
(2)
(3)
PG
バンプ
CのディフェンスがSGのカールカットに接触して来たら、Cがダイブしてパスを受ける
図4

分解練習❶

スタックからのワンフォーを想定したシューティング

3パターンの動きをスムーズにできるように

スタックからワンフォーに移行するフォーメーションを普段から想定してシューティングを行うことによって、試合での成功率が高まるはずです。

【図1】

ボールマンAはトップにポジションをとり、BとCの2人が制限区域に沿ってダブルスクリーンをセットします。

【図2】

ボールマン側にいるBは、ハイポストに移動し、ベースライン側にいるCはウイングに移動します。そしてAからハイポストのBにパスが出た瞬間、ウイングのCはゴール方向にバックドアカットし、Bからのバウンドパスを受けてランニングシュートに持ち込みます。

【図3】

ボールマンAはウイングのCにパスを出した場合、Bをスクリーンとして使いながらボールサイドカットします。すなわちUCLAカットしながらCからのパスを受けてランニングシュートに持ち込むのです。

【図4】

ボールマンAが、BにもCにもパスを出せない状況を想定します。ハイポストのBがAに対してピックスクリーンをセット。Aはそのスクリーンを使ってシュートチャンスを作ります。これらの動きがスムーズにできるようになったらダミーディフェンスを入れて行い、少しずつ試合での3対3に近づけていくと良いでしょう。

スタックからのワンフォーを想定したシューティングの方法

C
B
BとCがダブルスクリーンをセットした状態からスタートする
A
図1

C
(1)
(2)
B
(3)
(1)
(2)
ハイポストにパスが渡ったらバックドアカットする
A
図2

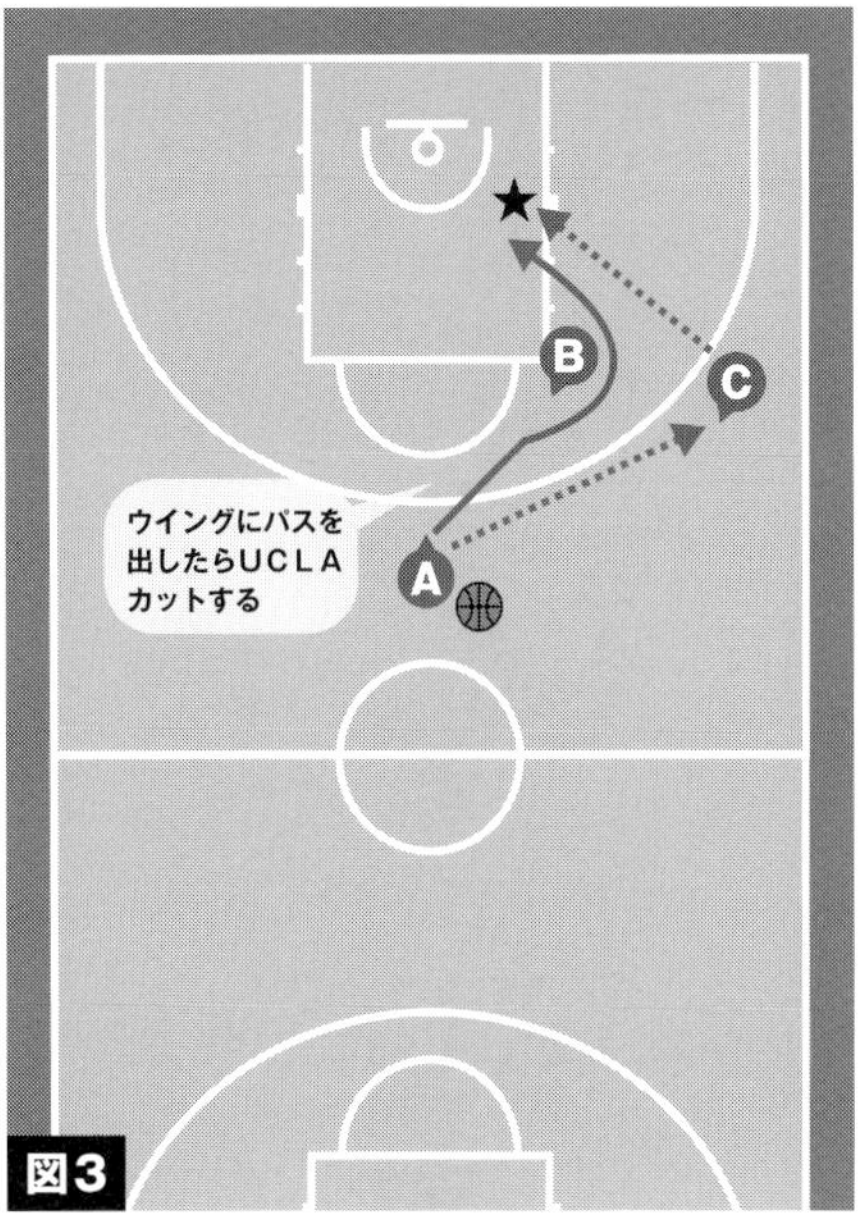
B
C
ウイングにパスを出したらUCLAカットする
A
図3

B
C
ハイポストにもウイングにもパスを出せなければ、ピックアンドロールに移行する
A
図4

分解練習❷ スタックからのワンフォーを想定した2対2

ハイポストとローポストの連係を高めていく

次に紹介するのは、インサイドの2人が左右それぞれのハイポストに移動したシーンにおける2対2の練習です。

【図1】

ハイポストに移動するBとCに対し、それぞれディフェンスのDとEがディナイします。Dのようにオーバーディナイする場合には、Bのようにダイブして Aからのパスを受けてシュートに持ち込みます。

ハイ・ローのパターンを増やしていく

【図2】

別のパターンとしてはCがハイポストでパスを受けた瞬間、Bはローポストに移動して、Cからのパスを受けます。すなわち「ハイ・ロー」の攻撃です。この章で紹介したハイ・ローの別のパターンもこの2対2の練習で試してみてください。

スタックからのワンフォーを想定した2対2の練習の方法

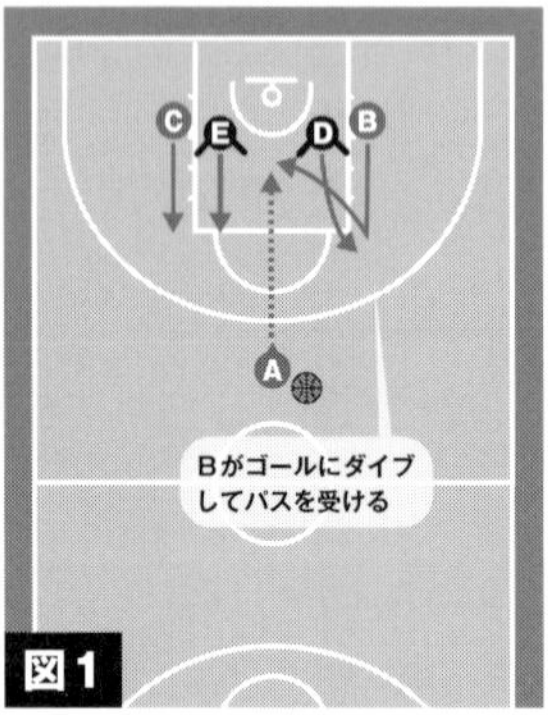
C
E
D
B
A
Bがゴールにダイブしてパスを受ける

図1

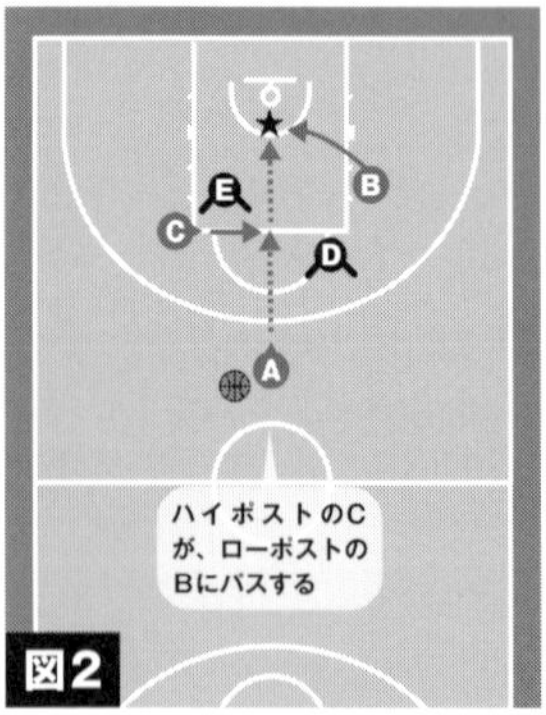
B
E
C
D
A
ハイポストのCが、ローポストのBにパスする

図2

第5章

ビッグマン不在のチームにお勧めのフォーメーション集

Team Offense 5

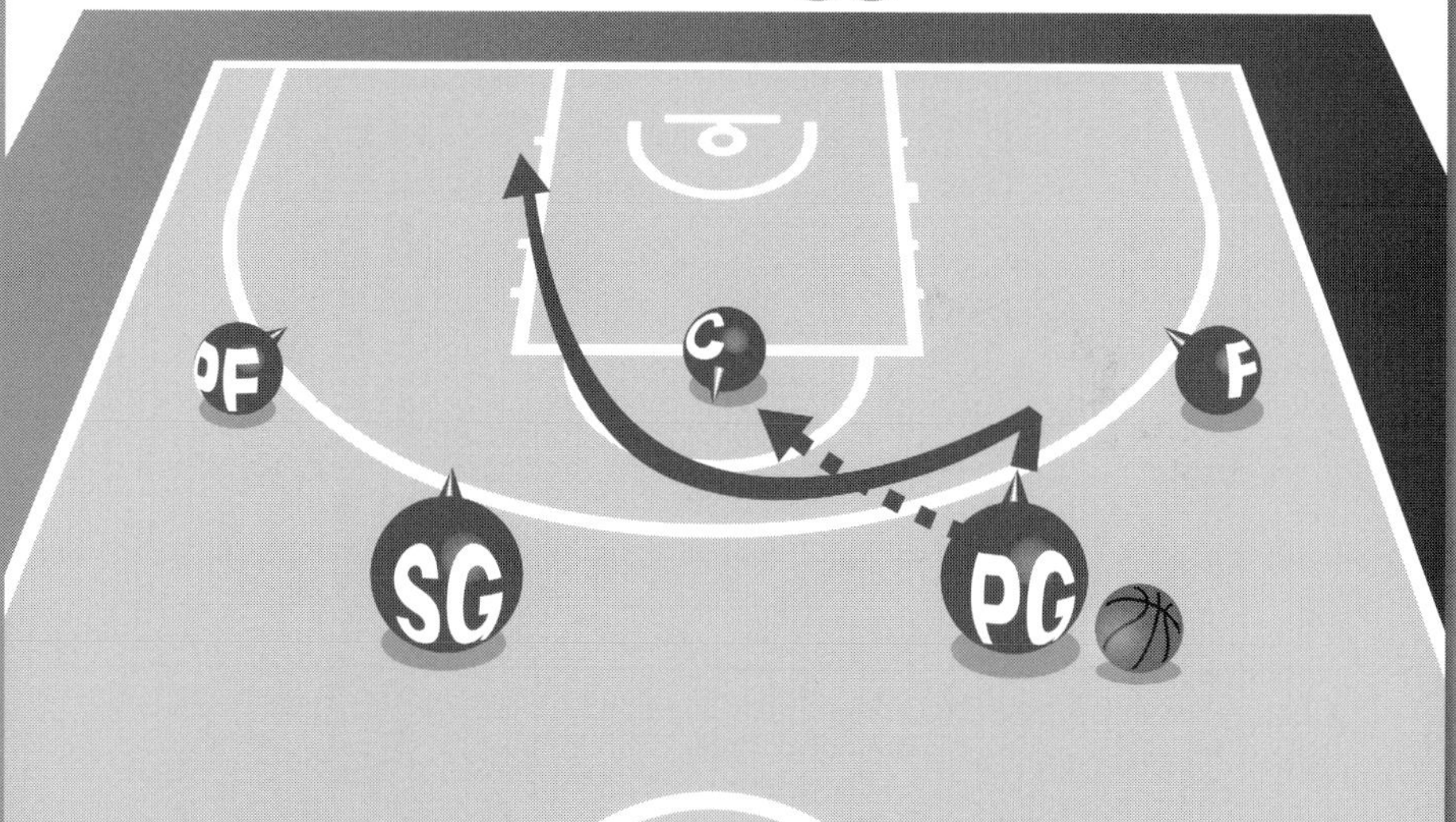

ボールマンをはさむようにして走り込む

2人の選手が続けてカッティングする攻撃

たとえ大きな選手がチームにいなくても、スクリーンを使いながらのカッティングや3ポイントシュートを武器に戦うことができます。その代表的なフォーメーションが「シザース（※はさみという意味）」です。その文字どおり、2人の選手が続けてカッティングし、はさみのような形になります。

【図1】

ツーガードポジションでボールを持ち、左右のウイングとハイポストにそれぞれポジションをとる「ハイセット」が基本陣型となります。インサイドのスペースを空けておく「シャッフルオフェンス（76ページ）」と同じ陣型です。

そしてボールマンであるPGがハイポストのCにパスして走り込みます。Cからハンドオフ（手渡し）パスを受けてシュートに持ち込むことができる時もあります。

【図2】

PGがゴール方向に走り込むタイミングに合わせて、SGもCに向かって走り込みハンドオフパスを受けてシュートへと持ち込みます。つまりファーストカットのPGの動きをおとりに使ってディフェンスのズレを作り、セカンドカットのSGが突破するわけです。

【図3】

PGとSGが2人ともハンドオフパスを受けられなかった場合、それぞれPFとFがダウンスクリーンをセット。それを使ってPGとSGがウイングに飛び出すことによって、Cからのパスを受けて3ポイントシュートが打てます。

シザースの基本の動き

SG
PF
C
F
PG
ハンドオフパスを受けられなければ、ダウンスクリーンから３ポイントシュートを狙う
図3

PF
C
F
ハイポストにパスを入れてハンドオフを狙う
SG
PG
図1

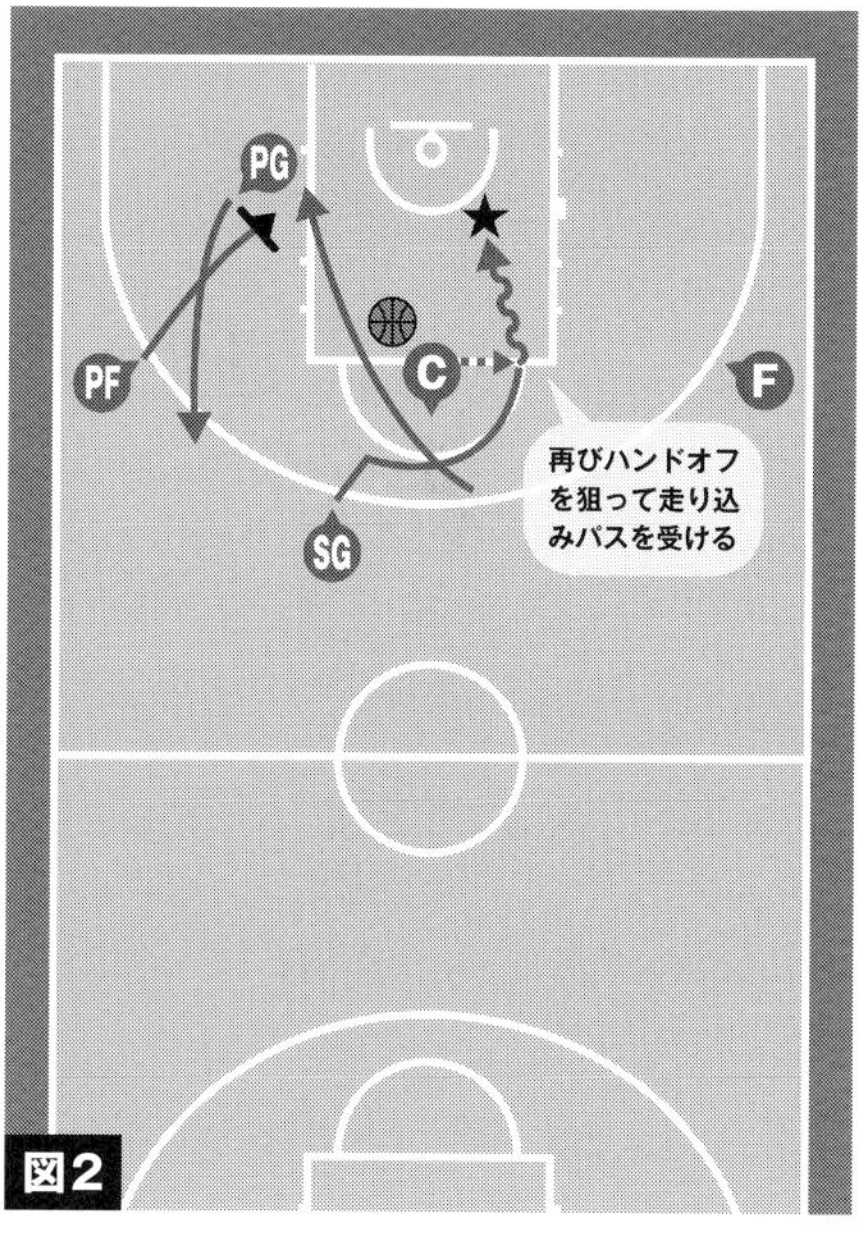
PG
PF
C
F
再びハンドオフを狙って走り込みパスを受ける
SG
図2

TEAM RULE
センターはパスのうまさも備える

センター（C）にとって武器となるのは高さや強さだけではありません。ハイポストでボールを持った時などは正しい状況判断の下、パスのうまさがチームオフェンスを機能させます。いわばCやＰＦがインサイドでゲームをコントロールすることもできるのです。

シザースのオプションプレー

ハイポストにボールが入らない時の攻撃法

ウイングにパスしてからの二つのカッティング

相手ディフェンスに（130ページの）シザースを警戒され、ハイポストのCにパスが入らないことがあります。そういうケースに備えてのオプションプレーを用意しておきましょう。

【図1】

ツーガードポジションのPGからハイポストのCにパスが入らないため、PGはウイングのFにパスします。そのタイミングに合わせて、CはPGに対してアップサイドスクリーンをセットします。

【図2】

PGは、Cがセットしたスクリーンを使いながらバックカット。そこでノーマークになることができれば、Fからパスを受けてシュートに持ち込めます。

ディフェンスの対応によってフィニッシュの方法を変える

【図3】

PGがカッティングしたタイミングを計って、SGがボールサイドカットをします。そうしてFからのパスを受けることによってシュートチャンスを作ることができます。ウイングのFがボールマンのためシザースではありませんが、PGとSGのカッティングの形としてはシザースと同じ格好です。

【図4】

SGのカッティングに対してCのディフェンスがヘルプするケースがあります。そういう場合にはCがダイブしてFからのパスを受けることによってシュートチャンスが生まれます。

ハイポストにボールが入らない時のシザースに似た攻撃法

PF
C
F
SG
PG
Cにパスが入らない場合、ウイングにパスを出す

図1

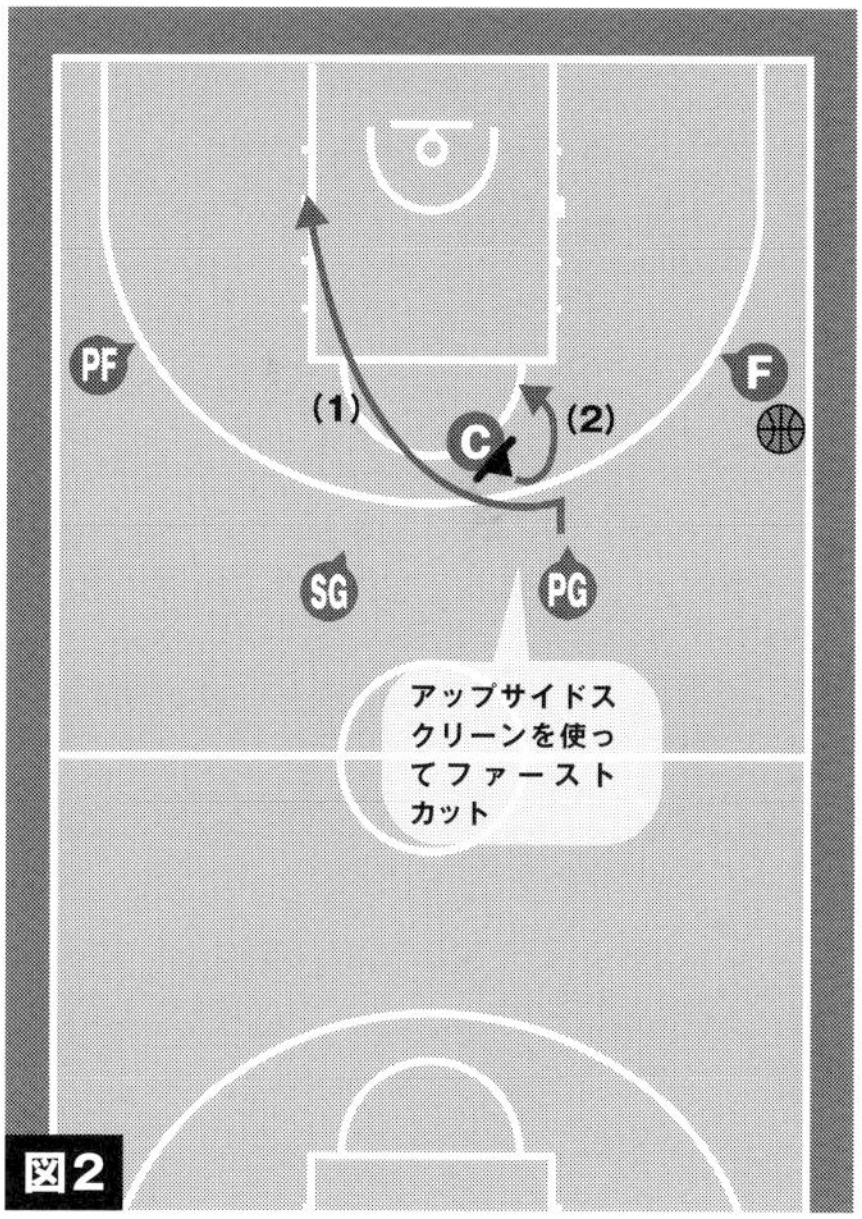
PF
F
(1)
(2)
C
SG
PG
アップサイドスクリーンを使ってファーストカット

図2

PG
PF
C
F
SG
セカンドカットではCの背中側をスクリーンとして使う

図3

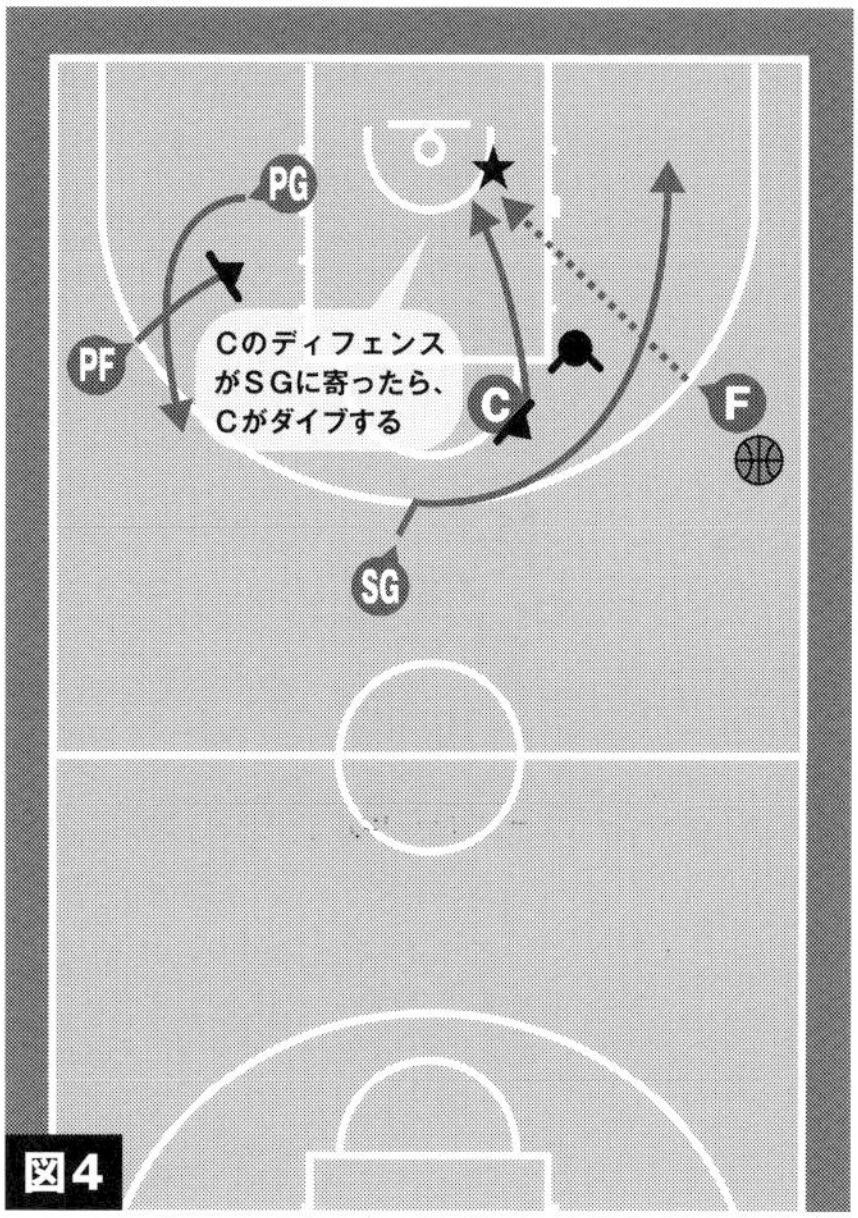
PG
PF
Cのディフェンスが SGに寄ったら、Cがダイブする
C
F
SG

図4

3ポイントシュートのチャンスを作れるピックスクリーン・フォーメーション

両サイドからはさむようにピックスクリーンをセット

次に紹介するのは、主に3ポイントシュートのチャンスを作りたい時にうってつけのフォーメーションです。トップのボールマンを頂点に、展望タワーのような陣型から開始されることから「タワー」とも呼ばれています。

【図1】

トップでPGがボールを持ち、そのディフェンスに対して、両サイドからはさむような形でCとPFが同時にピックスクリーンをセット。そしてSGとFはウイングからコーナー付近でポジションをとります。図内ではPGがボールマンになっていますが、ドリブルからの得点力が高い他の選手がボールマンになっても効果的です。

【図2】

ボールマンはどちらかのピックスクリーン（図内ではPF）を使ってドリブルでゴールへと向かいます。そこでシュートを狙える時もありますが、もしディフェンスを引きつけられれば、コーナー方向に動くSGにパスをさばくことによって3ポイントシュートのチャンスが生まれます。またはPFのダイブにパスを合わせるのも手です。

【図3】

コーナーのSGにパスが渡ったもののシュートを打てない場合には、ピックスクリーンをセットしたCとPFがクロスして走り込みます。そしてセカンドカットのCがパワーサイドでポストアップすることによって、SGからのパスを受けて攻撃を仕掛けられます。

タワーの基本の動き

図3 スクリーナーがクロスして走り込む

図1 ディフェンスを両サイドからはさむようにビックスクリーンをセットする

図2 ディフェンスを引きつけてパスをさばく

TEAM RULE
コーナーからの3ポイントシュートが狙い

　このタワーから作りやすいチャンスは、コーナーからの3ポイントシュートです。バックボードを使えないというデメリットがありますが、ゴールまでの距離が最も短いスポットだけに得意とするシューターもなかにはいます。そうした選手のシュート力を活かす上でタワーは有効なのです。

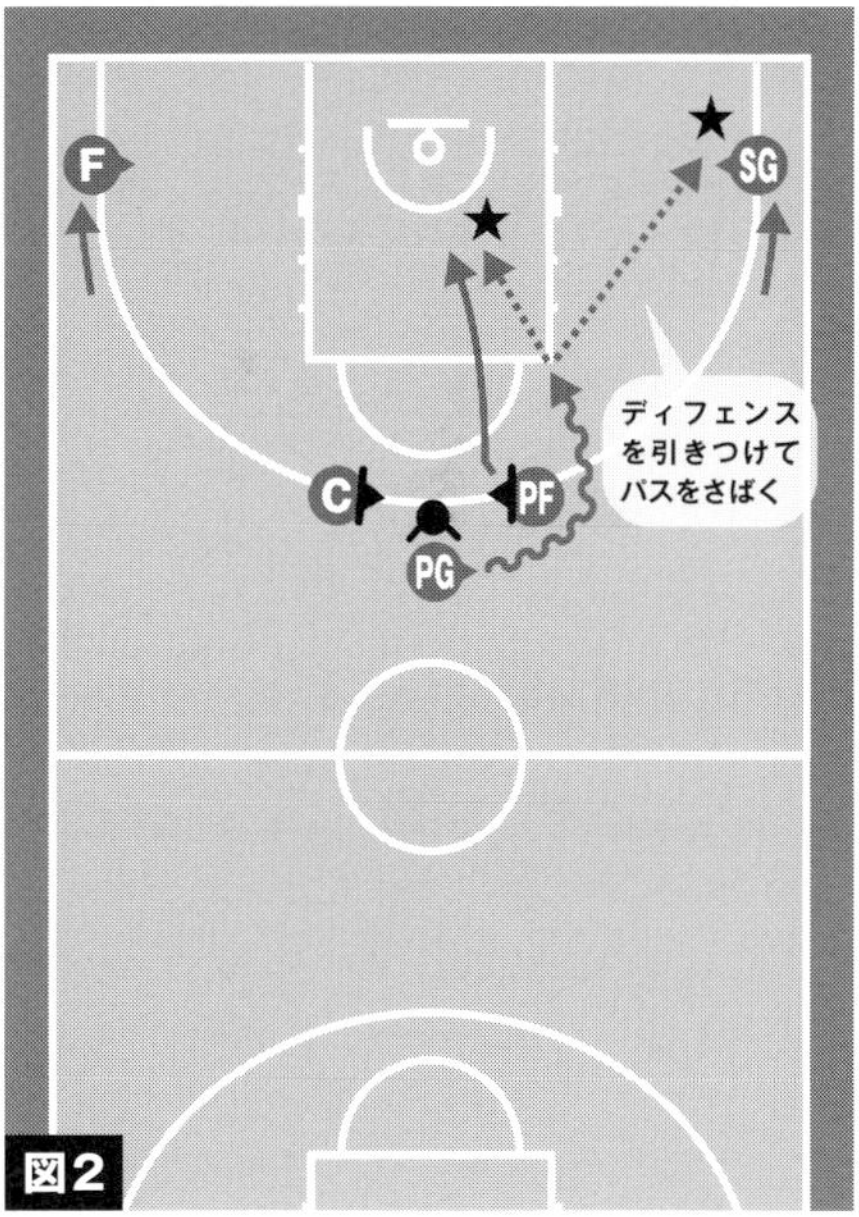

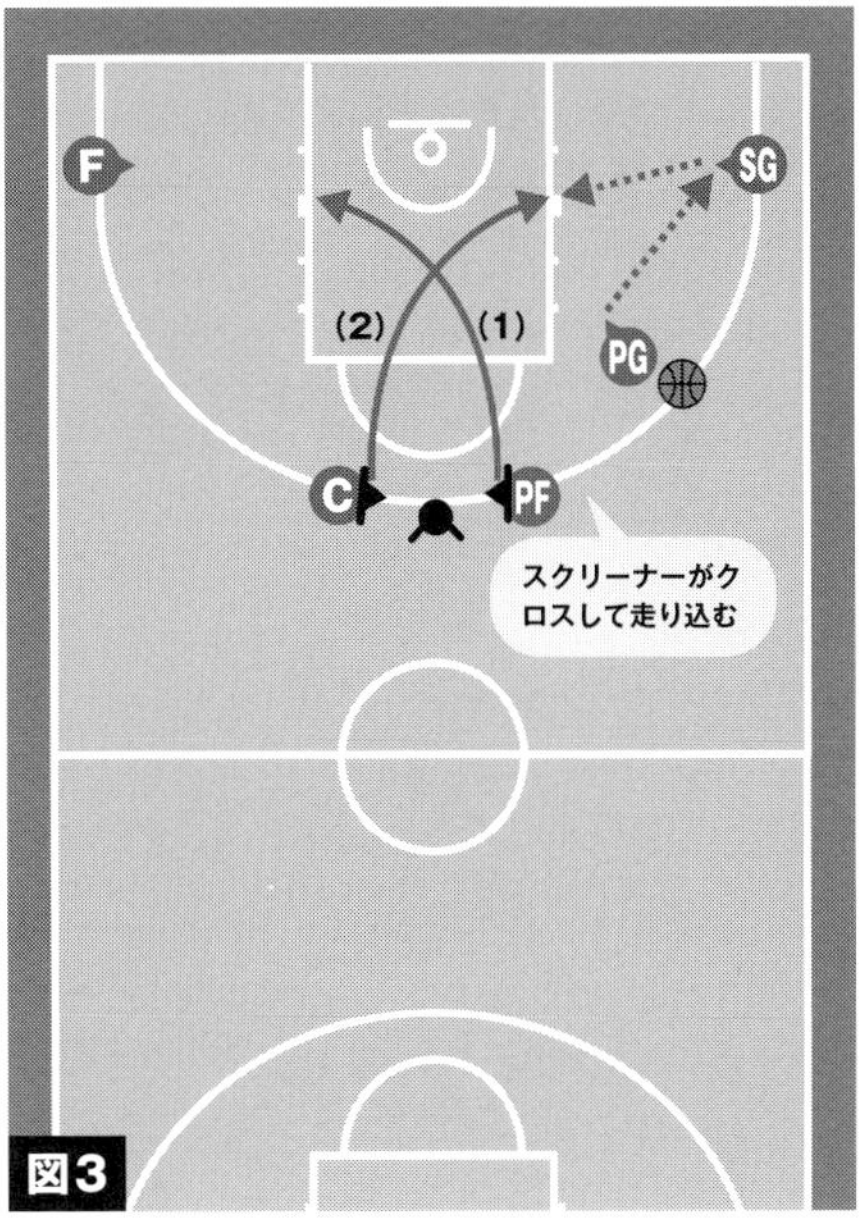

タワーのオプションプレー

ポップアウトから3ポイントシュートに持ち込む

SGにシュート力が備わっている場合の攻撃法

134ページで触れたとおり、タワーのフォーメーションを使うことによって、コーナーからの3ポイントシュートが引き出せます。またボールマンをドリブルによる攻撃力に秀でた選手にすることで、そこから突破できる回数が増えるかもしれません。そのように選手の特性に合わせてポジションを配備するのです。

もし、SGに3ポイントシュートの決定力が備わっているなら、SGがスクリーンをセットするのも手です。

【図1】

PGのディフェンスがファイトオーバーして来たり、スクリーナーのディフェンスが対処して来るケースで、ボールマンは横方向にドリブルすることになる場合があります。また、わざと横方向にドリブルしてディフェンスを引きつけることもできます。

【図2】

ボールマンであるPGが使ったスクリーナー（図内ではSG）は、Cのスクリーンを使いながら、3ポイントラインの外にポップアウトの動きをします。

【図3】

ディフェンスを引きつけたボールマンのPGは、ディフェンスのプレッシャーに気を付けながらポップアウトしたSGにパスを出します。そうして3ポイントシュートのチャンスを作るわけです。Cをはじめとする他の選手は、オフェンスリバウンドに入ることを忘れないようにしましょう。

タワーからのポップアウト

F
PF
C
PG
SG
SGが３ポイントシュートを狙う

図3

F
PF
C
SG
PG
ボールマンは横方向にドリブルする

図1

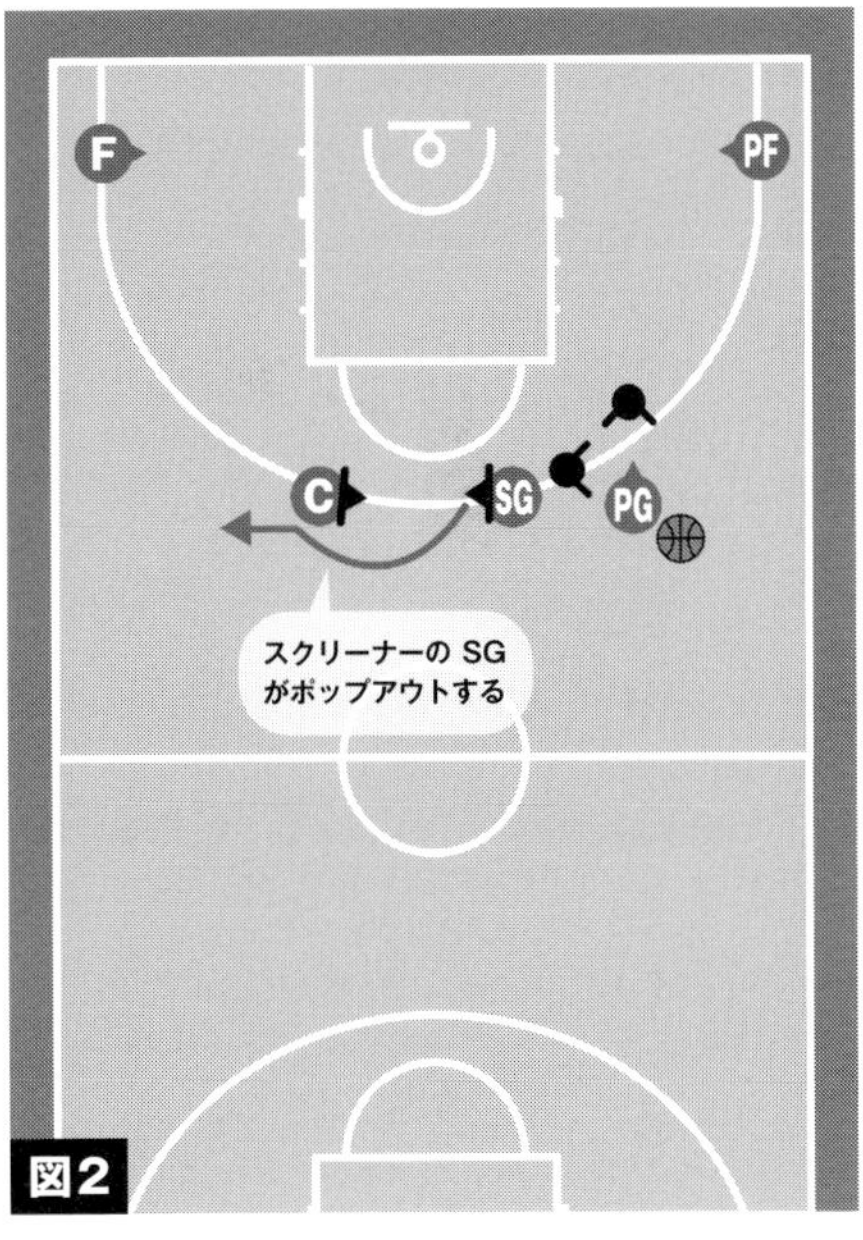
F
PF
C
SG
PG
スクリーナーの SG がポップアウトする

図2

TEAM RULE
コーナーからパスを受けやすいポジションに修正する

タワーの基本は、ゴールに向かうドリブルに対してコーナーで合わせるプレーです。しかし横方向に進むボールマンや、ポップアウトした選手からパスを受けるには、コーナーにステイするだけでは難しい状況があります。したがってシュートチャンスを作るために、パスを受けやすいポジションに修正することが大切です（図3）。

フレアースクリーンの基本

コーナーでパスを受けられない状況も想定しておく

コーナーに背中が向くようにセットする

コーナーでの3ポイントシュートをチャンスメークする上で、有効な戦術の一つは「フレアースクリーン」です。その基本型と、パスが渡らなかった時の展開法を紹介しましょう。

【図1】

スリーアウト・ツーインの基本型から、ウイングのSGに対してCがフレアースクリーンをセットします。この時、Cの背中がコーナーへと向くようにセットすることがポイントです。そのスクリーンを使ってSGがPGからのパスをコーナーで受けて3ポイントシュートを打つことができます。

ゴール付近からトップに飛び出してシュートを打つ

コーナーへと動くSGに対して、スペースに先回りしてパスを出させないような相手もいます。そうしたディフェンスに対しては、攻撃に工夫が必要です。

【図2】

スクリーナーのCは、ウイングにポップアウトしてPGからのパスを受けます。そのタイミングに合わせてSGはゴール方向に動きます。そしてパスを出したPGは、SGに対してダウンスクリーンをセットします。

【図3】

SGは、PGがセットしたスクリーンを使ってトップに飛び出します。そしてCからのパスをノーマークで受けることによってトップから3ポイントシュートを打つことができます。

TEAM RULE
得意なスポットを把握しておく

シューターによって得意なスポットが異なります。ゴールまでの距離が短いコーナーを好む選手がいる一方、バックボードを使えるトップからの3ポイントシュートが好きなシューターも多くいます。またなかには、ウイングからの角度を得意とするシューターもいるので、その特性をフォーメーションに反映させることをお勧めします。

フレアースクリーンの基本の動き

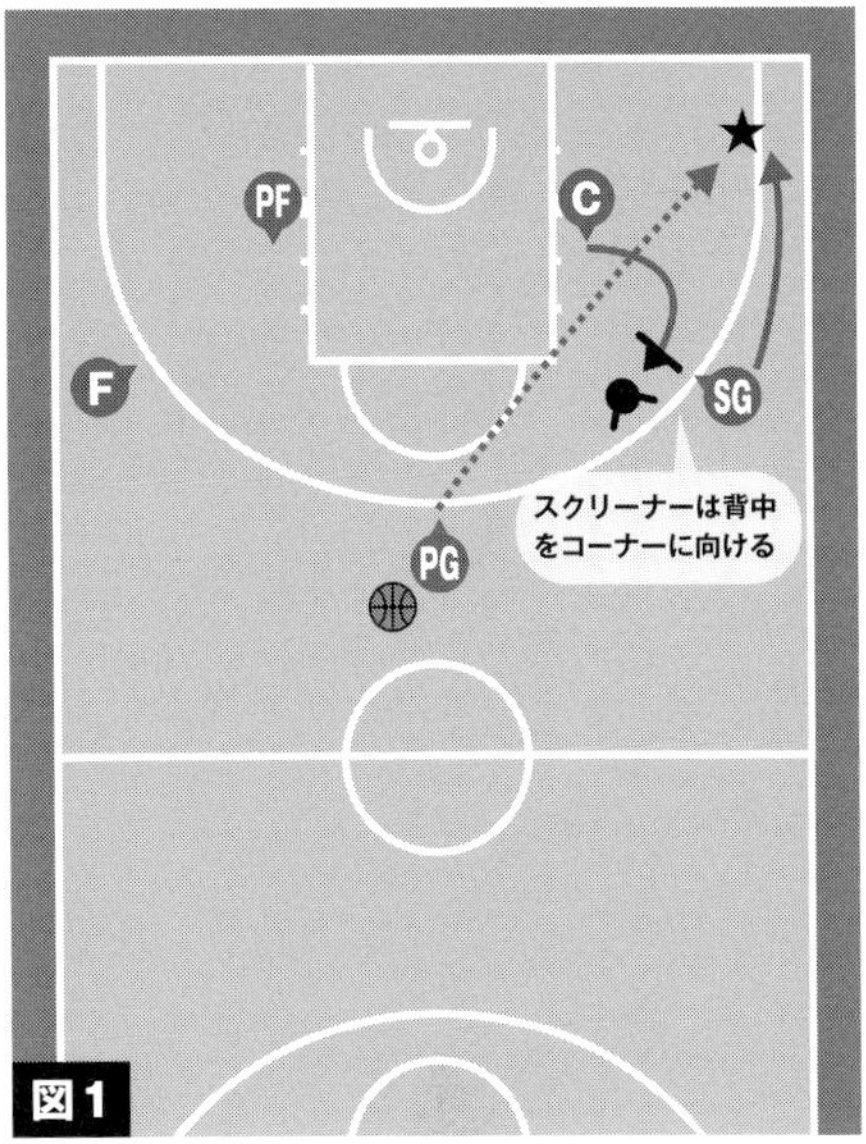
PF
C
F
SG
PG
スクリーナーは背中をコーナーに向ける
図1

コーナーにパスが渡らない時の展開法

SG
PF
C
F
PG
ダウンスクリーンをセットする
図2

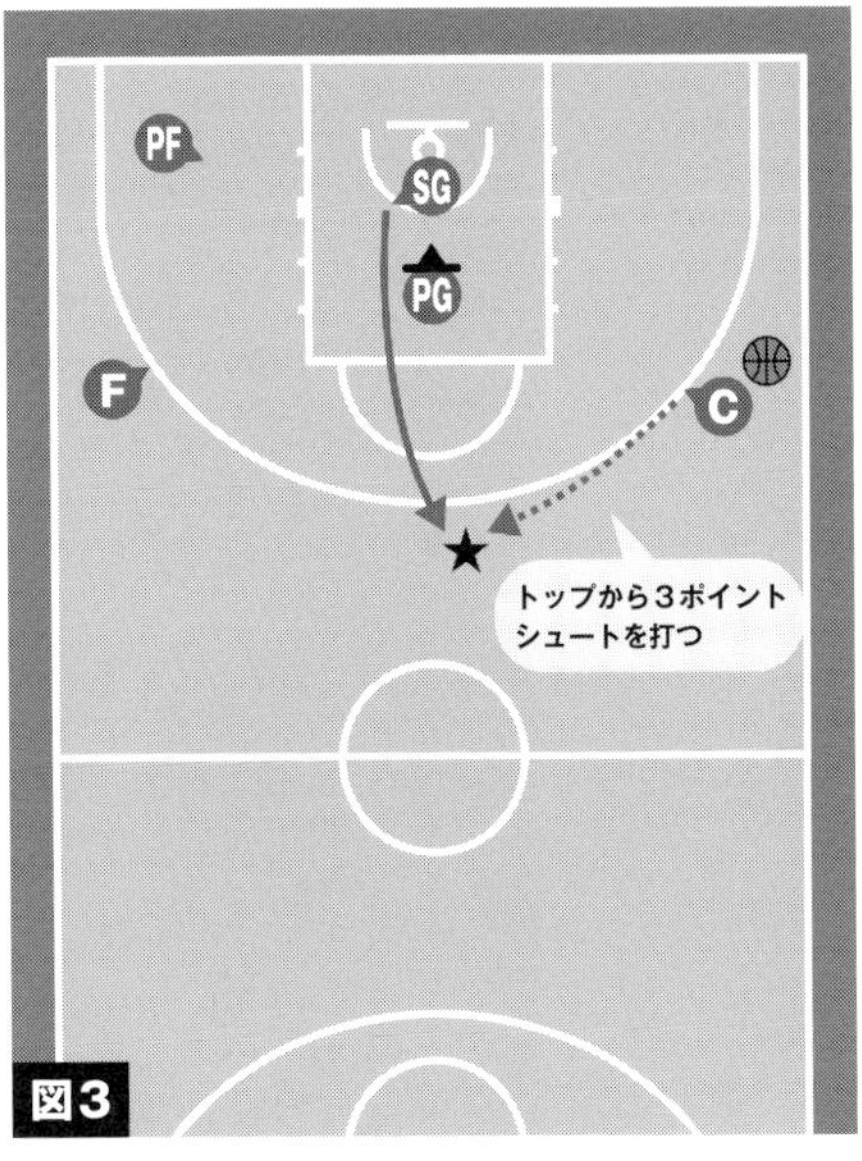
PF
SG
PG
F
C
トップから3ポイントシュートを打つ
図3

フレアースクリーンのオプションプレー

ディフェンスに狙いを読まれない工夫をする

別の攻撃を匂わせてからフレアースクリーン

例えば、エースシューターにコーナーからの3ポイントシュートを打たせたい場面で、最初からフレアースクリーンをセットするとディフェンスに攻撃の狙いを読まれてしまいます。そこで別の攻撃を匂わせておいてフレアースクリーンをセットするフォーメーションが効果的です。

【図1】

ボールマンであるPGは、エースシューターであるSGから離れるようにしてトップからドリブルします。そのドリブルに合わせてSGは動き、ローポストのPFがアップサイドスクリーンをセットします。それによってディフェンスは、SGがゴール方向にカッティングするプレーを予測します。

【図2】

そこですかさず、Cがフレアースクリーンをセットします。SGはPFのアップサイドスクリーンを使った直後に、Cのフレアースクリーンを連続的に使ってコーナーへと飛び出します。

【図3】

SGはコーナーでパスを受けることによって、3ポイントシュートを打つことができます。

【図4】

SGが3ポイントシュートを打てず、制限時間が迫っている場面ではCがすかさずピックスクリーンをセットするのも手です。SGとCの2対2で攻撃することによって、時間をかけずにシュートチャンスが作られることを期待できるからです。

別のスクリーンプレーとフレアースクリーンの併用

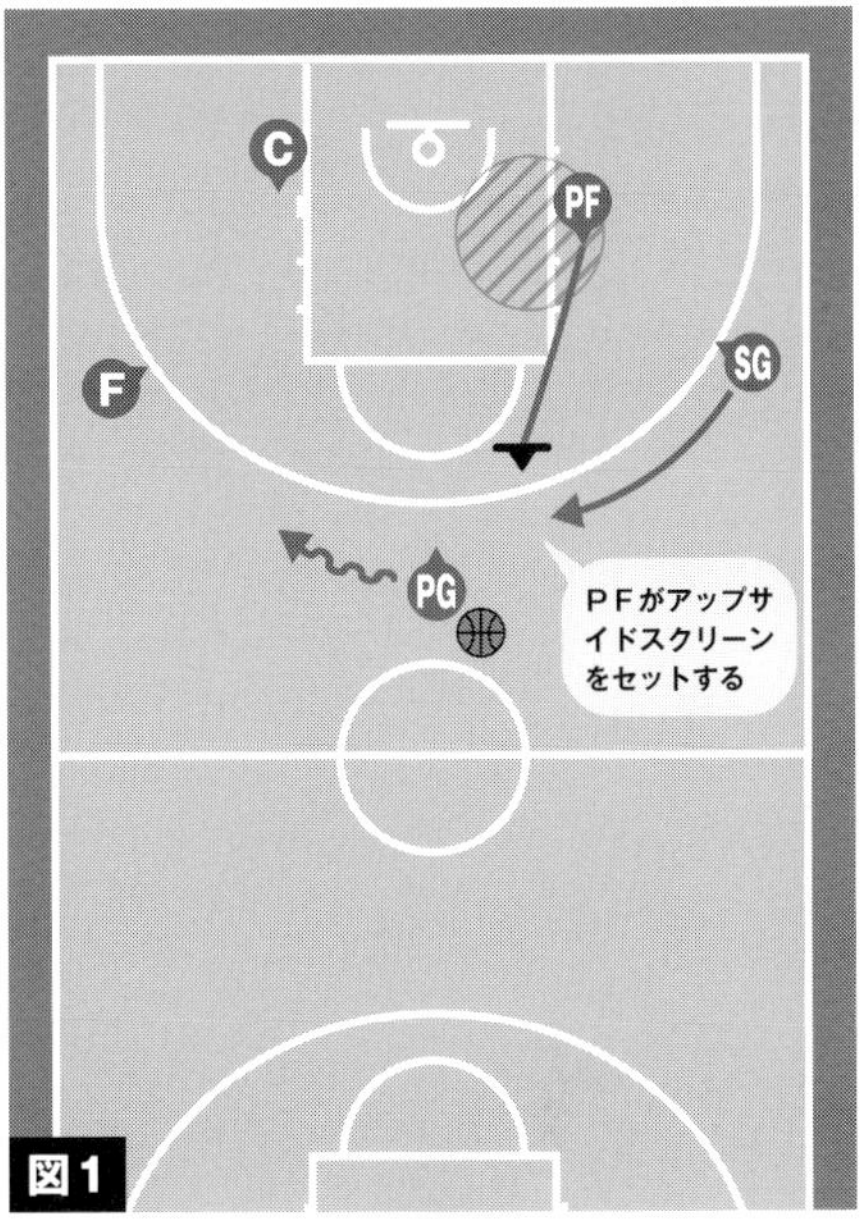
C
PF
SG
F
PG
ＰＦがアップサ
イドスクリーン
をセットする
図1

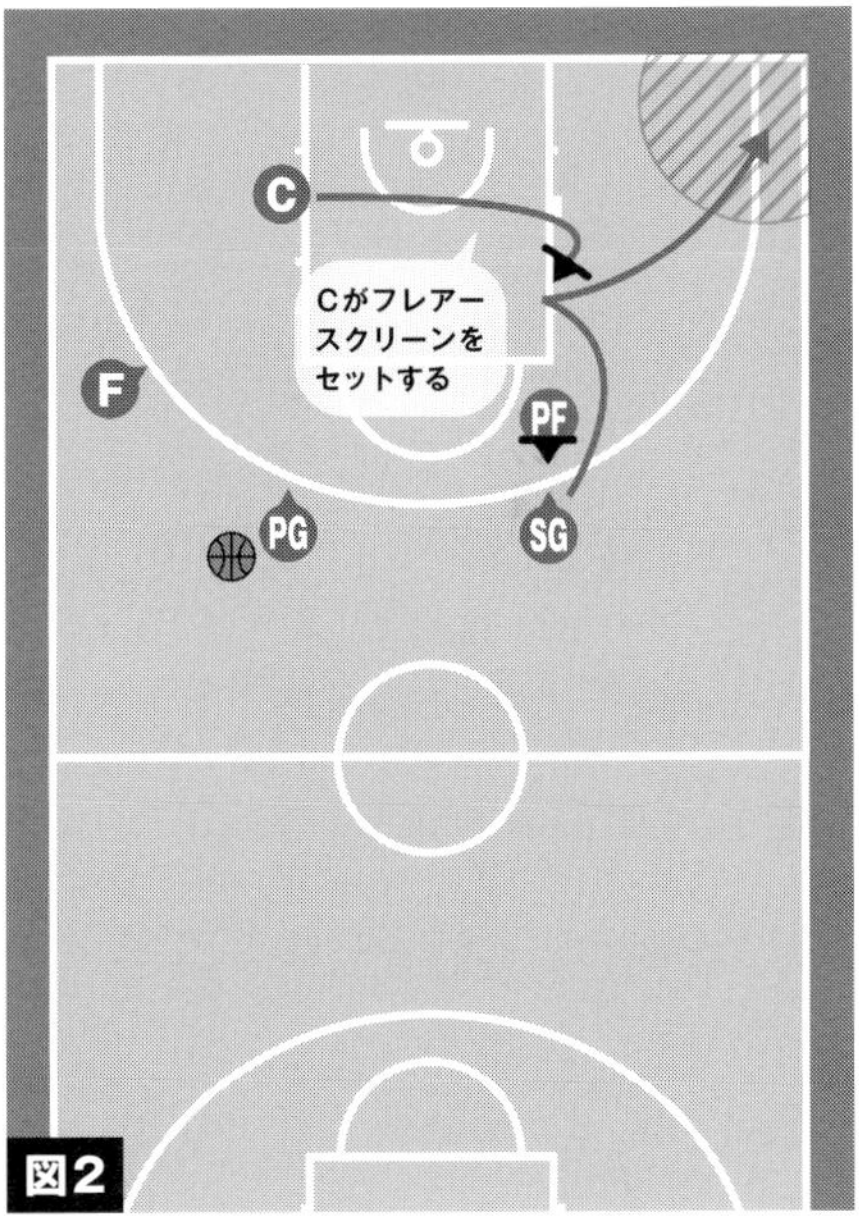
C
Cがフレアー
スクリーンを
セットする
F
PF
PG
SG
図2

SG
C
F
PF
PG
ゴール付近から攻め
るふりをして、コー
ナーから攻める
図3

シュートを打てず時間
がないならピックスク
リーンをセットする
SG
C
F
PF
PG
図4

3ポイントを警戒されたらインサイド攻撃

インサイド主体の攻撃に切り換える

140ページで紹介したフォーメーションでSGにパスが渡らない場合には、インサイド主体の攻撃に切り換えるのも効果的です。なぜならディフェンスの意識がコーナーにいるSG（エースシューター）に向いているからです。

【図1】

ツーガードポジションにドリブルして来たPGがボールを持っている状況です。そしてハイポストのPFがゴール方向にカッティングしながらPGからのパスを受けることによってゴール付近でのシュートチャンスが生まれます。

まわりも動いてノーマークを作る

【図2】

CがハイポストにCが移動し、PGからのパスを受けて攻撃を展開することもできます。

【図3】

CがPGからパスを受けるタイミングに合わせて、PFがローポストに移動します。そこにパスを出す「ハイ・ロー」で攻撃します。

【図4】

PGからハイポストのCにパスが入った時、ディフェンスの意識がCやPFに向けば、アウトサイドがノーマークになります。つまりSGやFが、Cからのパスを受けられるポジションに移動するわけです。例えばFはウイングからコーナーに、SGはコーナーからウイングに動くことで、ディフェンスがインサイドのヘルプにも寄りにくくなります。

フレアースクリーンからインサイド主体の攻撃への切り換え

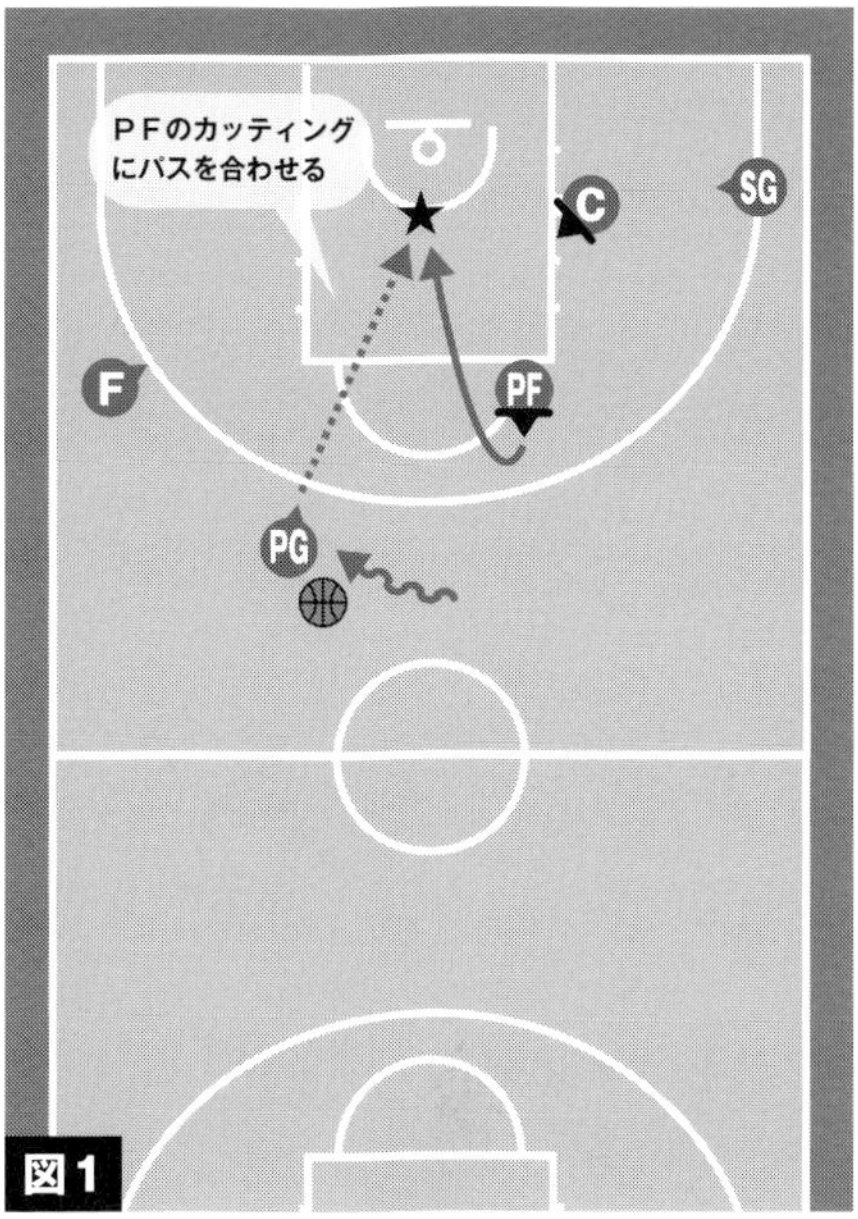
ＰＦのカッティングにパスを合わせる
C
SG
F
PF
PG
図1

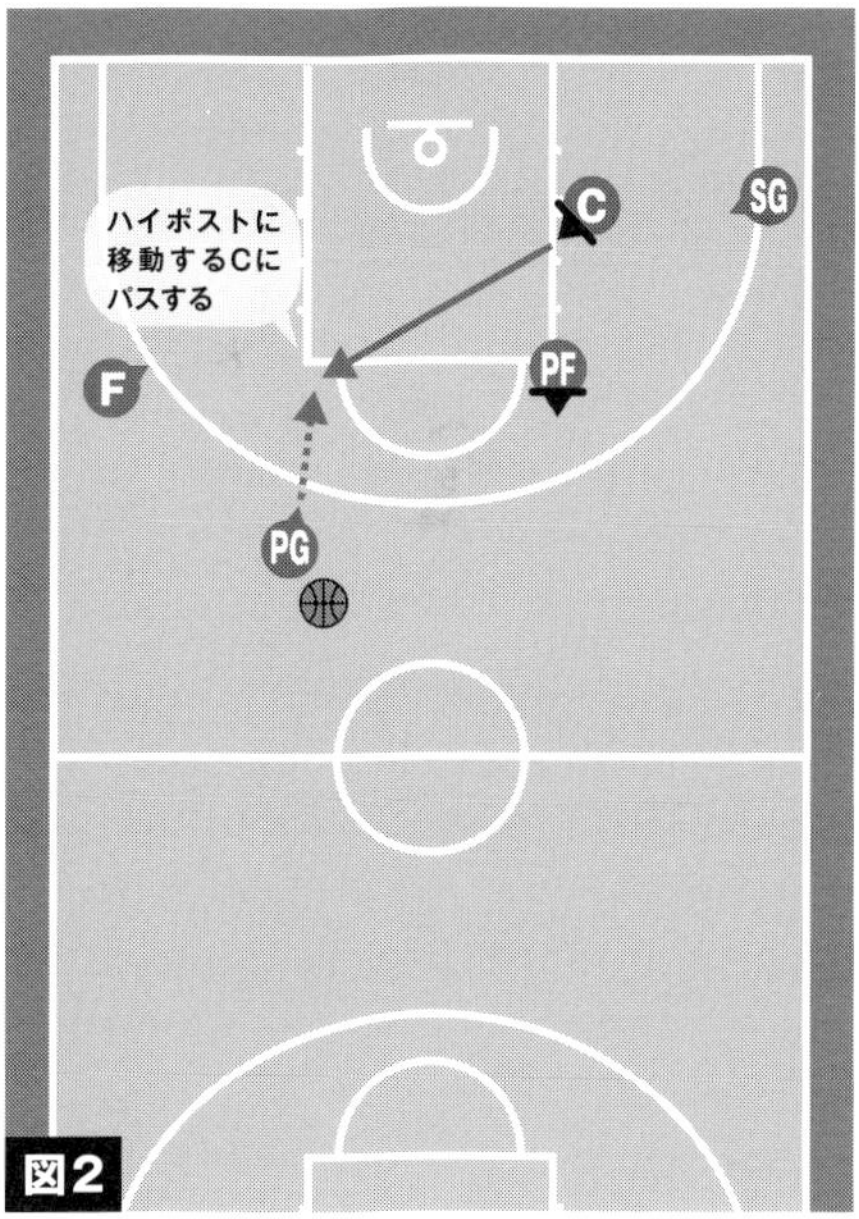
ハイポストに移動するCにパスする
C
SG
F
PF
PG
図2

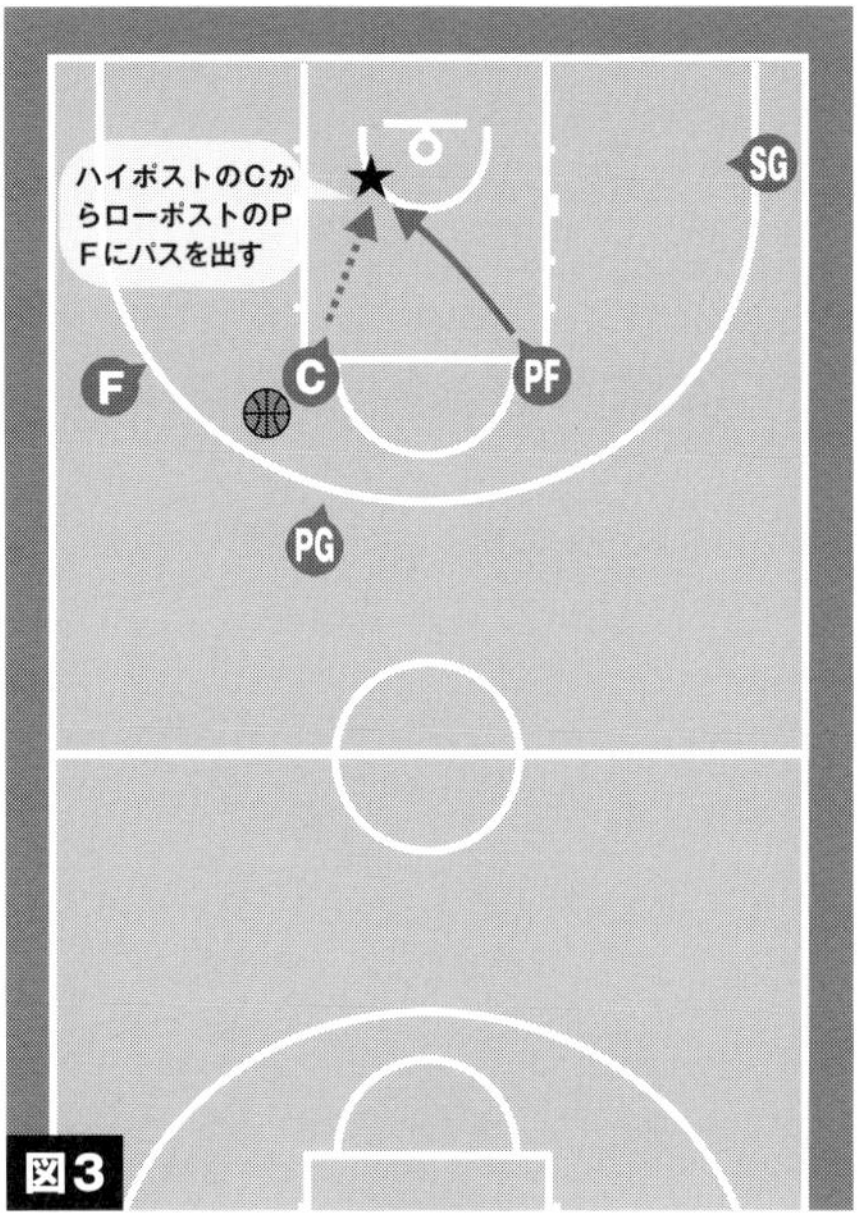
ハイポストのCからローポストのPFにパスを出す
SG
F
C
PF
PG
図3

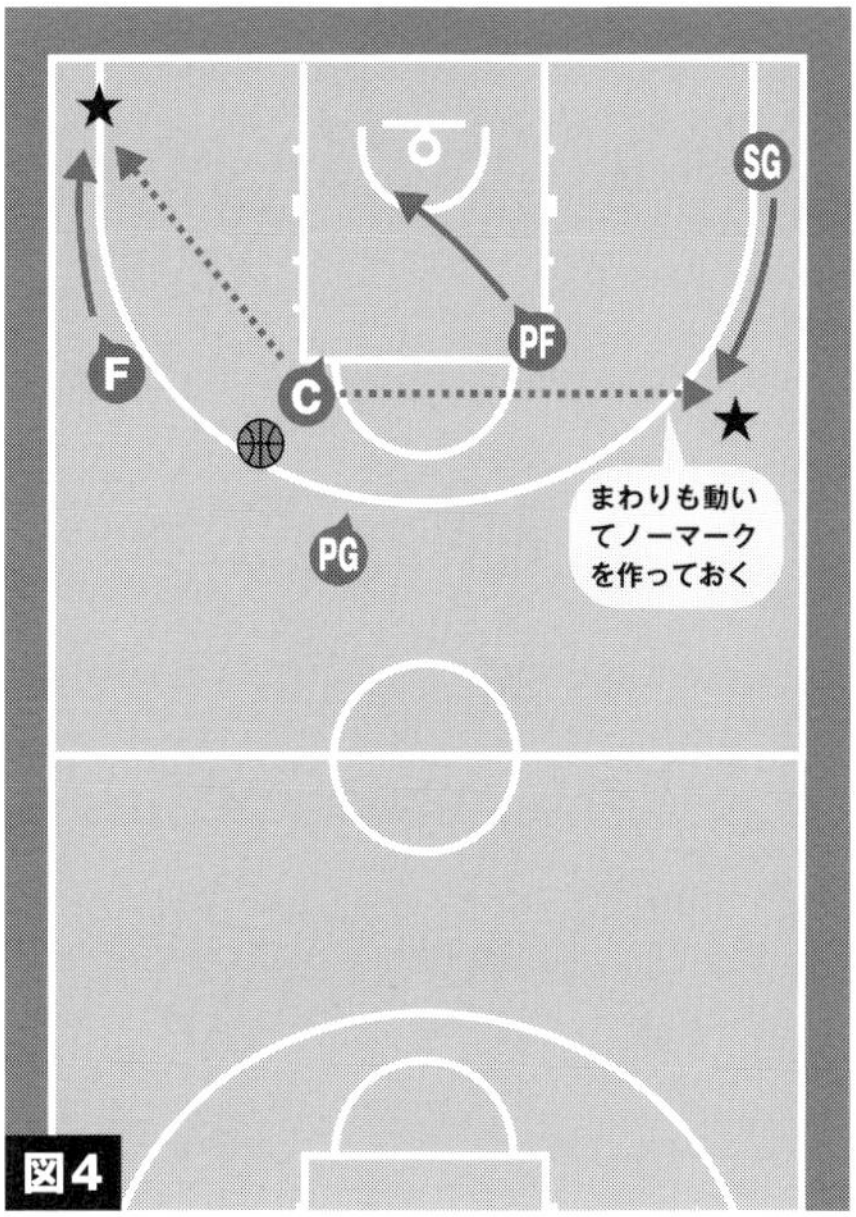
SG
PF
F
C
PG
まわりも動いてノーマークを作っておく
図4

ダブルスクリーン❶ワンフォー

2人のスクリーナーを有効に使って3ポイントシュートを打つ

トップから3ポイントシュートを狙う攻撃法

トップのボールマンに対して他の4選手がラインを作るワンフォーから、ダブル（2人の）スクリーンをセットする攻撃法を紹介しましょう。

【図1】

ボールマンであるPGはトップからウイングに向かってドリブルします。最終的に3ポイントシュートを打たせたいシューターのほうにドリブルするのがポイントです。シューター（図内ではSG）がゴール下に移動するタイミングに合わせて、ハイポストのPFとCがフリースローライン付近でダブルスクリーンをセットします。

【図2】

SGはそのダブルスクリーンを使いながらトップに飛び出し、PGからのパスを受けて3ポイントシュートを打ちます。

ダブルスクリーンからハイ・ローへの移行

トップのシューターにパスが渡らない場合、ハイ・ローに移行することができます。

【図3】

パワーサイドのスクリーナー（図内ではPF）がローポストに移動します。

【図4】

そのタイミングに合わせて、PGがハイポストのCにパスします。CからさらにPFへとパスをつなぐことによって「ハイ・ロー」の攻撃となります。

ダブルスクリーンを使ってトップからの3ポイントシュート

F
C
PF
SG
PG
シューターのほうにドリブルで進む

図1

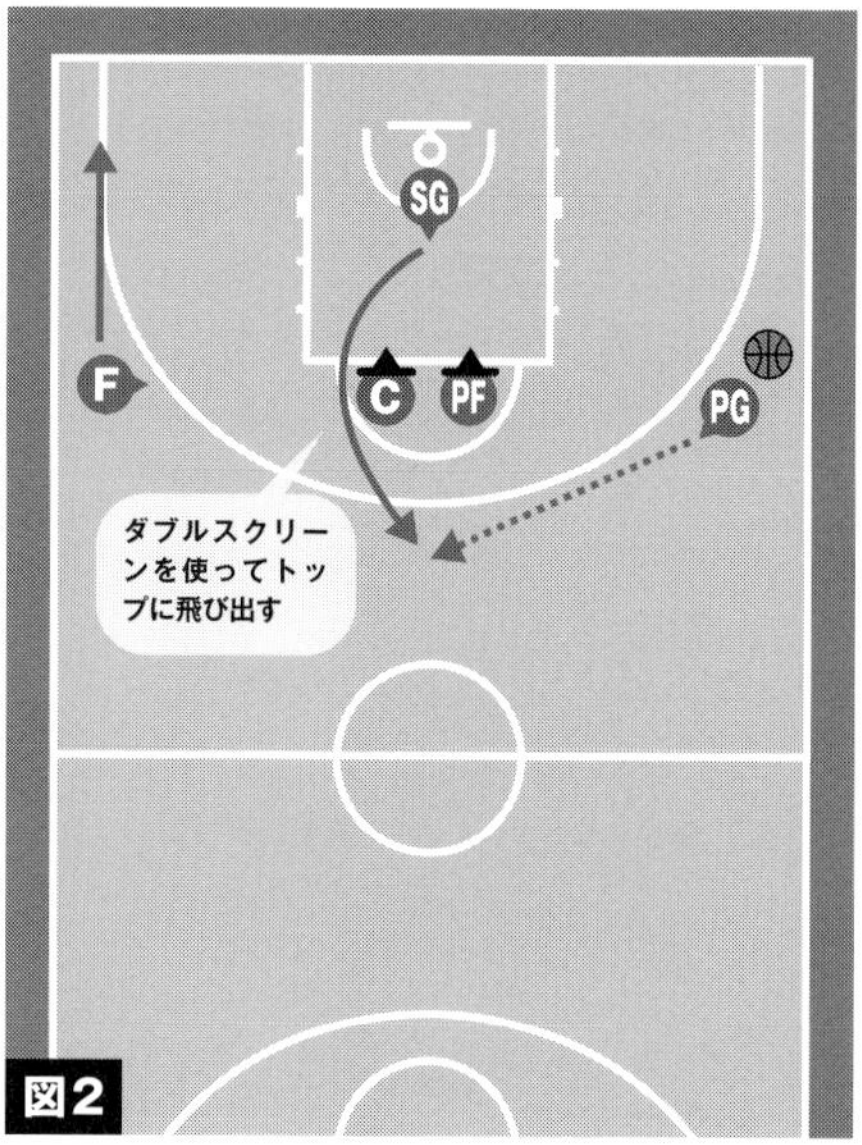
SG
F
C
PF
PG
ダブルスクリーンを使ってトップに飛び出す

図2

ダブルスクリーンからハイ・ローへの展開法

パワーサイドのスクリーナーがローポストに移動する
F
C
PF
PG
SG

図3

F
PF
ハイポストを経由してローポストにパスをつなぐ
C
PG
SG

図4

スクリーナーの門を閉じてアウトサイドへと飛び出す

2人のスクリーナーの門を閉じて飛び出す

3ポイントシュートを打つことを目的としたユニークなフォーメーションがあるので紹介しましょう。シューター自らがスクリーナーの門を閉めることから、「シャットザゲート」と呼ばれています。

【図1】

スリーアウト・ツーインの基本陣型をとり、トップのPGがボールマンとなります。PFはPGに対してピックスクリーンをセット。そしてウイングのFが制限区域のラインに沿って、Cとともにダブルスクリーンをセットします。その際に少しすき間を空けておき、そこにSGが逆サイドから移動して入ります。

【図2】

SGは両隣のスクリーナーCとFの背中に手を添えます。そしてPGとPFのピックプレーの状況を見ながら、CとFの体を両手でくっつけます。すなわち2人のスクリーナーの門を閉じるわけです。

【図3】

そこでダブルスクリーンをセットさせることによって、SGは完全にノーマークの状態となり、ウイングに飛び出して3ポイントシュートを打つことができます。

このフォーメーションを成功させる鍵は、トップで必ずピックプレーを展開するということです。PGが2対2からシュートチャンスを作られる状況にしておくことにより、他のディフェンスがSGにヘルプできなくなるからです。もしSGにパスできなければ当然、PGが攻められます。

シャットザゲート

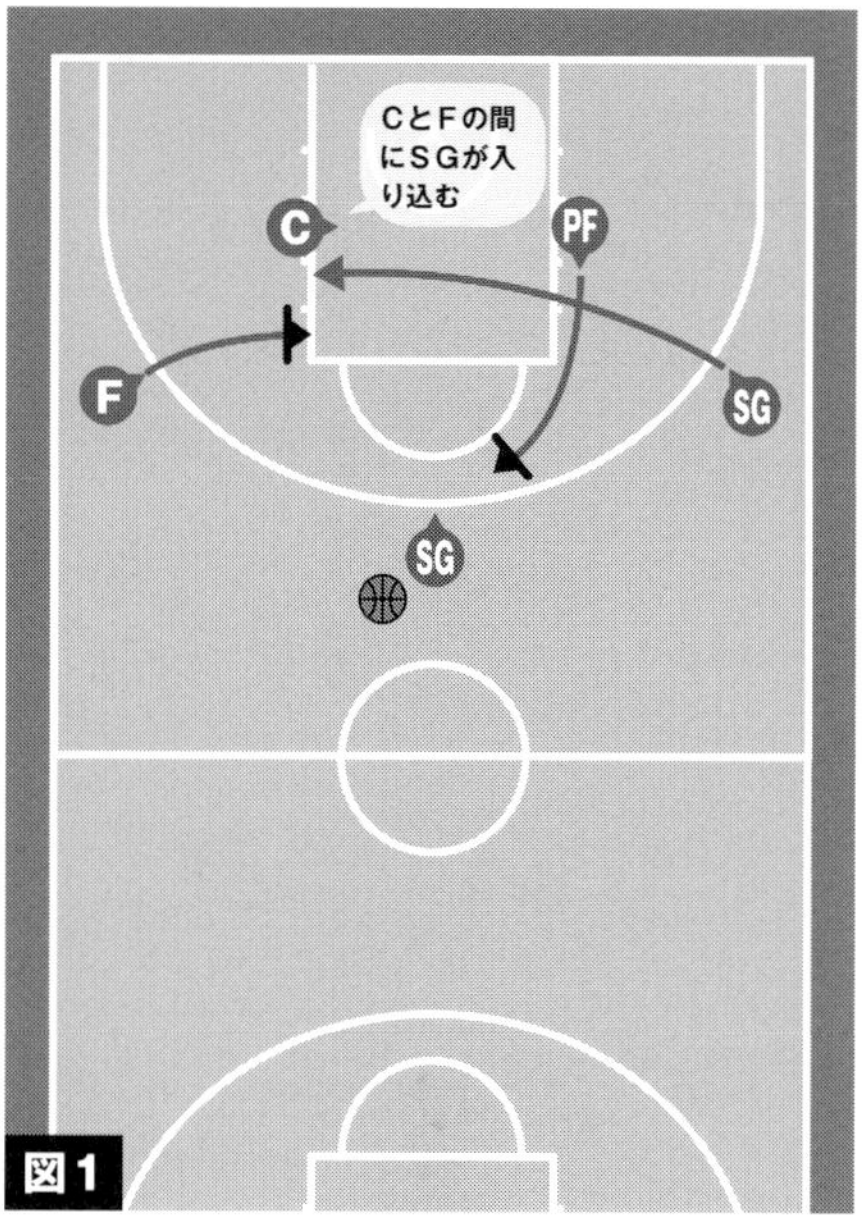
CとFの間
にSGが入
り込む
C
PF
F
SG
SG
図1

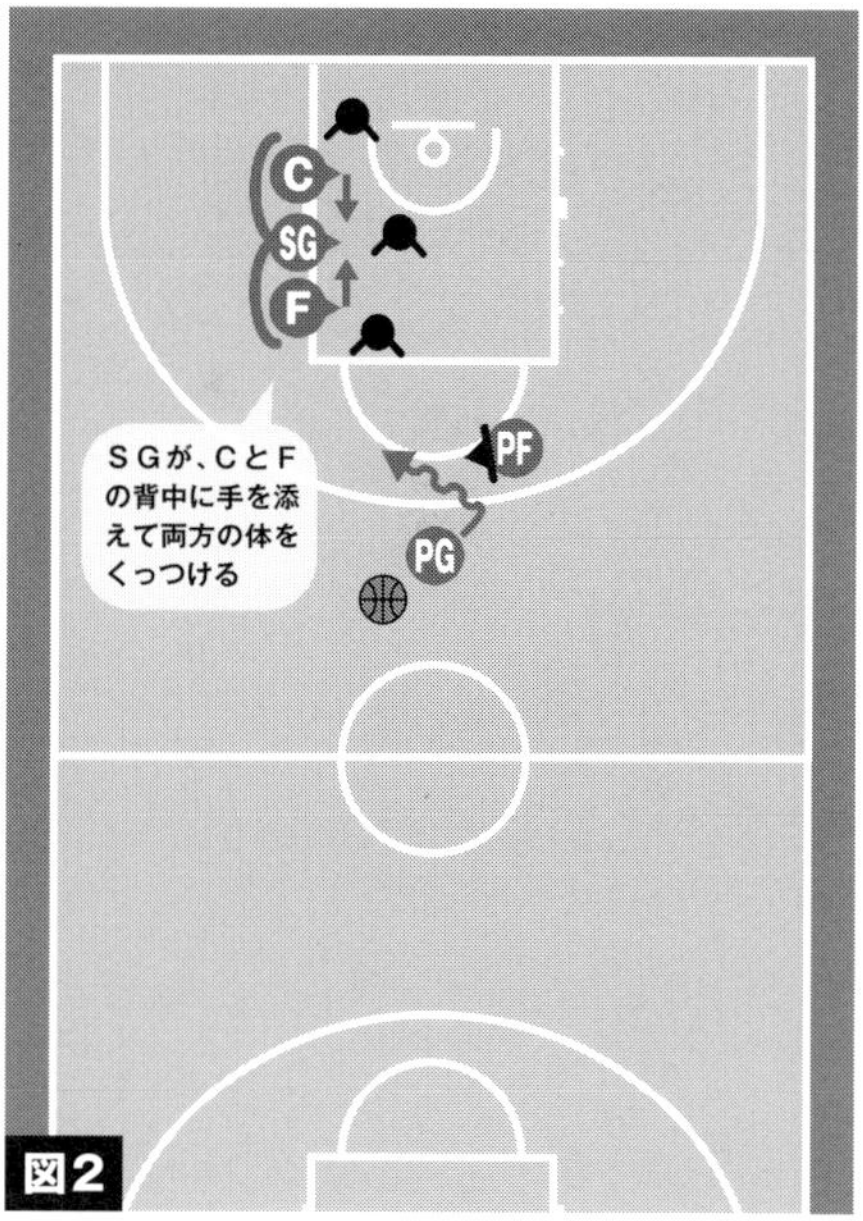
C
SG
F
PF
PG
SGが、CとF
の背中に手を添
えて両方の体を
くっつける
図2

SG
C
F
PF
PG
トップでピックプ
レーを行うことに
よって、ディフェン
スはヘルプできない
図3

TEAM RULE
オフェンスファウルに注意する

ディフェンスがスクリーナーをファイトオーバーして（かいくぐって）ＳＧをマークしようとしている状況でスクリーナーが動くと、オフェンスファウルをとられる危険性があります。それだけにＰＧがＰＦとピックプレーを仕掛けながら、ＣやＦのディフェンスをヘルプポジションにとどまらせることが大切なわけです。

ダブルスクリーン❸ピックプレーからハンドオフ

オンボールスクリーンを連動させてチャンスメークする

ピックプレーからコーナーでチャンスメーク

コーナーから3ポイントシュートを打てなかった状況で、再度別のスポットから3ポイントシュートのチャンスを作るフォーメーションを紹介しましょう。

【図1】

スリーアウト・ツーインの基本陣型からスタートし、ハイポストのPFはPGに対してピックスクリーンをセットします。PGのドリブルに合わせてSGがコーナーへと移動してパスを受けることにより3ポイントシュートを打つことができます。

コーナーでシュートを打ってなかった後の展開法

SGがコーナーでシュートを打ってなかった後の展開は次のようになります。

【図2】

スクリーナーのPFがハイポストに移動し、SGからのパスを受けます。ウィークサイドでFがCとともにダブルスクリーンをセット。それを使ってPGがウイングへと移動します。

【図3】

PFにパスを出したSGは、コーナーからボールマンであるPFのほうに走り込み、ハンドオフパスを受けます。

【図4】

ドリブルでディフェンスを引き離し、ウイングのPGにパスすることで3ポイントシュートのチャンスが生まれます。またはPFのダイブにパスを合わせることも可能でしょう。

コーナーで3ポイントシュートを打てなかった時の攻撃法

SG
C
PG
F
PF
ハイポストにパスする

図2

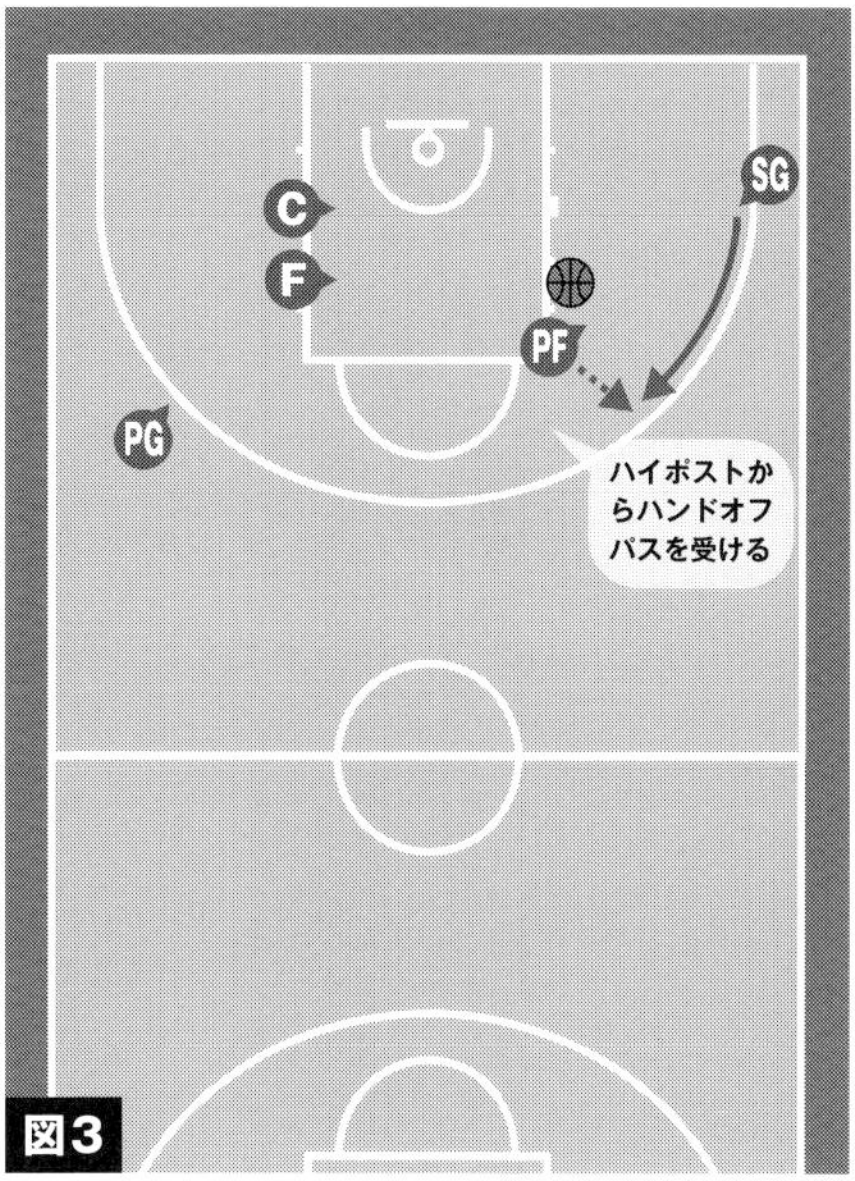
SG
C
F
PF
PG
ハイポストからハンドオフパスを受ける

図3

ピックプレーからコーナーで3ポイントシュート

コーナーからの3ポイントシュートを狙う
C
F
PF
SG
PG

図1

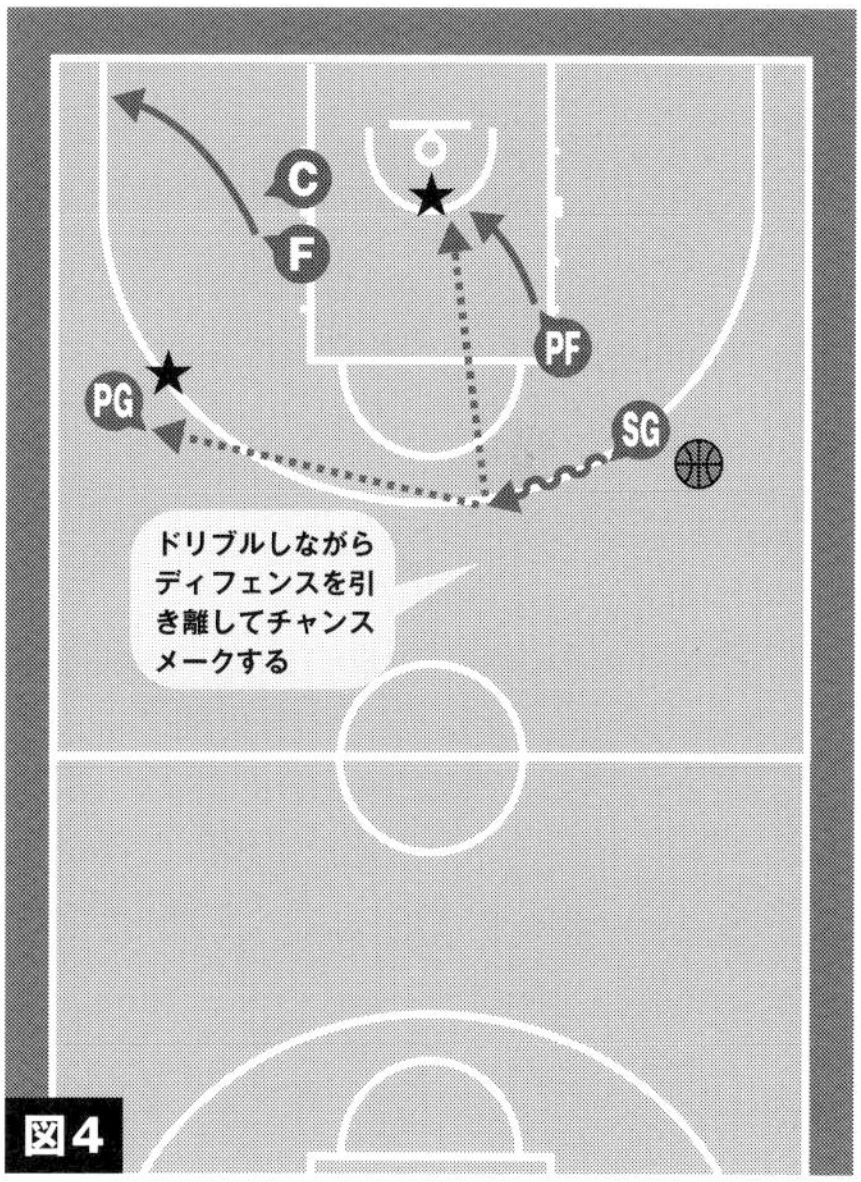
C
F
PF
PG
SG
ドリブルしながらディフェンスを引き離してチャンスメークする

図4

シュータープレー❶

3人が3ポイントシュートを狙うアップサイドのモーションオフェンス

3人の3ポイントシュートのチャンスを作る

36ページで紹介したフレックスモーションオフェンスでは、ベースラインに近い位置で動き出しました。それに似たモーションオフェンスをアップサイドで行うことによって、3人のシューターの3ポイントシュートのチャンスを作ることができます。まずはSGにシュートを打たせるまでの動きです。

【図1】

スリーアウト・ツーインの陣型ですが、ツーガードポジションとウイングに1人、そして左右のローポストに1人ずつポジションをとります。そしてボールマンのPGがウイングのFにパスするタイミングに合わせて、SGがPGに対してスクリーンをセット。ローポストのPFはコーナーへと移動しておきます。

【図2】

パスを出したPGは、SGのスクリーンを使ってウィークサイドのツーガードポジションに移動します。パスを受けたFが3ポイントシュートを打てる可能性もありますが、ノーマークでなければコーナーに移動して来たCにパスを展開します。

【図3】

パスを出したFは、すぐさまハイポスト付近でSGに対してスクリーンをセットします。SGはそのスクリーンを使ってウイングに移動し、Cからのパスを受けて3ポイントシュートを打つことができます。PGとFが打つパターンを152ページで見てみましょう。

ＳＧが3ポイントシュートを打つパターン

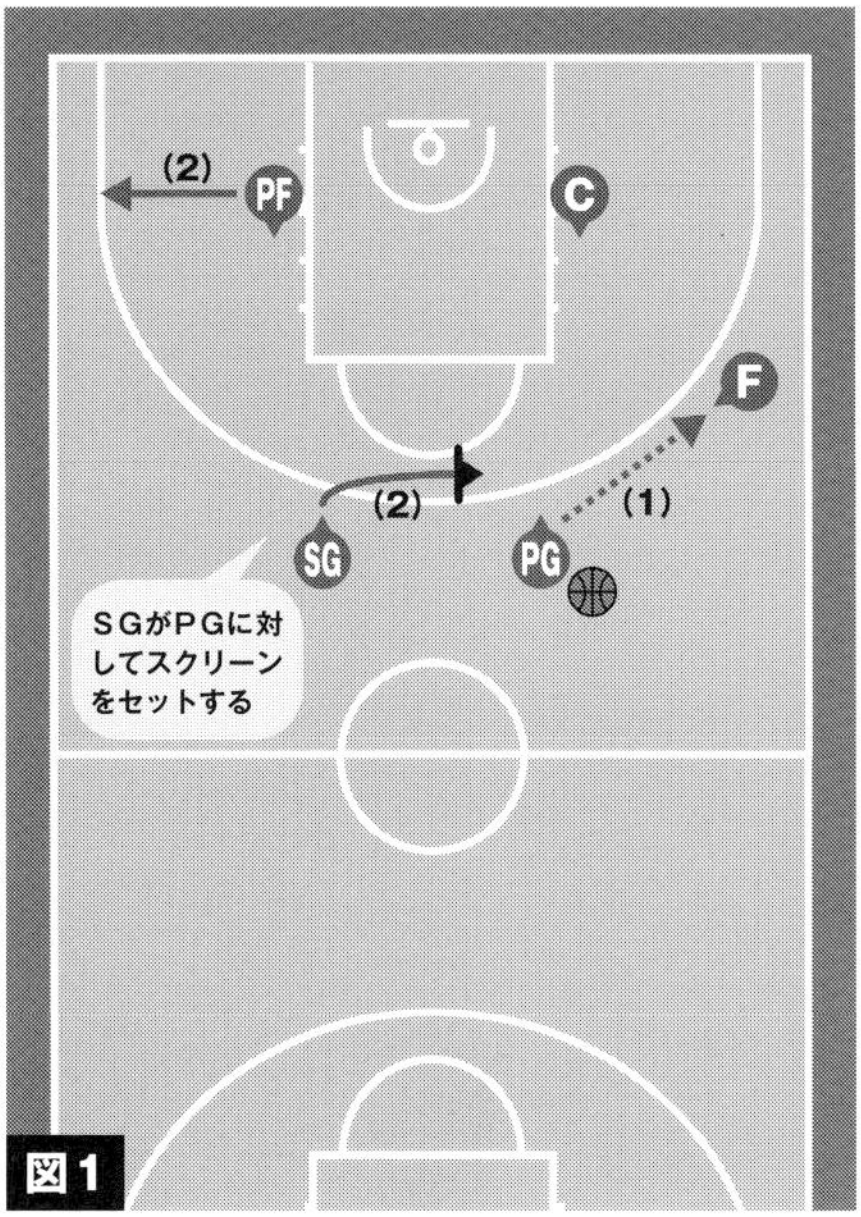

図3
SGはFのスクリーンを使って3ポイントシュートを打つ

図1
SGがPGに対してスクリーンをセットする

図2
PGはSGのスクリーンを使ってウィークサイドに移動する

TEAM RULE
スクリーナーになることでノーマークになる

　スクリーンプレーは、ユーザーをノーマークにさせることが狙いです。そしてこのフォーメーションのように、スクリーナーのＳＧがすぐさまユーザーになることによって、ディフェンスは対処するのが難しくなるのです。したがってノーマークになるためには、スクリーナーになることも大切だということです。

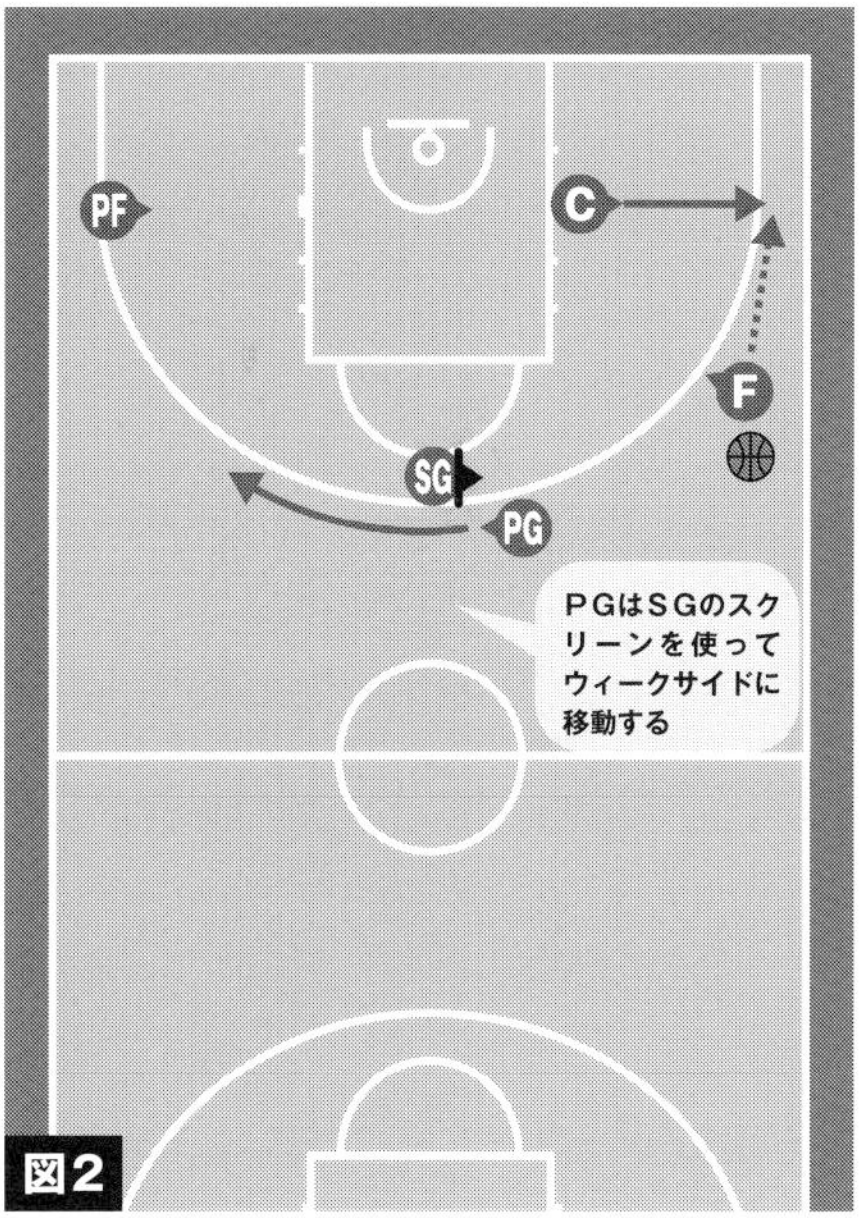

シュータープレー❶からの展開

2人目、3人目のシューターのチャンスも作れるようにする

相手の状況をよく見てスキップパスを受ける

前のページから引き続き、SGがウイングに動いたもののパスを受けられない状況からの展開法を紹介しましょう。

【図1】

SGがFのスクリーンを使ってウイングに移動した時にノーマークになっていない状況を察知したCが、ウィークサイドのウイングに移動したPGにスキップパスを出します。

その時にポイントとなるのは、PGのディフェンスがどのようなポジションをとっているかです。ゴールに近いヘルプポジションをとっているなら、スキップパスを受けて3ポイントシュートを打てるかもしれません。

もしPGに近い距離でマークし続けているのなら、ゴール方向にカットしてCのパスを受けます。

3人目のシューターのチャンスの作り方

【図2】

ウイングでパスを受けたPGがシュートを打てない場合、コーナーのPFにいったんパスしてすぐさまFに対してスクリーンをセットします。

【図3】

FはPGのスクリーンを使いながらウイングに移動します。そしてコーナーのPFからパスを受けることによって3ポイントシュートを打つことができます。このフォーメーションを継続することが可能なので、その流れを154ページで確認しておきましょう。

ＰＧが３ポイントシュートを打つパターン

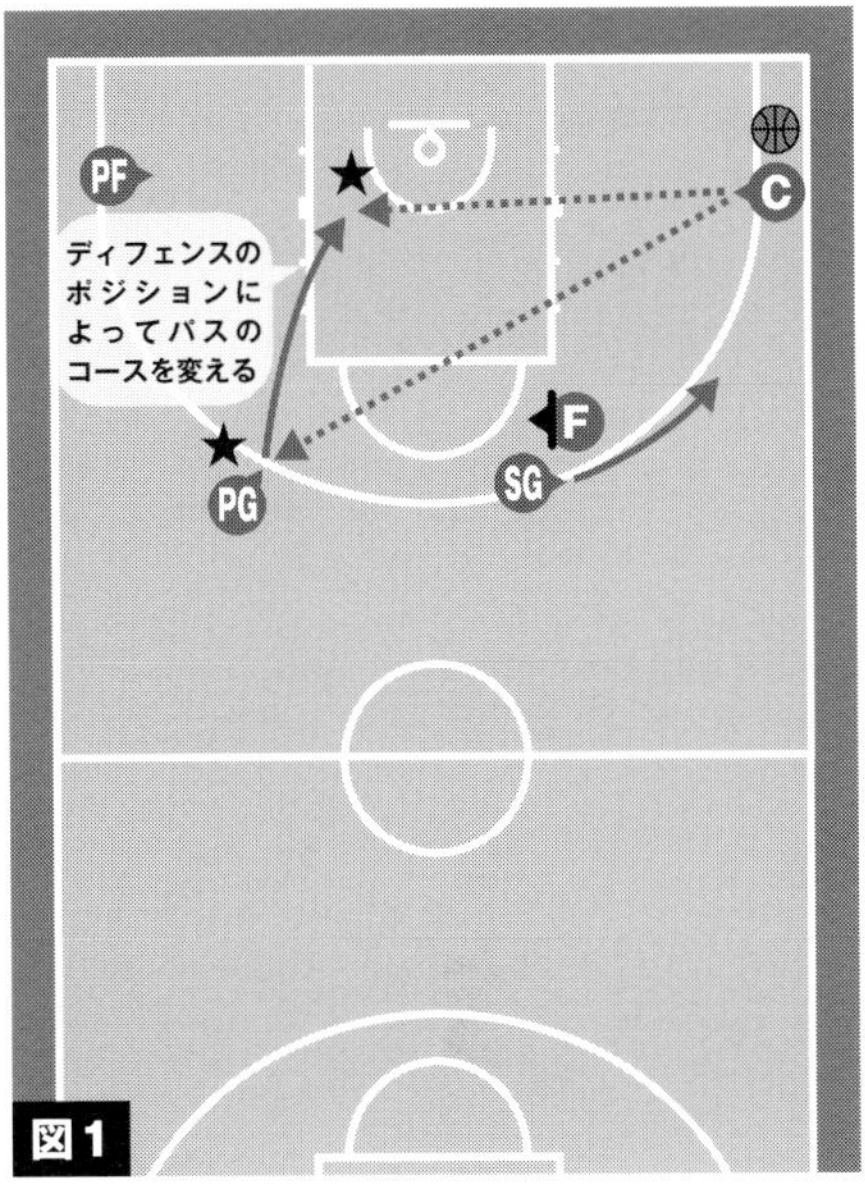
PF
C
ディフェンスのポジションによってパスのコースを変える
F
SG
PG
図1

Ｆが３ポイントシュートを打つパターン

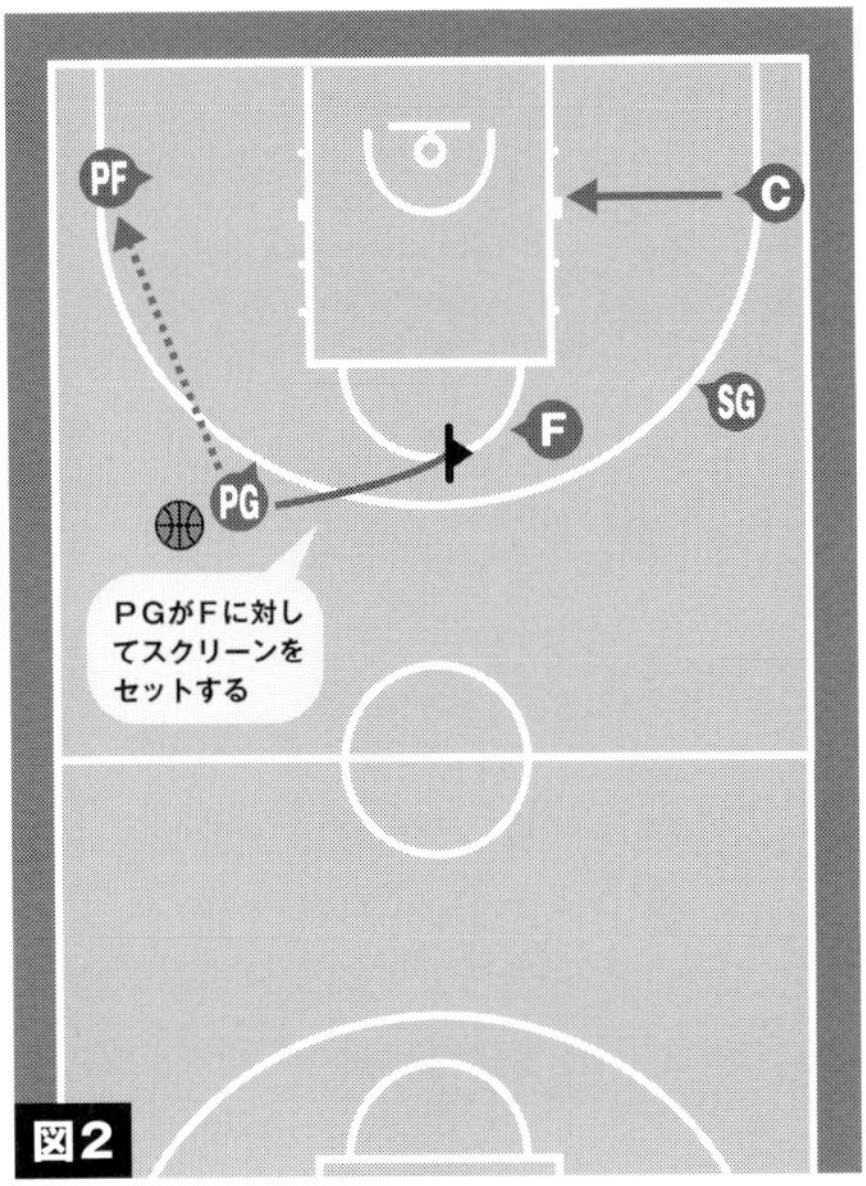
PF
C
F
SG
PG
ＰＧがＦに対してスクリーンをセットする
図2

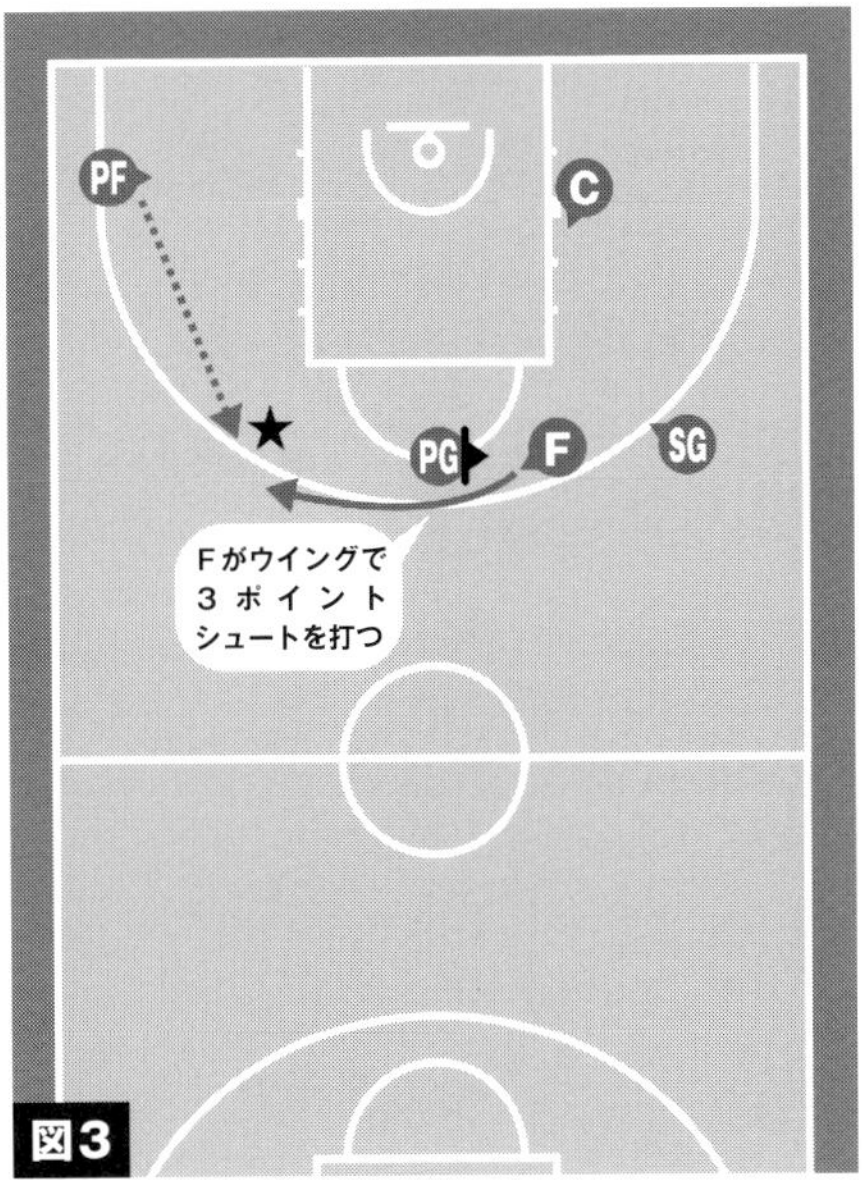
PF
C
PG
F
SG
Ｆがウイングで３ポイントシュートを打つ
図3

TEAM RULE
シュートタイミングを逃さない

ＳＧ、ＰＧそしてＦの３人が３ポイントシュートを打てるフォーメーションとはいえ、調子の良い選手に打たせたくなるものです。当然の心理ですが、他の２人も自分のシュートタイミングであれば、しっかりと打つ勇気を持つようにしましょう。調子が悪いからといってシュートタイミングで打たないと、チームオフェンスのリズムが悪くなってしまうからです。

シューター
プレー❶の分解練習

シュータープレーを繰り返してスムーズにできるようにする

トップと左右ウイングの陣型から始める分解練習

150ページではシュータープレーをツーガードポジションからスタートしましたが、練習でこの動きを覚える際には、トップと左右ウイングの陣型から始めるとわかりやすいはずです。わざとシュートを打たず、動きを繰り返してスムーズに展開できるように練習してみてください。時間やパスの本数を決めて、シュートに持ち込むと良いでしょう。

【図1】

ボールマンのPGがトップから、ウイングのSGにパスを出します。同時にローポストCはコーナーに移動し、ウィークサイドのウイングFは、PGのためにスクリーンをセットします。

【図2】

パスを受けたSGはコーナーのCにパスし、PGはFのスクリーンを使ってウイングに移動します。

【図3】

パスしたSGはFのためにスクリーンをセットし、Fはウイングに移動。そしてCはFにパスを出さず、PGにスキップパスを出します。同時にローポストPFはコーナーに移動してPGからのパスを受けます。

【図4】

同様に、パスしたPGはSGのためにスクリーンをセットしSGはウイングに移動。そしてPFはSGにパスを出さず、Fにスキップパスを出します。同時にローポストCはコーナーに移動してFからのパスを受けます。この一連の流れを繰り返してみてください。

シュータープレーの分解練習

PF
C
F
SG
PG
FがPGに対してスクリーンをセットする
図1

PF
C
SG
F
PG
SGはコーナーのCにパスを出す
図2

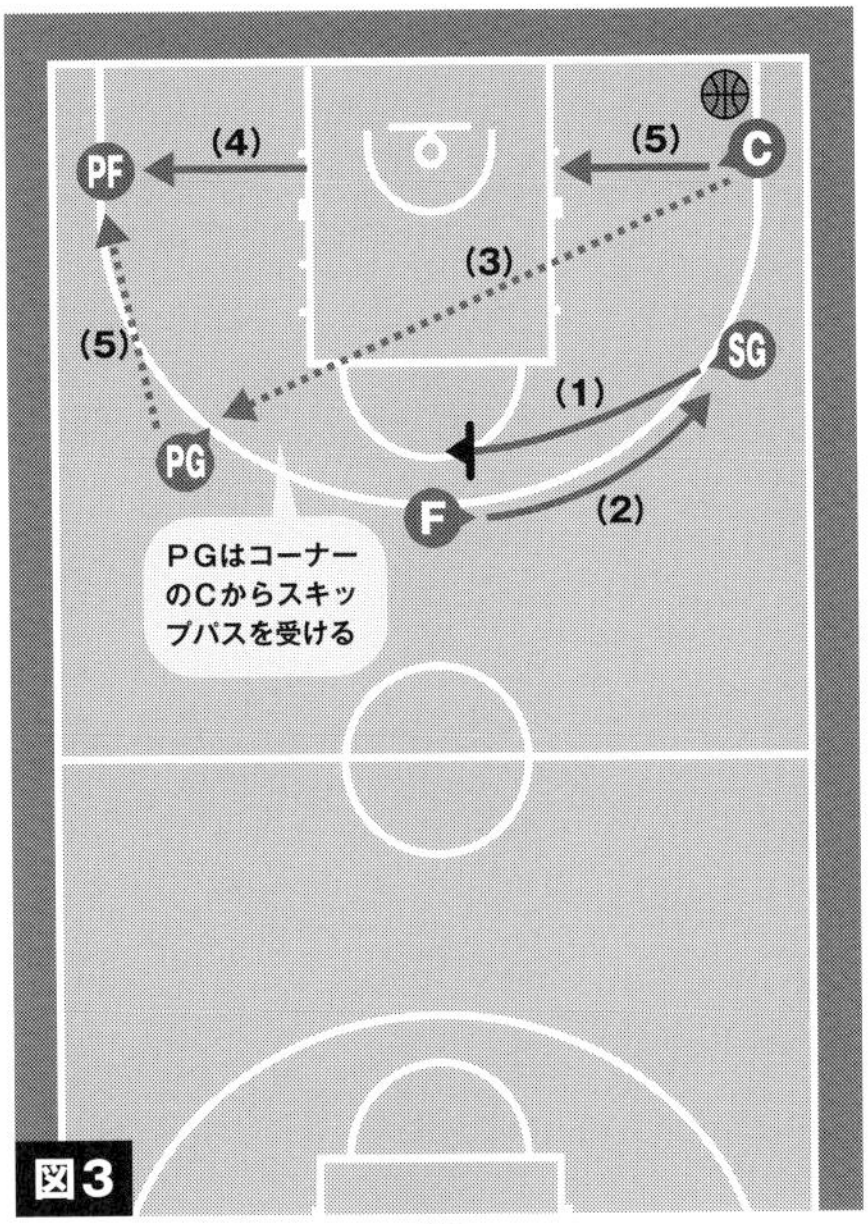
PF
(4)
(5)
C
(3)
(5)
SG
(1)
PG
F
(2)
PGはコーナーのCからスキップパスを受ける
図3

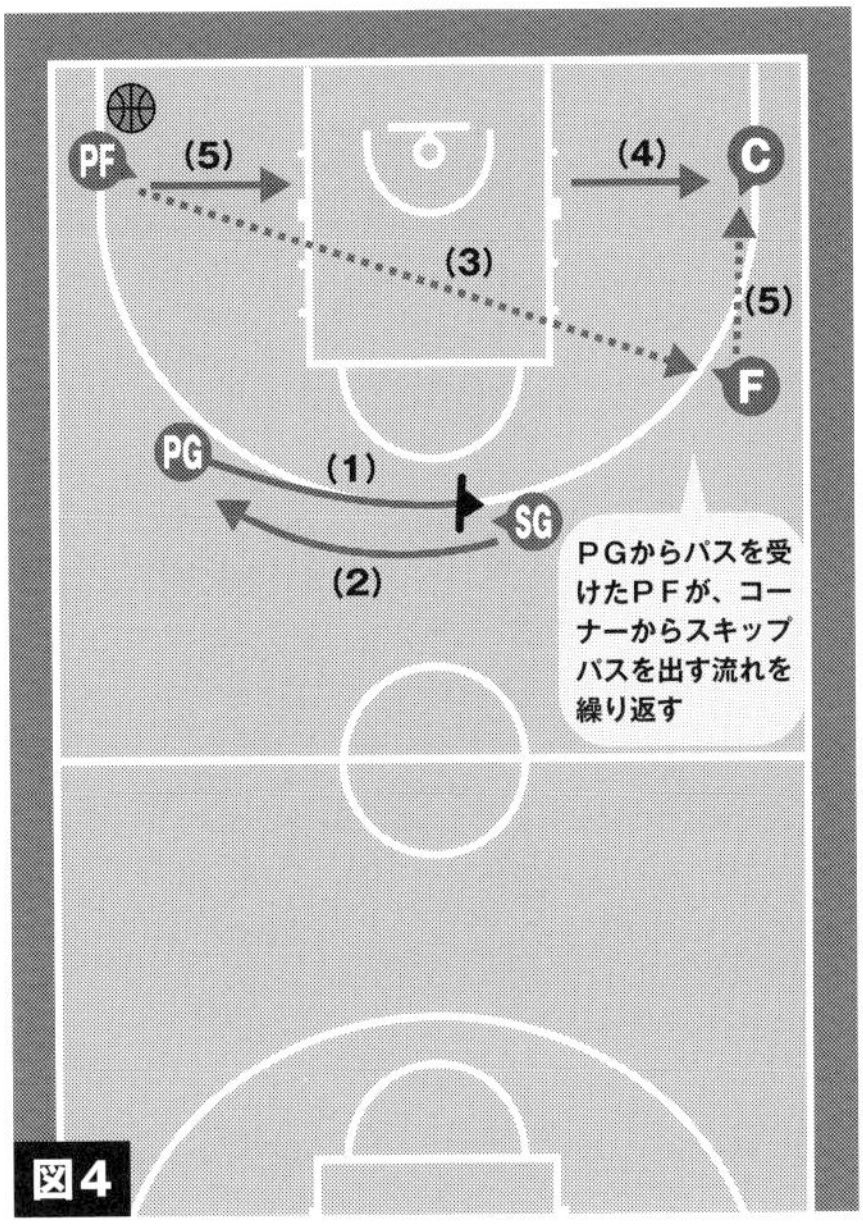
PF
(5)
(4)
C
(3)
(5)
F
PG
(1)
SG
(2)
PGからパスを受けたPFが、コーナーからスキップパスを出す流れを繰り返す
図4

シュータープレー❷ずれるスクリーン

スクリーンを2度使ってノーマークになる

複数のスクリーンを有効に使ってチャンスメークする

PG、SG、そしてFの3人の3ポイントシュートをチャンスメークするフォーメーションをもう一つ紹介しましょう。

【図1】

ツーガードポジション、左右のコーナー、そしてハイポストにポジションをとり、フォーアウト・ワンインの陣型を作ります。ボールマンのPGがSGにパスした後、Cをスクリーンとして使いながらローポストに移動します。さらにPFがセットするダウンスクリーンを使ってウイングに移動し、SGからのリターンパスを受けることによって、3ポイントシュートのチャンスが生まれます。

【図2】

PGがシュートを打たなかった場合、ハイポストのCがSGに対してスクリーンをセットします。さらにコーナーのFも、Cの背中の向きから少しずらしてスクリーンをセットします。SGは二つのスクリーンを使ってノーマークの状態を作ることができれば、PGからのスキップパスを受けて3ポイントシュートを打てます。

【図3】

PGからSGにパスが渡らなかった場合、スクリーナーの1人であるCが体の向きを変えてFに対してスクリーンをセットします。スクリーナーだったFは、Cのスクリーンを使ってトップに飛び出します。そうしてウイングのPGからパスを受けることによって3ポイントシュートを打つことができます。

Fが3ポイントシュートを打つパターン

図3

Cは体の向きを変えてスクリーンをセットする

PGが3ポイントシュートを打つパターン

図1

PGがリターンパスを受ける

SGが3ポイントシュートを打つパターン

図2

Fはスクリーンをずらしてセットする

TEAM RULE
ディフェンスが走るコースを予測してずらす

　図2のスクリーンのように、Fがずらしてスクリーンをセットする際に、Cの背中の真後ろでは効果がありません。SGのディフェンスが走るコースを予測した上で、適度にずらしてスクリーンをセットするプレーが効果的なのです。目安としては、Cの左肩とFの右肩が一直線になるくらいです。

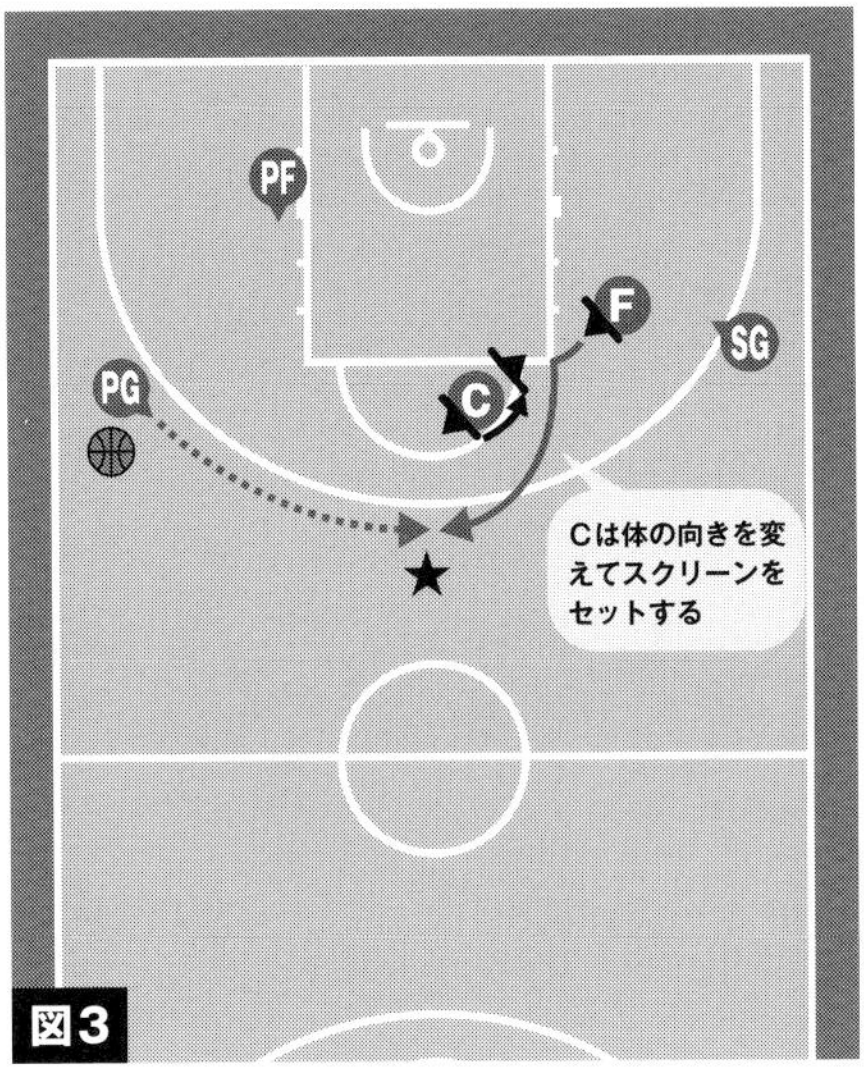

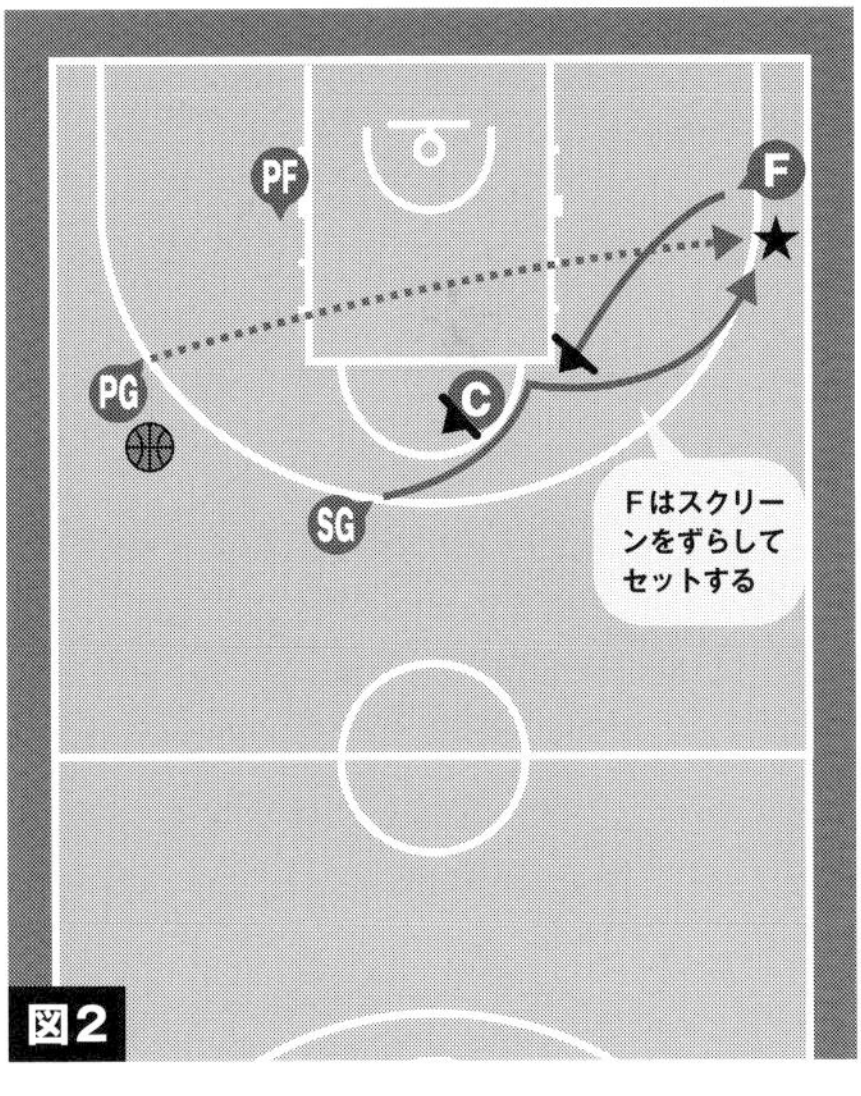

トリック❶

ハンドオフからアップサイドスクリーンへの連動プレー

8秒以上残っている時のお勧めフォーメーション

時間をかけずにディフェンス網を突破し、ゴール近辺で確実にシュートチャンスを作るフォーメーションを紹介しましょう。

【図1】

スリーアウト・ツーインの基本陣型からスタートします。トップのPGがボールマンとなり、ウイングのFにパスを出します。同時にパワーサイドのローポストのPFは、コーナーへと移動します。

【図2】

パスを出したPGは、ボールマンであるFのほうに走り、Fからハンドオフ（手渡し）パスを受けます。そのタイミングに合わせてSGがトップに移動。ウィークサイドのCはFに対してアップサイドスクリーンをセットします。

【図3】

Fはハンドオフした直後、Cのスクリーンを使ってゴール方向に走り込みます。そのFにPGがパスを出すことによって、ゴール付近でシュートチャンスが生まれます。

このプレーを成功させる最大のポイントは、ボールマンであるPGのスタート位置です。かなり高い位置（センターラインに近いエリア）からFにパスを出して走り込むことによって、ハンドオフがスムーズにいくはずです。

なぜならスペースがとりやすいからです。ハンドオフの瞬間、ウイングのエリアはPG、F、そしてCの3人プラス、そのディフェンスで6人が密集します。それだけにスペーシングが鍵なのです。

8秒以上残っている時に使えるトリックプレー

PF
PG
C
F
SG
FがCのスクリーンを使ってゴール付近に走り込む
図3

PF
C
F
SG
PG
PGはセンターラインに近いエリアからスタートする
高い位置に
図1

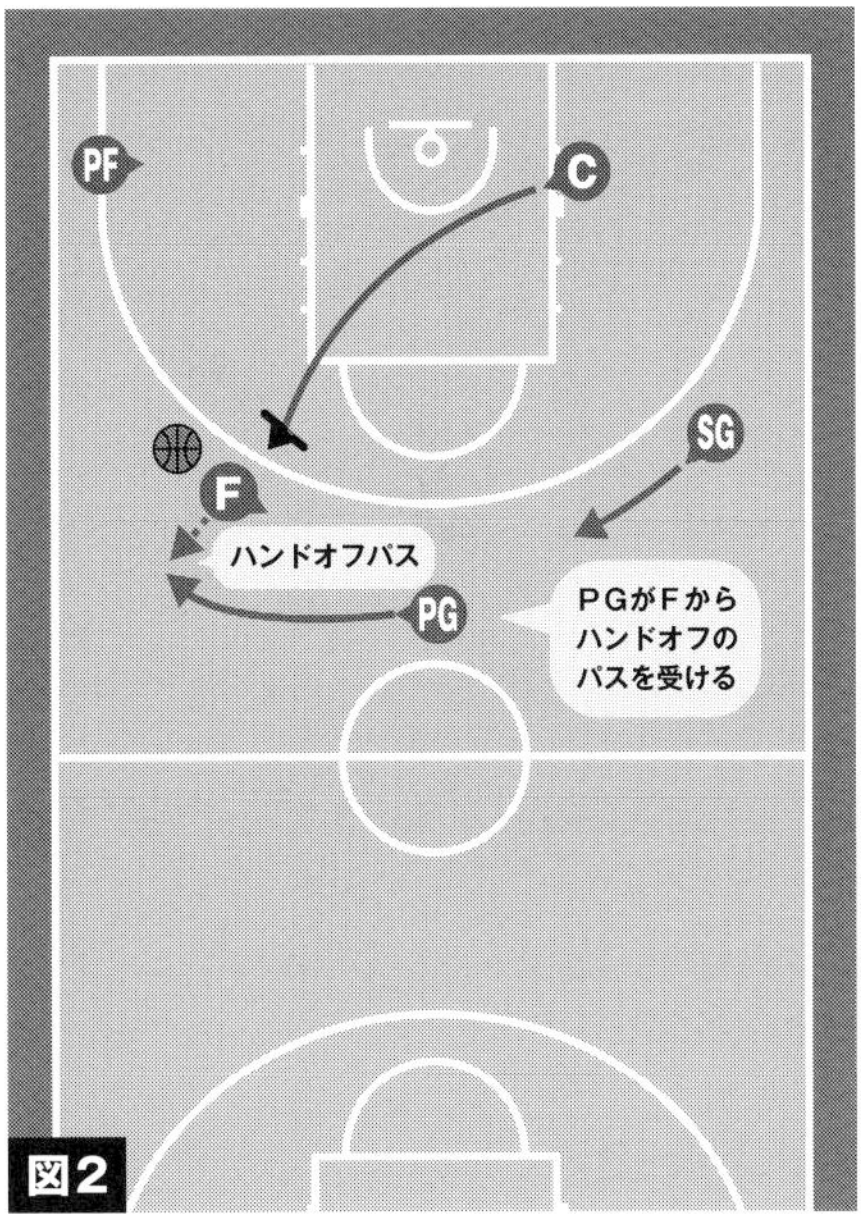
PF
C
SG
F
ハンドオフパス
PG
PGがFからハンドオフのパスを受ける
図2

TEAM RULE
制限時間が少なくてもあわてない

攻撃の制限時間が少なくなるとともに、選手は焦ってミスしてしまうものです。当然の心理ですが、自分たちのフォーメーションに必要な時間を把握していれば冷静にプレーできるはずです。言い換えると緊迫した場面でミスしないように、普段の練習から攻撃にかかる時間を認識しておくことが大切だということです。

トリック❷
スクリーナーがスクリーンを使って ディフェンスを戸惑わせる

6秒以上残っている時のお勧めフォーメーション

攻撃の制限時間が少なくなっている場面で、ゴール近辺で確実に得点したい時に使えるスクリーンプレーを紹介しましょう。

【図1】

フォーアウト・ワンインの陣型からスタートし、ツーガードポジションのPGがウイングのSGにパスを出します。そのタイミングに合わせて、ローポストのCがPGに対してアップサイドスクリーンをセットします。

【図2】

PGは、Cのスクリーンを使ってゴール下に走り込むことによってSGからパスを受けてシュートチャンスができます。ただしこのフォーメーションの真骨頂はここからです。Fはパワーサイドのツーガードポジションに移動します。

【図3】

そのFにSGがパスを出して、すぐさまCに対してアップサイドスクリーンをセットします。つまりスクリーナーに対してスクリーンをセットするのです。その間にPGはウイングに移動してインサイドのスペースを空けておくようにします。

【図4】

CはSGのスクリーンを使ってゴール下に走り込むことによって、Fからのパスを受けられればシュートを決めることができます。ただしこの一連のフォーメーションを行うには「6秒」程度必要です。残り時間が5秒を切っている場合には162ページのフォーメーションがお勧めです。

6秒以上残っている時に使えるトリックプレー

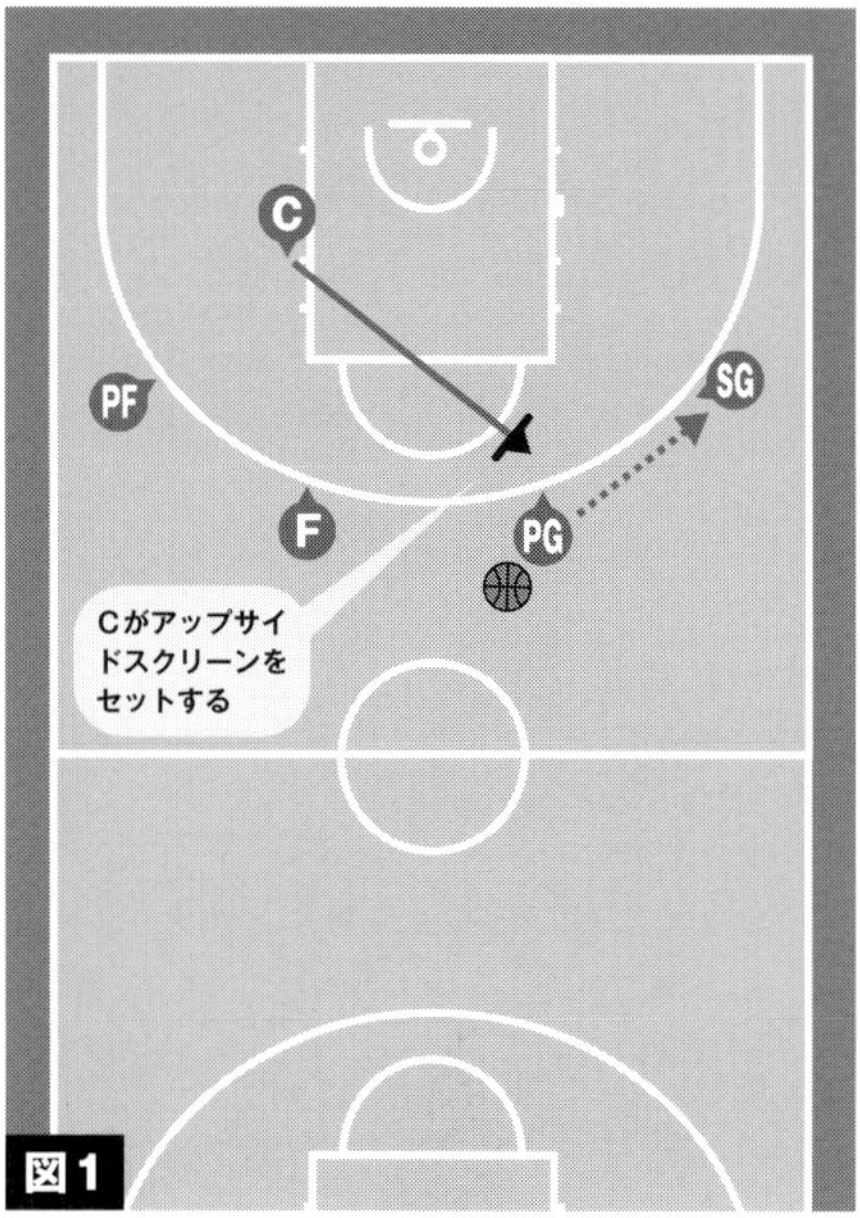
Cがアップサイドスクリーンをセットする
C
PF
F
PG
SG
図1

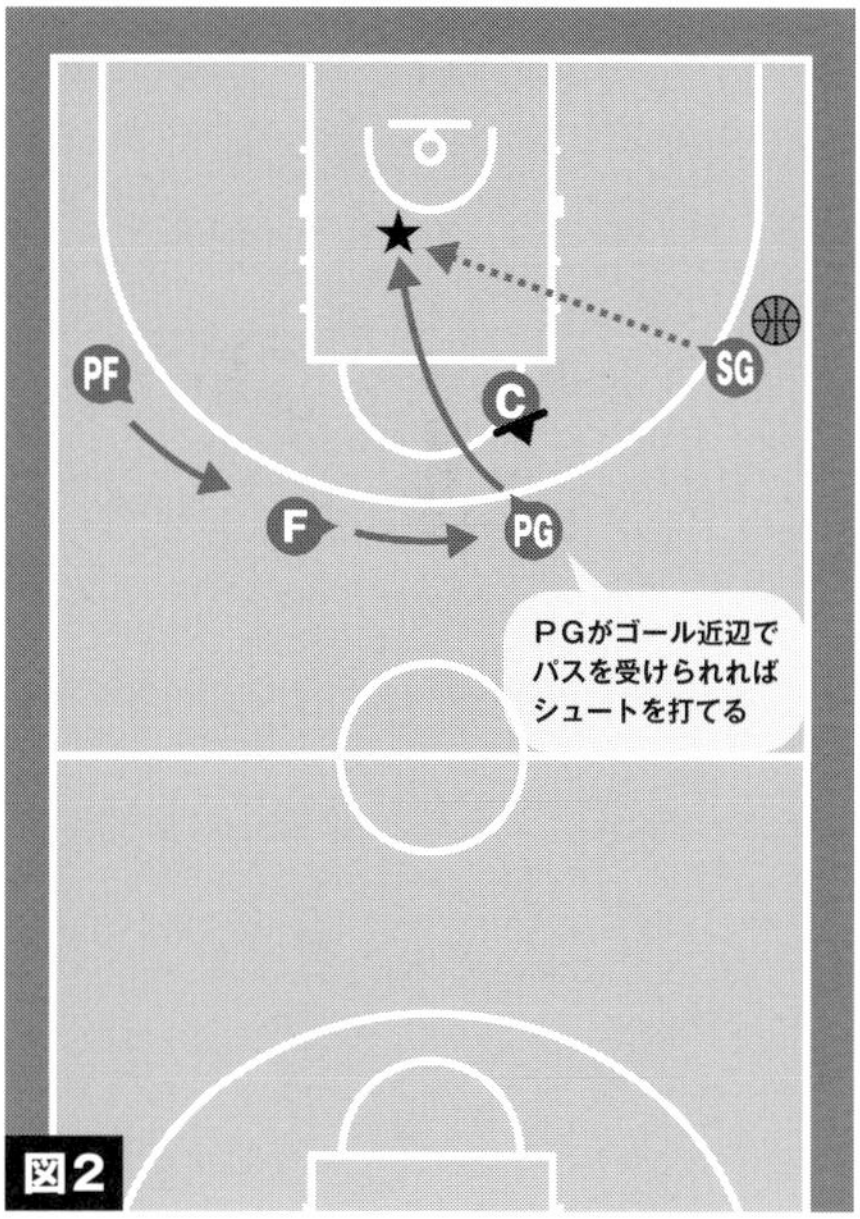
PGがゴール近辺でパスを受けられればシュートを打てる
PF
F
C
PG
SG
図2

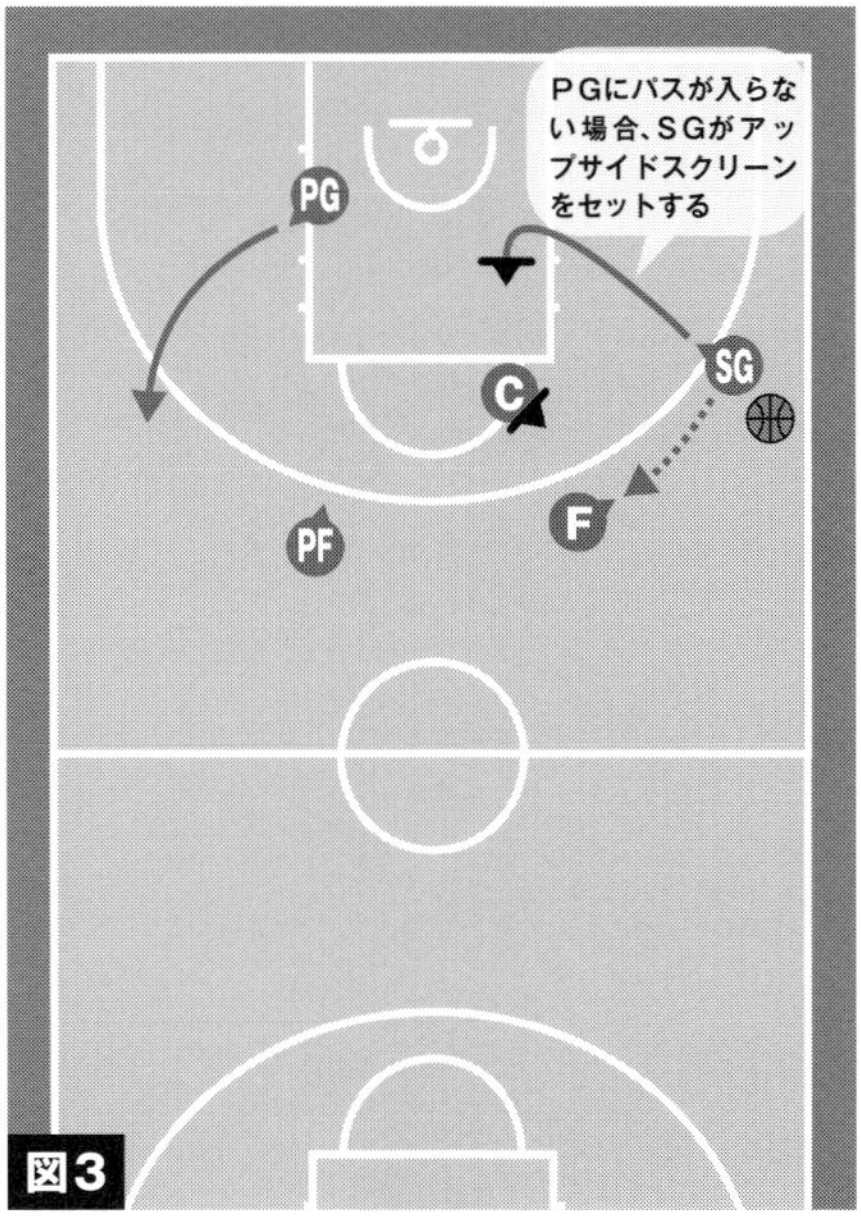
PGにパスが入らない場合、SGがアップサイドスクリーンをセットする
PG
C
SG
F
PF
図3

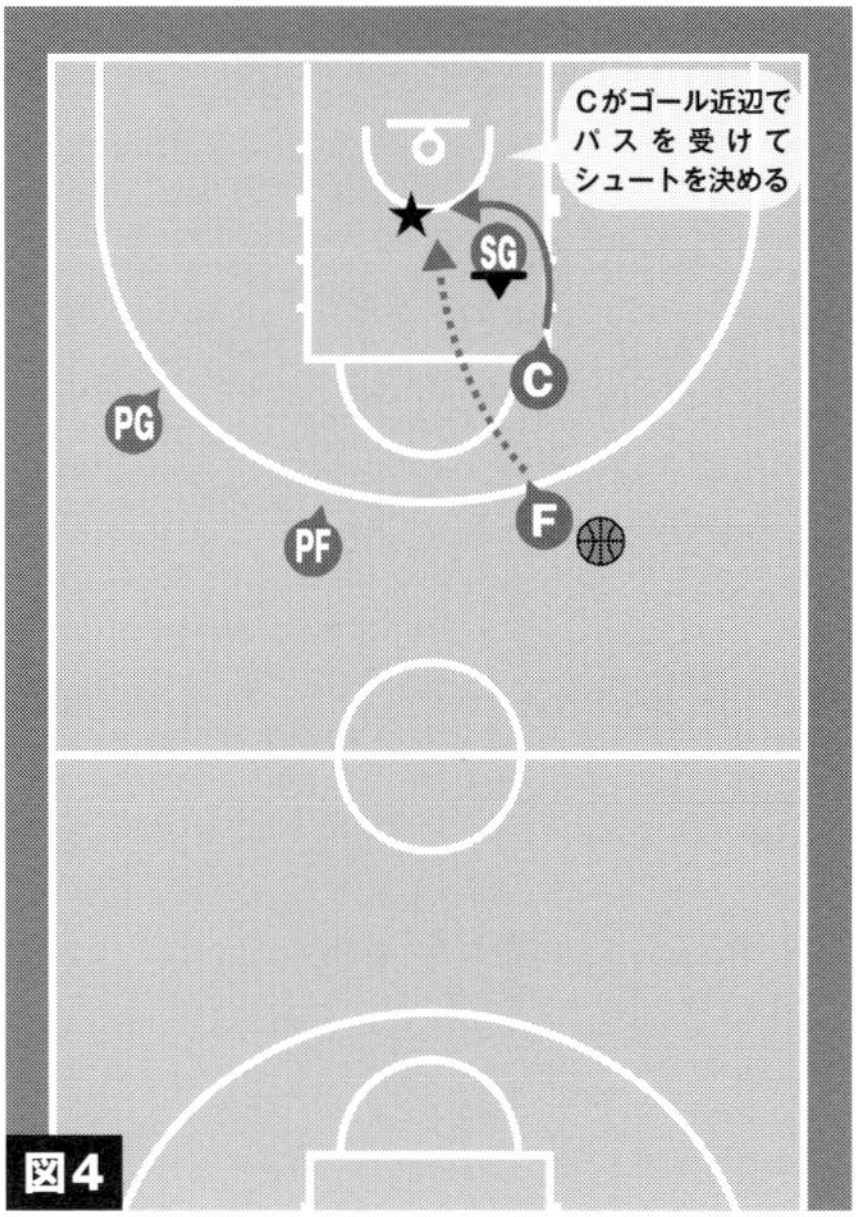
Cがゴール近辺でパスを受けてシュートを決める
SG
C
PG
F
PF
図4

トリック❸

5秒を切っている時のシンプルフォーメーション

4秒で決められるシンプルなプレー

攻撃の制限時間が5秒を切り、『あと4秒』という場面で確実に得点をとりたい時のフォーメーションを紹介しましょう。

【図1】

ツーガードポジション、左右のウイング、そしてハイポストにポジションをとるハイセットの陣型からスタートします。ツーガードポジションでPGがFにパスするタイミングに合わせて、ハイポストのCがPGに対しアップサイドスクリーンをセットします。

パスを出したPGはCのスクリーンを使ってゴール方向に走り込み、Fからのパスを受けることによってシュートを打つことができます。しかしながら、このフォーメーションの真骨頂はここからです。

スクリーナーに対してスクリーンをセットする

【図2】

PGがパスを受けられない場合、コーナーへと移動してインサイドのスペースを空けると同時に、ウイングのSGがCに対しアップサイドスクリーンをセットします。つまりスクリーナーに対してスクリーンをセットする形です。

【図3】

CはSGのスクリーンを使いながらゴール方向に走り込み、Fからのパスを受けることによってシュートを決めることができます。この一連の流れを4秒以内で行えるように繰り返し練習してみてください。

5秒を切っていても使えるトリックプレー

図3
CがSGのスクリーンを使ってゴール方向に走り込む

図1
CがPGに対してアップサイドスクリーンをセットする

図2
SGがCに対してアップサイドスクリーンをセットする

TEAM RULE
スクリーナーも状況判断を意識する

　このようなトリックプレーでは、パスを出す選手だけでなくスクリーナーの状況判断が重要な意味を持ちます。特にアップサイドスクリーンのスクリーナーがユーザーに切り替わる場合、それまでゴール方向に体を向けていないだけに相手ディフェンスの状況を把握する難しさがあります。それだけに状況判断を強く意識する必要があるのです。

ビッグマンがいるチームの必勝フォーメーション

ゴール下で圧倒しタイムリーに3ポイントシュート

高さを活かした攻撃をメインに得点を重ねる

10フィート（3m5㎝）の高さにあるゴールにボールを入れるバスケットボールにおいては、高さは大きな武器です。もしチームに身長が高い選手や、ジャンプ力に秀でた選手がいる場合には、その能力をフルに活かしたフォーメーションをメインに戦うとコンスタントに得点できます。

【図1】

フォーアウト・ワンインの陣型を作り、インサイドのスペースを広くとります。そしてローポストのCがトップのほうに走り寄り、ボールマンのPGに対してピックスクリーンをセットします。

【図2】

PGとCはそのまま2対2で攻撃を仕掛け、スクリーンを掛け終えた後ゴール方向に走り込むCへのパスを最優先にします。高いところにパスを出すことによって、安定して得点へとつなげられるからです。状況によっては当然、PGがシュートに持ち込んでも構いません。

【図3】

ゴール方向に走り込むCを警戒して、コーナーのFのディフェンスなどがヘルプで対処して来ます。それを予測して、PGはノーマークになったFにパスをさばくことによって3ポイントシュートを狙うことができます。

このような状況でFがゴールにカッティングしたり、ウイングに動くと2対2の邪魔になります。したがってFはコーナーにステイしましょう。

ビッグマンを活かす攻撃法

PF
SG
C
PG
F
ディフェンスがゴール下をヘルプしたらコーナーからの３ポイントシュートを狙う
図3

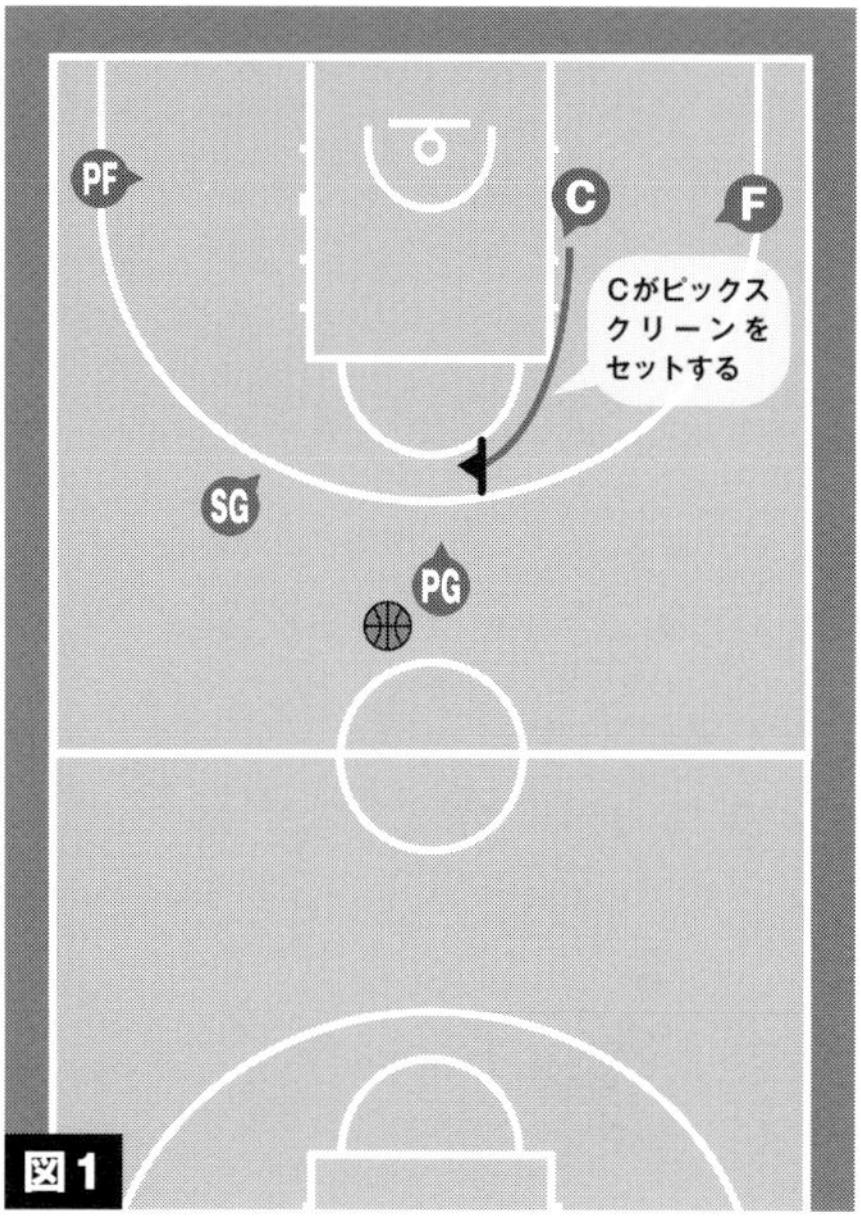
PF
C
F
Cがピックスクリーンをセットする
SG
PG
図1

PF
F
SG
C
PG
ゴール方向に走り込むCにパスを合わせる
図2

TEAM RULE
ビッグマンに頼らない気持ちでプレーする

ビッグマンが得点を量産できると、どうしても頼ってしまいます。そうなってしまうとまわりの選手はレベルアップしません。つまりビッグマンをおさえられた時にフォーメーションが機能しなくなるのです。そこでまわりもシュート力を高めるなどレベルアップを図ってください。それによってディフェンスはヘルプできず、ビッグマンがより活かされます。

アイソレーション❶フリーズ

ドリブルで1対1を仕掛けやすいようにスペースを作る

スクリーンをセットし攻撃せずに動かない

ドリブルで1対1を仕掛けて得点することに秀でた選手がいるものです。そのような選手にボールを集めて、他の4人はウィークサイドに固まるような戦術は「アイソレーション（※孤立させるという意味）」と呼ばれています。つまりアイソレーションすることによってボールマンにスペースが生まれ、1対1が仕掛けやすくなるということです。

そういう形を作る上での理想は、相手ディフェンスにアイソレーションしていることを悟られないことです。1対1を仕掛けるタイミングを読まれないことでボールマンにとって有利な状況が生まれやすいわけです。例えば、次のようなフォーメーションです。

【図1】

スリーアウト・ツーインの陣型をとり、最終的に1対1を仕掛けるSGがFに対してスクリーンをセットします。

【図2】

SGはウイングに移動し、ローポストのPFがFに対してスクリーンをセットし、Fはそれを使ってローポストに移動します。

【図3】

さらにCがFに対してスクリーンをセットするタイミングに合わせて、PGがSGにパスします。SG以外の4人はしばらくフリーズ状態となります。つまり動かないということです。このようにディフェンスの意識をインサイドに向けている間に、SGの1対1のスペースを確保するわけです。

ディフェンスの意識をインサイドに向けるアイソレーション例

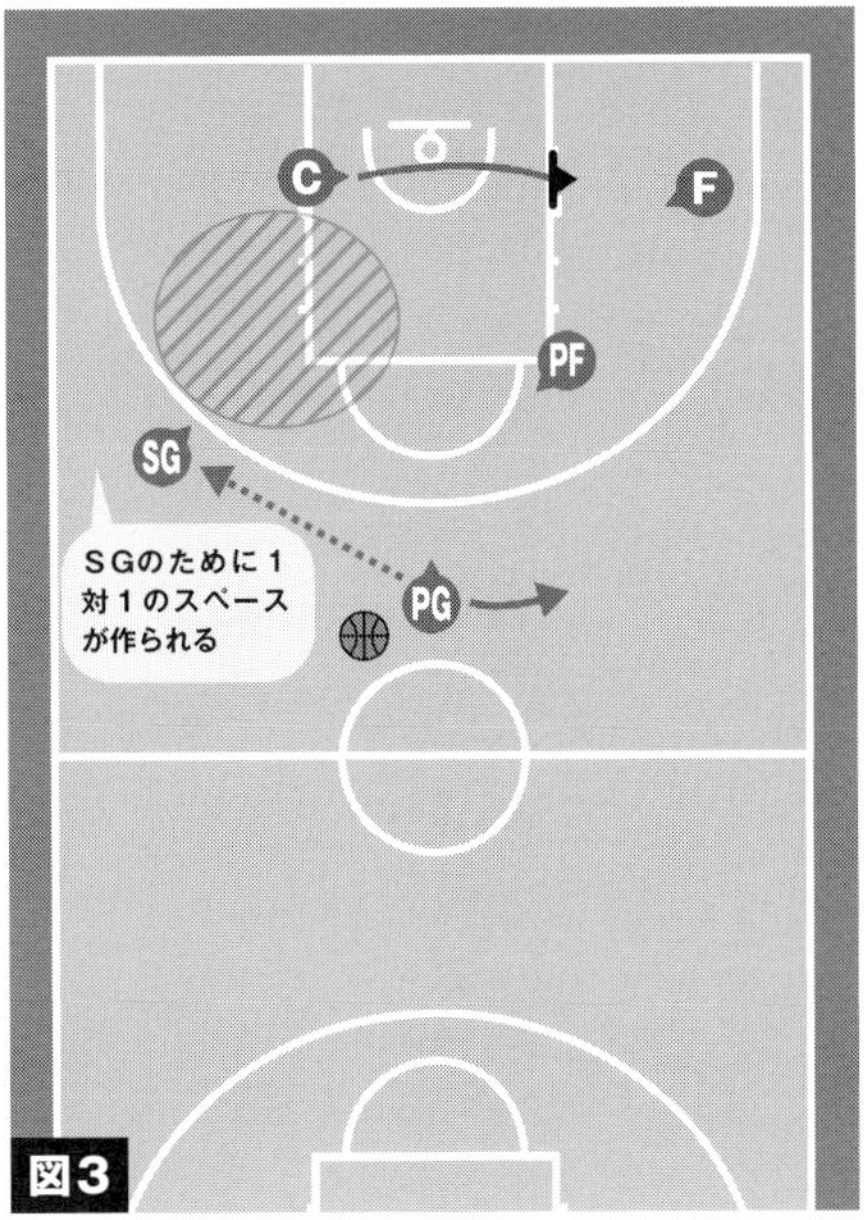
C
F
PF
SG
PG
SGのために１
対１のスペース
が作られる
図3

C
PF
F
SG
最終的に１対１を
するSGがスク
リーナーとなる
PG
図1

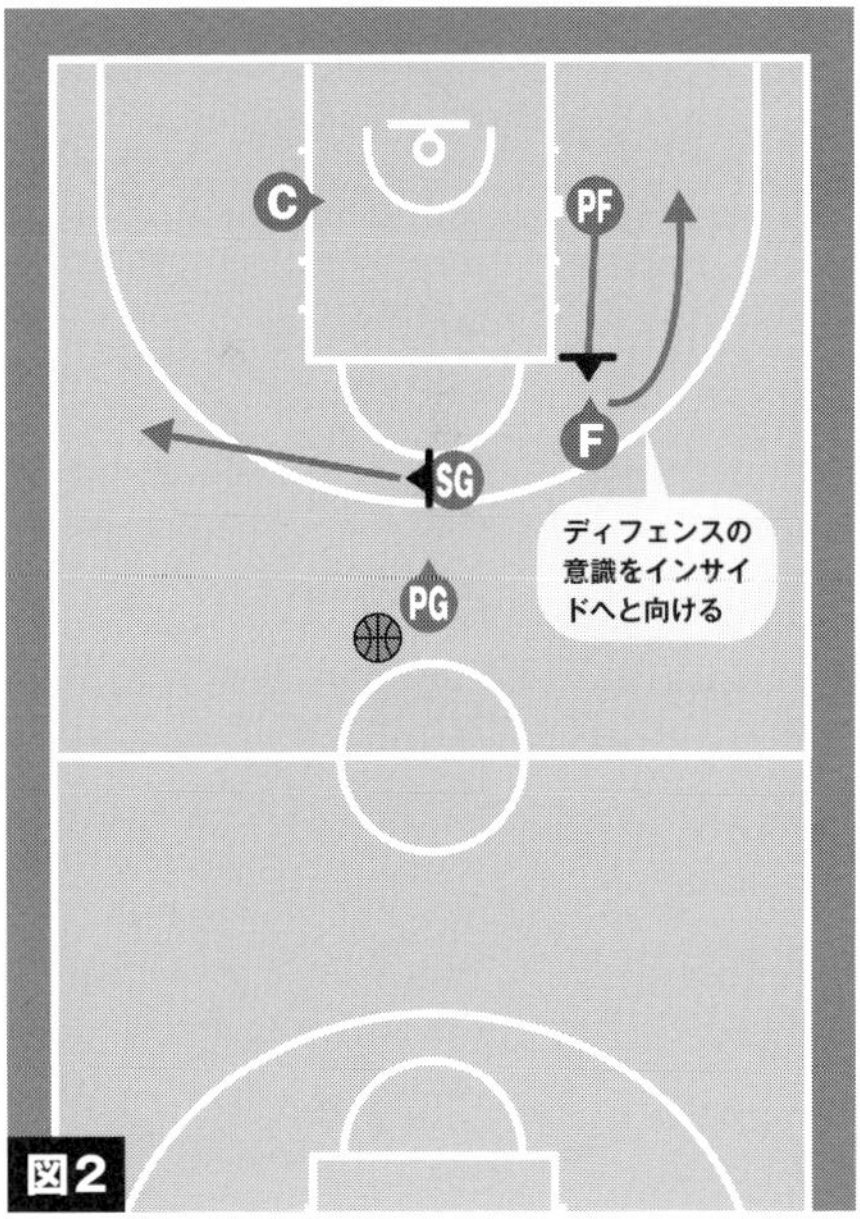
C
PF
F
SG
PG
ディフェンスの
意識をインサイ
ドへと向ける
図2

TEAM RULE
非常時に限って使うようにする

試合開始早々からアイソレーションばかり続けていたら、１対１を行う選手の体力はもちません。ですから攻撃時間が少ない時や、どうしても得点が欲しい時など、使う機会を限定することが大切です。またヘルプディフェンスが寄ったら、まわりがパスを合わせてもらう意識をしっかりと持つように心掛けましょう。

スクリーナーがゴール方向にカットしてディフェンスを集める

ピックプレーからアイソレーションに

時間をかけずにアイソレーションの形を作る際には、ピックプレーから行うと効果的です。

【図1】

スリーアウト・ツーインの陣型からPGがウイングのSGにパス。その後、ウィークサイドへと移動し、PFがスクリーンをかけるためSGのほうに寄っていきます。

【図2】

PFはピックスクリーンをセットするかしないかのタイミングで、ゴール方向にカットします。この動きは「スリップ」と呼ばれ、これによってSGの1対1のスペースが作られます。

ディフェンスの意識をスリップに向けるアイソレーション例

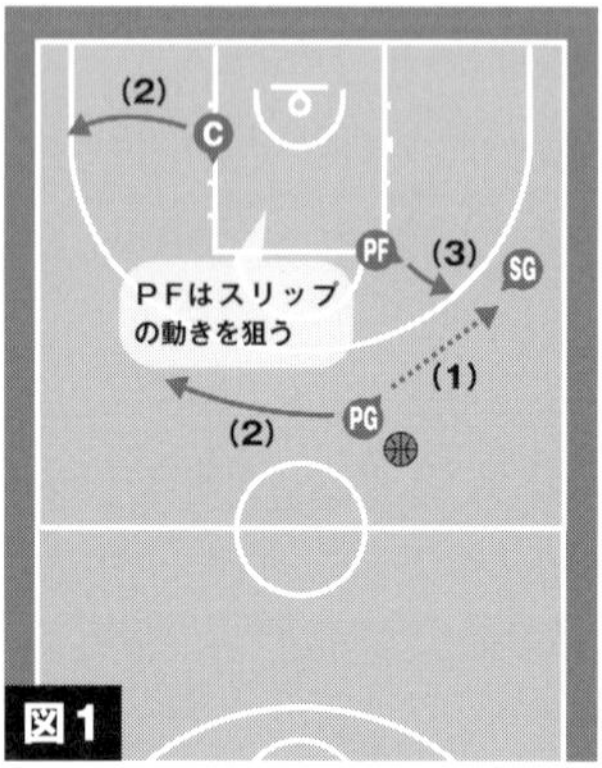

図1

図2

第6章

ベースライン
フォーメーションと
サイドライン
フォーメーション

Team Offense 6

ベースラインフォーメーション❶

ボックスの形から3人がゴール下にカットする

ボックスから「スタート！」

ボールがベースラインやサイドラインから出た後、またはタイムアウトから再開するプレーを「アウトオブバウンズプレー」と言います。それぞれのラインの外からコート内にパスを入れる「インバウンズパス」からのフォーメーションをベースラインとサイドラインに分けて紹介します。パスを入れる選手が「スタート！」とコール（合い図）を出して開始します。

まずボックスからスタートするベースラインフォーメーションです。

【図1】

PGがボールマンとなって他の4人がボックスの陣型を作り、CとPFがローポストに、SGとFがエルボーに位置します。そしてPGが「スタート！」とコールしたら、SGがポップアウトし、CがFに対してスクリーンをセット。これらの動きを同時に行います。

【図2】

FがCのスクリーンを使ってボールマンのほうに走り、スクリーナーのCに対してさらにPFがスクリーンをセットします。

【図3】

Fがパスを受けられなければ、CがPFのスクリーンを使ってダイブ。PGからパスを受けることによってゴール下のシュートチャンスが生まれます。

【図4】

スクリーナーのPFがターンしてパスを受けることもできます。F、C、PFにパスが入らない場合、SGがコーナーでパスを受け、Cはポップアウトして攻撃します。

ボックスの形から３人がゴール下にカットするフォーメーション

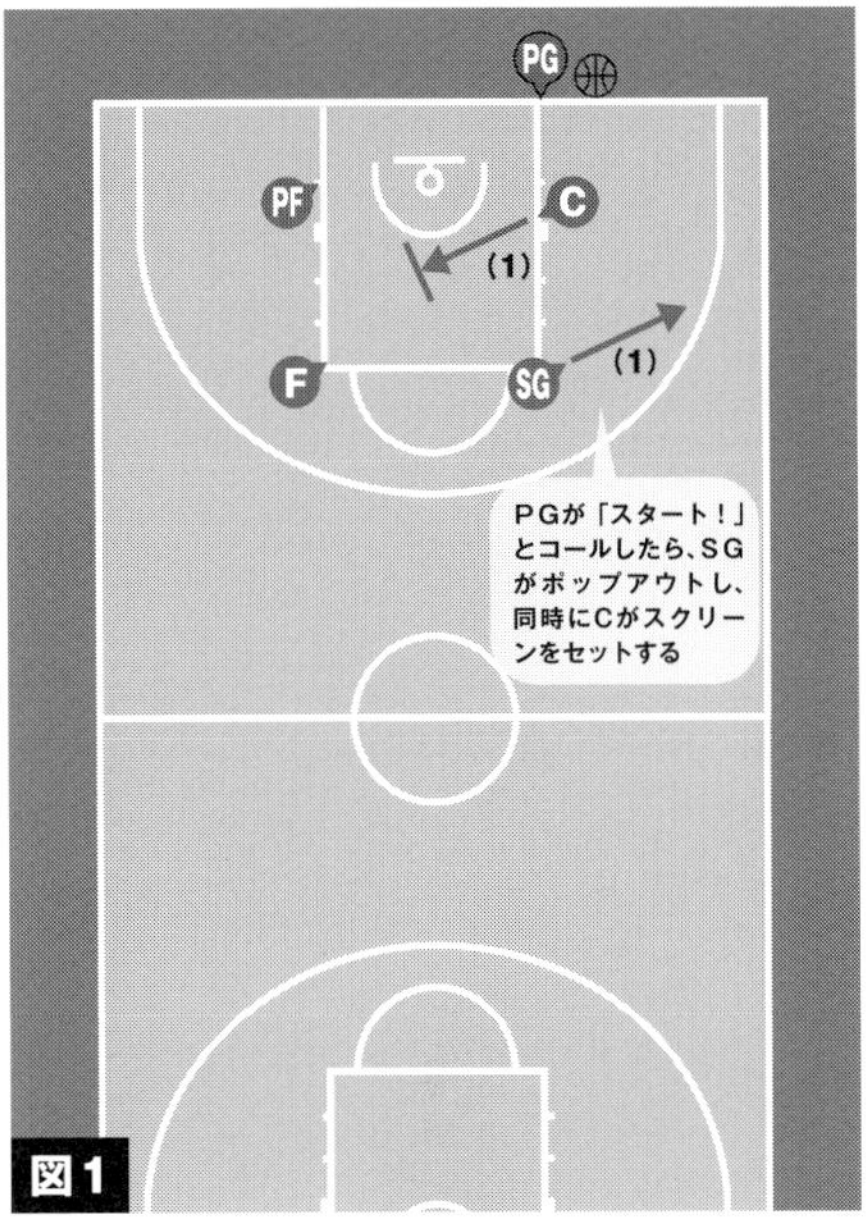
PG
PF
C
(1)
F
SG
(1)
PGが「スタート！」とコールしたら、SGがポップアウトし、同時にCがスクリーンをセットする
図1

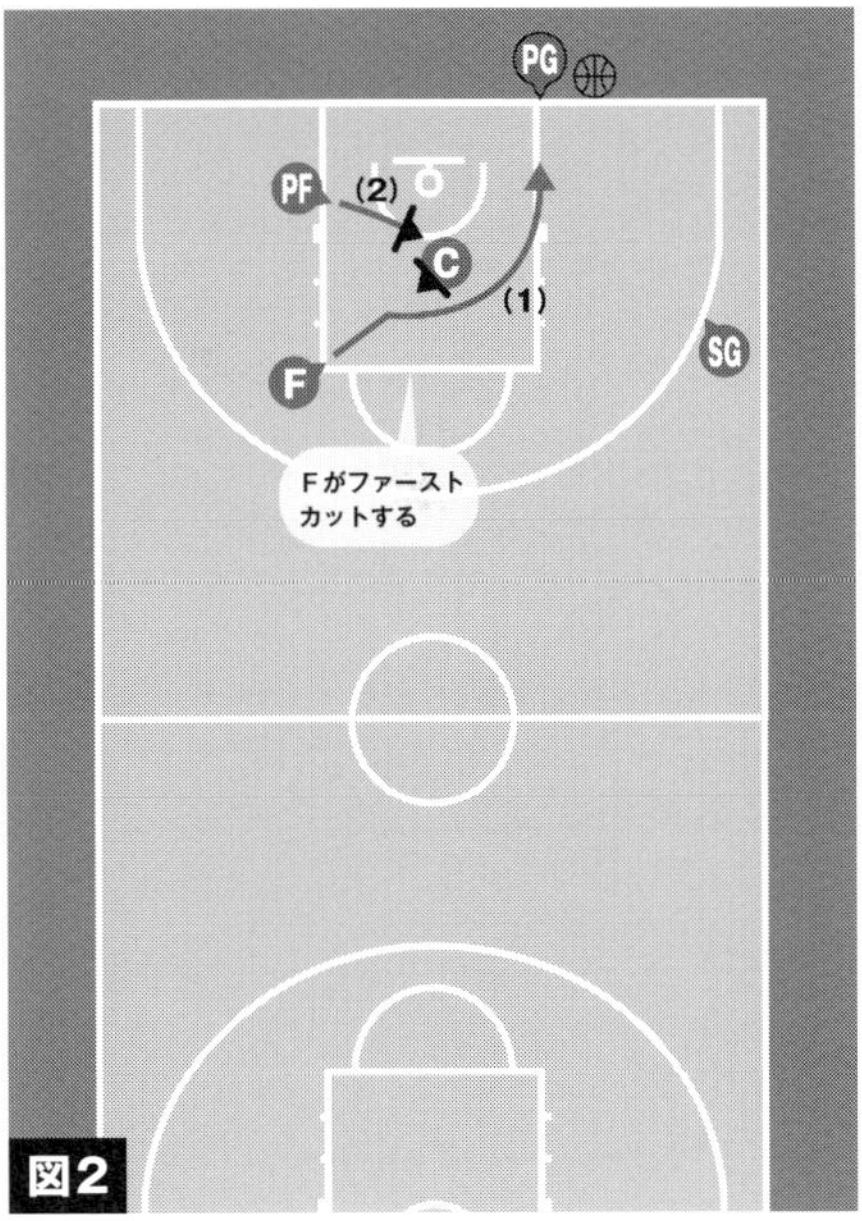
PG
PF
(2)
C
(1)
F
SG
Fがファーストカットする
図2

PG
F
PF
C
SG
Cがセカンドカットする
図3

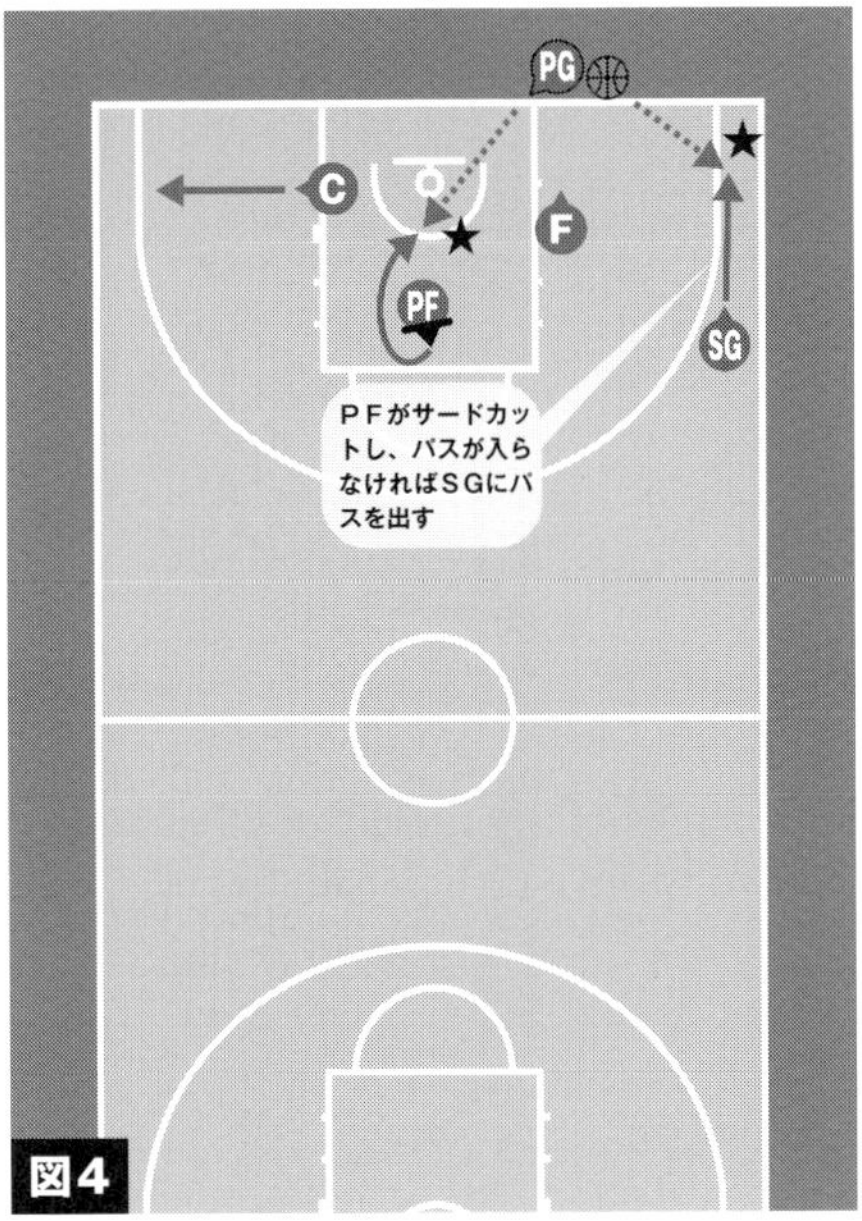
PG
C
F
PF
SG
PFがサードカットし、パスが入らなければSGにパスを出す
図4

ボックスからのバリエーションを増やしていく

3ポイントを狙うプレー

170ページで紹介したボックスの陣型からのフォーメーションをいくつか用意しておくことで、ディフェンスは読みづらくなります。そこでボックスからの二つのベースラインフォーメーションをプラスしておきます。まずは3ポイントシュートを狙うプレーです。

【図1】

ボックスの陣型を作り、CとSGがそれぞれ横方向に動き、PFとFのためにスクリーンをセットします。パワーサイドに寄るPFやFにパスを入れる選択もありますが、最大の狙いは次の展開です。

【図2】

ローポストのCが、ハイポストのSGに対してフレアースクリーンをセットします。SGがそれを使ってコーナーでパスを受けて3ポイントシュートを狙います。

連続してダイブするプレー

次に連続してダイブを行い、チャンスメークするプレーです。

【図3】

CとPFがそれぞれSG、Fに対して同時にスクリーンをセットします。SGやFにパスする選択もありますが、最大の狙いは次の展開です。

【図4】

CがPFに対してスクリーンをセットし、PFがそれを使ってダイブ。PFがパスを受けられなければ、スクリーナーのCもターンしてダイブし、パスを受けたらゴール下でシュートを狙います。

3ポイントシュートを狙うフォーメーション

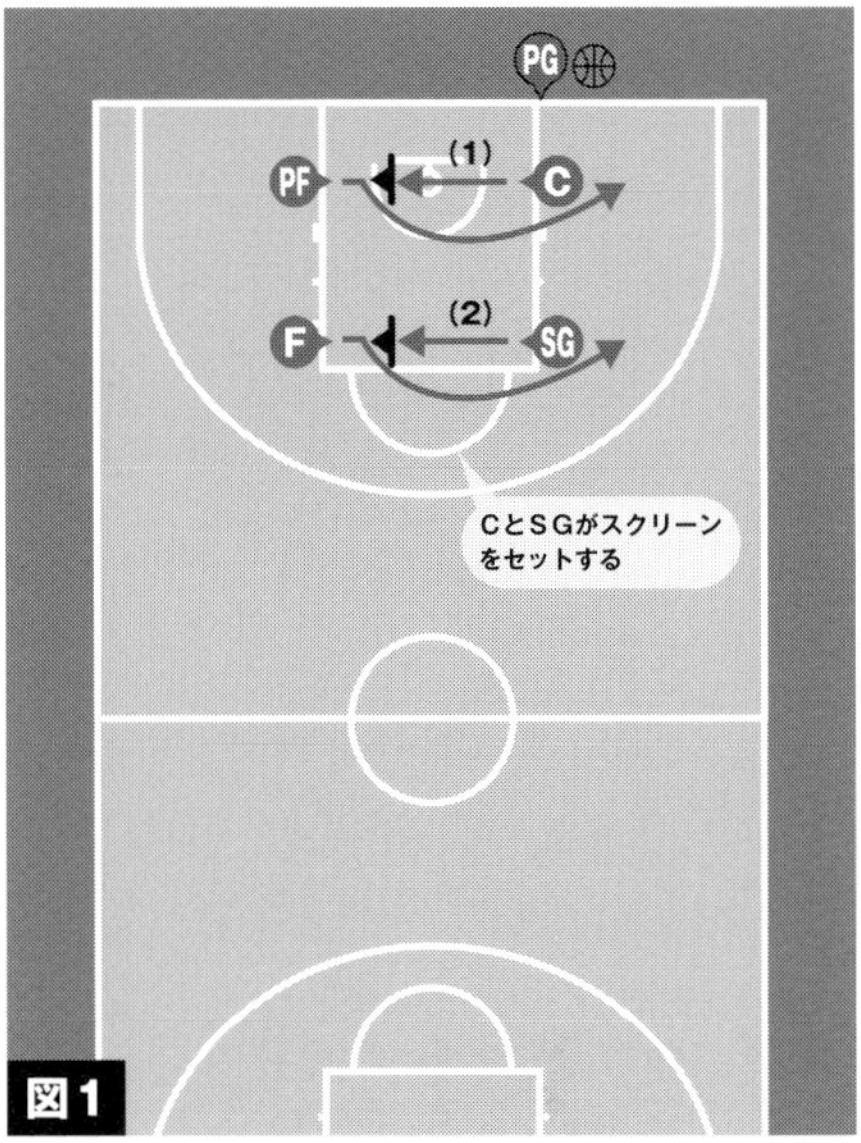
PG
PF
(1)
C
F
(2)
SG
CとSGがスクリーンをセットする
図1

PG
★
C
PF
SG
F
CがSGに対してフレアースクリーンをセットする
図2

連続してダイブするフォーメーション

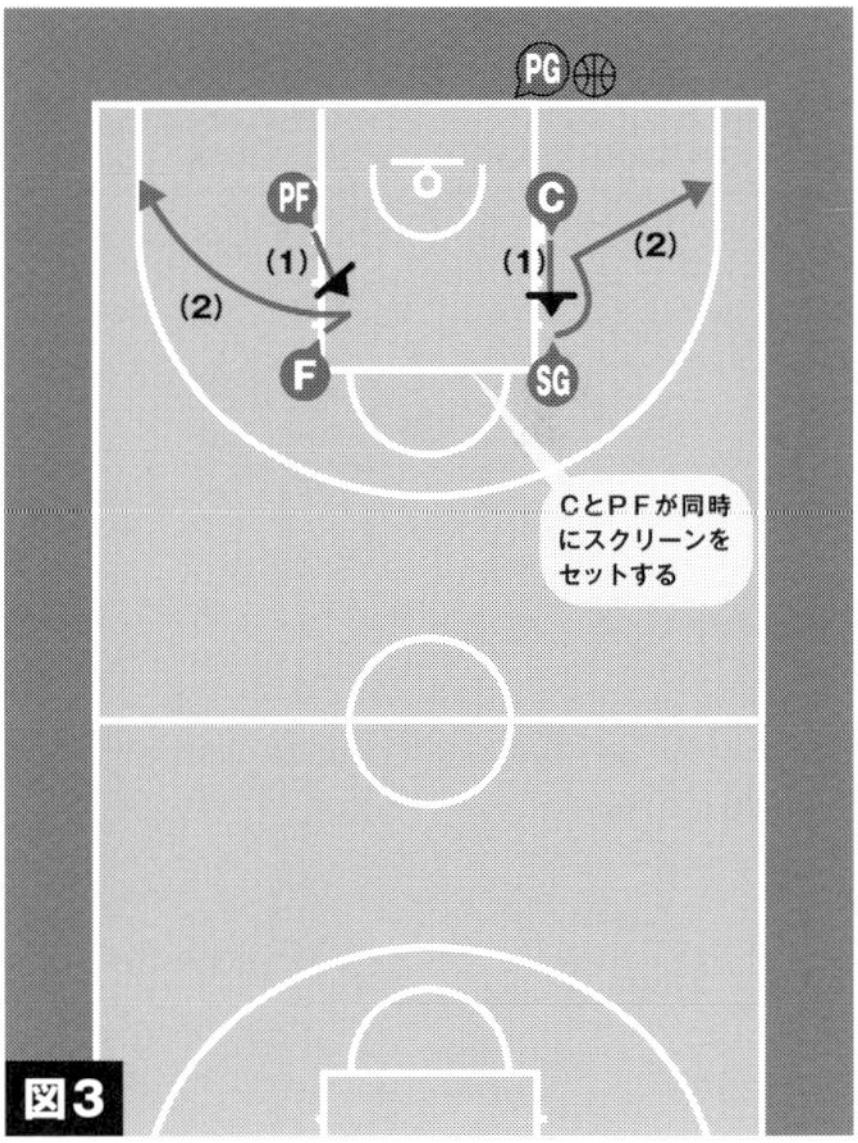
PG
PF
C
(1)
(2)
F
SG
CとPFが同時にスクリーンをセットする
図3

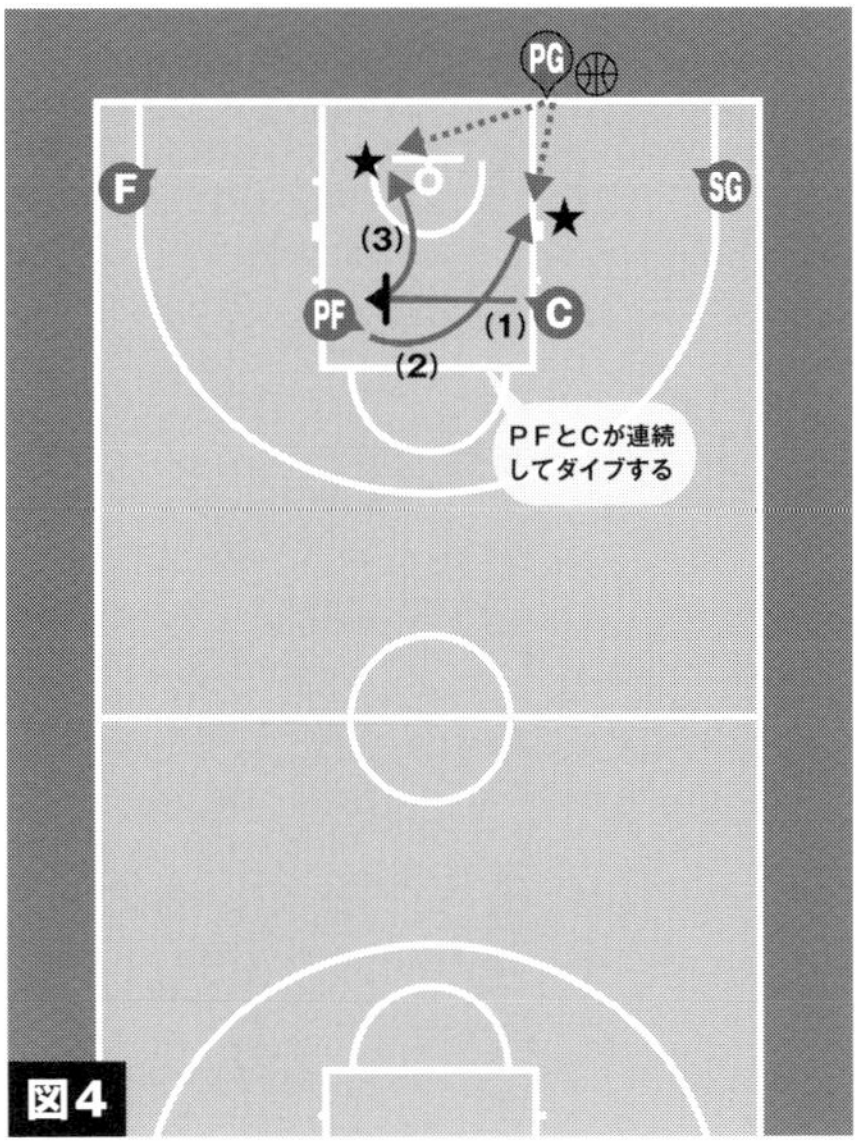
PG
F
SG
★
(3)
PF
(1)
C
(2)
PFとCが連続してダイブする
図4

1-3-1(ワンスリーワン)の陣型からチャンスを作る

ゴール下が駄目ならコーナーに

ボールマンであるPGに対して、3人がローポストのエリアでラインを作り、もう1人がハイポストにポジションをとる1-3-1(ワンスリーワン)の陣型からスタートします。

【図1】

PGの「スタート!」のコールとともに、ローポストのSGとFが同時にポップアウトし、それぞれ左右のコーナー方向へと動き、Cはパワーに対してアップサイドスクリーンをセットします。PFはそれを使ってダイブし、パスを受けられればゴール下からシュートを狙うことができます。

【図2】

PFにパスが入らず、パワーサイドのコーナーに移動して来たSGにパスした時の展開です。PFはポップアウトしてウィークサイドに移動し、CがダイブしてSGからパスを受けます。インサイドのスペースが空いているため、1対1で攻撃してシュートチャンスを作ることができるはずです。

【図3】

ウィークサイドのコーナーに移動したFにパスが入った時の展開です。PFは**図2**とほぼ同じ動きをし、逆サイドのローポストに移動します。そしてCはSGに対してスクリーンをセットします。SGはそのスクリーンを使ってマークマンを振り払い、パワーサイドのウイングに移動。そこでFからパスを受けることによって、3ポイントシュートを打つことができます。

ワンスリーワンのベースラインフォーメーション

図1

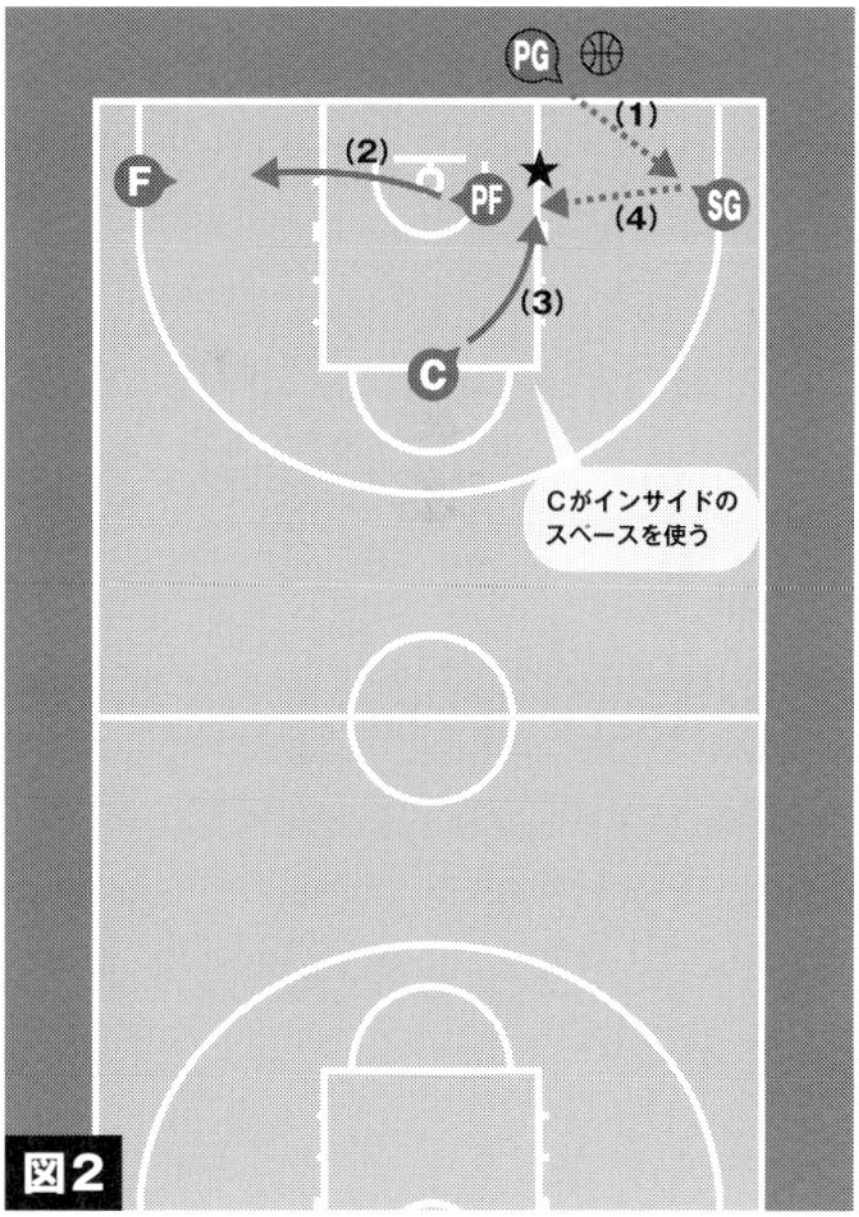

図2

図3

TEAM RULE
動きを簡素化できるように

パスがＳＧに入っても、Ｆに入っても、ＣやＰＦは動く方向をほとんど変える必要がありません。このように動きを簡素化できるフォーメーションを採用することによって、選手は状況の変化に戸惑うことなくプレーできるのです。

1-3-1（ワンスリーワン）のバリエーションを増やしていく

ディフェンスに対応する

174ページで紹介した1-3-1（ワンスリーワン）の陣型からのフォーメーションをいくつか用意しておくことにより、ディフェンスは対応しづらくなります。

【図1】

PGの「スタート！」のコールとともに、ローポストのSGがコーナーにポップアウトし、CはPFに対してアップサイドスクリーンをセットします。PFはそれを使ってダイブし、パスを受けられればゴール下からシュートを狙うことができます。しかしながらこのフォーメーションの最大の狙い目は次の展開です。

【図2】

スクリーナーのCに対して、ローポストのFがアップサイドスクリーンをセットします。それを使ってCがダイブすることによって、ゴール下のシュートチャンスを作ることができます。

【図3】

PFやCがダイブすることによってディフェンスはゴール下のエリアに密集します。したがって、たとえPFやCにパスが入らなくても、コーナーのSGや、エルボーのFにパスを飛ばしてシュートチャンスを作ることができます。

【図4】

例えば、2メートルくらいのビッグマンがいるチームは、図1のアップサイドスクリーンをかけるふりをする「スクリーンフェイク」からダイブする攻撃が効果的です。シンプルなフォーメーションで高さを確実に活かすわけです。

ワンスリーワンからのバリエーション

図1

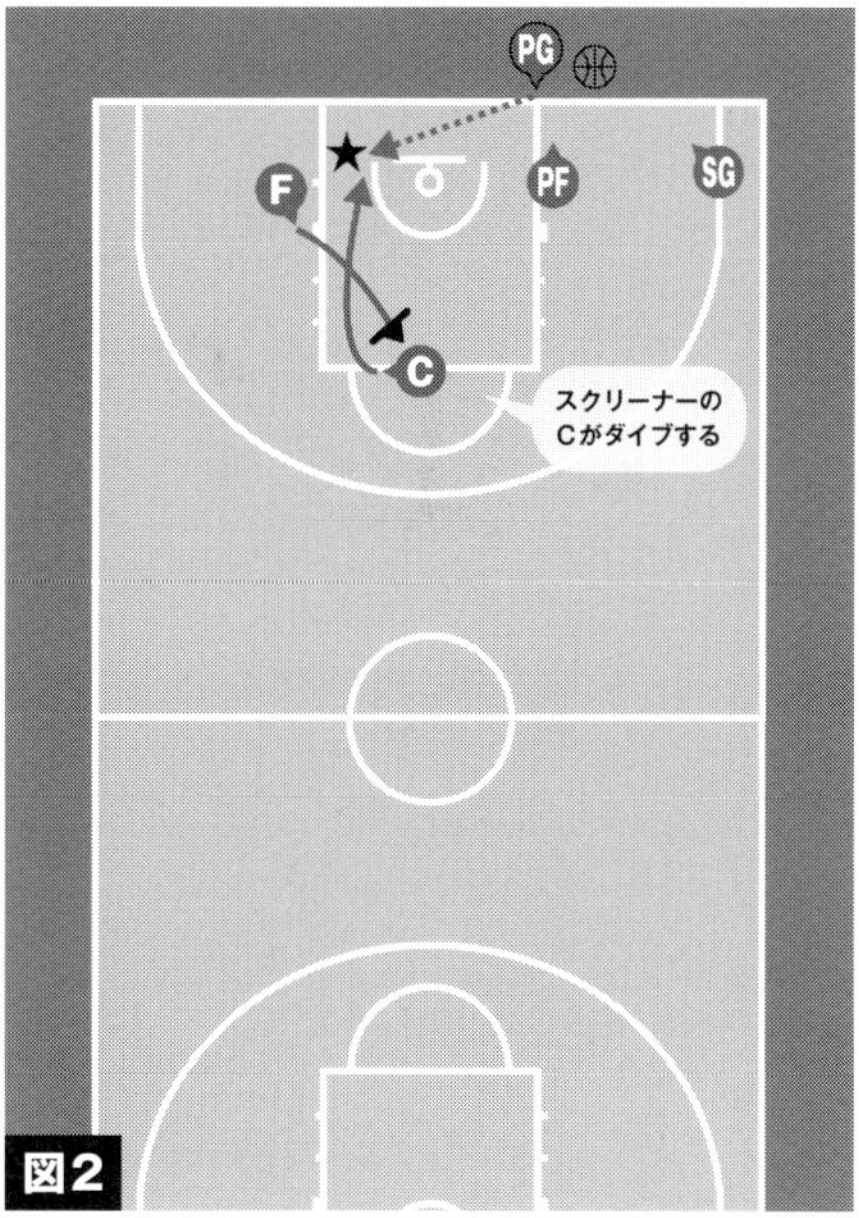

図2

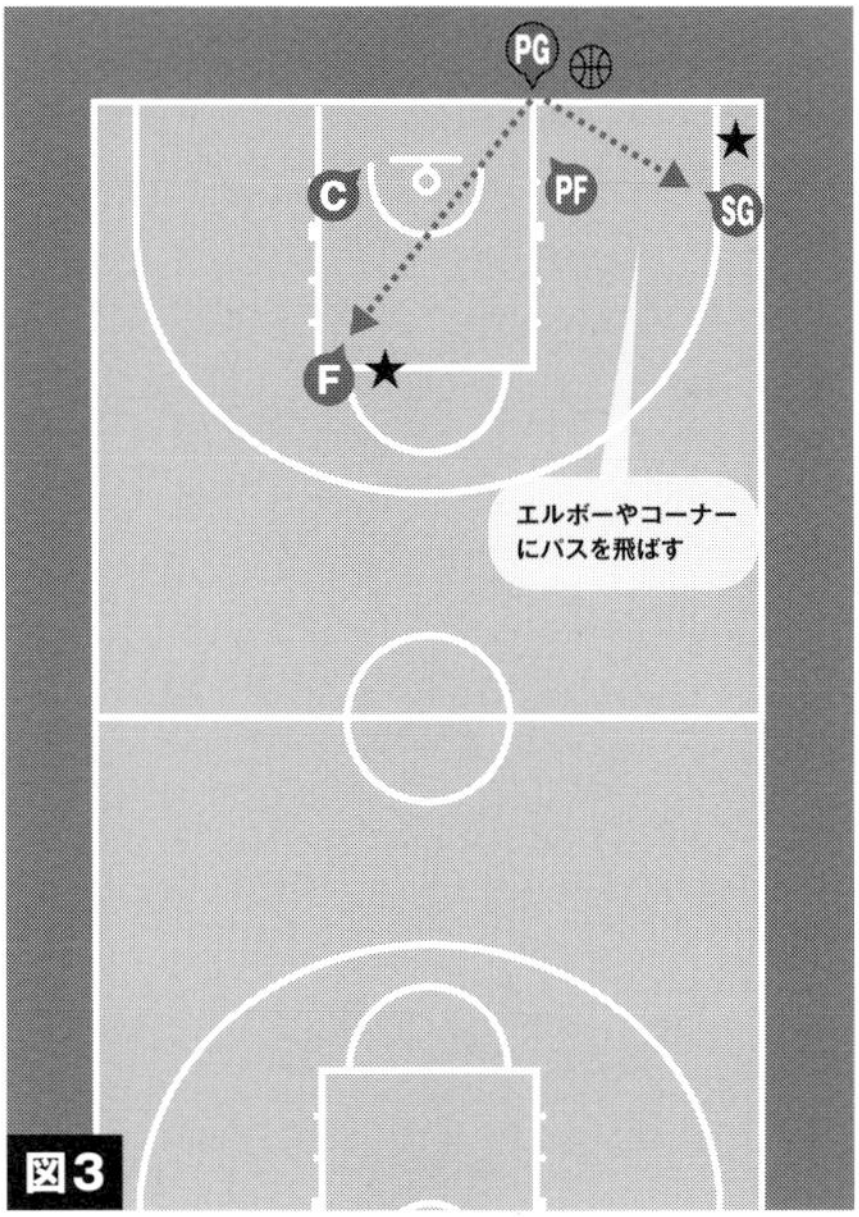

図3

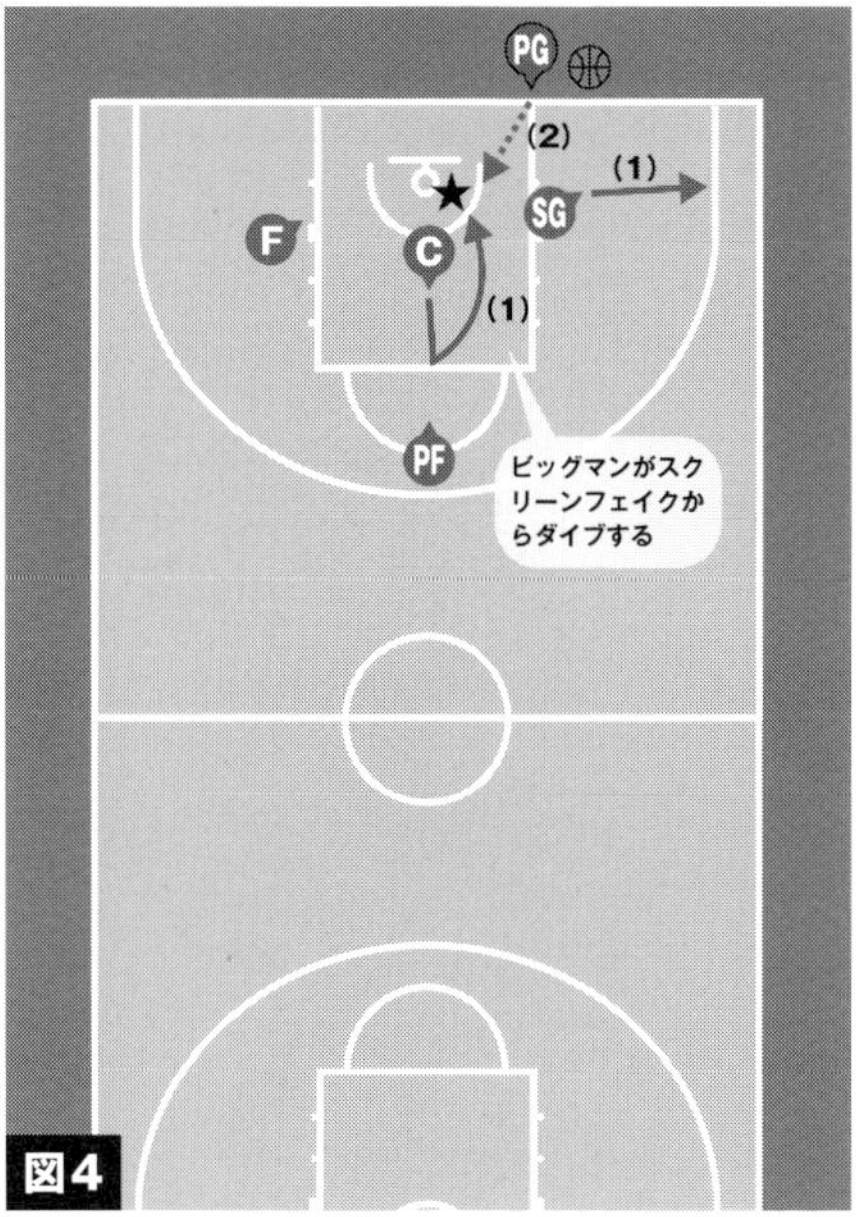

図4

制限区域に沿って「縦ライン」を作ってスタートする

F－C－PFの順に並ぶ攻撃例

次に紹介するのは、制限区域のラインに沿って3人が縦に並んでスタートするベースラインフォーメーションです。

【図1】

センターラインから見てF－C－PFの順に、制限区域に沿って並びます。それぞれのポジションの番号から「3－5－4」と私は呼んでいます。PGの「スタート！」コールとともに、SGがその3人の壁を使ってパワーサイドのコーナーに移動します。

【図2】

Fがダイブするタイミングに合わせて、CもPFをスクリーンのように使いながらダイブ。ボールマンのPGは、FかCのいずれかにパスしてシュートチャンスを作ります。もしパスが入らなければ、SGにパスを入れて3ポイントシュートを狙います。

【図3】

図1、**図2**のプレーをディフェンスが読んでいる場合があります。ディフェンスがお互いにマークマンを変える「スイッチ」で対応し、ノーマークを作らせないようにポジションをとって来るのです。そういうケースではSGがパワーサイドに移動する素振りを見せて、ウィークサイドのコーナーへと広がります。同時にCが縦ラインの中央から飛び出してダイブし、PFはFに対してスクリーンをセットします。Fはそれを使ってボールサイドのコーナーへと飛び出すことによって3ポイントシュートを狙うことができます。

「縦ライン」のベースラインフォーメーション

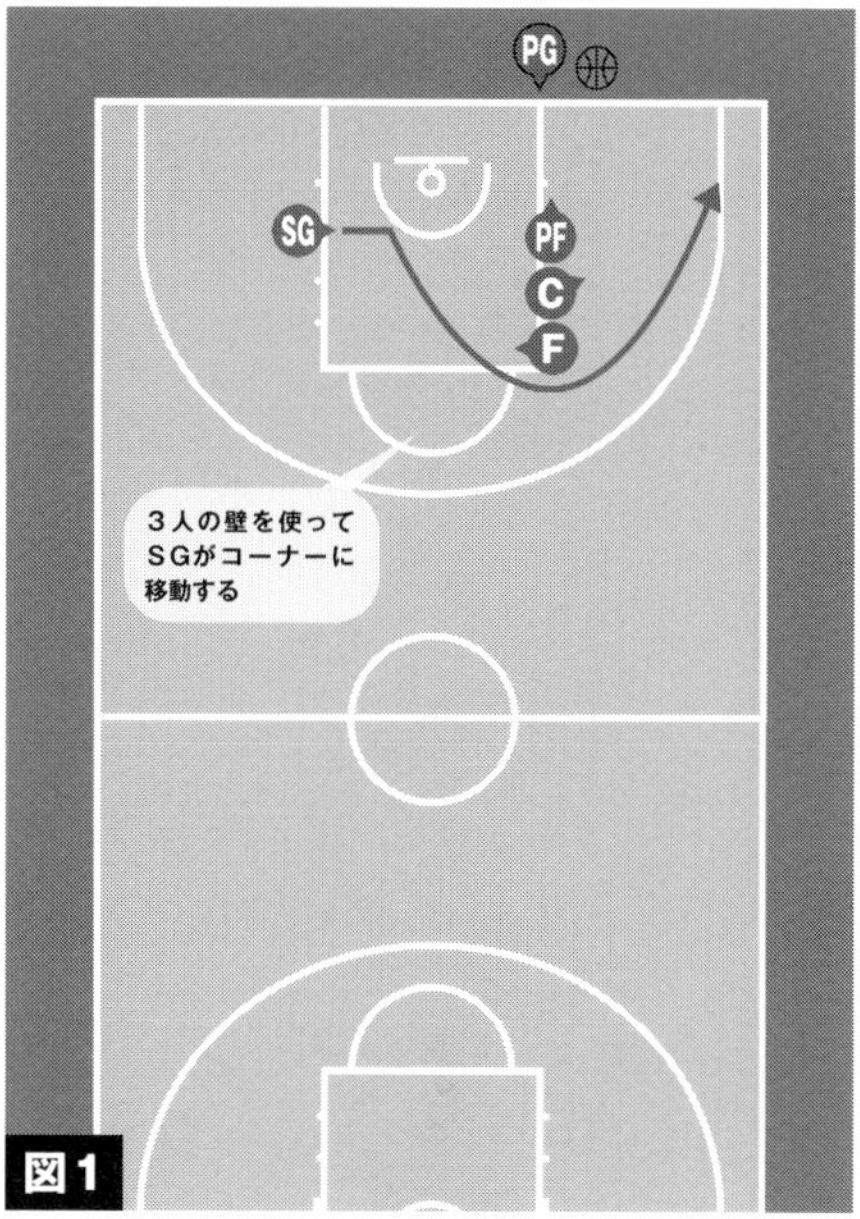
PG
SG
PF
C
F
3人の壁を使って
SGがコーナーに
移動する
図1

PG
(1)
SG
PF
C
(1)
F
FとCがダイブする
図2

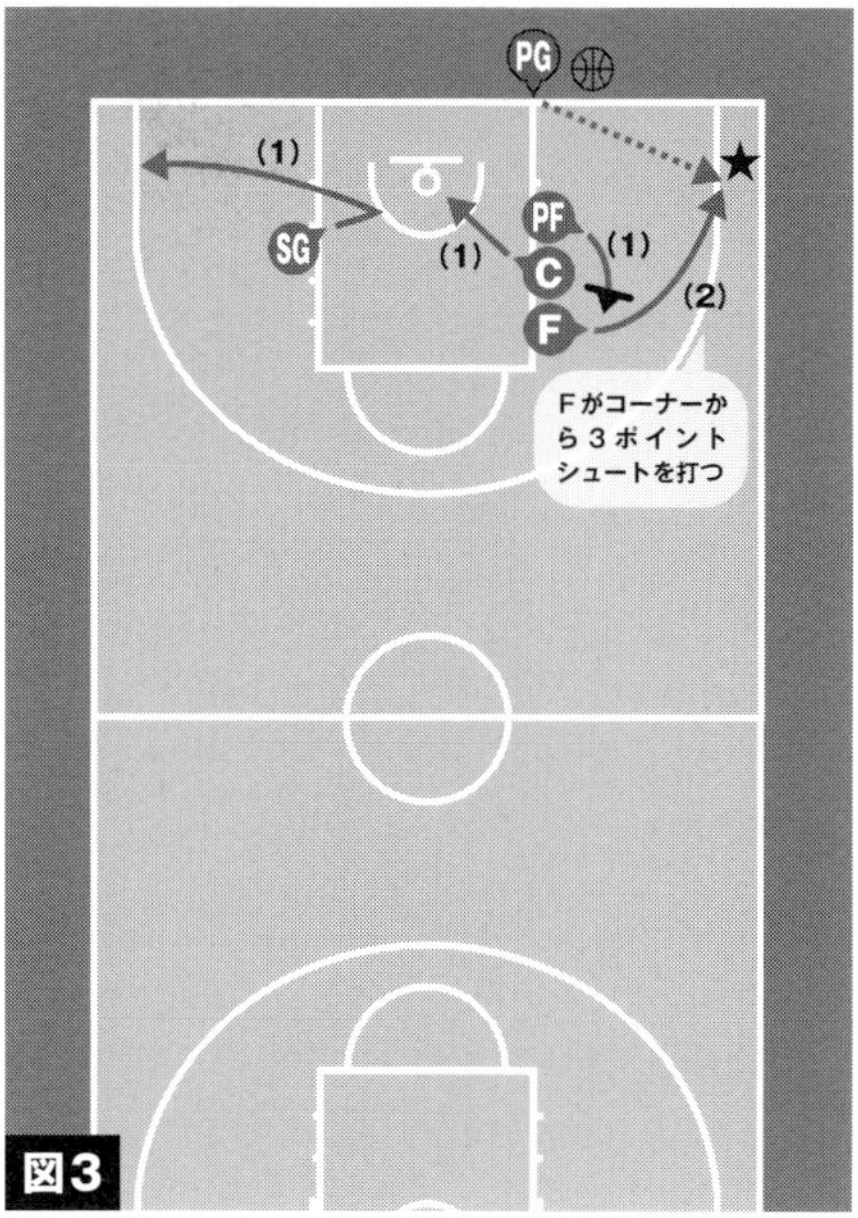
PG
(1)
SG
(1)
PF
(1)
C
F
(2)
Fがコーナーか
ら3ポイント
シュートを打つ
図3

TEAM RULE
選手の特性に合った並び順で

ここでは3ポイントシュートを得意とする選手がＳＧだと仮定して逆サイドのローポストに配置しています。もし次にシュート力のある選手がＰＦなら、ＰＦ－Ｃ－Ｆの順、すなわち「4－5－3」のほうが適しているかもしれません。選手の特性に合った並び順にアレンジしてください。

「縦ライン」のバリエーションを増やす

SGとFを中心に攻撃を展開

制限区域に沿って並ぶ「縦ライン」の陣型からのフォーメーション（178ページ）をいくつか用意しておくことにより、相手はプレーを読みづらくなります。ただしここではセンターラインから見てPF－F－Cの順、すなわち「4－3－5」の並びになりSGとFを中心に攻撃を展開します。

【図1】

Cがポップアウトして相手のセンターをアウトサイドに引き出すと同時に、FがSGに対してスクリーンをセットします。

【図2】

Fがセットしたスクリーンを、SGが使ってダイブすることによってゴール下のシュートチャンスが生まれます。Cのディフェンスをコーナーに引き出している状況なのでPFがダイブするのも効果的ですし、同時にオフェンスリバウンドを意識する必要もあります。

【図3】

図2でパスが入らず、コーナーのCにパスを入ると、4人がベースラインに平行に並ぶ「1－4（ワンフォー）」の形となります。そこからFがウィークサイドのエルボーに上がってシュートチャンスが作られるケースがあります。しかし狙い目はむしろ次の展開です。

【図4】

コーナーでボールをキープするCは、ツーガードポジションに上がって来たFにパスして、すぐさまピックスクリーンをセットします。Fはそれを使ってシュートチャンスを作ることができます。

「縦ライン」からのバリエーション

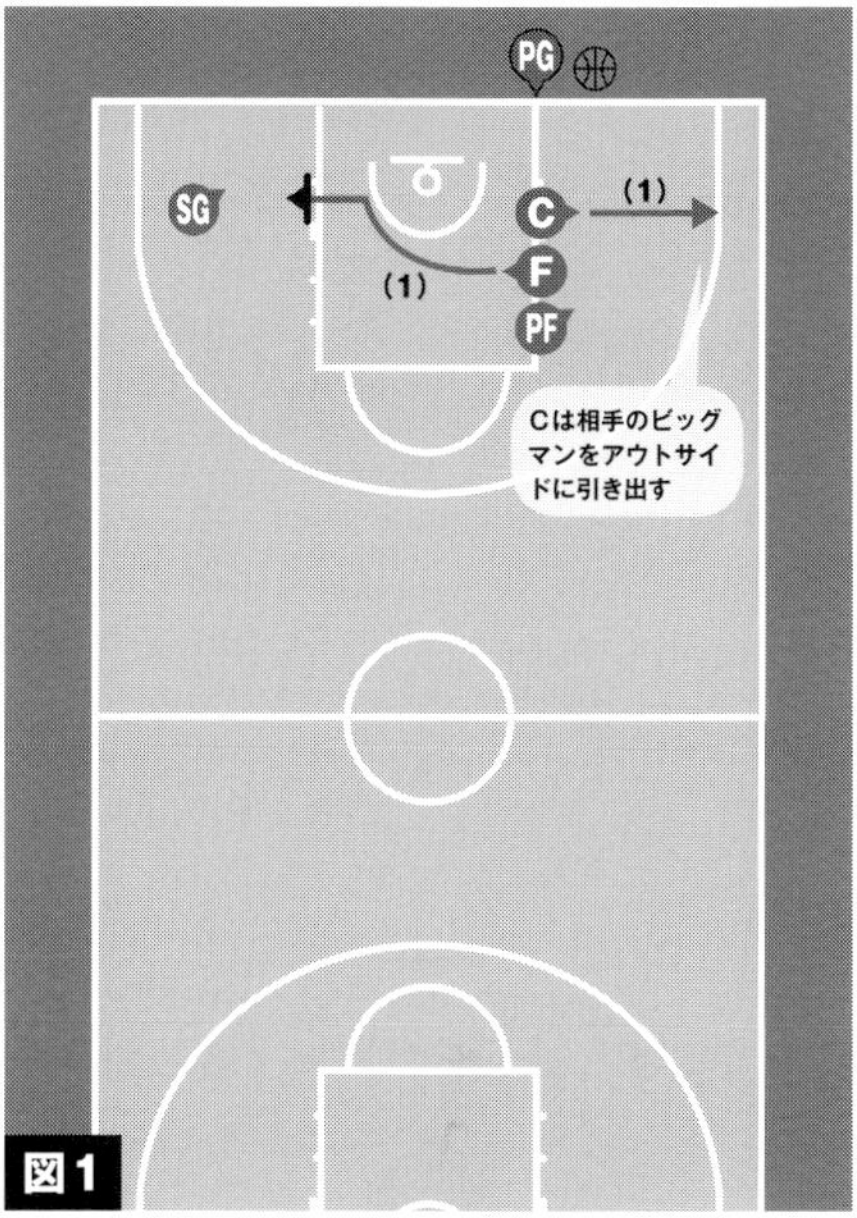

図1

図2

図3

図4

ベースラインフォーメーション❼

フリースローライン上に「横ライン」を作ってスタートする

同時ダイブと時間差ダイブ

次はフリースローライン上に3人が横に並んでスタートするベースラインフォーメーションです。ここでは特にパスを入れるPGの正しい判断力が求められます。

【図1】

ボールマンであるPGから見てC－PF－Fの順、すなわち「5－4－3」のラインとなります。PGの「スタート！」コールとともに、SGがその3人の壁を使ってパワーサイドに移動します。PGからのパスを受けられれば、3ポイントシュートを打つことができます。

【図2】

またはC、PF、Fが一斉にダイブします。いずれかがパスを受けられれば、ゴール下のシュートチャンスが生まれます。

【図3】

図2でパスが入らない場合、ウィークサイドからパワーサイドのコーナーに移動して来たSGにパスを入れます。パスを出したPGはウィークサイドにアウェーの（離れる）動きをしてインサイドのスペースを確保します。そうしてSGが、ダイブするCにパスしてシュートチャンスを作ります。

【図4】

時間差でダイブするパターンです。ボールマンから遠いF、PF、Cの順にダイブします。どこにパスを入れるかはPGの判断になりますが、ここではFとPFの動きがおとりとなり、Cにパスが入りやすくなります。またSGもパスを受けられるように動きましょう。

「横ライン」のベースラインフォーメーション

PG
(3)
(2)
(3)
(2)
SG
PF
C
F
(1)
コーナーのSG
がCのダイブに
パスを合わせる

図3

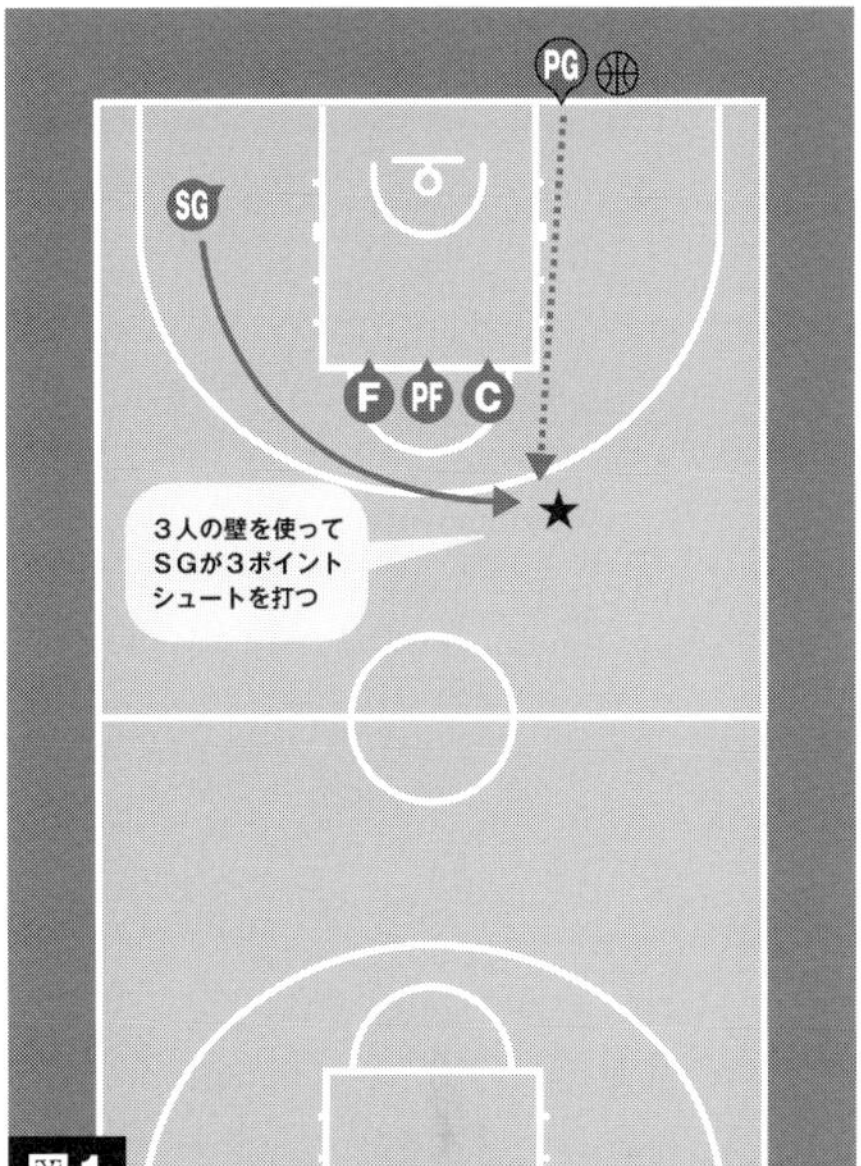
PG
SG
F
PF
C
3人の壁を使って
SGが3ポイント
シュートを打つ

図1

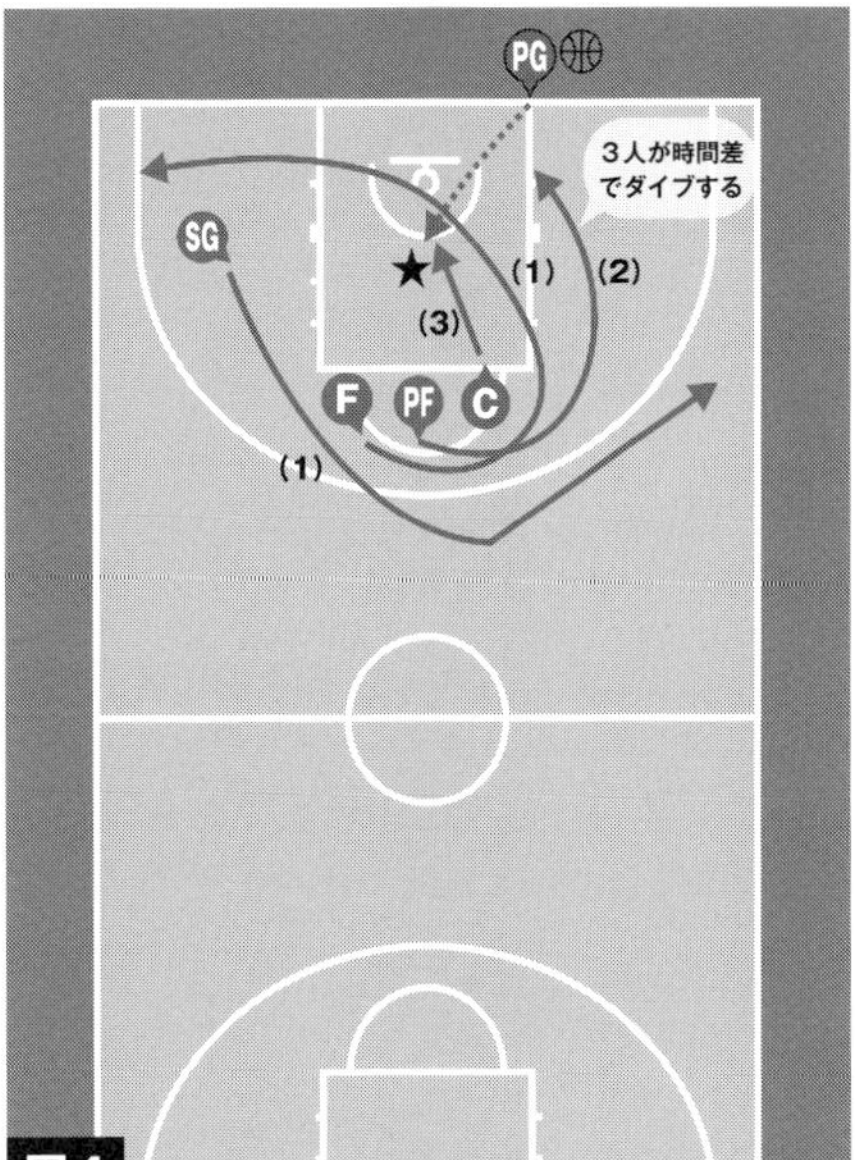
PG
3人が時間差
でダイブする
SG
(1)
(2)
(3)
F
PF
C
(1)

図4

PG
SG
F
PF
C
3人が同時に
ダイブする

図2

「横ライン」から攻撃を展開できるように準備しておく

フレックスモーションに移行

フリースローライン上に並ぶ「横ライン」の陣型からのフォーメーション（182ページ）を他にも用意しておくことで、ディフェンスは守りづらくなります。なお、攻撃時間に余裕がある場合には、安全なところにパスを入れて攻撃を組み立てるのも手です。その流れを紹介しましょう。

【図1】

ボールマンのPGに向かってまず、ウィークサイドのSGが走り寄ります。そこにパスが入ればシュートチャンスが生まれますが、SGはパスを受けられない場合、元のポジションへと戻りスペースを確保します。

そうしてCがダイブすることによって、PGからのパスを受けてゴール下でシュートを決めることができます。そこにもパスが入らなければ、コーナーに移動するFか、ダイブするPFにパスを入れるかをPGが判断します。

【図2】

時間に余裕がある場合、Cがコーナーに移動して確実にパスを受けます。そしてPFはツーガードポジションに、Fはウィークサイドのローポストに移動します。

【図3】

パスを出したPGはウィークサイドのコーナーに移動するとともに、SGがFのスクリーンを使ってダイブ。Fはその後ツーガードポジションに移動します。

【図4】

フレックスモーションオフェンスへと移行できます（34ページ）。

フレックスモーションへの移行

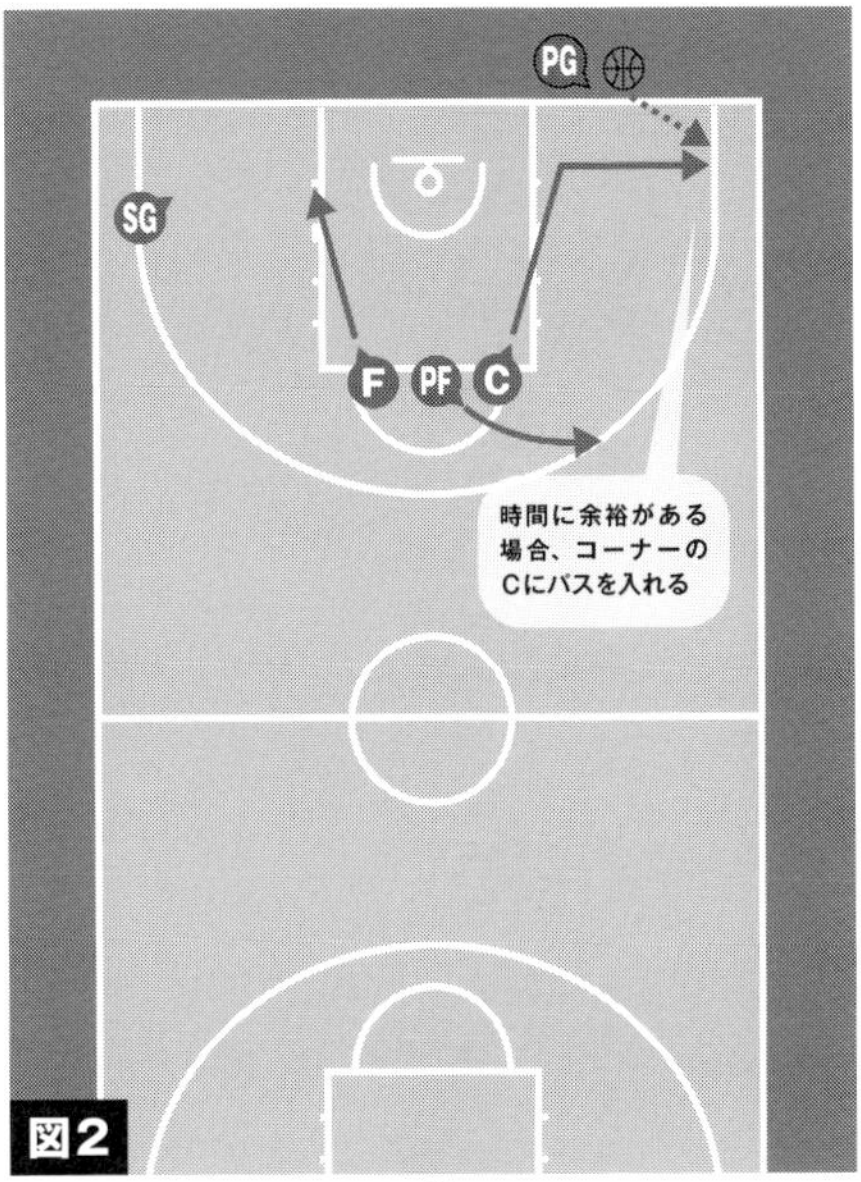
PG
SG
F
PF
C
時間に余裕がある場合、コーナーのCにパスを入れる
図2

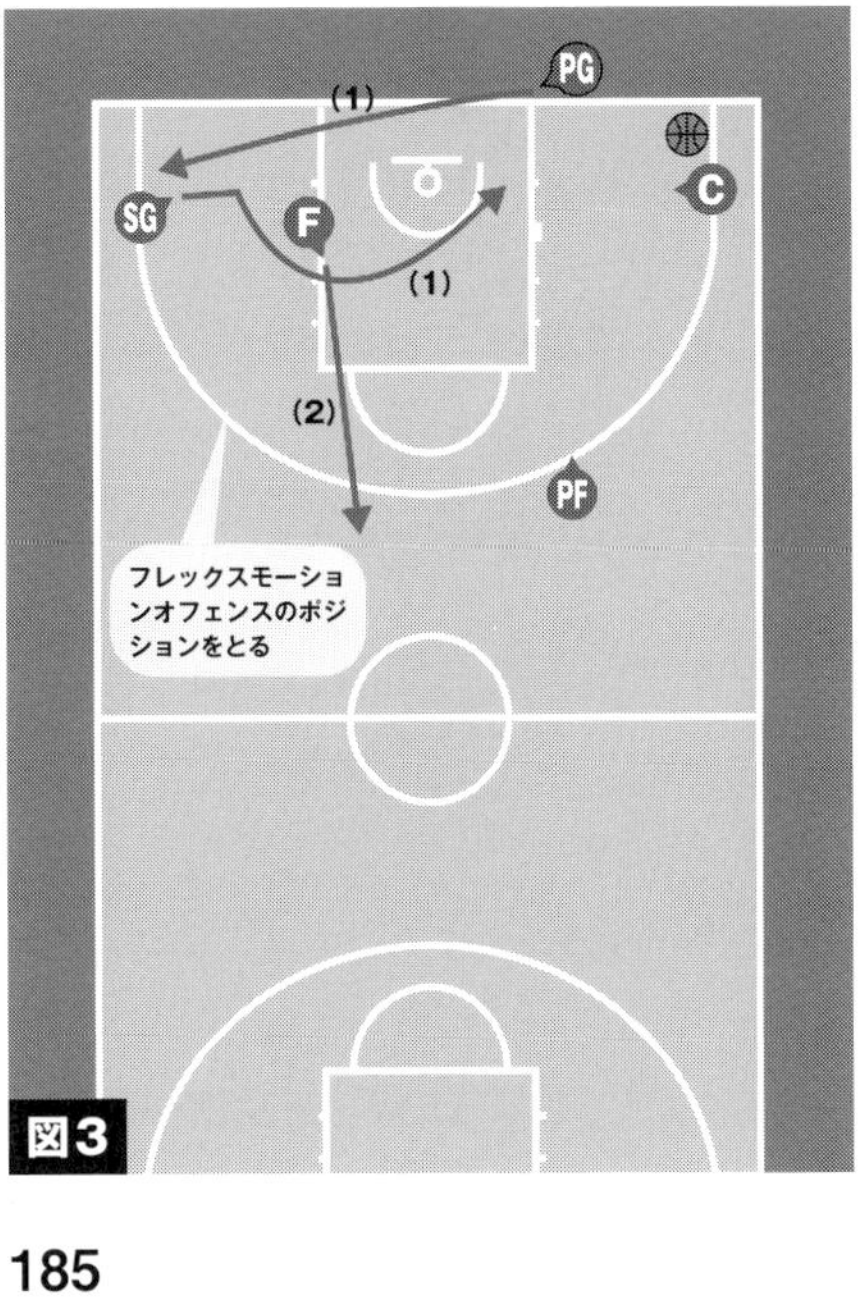
(1)
PG
SG
F
C
(1)
(2)
PF
フレックスモーションオフェンスのポジションをとる
図3

PG
SG
C
F
PF
パスを展開しながらCが再度ゴール下でパスを受けるのも可能
図4

「横ライン」からのバリエーション

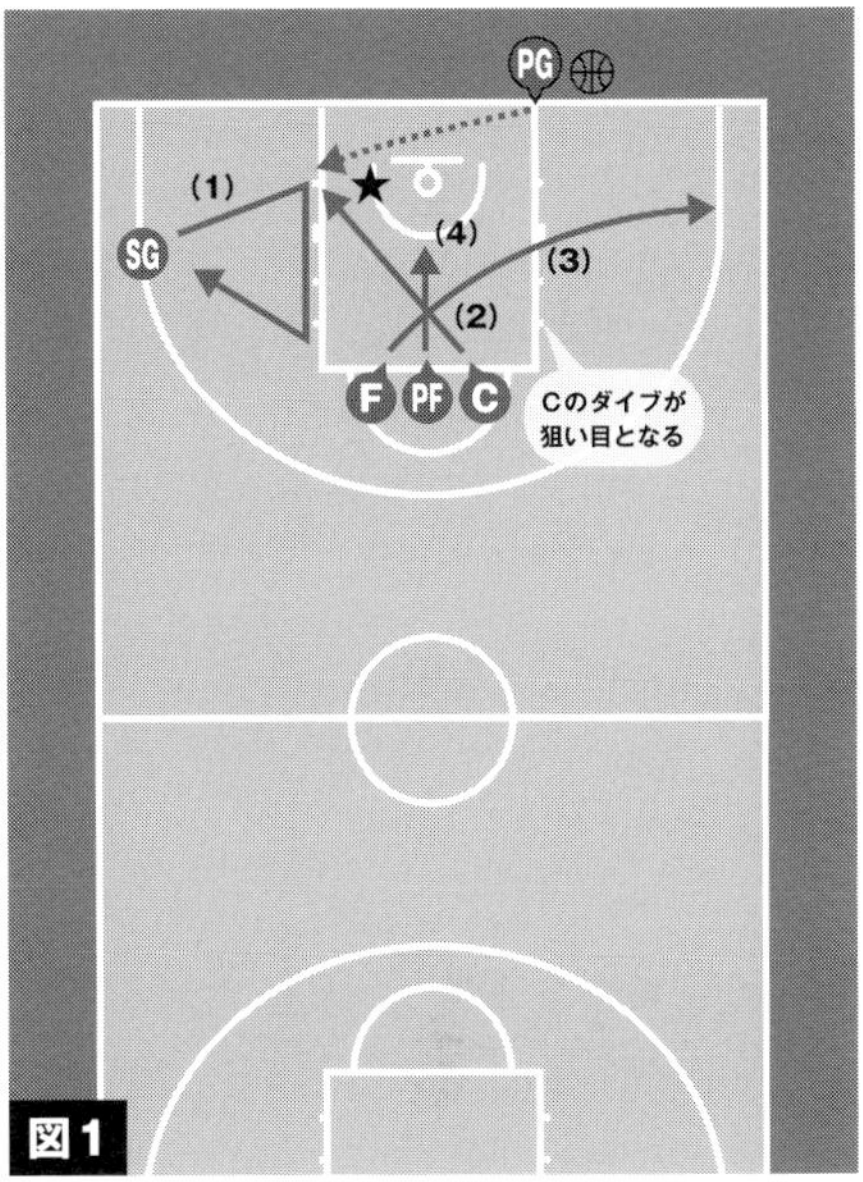
PG
(1)
SG
(4)
(3)
(2)
F
PF
C
Cのダイブが狙い目となる
図1

シンプルなプレーとスペシャルプレーを用意しておく

ダブルシングルからピックプレーに

効果的なベースラインフォーメーションをあと二つ紹介しましょう。まずはスタック（96ページ）に似た陣型からのシンプルなフォーメーションです。

【図1】

CとPFのセンター陣がベースライン側にポジションをとり、Fが2人を壁として使ってコーナーへと飛び出します。

【図2】

続いてSGがPFをスクリーンとして使ってウィークサイドに移動。この動きに相手ディフェンスがつられますので、PGはFにパスを入れます。そしてCがピックスクリーンをセットして、Fがそれを使ってチャンスを作ります。

絶対使えるスペシャルプレー

さて、スペシャルプレーです。

【図3】

ボックスの形からSGがスクリーンをかける素振りを見せるスクリーンフェイクを行い、コーナーに移動してパスを受けます。

【図4】

FがPFに対してスクリーンをセット。それを使ってPFはウィークサイドのローポストに移動し、その直後Fはさらに Cに対してアップサイドスクリーンをセットします。Cはそれを使ってダイブしながら、SGからパスを受けることによってゴール下からシュートを決めることができます。またこのCの動きに相手が反応したら、PFにもパスが入ります。

スペシャルプレー

図3

図4

ダブルシングルからピックプレーへの展開

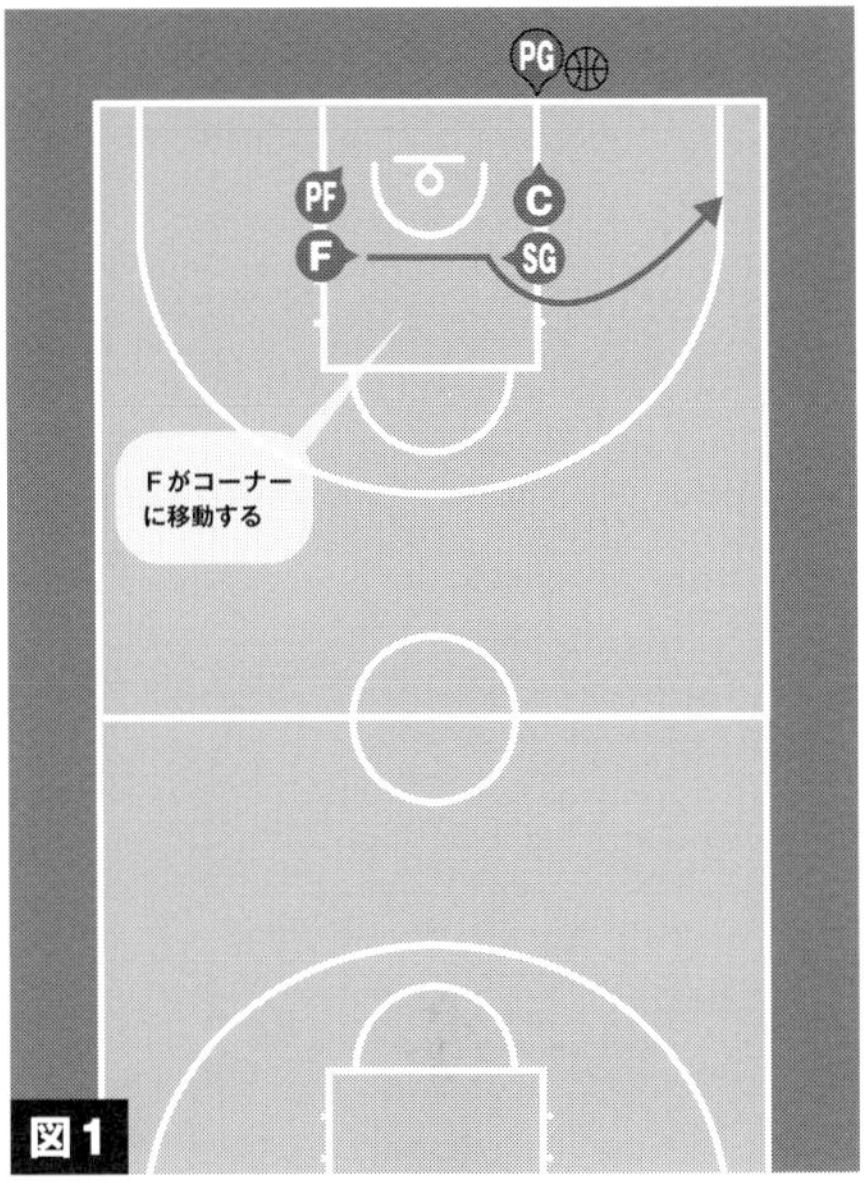

図1

図2

サイドラインフォーメーション❶

確実なインバウンズパスからトレールプレーやシザースに

サイドラインフォーメーションに話を進めていきましょう。まずは確実にインバウンズパスを入れるのが最優先ですが、ここでは得点につながるプレーを紹介します。

インバウンズパスからトレールに

【図1】

左右のローポスト、ツーガードポジションにそれぞれポジションをとり、ボックスの形を作ります。「スタート」コールとともにパワーサイドのCがPGに対してアップサイドスクリーンをセット。ウィークサイドのPFがFに対してダウンスクリーンをセットします。

【図2】

SGはCにパスしてすぐさまトレールプレーに移行し、ハンドオフパスを受けることでシュートチャンスを作ることができます。

シザースからフレックスに

【図3】

これも似た形のスタートですが、FがPFに対してフレアースクリーンをセットし、PFはコーナーへと移動します。

【図4】

そしてSGはCにパスしてすぐさまトレールプレーに移行しますが、相手に読まれている場合があります。そこでFもトレールプレーすることで「シザース（130ページ）」の形となります。ハンドオフパスを受けられなかった場合、ウィークサイドのローポストでスクリーンをセットすることでフレックスモーションオフェンスに移行できます（34ページ）。

トレールプレー

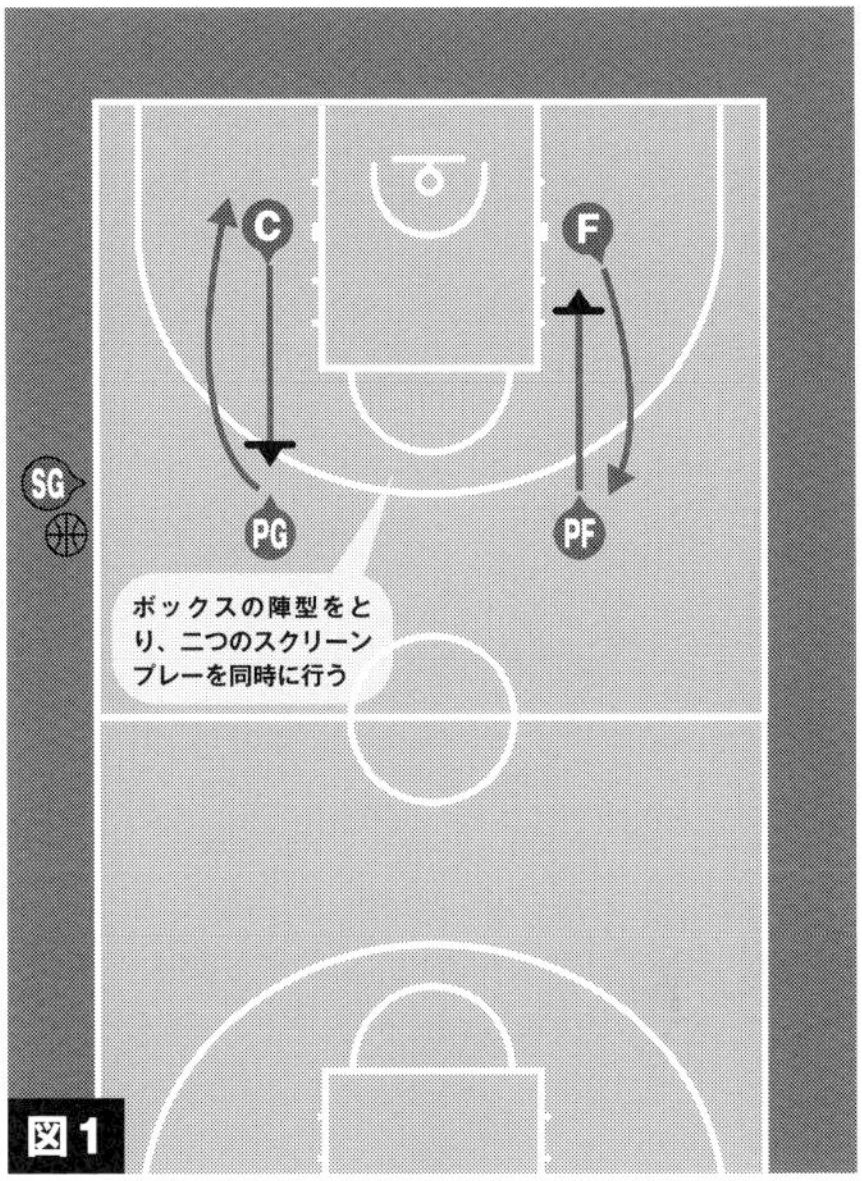
C
F
SG
PG
PF
ボックスの陣型をとり、二つのスクリーンプレーを同時に行う
図1

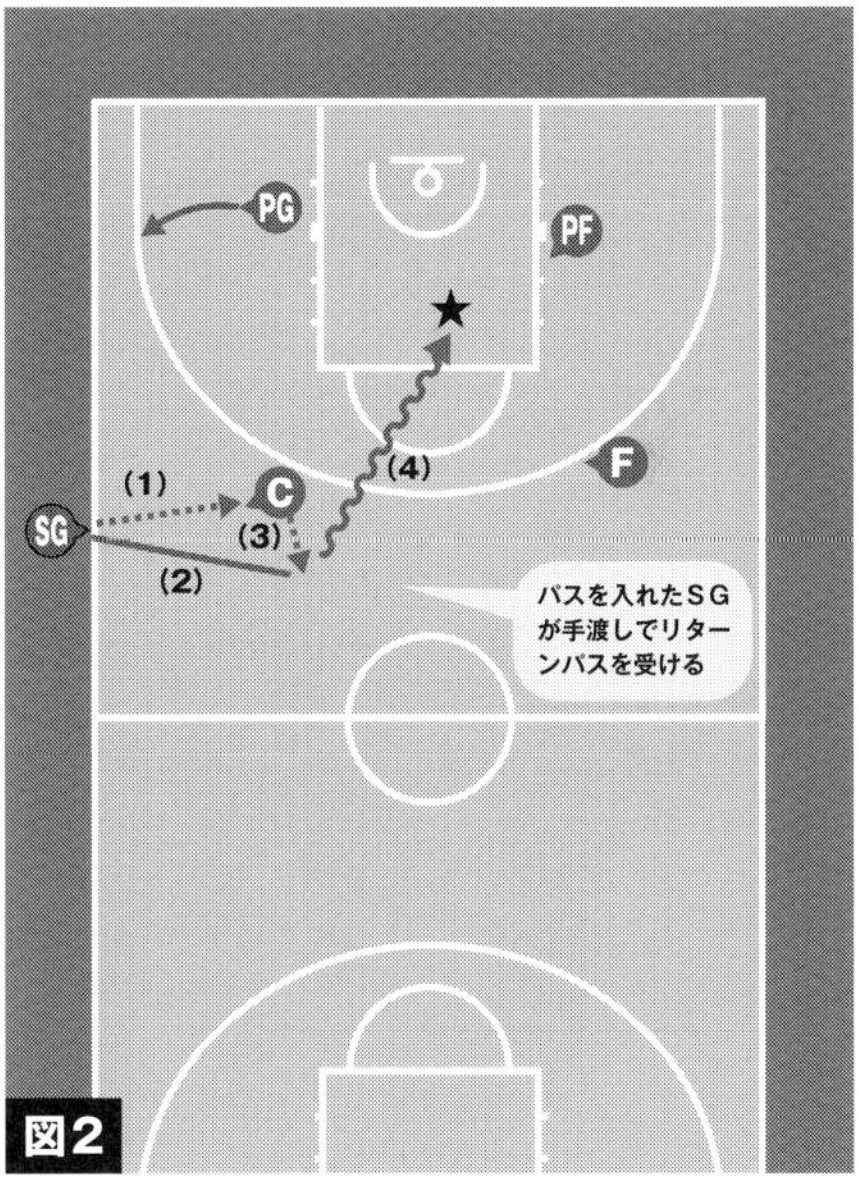
PG
PF
★
(4)
F
(1)
C
SG
(3)
(2)
パスを入れたSGが手渡しでリターンパスを受ける
図2

シザースからフレックスモーションオフェンスへの移行

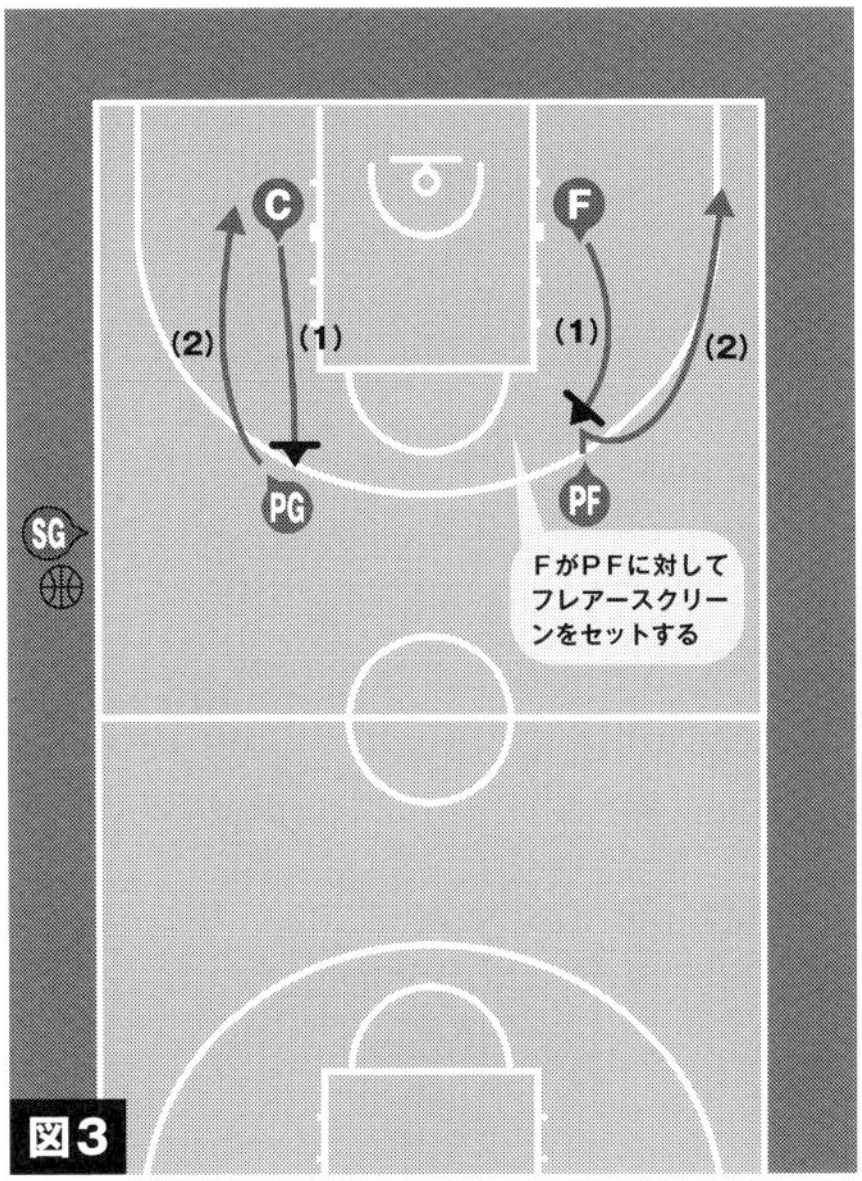
C
F
(2)
(1)
(1)
(2)
PG
PF
SG
FがPFに対してフレアースクリーンをセットする
図3

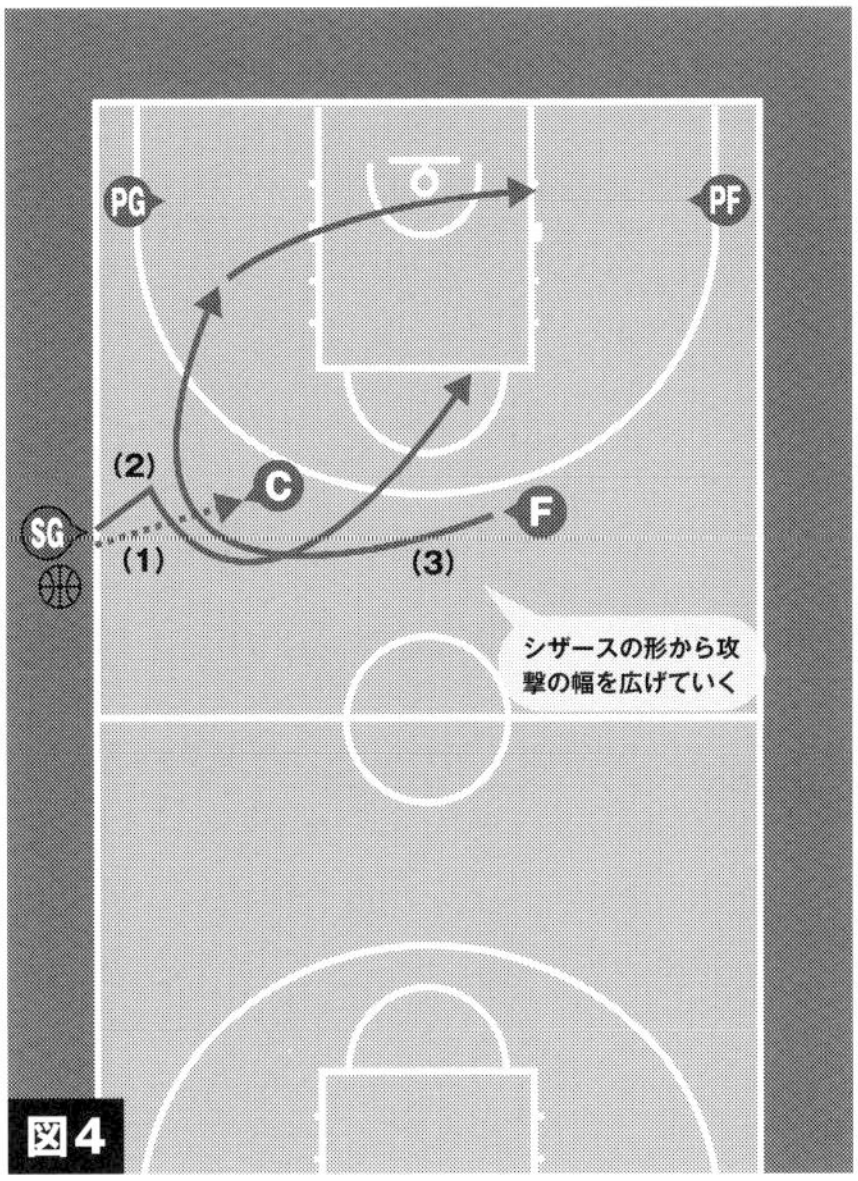
PG
PF
(2)
C
F
SG
(1)
(3)
シザースの形から攻撃の幅を広げていく
図4

3つのスクリーンを連続でセットするシュータープレー

3つのスクリーンを連続で使う

3ポイントシュートのチャンスを作りやすいシュータープレーをインバウンズパスから展開します。

【図1】

シューターのSGは、ウィークサイドのコーナーにポジションをとり、他の3人は3ポイントラインに近い位置に立ちます。そしてPGの「スタート」コールとともにFから順にスクリーンをセットします。

【図2】

SGはF、PF、Cのスクリーンを連続で使ってパワーサイドに移動。コーナーでPGからパスを受けて3ポイントシュートを打ちます。ポイントはFのスクリーンを使う寸前にPFがセットし、PFのスクリーンを使う寸前にCがスクリーンをセットすることです。その過程でディフェンスの対応が乱れたらスクリーナーがダイブしてパスを受けるのも効果的です。

【図3】

SGにパスが入らない場合です。スクリーナーFがポップアウトしてPGからパスを受け、PFがピックスクリーンをセットして攻撃を展開することができます。

【図4】

PFにパスが入ったら、PGがトレールプレーに移行しハンドオフのリターンパスを受けます。そしてコーナーへと移動するFにパスすることにより3ポイントのシュートチャンスが生まれます。ちなみに、Cにインバウンズパスを入れないことが約束事です。スペースが狭くなるためです。

3つのスクリーンをセットするシュータープレー

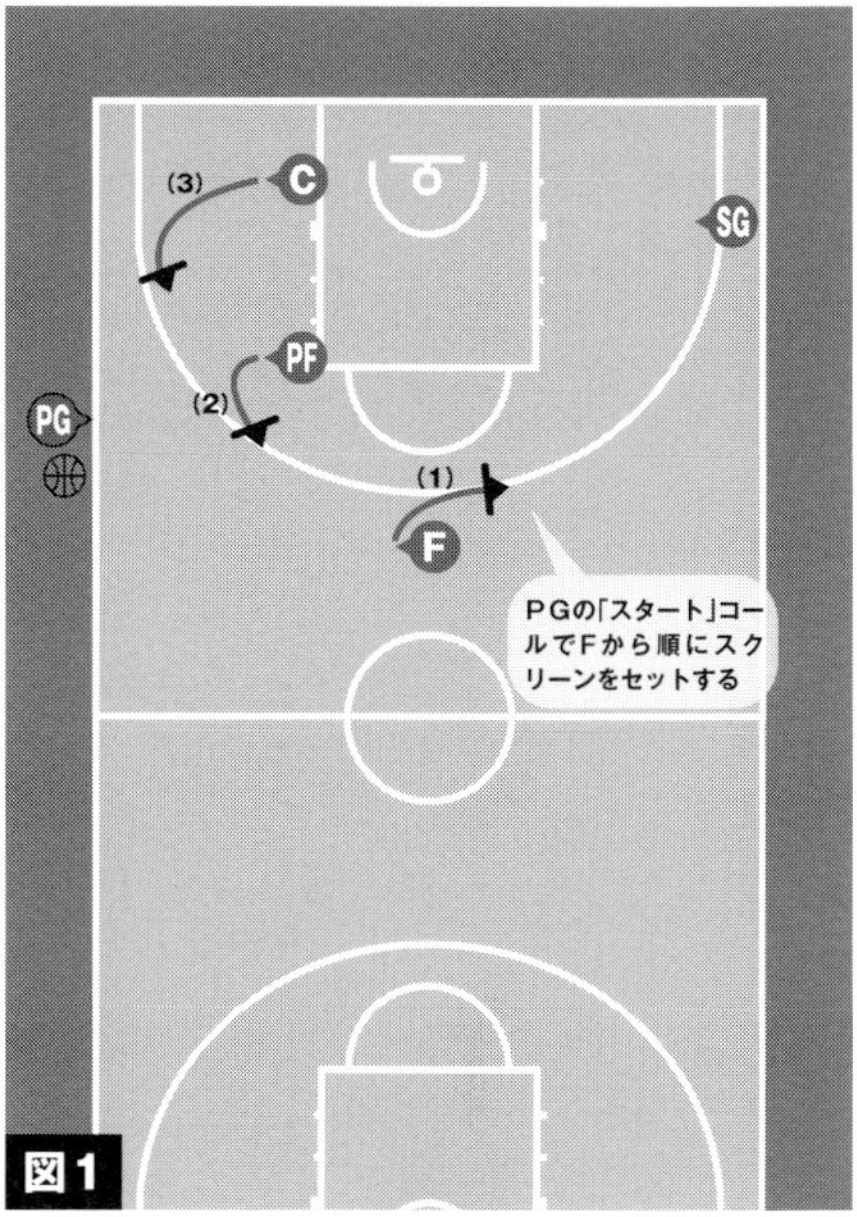
(3)
C
SG
PF
(2)
PG
(1)
F
PGの「スタート」コールでFから順にスクリーンをセットする

図1

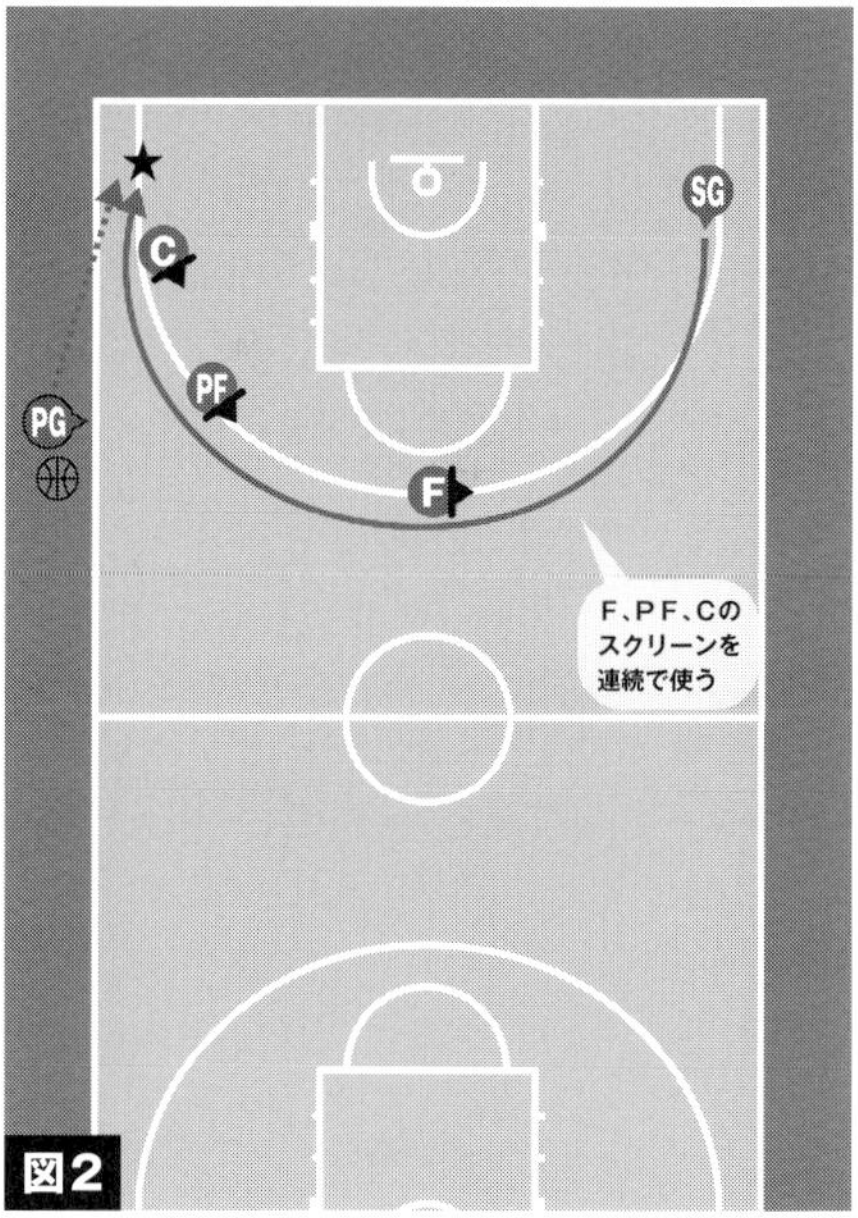
C
PF
F
SG
PG
F、PF、Cのスクリーンを連続で使う

図2

SG
C
(2)
PF
PG
(3)
(1)
F
SGにパスが入らなければ、Fがポップアウトしてパスを受ける

図3

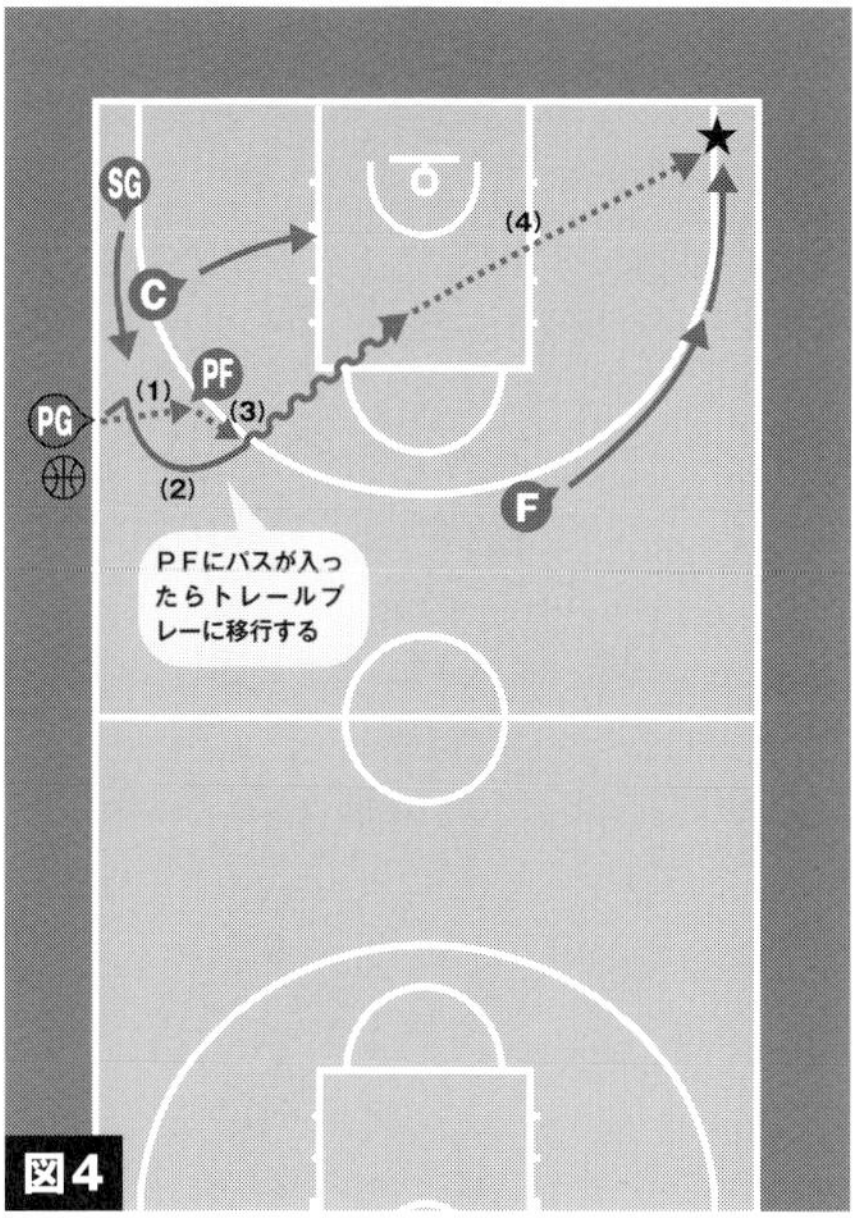
SG
C
(4)
PF
(1)
PG
(3)
(2)
F
PFにパスが入ったらトレールプレーに移行する

図4

サイドラインフォーメーション❸

対角スクリーンからのアリウープパス

Fの攻撃力を引き出す

ボックスの形からのシンプルなフォーメーションと、そのインバウンズパスが入らなかった場合のオプションプレーです。

【図1】

CとPFがローポスト、FとSGがツーガードポジションのボックスの陣型をとります。PGの「スタート」コールとともにPFが対角に動いてスクリーンをセット。Fがそれを使ってゴール方向にカットすることにより、ゴール下でパスを受けてすぐにシュートを決められます。空中でパスを受けてダンクシュートを決めるアリウープのプレーですが、ダンクができなくても当然使えるプレーです。

【図2】

Fにパスが入らなければCがスクリーンをセット。Fはそれを使ってパワーサイドのコーナーに移動し、SGを経由するパスを受けて3ポイントシュートを狙います。

【図3】

SGがFにパスを出せなかった場合、PFがFに対してスクリーンをセットします。Fはそれを使いながらディフェンスのマークを振り払ってSGからパスを受けます。その走り込む勢いを利用しながらドライブすることによって、Cにパスを合わせるなどシュートチャンスを作ることができます。

【図4】

Fのドライブに対してPFのディフェンスが対応して来た場合、スクリーナーのPFがダイブすることによってFからのパスを受けてシュートを打つことができます。

対角スクリーンからのフォーメーション

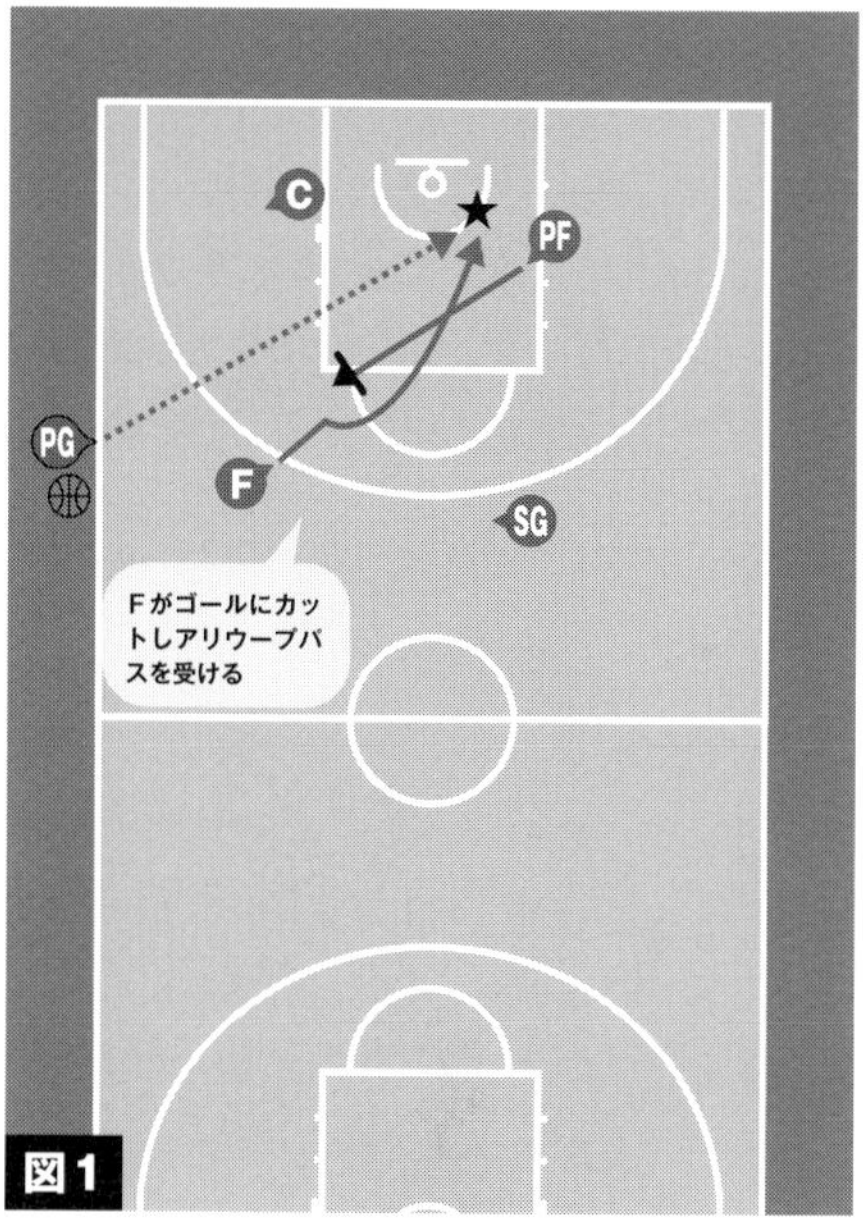
C
PF
PG
F
SG
Fがゴールにカットしアリウープパスを受ける
図1

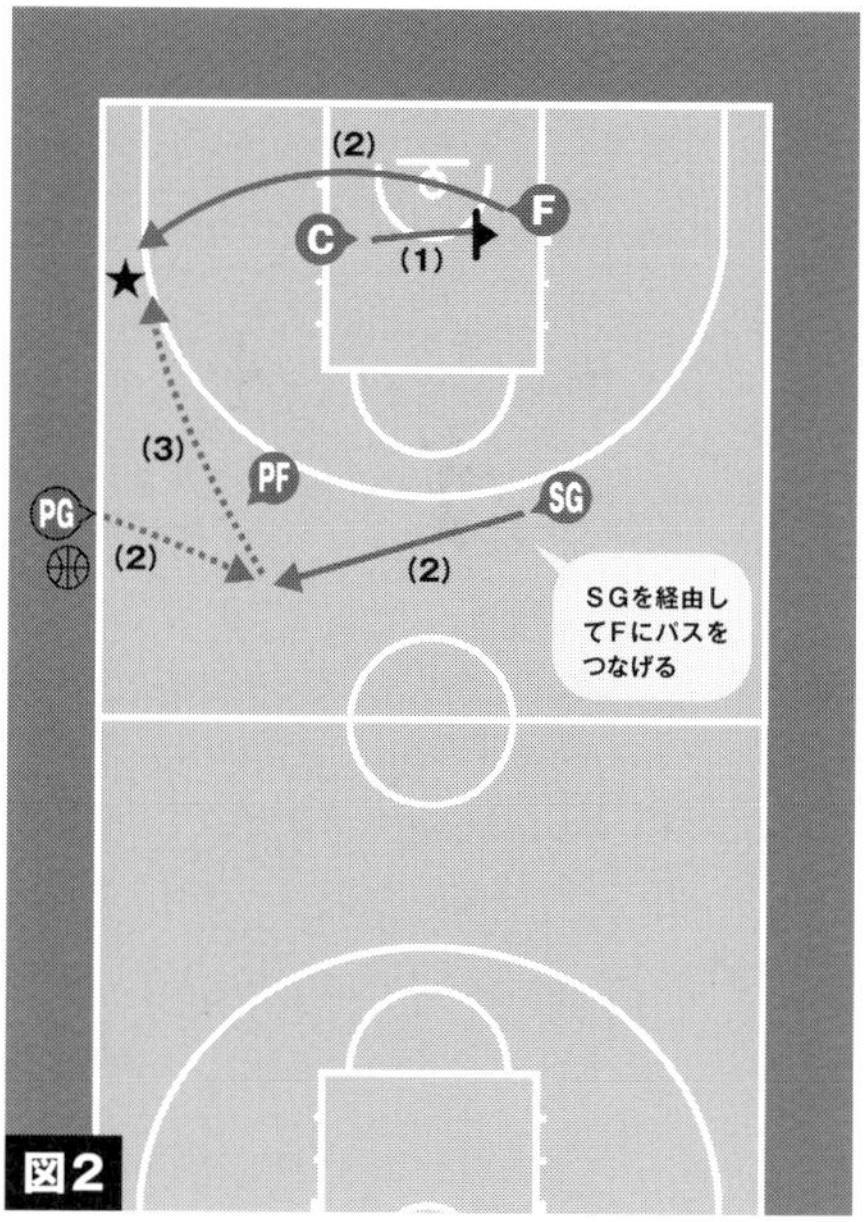
(2)
F
C
(1)
(3)
PF
PG
(2)
SG
(2)
SGを経由してFにパスをつなげる
図2

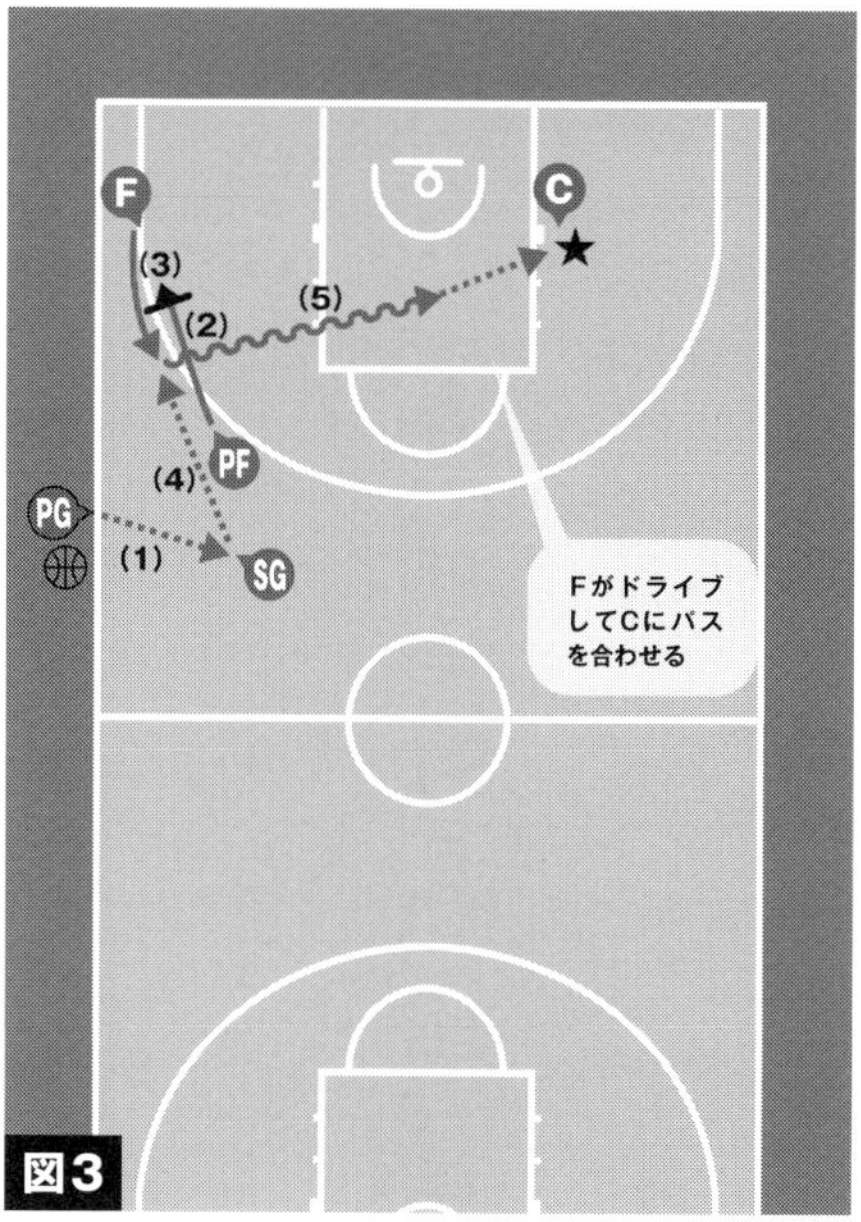
F
C
(3)
(2)
(5)
PF
(4)
PG
(1)
SG
FがドライブしてCにパスを合わせる
図3

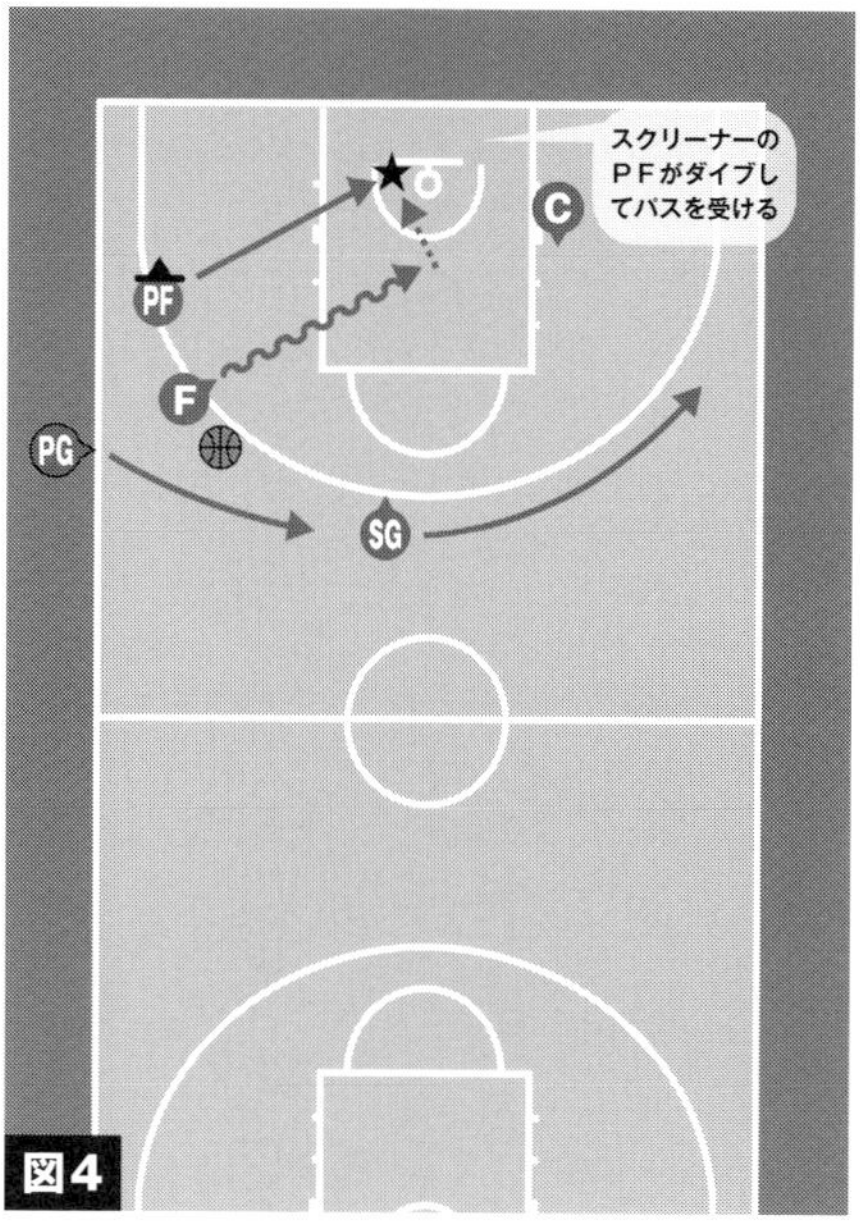
スクリーナーのPFがダイブしてパスを受ける
C
PF
F
PG
SG
図4

サイドラインフォーメーション❹

スプレッドでスペースを広げてアリウープパス

広がる動き「スプレッド」

192ページと同様、ボックスの陣型からのサイドラインフォーメーションをもう一つ紹介しましょう。同じ形からのバリエーションを増やしておくことでディフェンスに読まれにくくなります。

【図1】

PGの「スタート」コールとともにローポストのCとPF、ツーガードポジションのFが一斉に広がる動きをします。これを「スプレッド」と言います。そうしてインサイドのスペースを広げておいて、パワーサイドのFが高い位置でPGからパスを受けます。

【図2】

そのままトレールプレーに移行し、PGはFからハンドオフでリターンパスを受けます。その直後、SGがFに対して横方向のスクリーンをセット。さらにFがインサイドでフレアーカットできるスクリーンを、PFがセットします。

【図3】

FはSGとPFのスクリーンを連続で使いゴール方向にカット。PGからのアリウープパスを受けることでシュートチャンスが生まれます。もちろんダンクができなくても使えるプレーです。

【図4】

Fにパスできそうになければ、PGはドリブルを継続し、SGがCに対してスクリーンをセットして、Cがそれを使ってダイブします。同時にPGに対してPFがピックスクリーンをセットします。PGはそれを使って攻撃を展開することができます。

ピックプレーへの移行

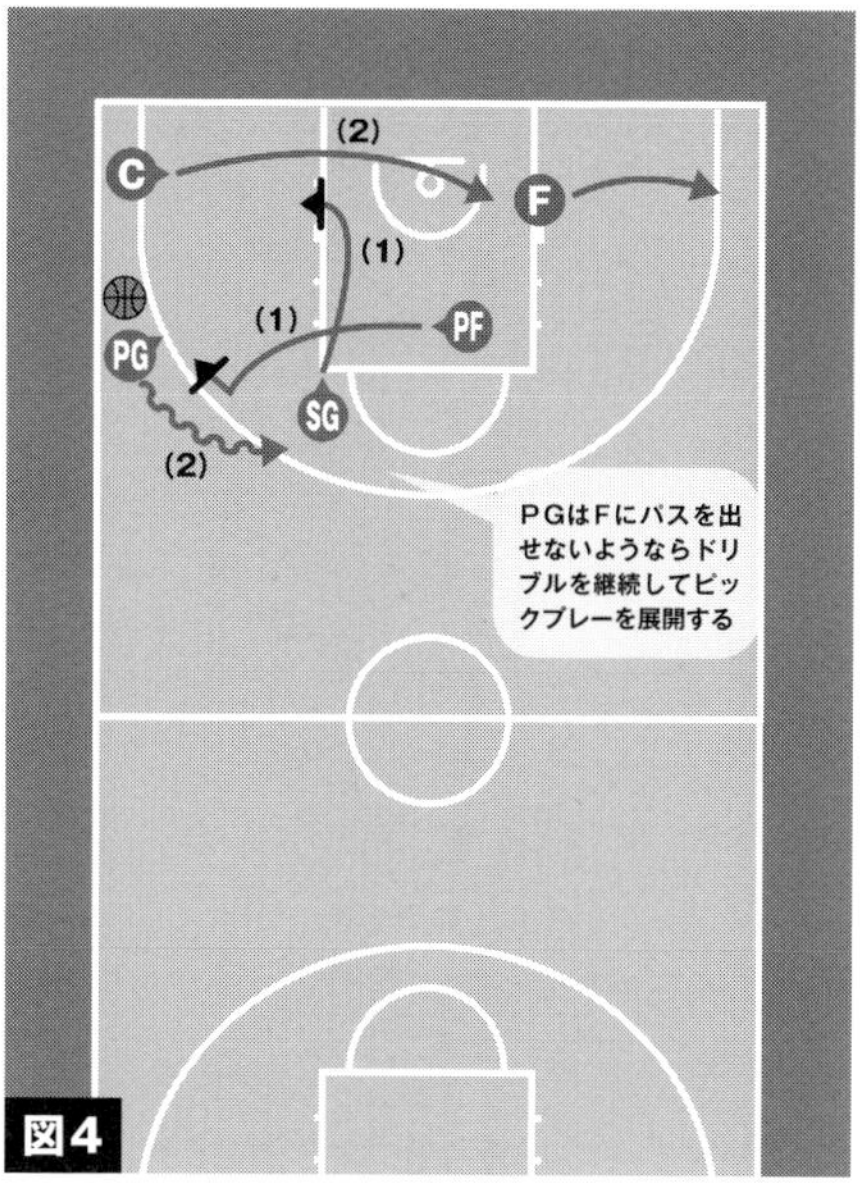
C
F
PF
PG
SG
(1)
(1)
(2)
(2)
PGはFにパスを出せないようならドリブルを継続してピックプレーを展開する
図4

スプレッドからのアリウープパス

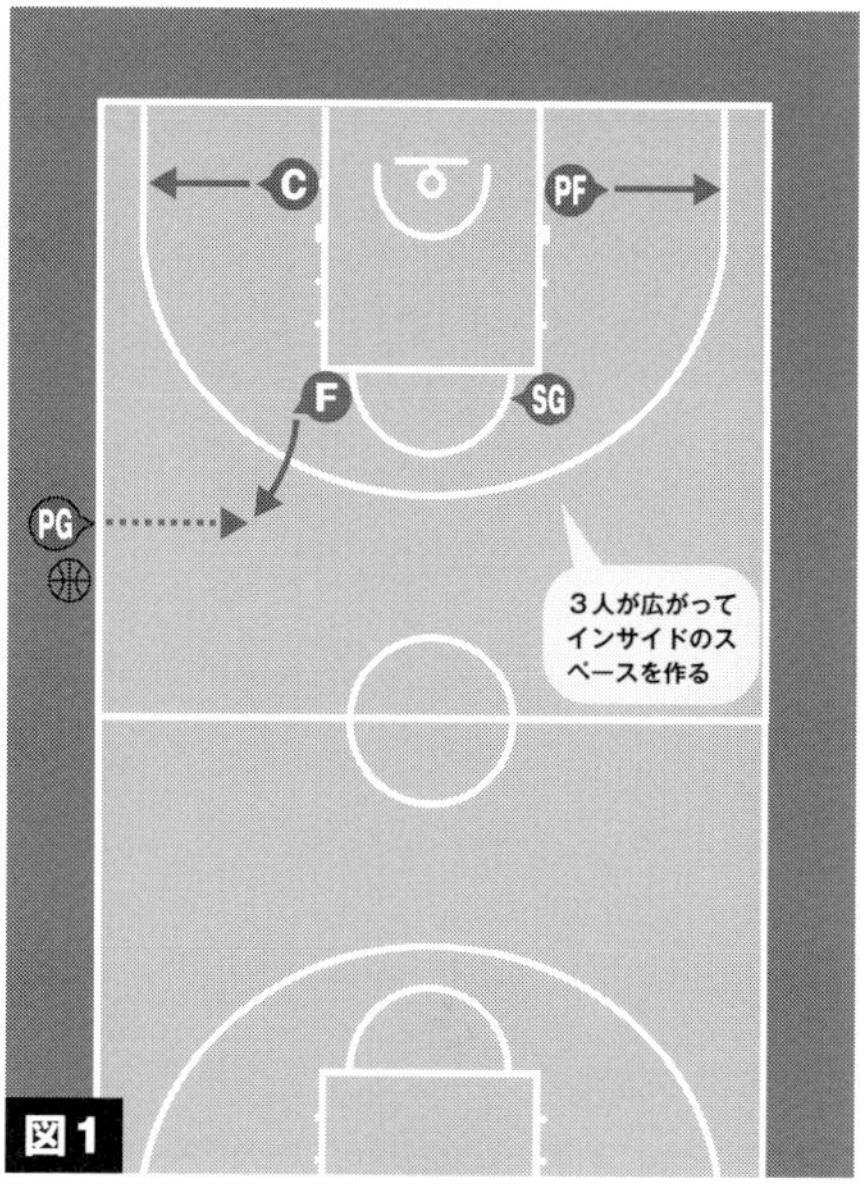
C
PF
F
SG
PG
3人が広がってインサイドのスペースを作る
図1

C
PF
SG
PG
F
2人がスクリーンをセットする
図2

C
PF
PG
SG
F
Fがゴール付近でパスを受ける
図3

サイドラインフォーメーション❺

3ポイントラインやフリースローラインに並んでスタート

3ポイントラインに並ぶ

3ポイントラインで4人が「横ライン」を作るパターンです。【図1】

PGから見てC－PF－F－SGの順に並び、「スタート」コールとともにSGがパワーサイドにカットしてPGからのパスを受けます。Fも同じタイミングでウィークサイドに移動した後、PFがダイブし、Cがポップアウトします。【図2】

SGにパスが入ったら、PFがピックスクリーンをセット。SGがそれを使って攻撃を仕掛け、Fの3ポイントシュートやCのダイブにパスを合わせます。Cはエルボーでいったん止まりダイブのタイミングを計りましょう。

フリースローラインに並ぶ

フリースローラインで4人が「横ライン」を作るパターンです。【図3】

SGとFが同時にパワーサイドのローポストに移動します。そしてCがポップアウトしてパスを受けると同時に、PFもローポストに並びます。PF－F－SGの3人が制限区域に沿って縦に並んだ状態からFが飛び出します。【図4】

PGはトレールプレーに移行しCからリターンパスを受けてシュートチャンスを作ります。なかでも狙い目となるのは、ダイブするPFにパスを合わせるプレーです。Cのディフェンスがアウトサイドに引き出されているからです。

フリースローラインに並ぶフォーメーション

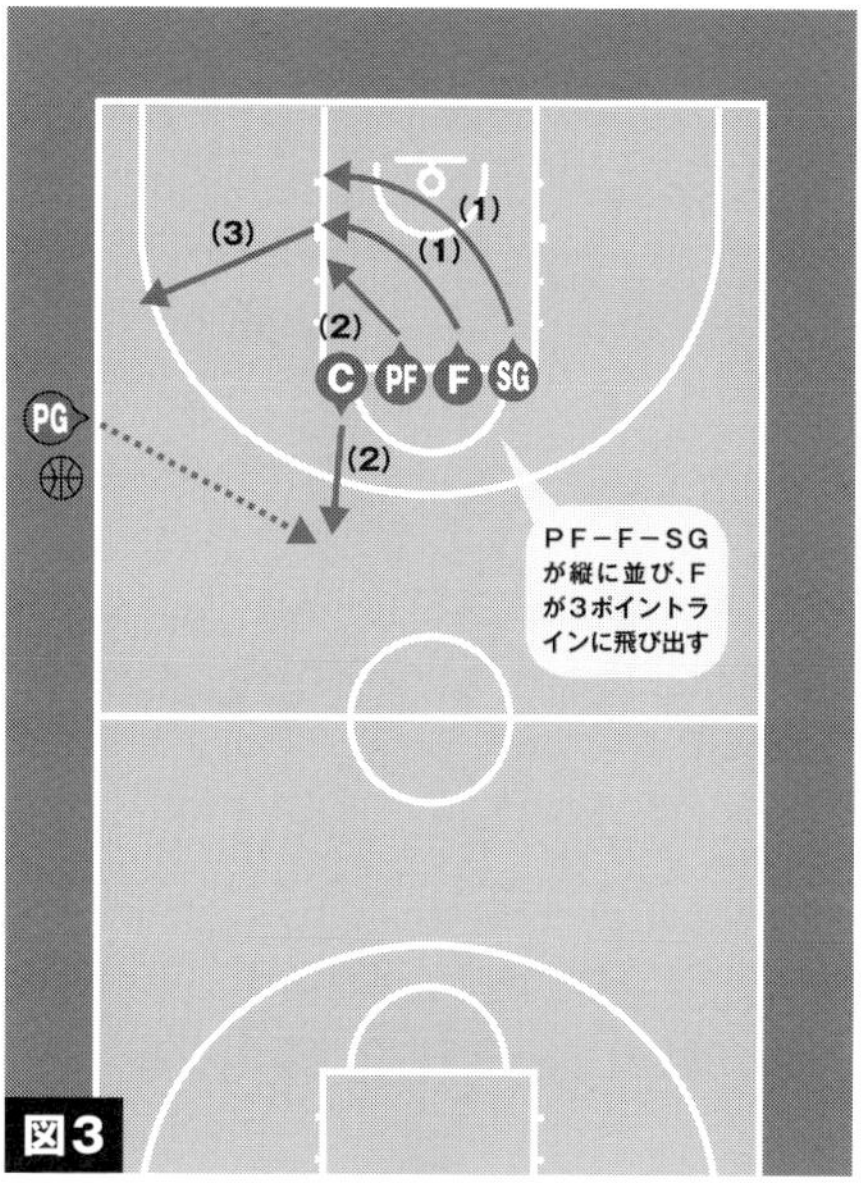
(1)
(1)
(2)
(3)
(2)
PG
C
PF
F
SG
PF−F−SG が縦に並び、F が3ポイントラインに飛び出す
図3

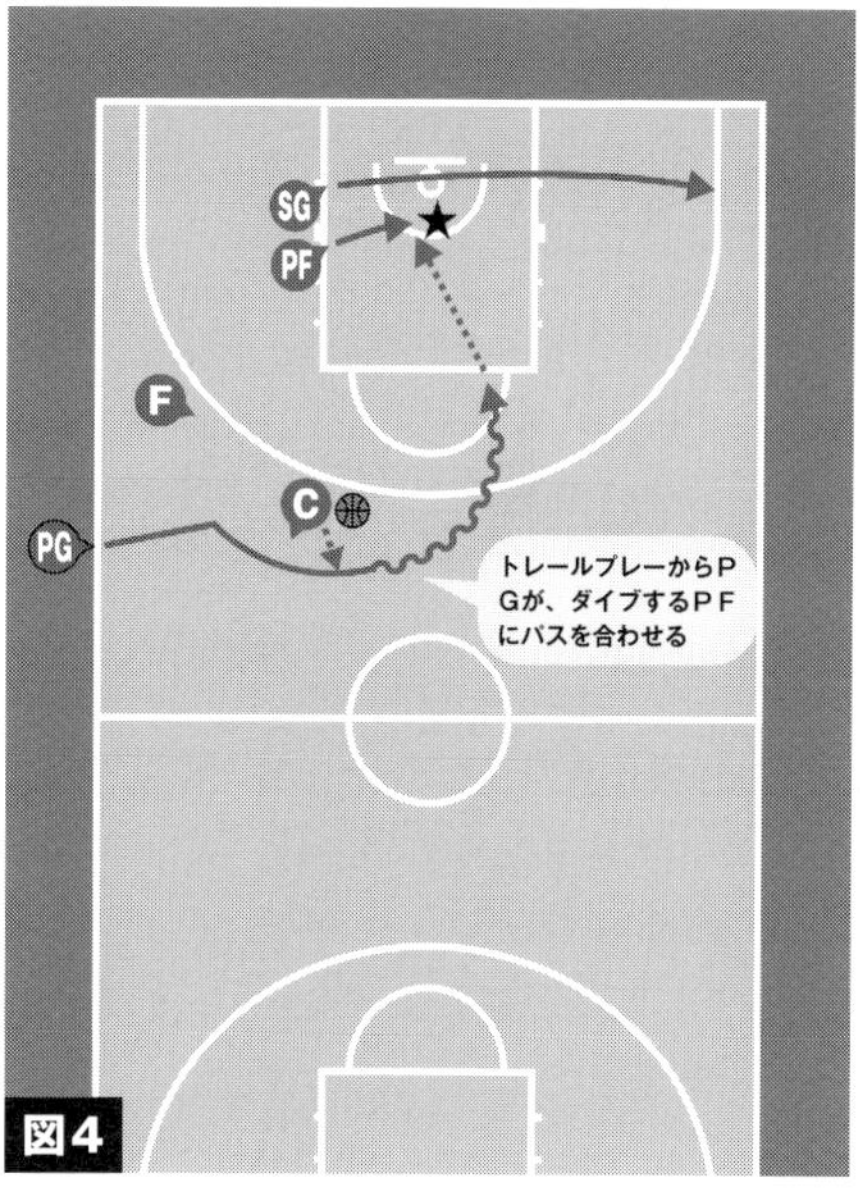
SG
PF
F
C
PG
トレールプレーからPGが、ダイブするPFにパスを合わせる
図4

3ポイントラインに並ぶフォーメーション

(3)
(2)
(1)
(4)
SG
C
PF
F
SG
SGとFがほぼ同じタイミングで動き出す
図1

SG
(1)
PF
(2)
(2)
F
(1)
C
PG
SGとPFのピックプレーで攻撃を展開する
図2

ゲームシチュエーションを想定したスペシャルプレー

3点がほしい状況を想定する

攻撃時間残り6秒、3点負けている状況を想定します。

【図1】

PGが「スタート」コールしたらSGがウィークサイドからパワーサイドに走り込みます。そしてCとPFを壁として使いながらPGからパスを受けてすぐさま3ポイントシュートを狙います。SGにパスが入らない状況も想定し、Fが高い位置に移動しておきます。

【図2】

PGはFにパスを入れたら、ウィークサイドのコーナーに移動してフロアーバランスをとります。そしてPF、C、さらにSGがスクリーンをセットし、Fがそれを使って3ポイントシュートを打ちます。打てない場合にはスクリーナーのSGがポップアウトしてパスを受けてシュートを狙います。

2点がほしい状況を想定する

次に2点負けている状況です。

【図3】

PGはSGではなく、ポップアウトするPFにパスを入れます。そのタイミングに合わせて、CがFに対してダウンスクリーンをセットします。

【図4】

スクリーナーのCがローポストでポジションをとり、PFからのパスを受けてゴール下のシュートを狙います。いわば「ハイ・ロー（110ページ）」の形から確実に2点を取って相手に追いつくわけです。

2点がほしい状況のスペシャルプレー

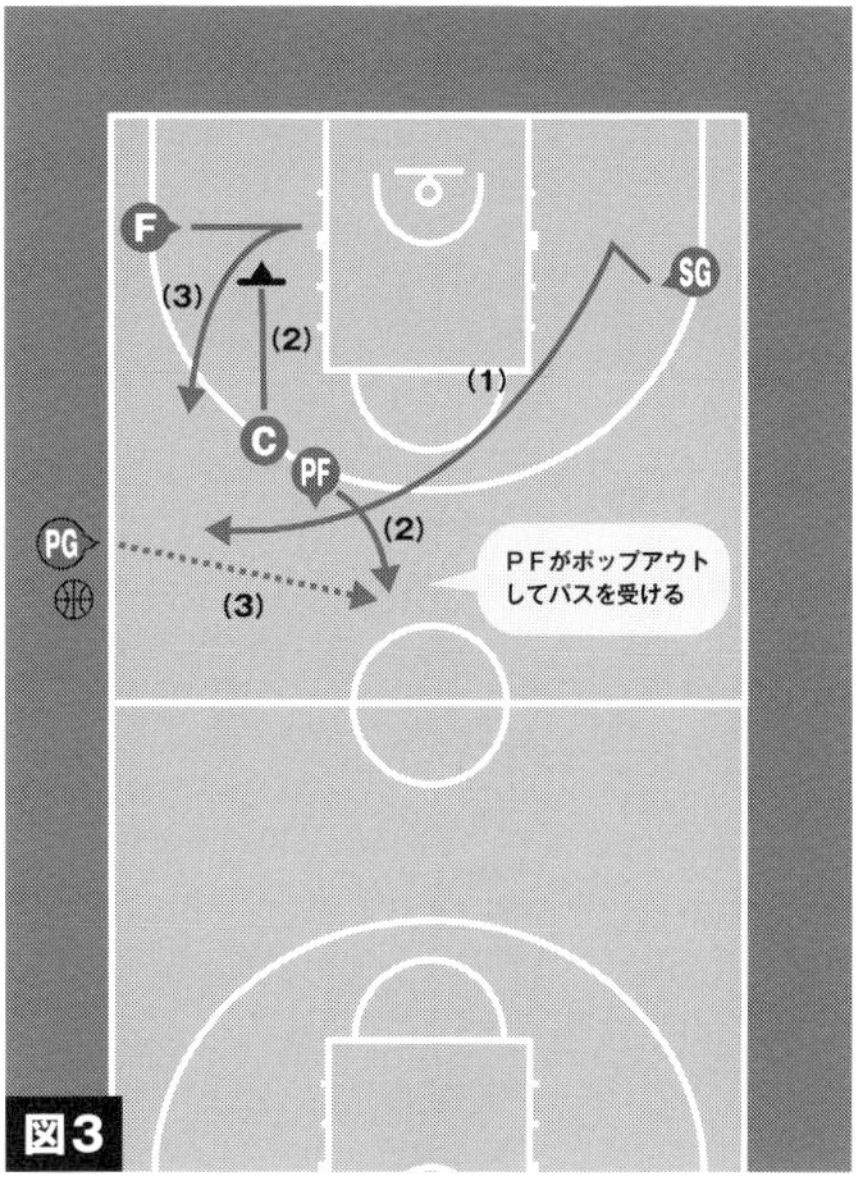
F
SG
(1)
(2)
(3)
C
PF
(2)
PG
(3)
PFがポップアウトしてパスを受ける
図3

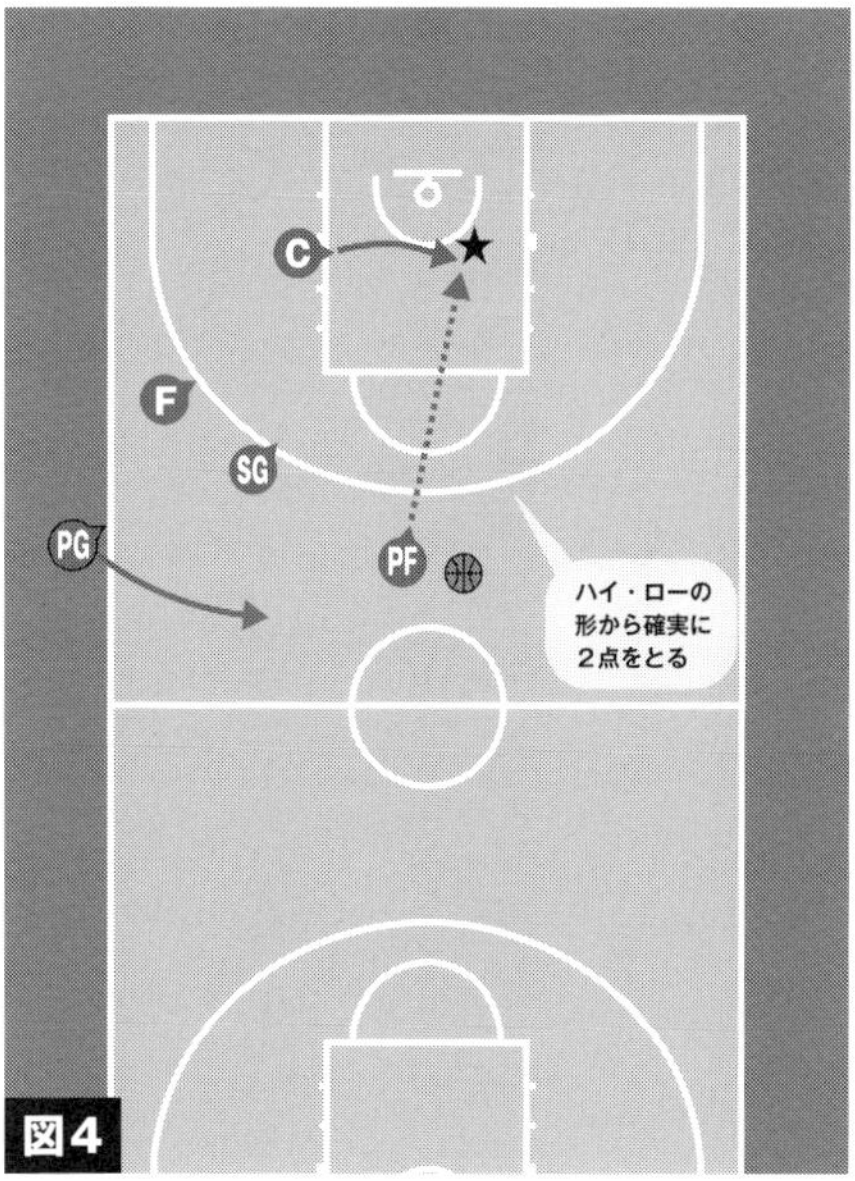
C
F
SG
PG
PF
ハイ・ローの形から確実に2点をとる
図4

3点がほしい状況のスペシャルプレー

F
(2)
SG
C
PF
(1)
PG
ウィークサイドから走り込むSGがパスを受けて3ポイントシュートを打つ
図1

(3)
SG
(4)
C
PF
(2)
PG
(1)
F
Fが3人のスクリーンを連続で使う
図2

ゾーンアタック❶

ピックアンドロールでゾーンディフェンスを攻略する

ゾーンディフェンスにもピックプレーが有効

ゾーンディフェンスに対する考え方と攻め方について触れておきます。いろいろな陣型のゾーンディフェンスがありますが、数多くのフォーメーションを備える必要はありません。

【図1】

まず、ポジションのとり方としてはディフェンス間のスペース、いわゆる「ギャップ」を埋めるのが基本です。つまり図の斜線で示したスペースにポジションをとるということです。それによってパスがスムーズに展開されるのですが、アウトサイドだけでパス回しを行わないでください。そうやって時間をかけさせるのがゾーンディフェンスの狙いです。

【図2】

そこで考え方としては、インサイドを積極的に攻めてディフェンスの陣型を崩すことを狙いとします。そのために目を向けてほしいのがピックアンドロールです。ボールマンのPGに対してCがピックスクリーンをセットします。それに対してFのディフェンスがおそらく出て来るので、Fはコーナーのスペースを使います。PFはドリブルが始まった瞬間、ハイポストフラッシュします。

【図3】

そうしてインサイドのスペースを空けることによって、スクリーナーのCがダイブしながらパスを受けることができます。それに対してディフェンスが収縮すれば、コーナーのFやSGが3ポイントシュートを狙えるのです。

ゾーンディフェンスにおけるギャップ

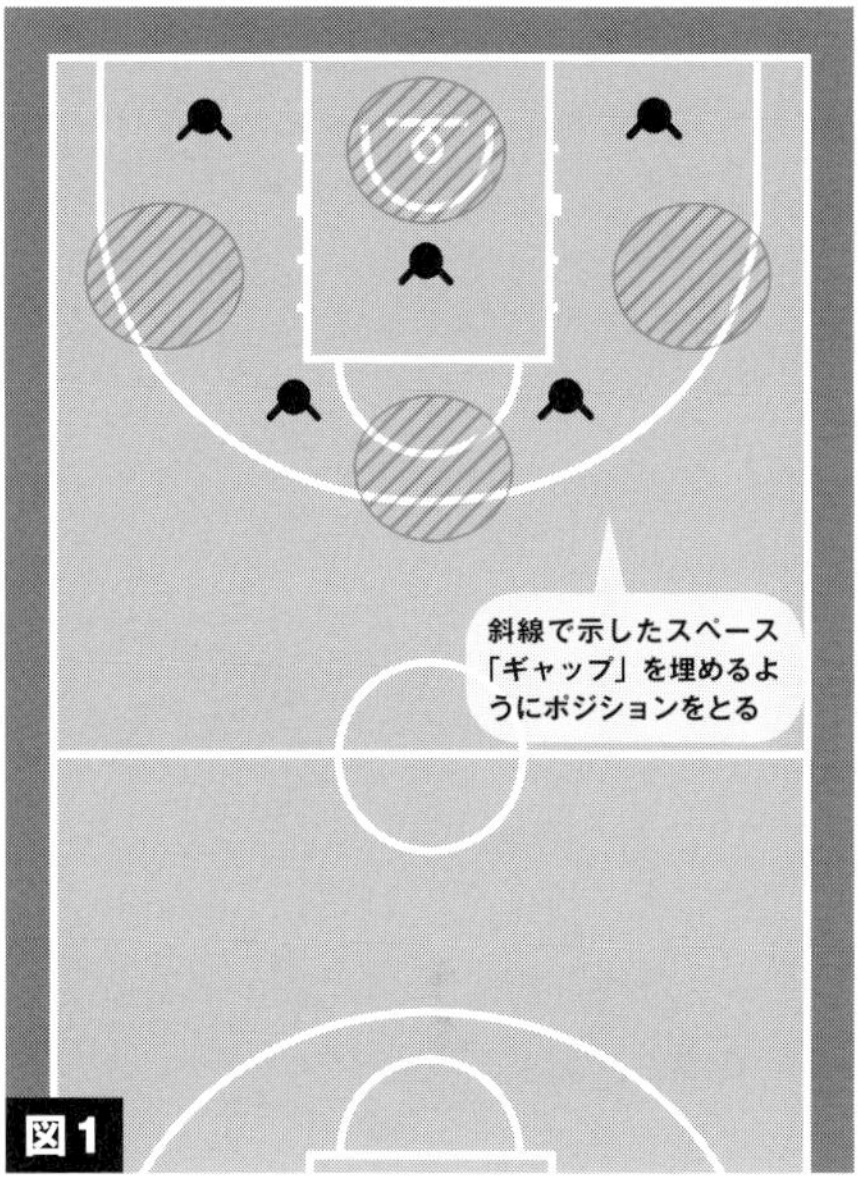
斜線で示したスペース「ギャップ」を埋めるようにポジションをとる
図1

ゾーンディフェンスに対するピックアンドロール

C
PF
F
SG
PG
Cがピックスクリーンをセットし、PFがインサイドのスペースを空けておく
図2

F
PG
C
PF
SG
スクリーナーのCがダイブしながらパスを受ける
図3

TEAM RULE
シュートが外れてもあきらめない

ゾーンディフェンスを収縮させてノーマークを作ることができたら、アウトサイドシュートを積極的に狙うべきです。たとえ外れてもオフェンスリバウンドを奪える可能性が高いからです。ゾーンディフェンスを敷くチームとしてはボックスアウトが難しく、リバウンドを取りにくいのです。

ゾーンアタック❷

オーバーロードでアウトナンバー（数的有利）を作る

狙い目はサイドチェンジの時

ゾーンに対する主流の攻め方が、3人のディフェンスを4人で攻める「オーバーロード」です。コートを半分に割り、ワンサイドに4人がポジションをとって攻撃を仕掛けるのです。そしてサイドチェンジした時が狙い目となります。

【図1】

ギャップを埋めるポジションどりから、SGが逆サイドのコーナーへと長い距離を走ります。

【図2】

パワーサイドに4人のオフェンスと、3人のディフェンスがいるオーバーロードの状況です。ここからPGがウイングのFにパス。Fがドライブを仕掛けることによってCやSGにシュートチャンスが生まれます。または逆サイドのPFにパスを飛ばすのも手です。

【図3】

Fが攻撃できない場合、PGにボールを戻します。パスを受けたPGが逆サイドにドリブルを開始したら、CがSGに対してスクリーンをセット。それを使ってSGは逆サイドのコーナーに移動し、Cがハイポストフラッシュ。こうしてオーバーロードができた瞬間はディフェンスの陣型が整っていないので攻撃しやすいはずです。

【図4】

エントリーの方法としてパスではなくドリブルダウンもあります。PGがドリブルを開始するのに伴い、SGはコーナーに移動。そしてCがパワーサイドにハイポストフラッシュすることによってオーバーロードの形ができます。

パスによるオーバーロード

C
PF
F
SG
PG
SGが逆サイドのコーナーに移動する

図1

SG
C
PF
F
PG
4対3の状況を作ってゾーンを攻略する

図2

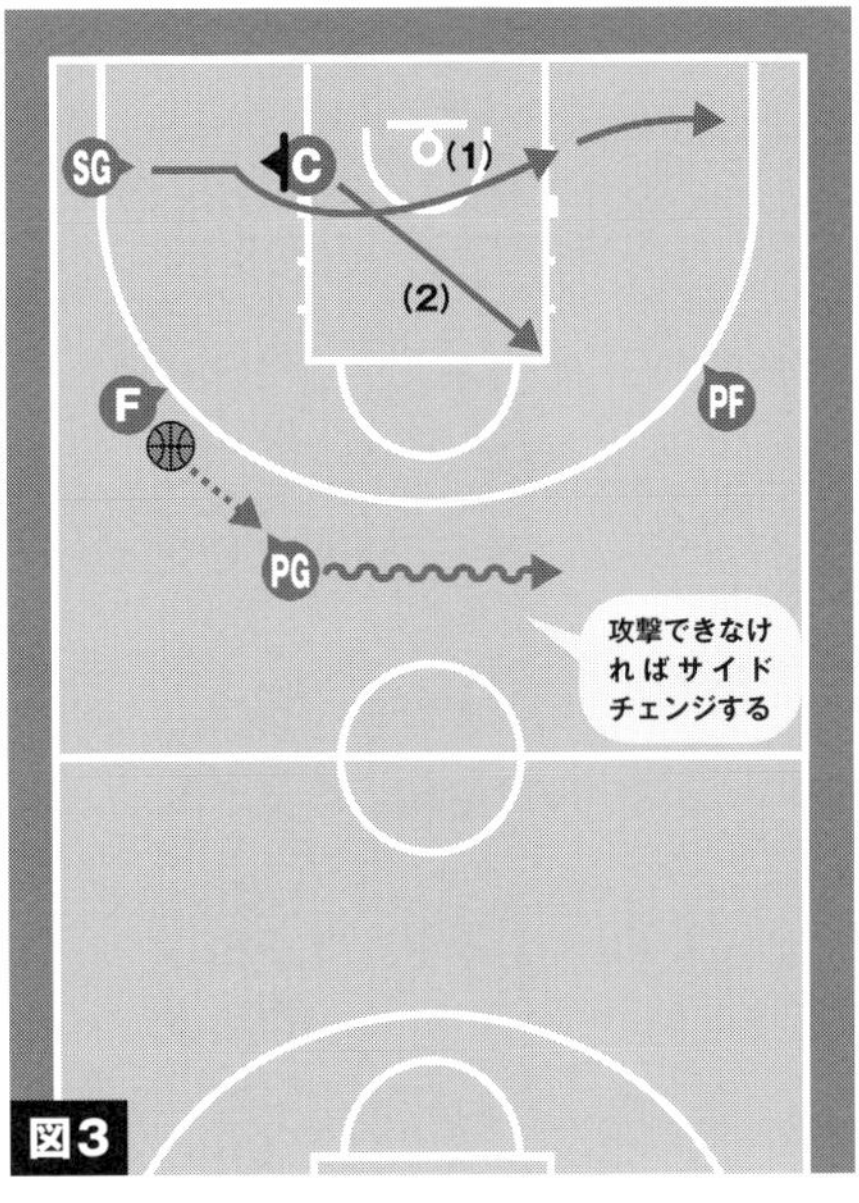
SG
C
(1)
(2)
F
PF
PG
攻撃できなければサイドチェンジする

図3

ドリブルダウンによるオーバーロード

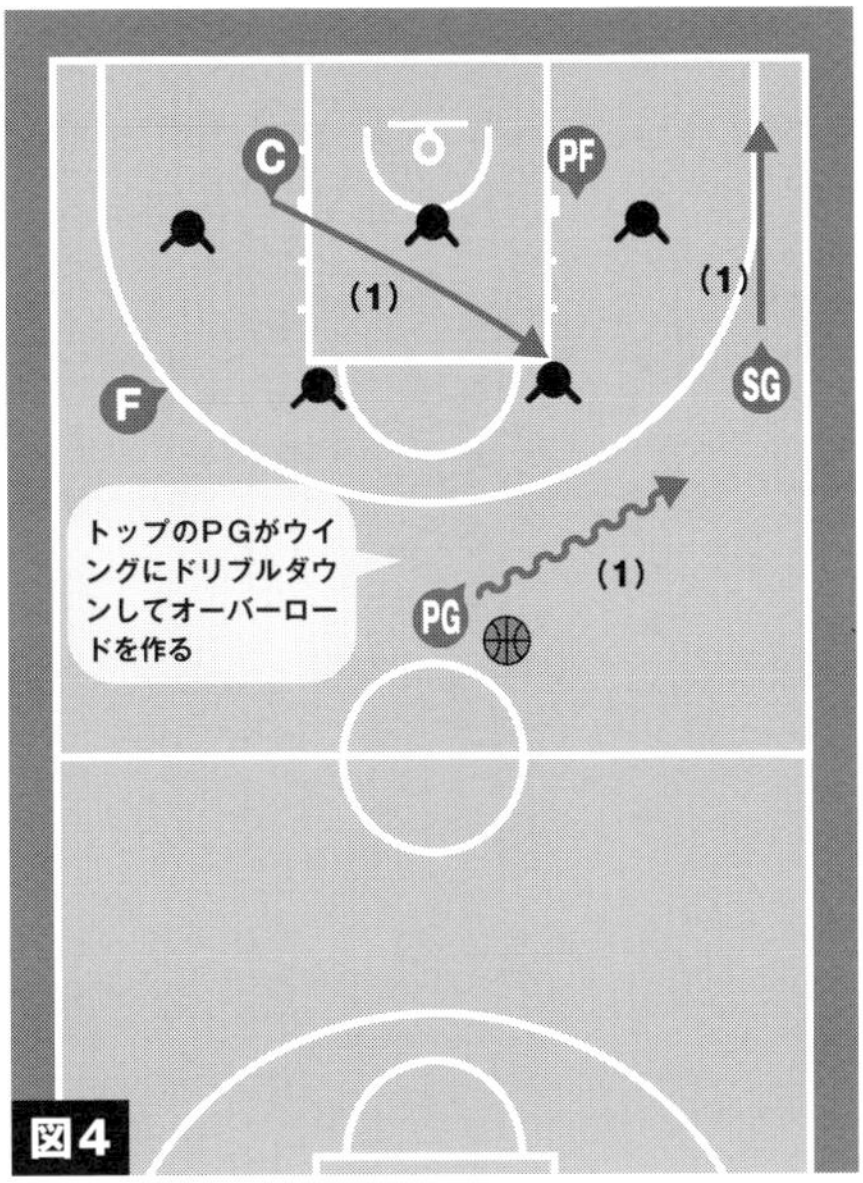
C
PF
(1)
(1)
SG
F
トップのPGがウイングにドリブルダウンしてオーバーロードを作る
(1)
PG

図4

プレスダウン❶

ボックスからのプレスダウン

必要に応じてPGに戻す

オールコートのプレスディフェンスに対するボールの運び方、いわゆる「プレスダウン」を紹介しておきましょう。

【図1】

相手にシュートを決められたら、すぐさま自陣でボックスの陣型をとります。コーナーのSGとFがそれぞれエルボーに移動し、CとPFがコーナーに下りて来ます。

【図2】

そしてCとPFのどちらかがPGからパスを受けます。ディフェンスはミドル（コートの中央レーン）にパスされたくないので、CかPFにはパスが入るはずです。Cにパスが入った場合、逆サイドからエルボーにカットするPFか、センターライン方向に走るSGやFにパスを飛ばします。ただし試合ではドリブルという選択肢もあります。

【図3】

それらが難しい状況では、Cはセーフティにいる PGにパスを戻して、PGは逆サイドのコーナーに下りて来たFにパスします。そうしてCはエルボーに移動します。

【図4】

パスを受けたFは、逆サイドからエルボーにカットしたCか、センターライン方向に走るPFやSGにパスを飛ばします。ただし試合ではドリブルという選択肢もあります。このように左サイドをFとPFが、右サイドをSGとCが三角形のコースどりで動きながらボールをキープし、必要に応じてPGにボールを戻すのです。

ボックスからのプレスダウン

図1

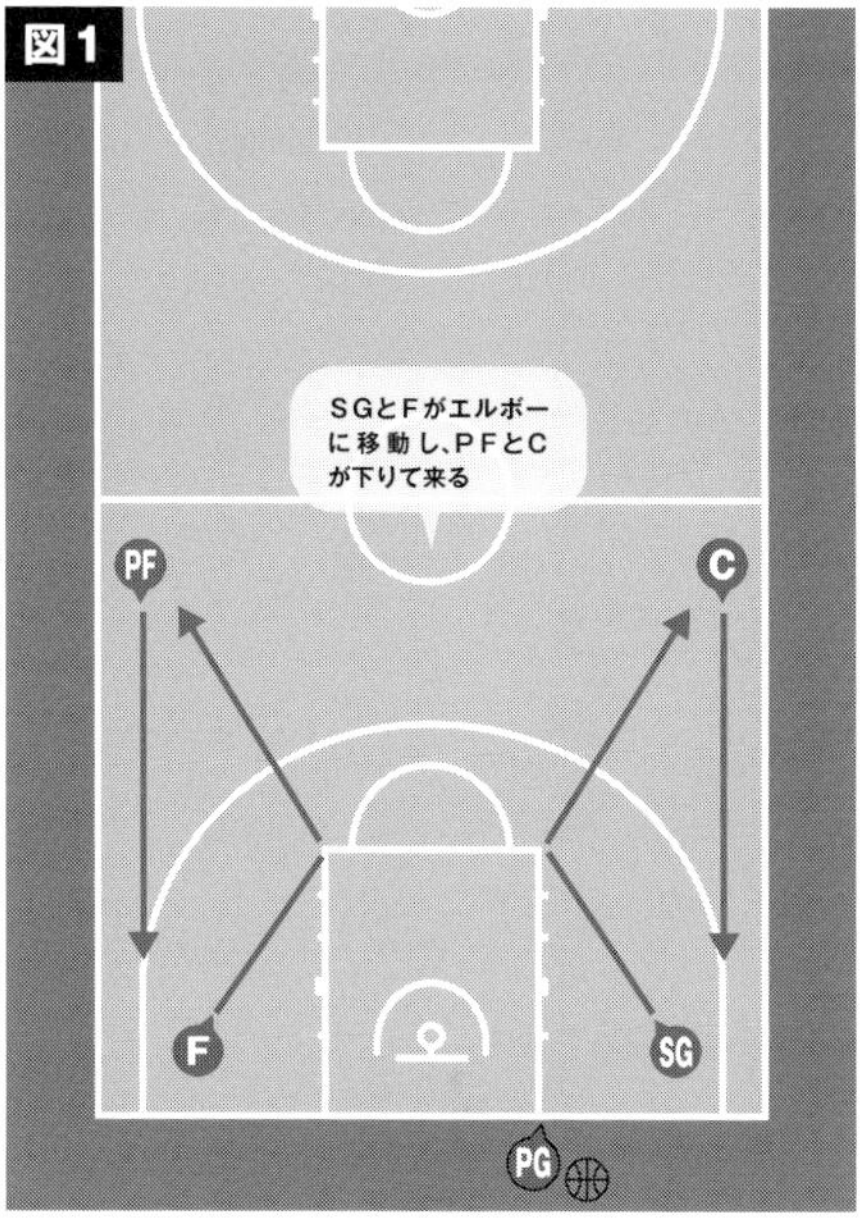
SGとFがエルボーに移動し、PFとCが下りて来る
PF
C
F
SG
PG

図2

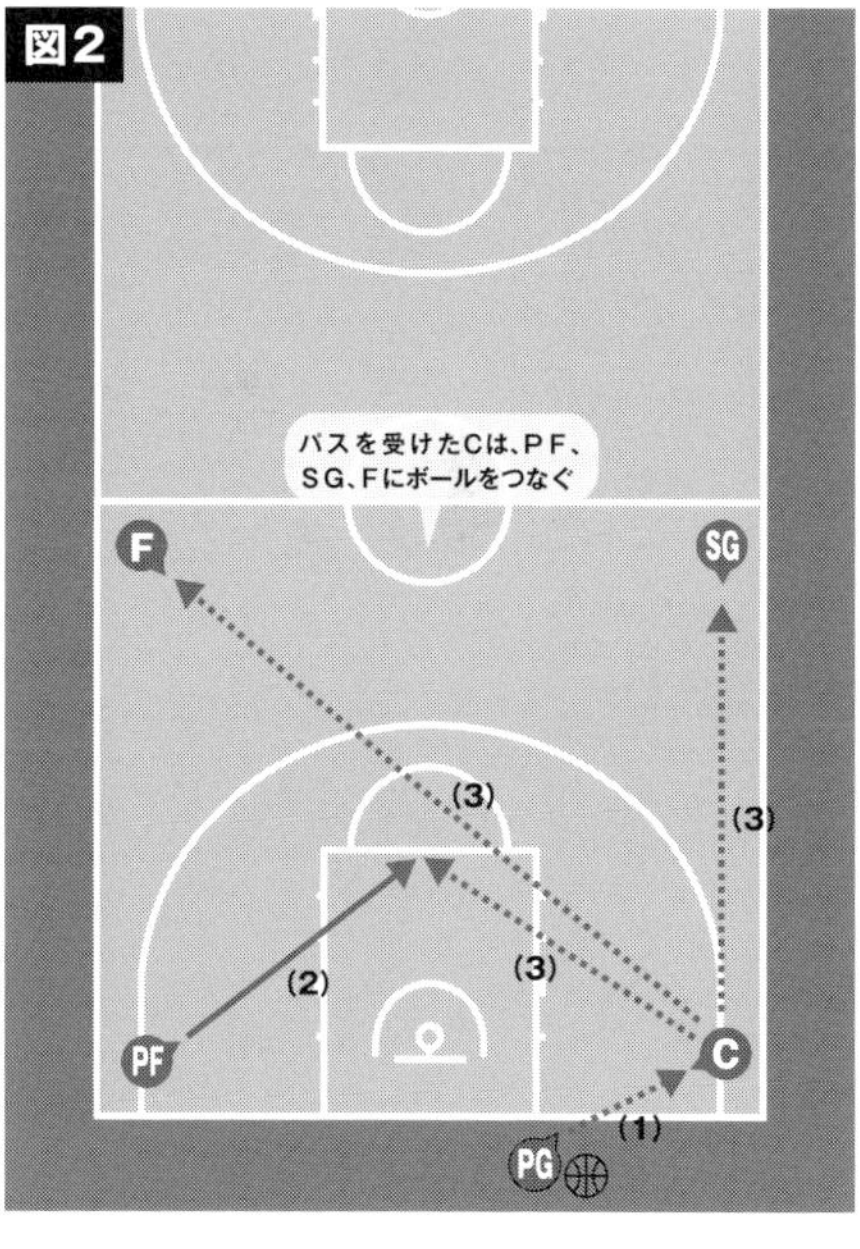
パスを受けたCは、PF、SG、Fにボールをつなぐ
F
SG
(3)
(3)
(3)
(2)
PF
C
(1)
PG

図3

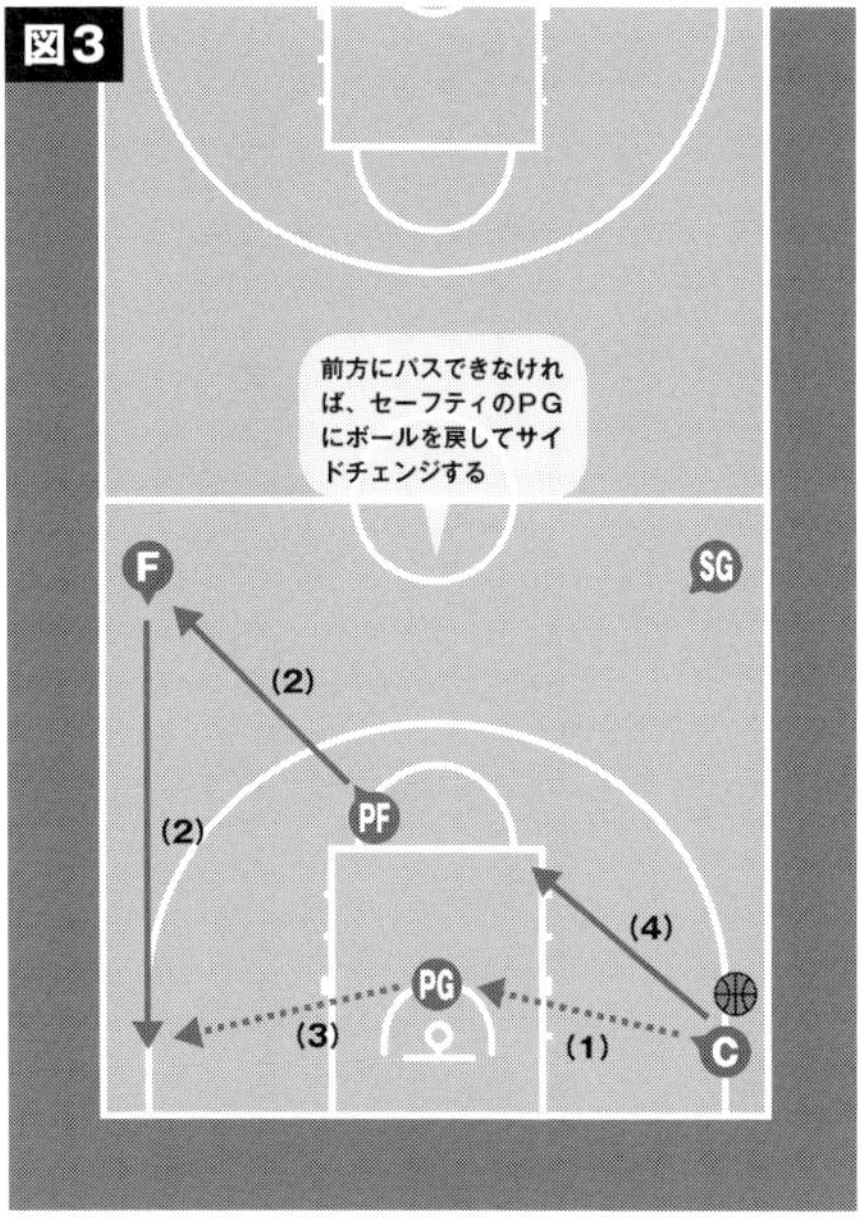
前方にパスできなければ、セーフティのPGにボールを戻してサイドチェンジする
F
SG
(2)
PF
(2)
(4)
PG
(3)
(1)
C

図4

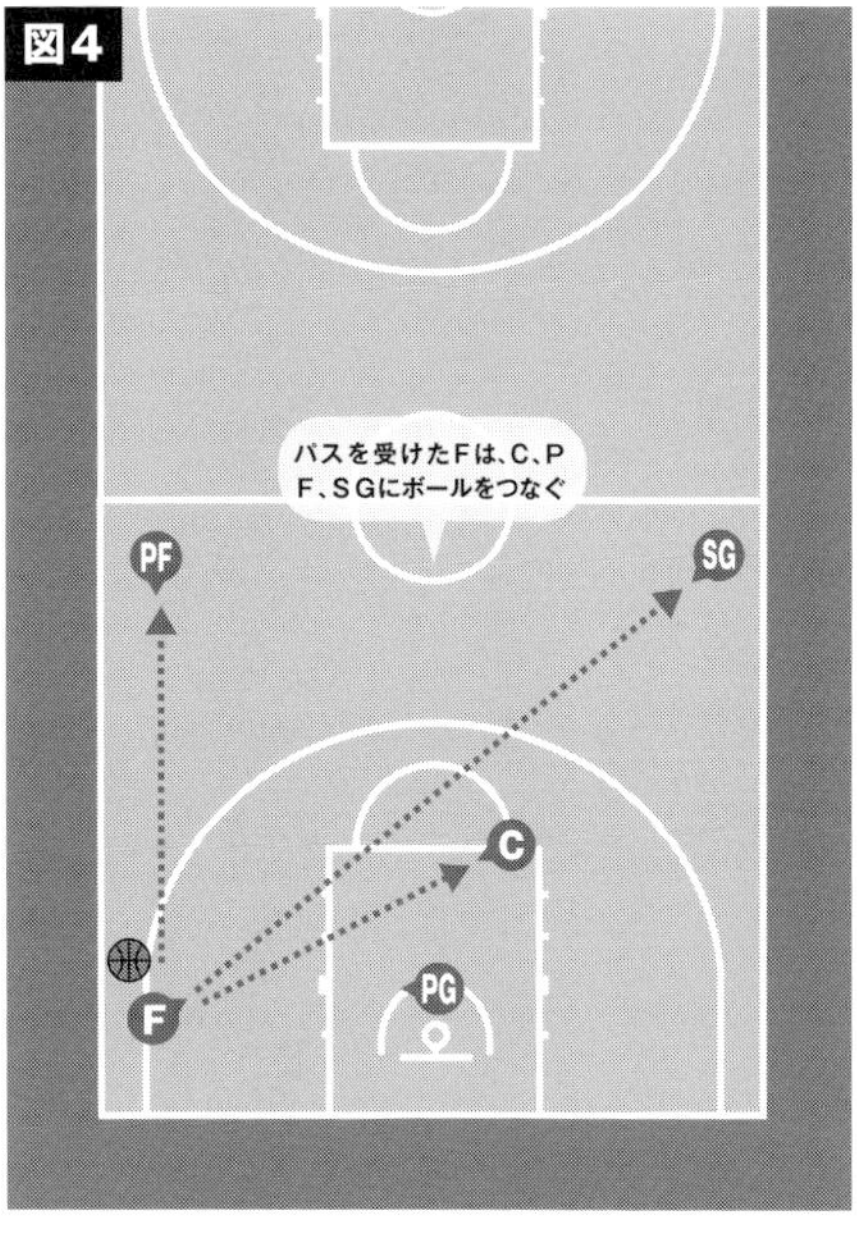
パスを受けたFは、C、PF、SGにボールをつなぐ
PF
SG
C
PG
F

プレスダウン❷

ダイヤからのプレスダウン

サイドチェンジしてから縦に展開する

試合でボックスからのプレスダウン（204ページ）がスムーズにいかない場合、ダイヤ形の陣型からスタートすることもできます。これは主にパスを多用してボールを運ぶプレスダウンです。

【図1】

PGがボールマン、PFは3ポイントライン付近、Cはセンターライン付近にポジションをとり、ボールの動きと一緒に左右に動きます。一方、SGとFはそれぞれ左右に広がり、VカットしてPGからのパスを受けます。そこからPFやCにパスできない場合、セーフティのPGにボールを戻して、逆サイドでVカットするFにパスをつなぎます。練習ではこの動きを繰り返してみてください。

【図2】

試合でチャンスとなるのは、FからSGへのパスです。ポイントはPGからインバウンズパスを受けたら、一度サイドチェンジしてからこの図のSGのような縦の動きをしてパスを受けることです。そうしてディフェンスを引き寄せて、逆サイドのCにパスを飛ばすことによって攻撃がスムーズに展開されるはずです。

【図3】

図が示すとおり、コートを5分割したラインを一人ずつ走ることが原則となります。お互いが重ならないことでフロアーバランスを維持でき、パスやドリブルでボールを運びやすくなるのです。速攻でもこの「ファイブ（5）ライン」をしっかりと意識してください。

ファイブライン

図3

ダイヤからのプレスダウン

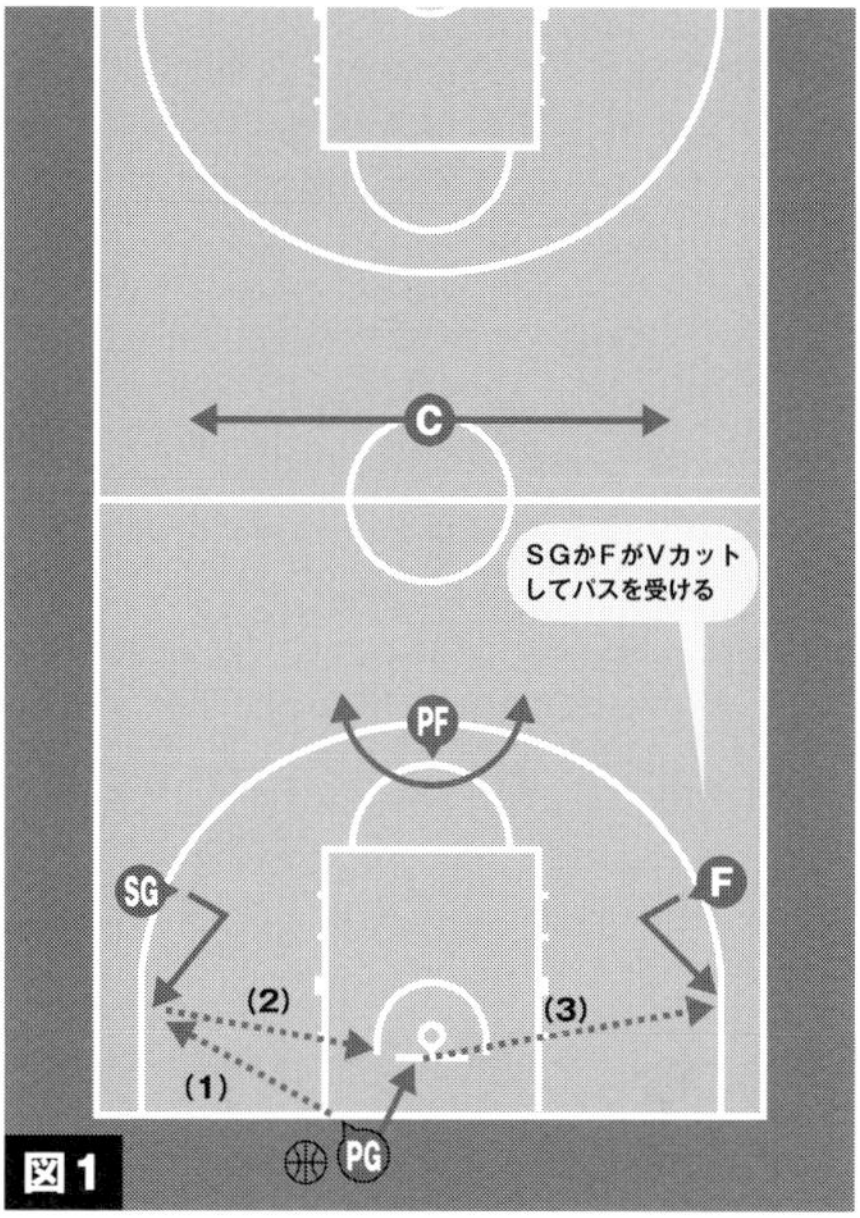

図1

図2

TEAM RULE
「表と裏」を用意する

モーションオフェンスを中心にいろいろな攻撃法を紹介させて頂きましたが、大事なのはたくさんのフォーメーションを備えることではありません。自分たちに合った攻撃法をチョイスし、そのプレーの「表と裏」を用意すること。つまりディフェンスの対応を予測し、オプションプレーを展開できるように準備しておくことが大切なのです。また1対1で攻める積極性も忘れずに！

監修者プロフィール
目　由紀宏 (さっか　ゆきひろ)
(東洋大学バスケットボール部監督／ガウチョーズ監督)

秋田県立能代工業高校の選手として7度の全国制覇。日本大学を経てトップチームで活躍した実績が高く評価され、日本代表のシューターにも抜擢された。現在はバスケットボールアカデミー「ガウチョーズ」監督。同チームの教え子が全国制覇した他、自身、埼玉県選抜男子チームのコーチとしてジュニアオールスターで準優勝に輝いた。また東洋大学バスケットボール部監督を務め、チームを飛躍的に成長させている。

STAFF
編集　　　　　　渡辺淳二
カバー写真　　　圓岡紀夫
本文デザイン　　上筋英彌・上筋佳代子（アップライン株式会社）
カバーデザイン　柿沼みさと

パーフェクトレッスンブック
バスケットボール　試合で勝つチームオフェンス

監　修　　目　由紀宏
発行者　　増田義和
発行所　　株式会社実業之日本社
　　　　　〒104-8233　東京都中央区京橋3-7-5　京橋スクエア
　　　　　［編集部］03(3562)4041　　［販売部］03(3535)4441
　　　　　振　替　00110-6-326
　　　　　実業之日本社ホームページ　http://www.j-n.co.jp/

印　刷　　大日本印刷株式会社
製本所　　株式会社ブックアート

©Yukihiro Sakka　2015　Printed in Japan　（学芸第1）
ISBN978-4-408-45572-3

落丁・乱丁はお取り替えいたします。

実業之日本社のプライバシーポリシー（個人情報の取り扱い）については上記ホームページをご覧下さい。
本書の一部あるいは全部を無断で複写・複製（コピー、スキャン、デジタル化等）・転載することは、法律で認められた場合を除き、禁じられています。また、購入者以外の第三者による本書のいかなる電子複製も一切認められておりません。